U1070693

主　编

刘　鑫

撰稿人

(以姓氏笔画为序)

马　辉（首都医科大学医学人文学院）
包敖男（中国政法大学证据科学研究院）
孙东东（北京大学法学院）
杨鑫鑫（中华人民共和国黄埔海关）
宋赛男（中国政法大学法学院）
张宝珠（中国人民解放军总医院）
张　鹏（辽宁省营口市鲅鱼圈区人民检察院）
陈　特［浙江一墨（北京）律师事务所］
唐小侠（广东省广州市天河区人民检察院）
蔡衡衡（中国政法大学证据科学研究院）
邓　虹（昆明医科大学法医学院）
刘　鑫（中国政法大学医药法律与伦理研究中心）
杨　越（中国政法大学法学院）
李汶真（四川省成都市武侯区人民法院）
张　冲（北京市大兴区人民检察院）
张喻佳（中国政法大学证据科学研究院）
陈　伟（北京积水潭医院）
高鹏志（最高人民检察院）
曾跃萍（首都医科大学附属北京儿童医院）
戴雅祺（中国政法大学证据科学研究院）

医疗损害赔偿诉讼全流程手册

刘 鑫 / 主编

中国法制出版社
CHINA LEGAL PUBLISHING HOUSE

前　言

Preface

当前我国医疗纠纷形势仍然很严峻，与此对应的是，医疗损害诉讼的情况也不容乐观。根据“医法汇”律师团队对“Alpha 案例库”中医疗损害诉讼案件的统计，2017 年案件数量为 12734 件，2018 年案件数量为 12249 件，2019 年案件数量为 18112 件，2020 年案件数量为 18670 件，2021 年案件数量为 10746 件（2021 年案件量骤减的原因需要进一步研究）。在医疗损害赔偿案件的司法处理上，情况比较复杂。张永泉律师对威科先行数据库中医疗损害赔偿案件处理的情况进行统计，以患者胜诉的直观数据观察，各地差别很大，上海医疗机构无责的比例最高，接近 50%，重庆不到 10%（见表 1）。① 这种差别显然不能用医疗质量、诊疗水平来解释。一般来说，民事诉讼领域，原告胜诉率比被告胜诉率略高，接近 60%比较合理。以该比例考察，目前我国的医疗损害赔偿诉讼原告胜诉率偏低。同时考察医疗损害赔偿诉讼案件上诉、抗诉情况，也高于其他类型的民事案件。专家陈邦达对上海市医疗损害责任纠纷案件进行比较研究，发现其医疗损害纠纷案件上诉率远高于其他民事案件。②

表 1　2021 年几个有代表性的城市医疗损害诉讼患者胜诉的案件情况

城市	案件量（起）	患者胜诉（起）	患者胜诉率（%）	医方无责（起）	医方无责率（%）
北京	284	224	78.9	60	21.1
上海	133	70	52.6	63	47.4

① 张永泉微信公众号“医法之间”刊载的原创文章《2021 年医疗纠纷案件大数据：北京篇》《2021 年医疗纠纷案件大数据：上海篇》《2021 年医疗纠纷案件大数据：天津篇》《2021 年医疗纠纷案件大数据：重庆篇》。

② 陈邦达：《医疗损害鉴定不信任问题研究——以上海市“一元化”模式为例》，载《交大法学》2019 年第 2 期。

续表

城市	案件量（起）	患者胜诉（起）	患者胜诉率（%）	医方无责（起）	医方无责率（%）
天津	85	74	87.1	11	12.9
重庆	107	98	91.6	9	8.4

由于医疗活动的专业性、隐蔽性特点，使得医疗侵权赔偿纠纷成了当前较难处理的纠纷之一。这里所说的“难”，主要体现在以下几个方面：其一，对医疗纠纷的处理规则不统一，长期以来诉讼案由、法律适用、医疗鉴定二元化的状态，使得医疗纠纷的处理变得扑朔迷离，难以把握和捉摸，以至于纠纷最终的处理结果充满了变数。其二，医疗纠纷中的医患双方力量对比悬殊。一般认为，在医疗活动中，医方掌握着医疗主动权，掌握着技术优势，而患方处于被动地位。当下，少数患者及其家属采取非理性的方式在医疗机构内暴力维权，给医疗机构施加压力。其三，医疗证据的特殊性导致医疗纠纷处理日益困难。医疗纠纷处理中虽然也会涉及其他纠纷面临的传统的人证、物证、视听资料等，但是更多的是与医疗活动密切相关的证据，包括可疑医疗物品、病历资料、检验报告、医疗技术鉴定结论等。面对这些证据如何取得、如何质证、如何认证、如何评价其证据能力和证明力等，都是医疗纠纷处理中不可回避的问题。而这三个方面的“难”，最核心的乃是医疗纠纷处理法律规范的模糊与缺位。

《民法典》侵权责任编第六章的11个法条中规定了8项内容和9个概念。8项内容是：（1）医疗损害赔偿以过错责任为一般原则，过错推定为例外；（2）医疗过错认定的基本原则；（3）医疗告知与说明制度；（4）患者病历知情权制度；（5）患者隐私权和个人信息保密制度；（6）特定情形下医方免责制度；（7）医疗侵权损害赔偿诉讼类型；（8）医方合法权益受法律保护。9个概念是：医疗损害赔偿责任、知情权、同意权、替代医疗方案、当时的医疗水平、符合诊疗规范的诊疗、合理诊疗义务、当时的医疗水平难以诊疗和过度医疗。《侵权责任法》出台时，立法者的本意就是要改变这种医疗纠纷处理“难”的现状，《民法典》对此进一步从制度上予以巩固。然而，这11个法条所规制的这8项内容和9个概念仍过分原则，其中所涉及的专业名词术语很多更是第一次在民事法律甚至医事法律中出现，从而出现了相应的法律规定，却由于概念模糊、规定不明确或者过分原则，增加了司法操作的难度。

实践中，有时在法律空白领域，地方司法机关从地方制定司法指导文件入手，逐渐积累经验，最终催生最高人民法院制定相应的司法解释，或者推动最高立法机关作出相应的立法解释或进行相应的立法。目前，相关的医疗损害司法解释已经出台，但仍有很多司法实践问题无法解决，于是有部分省市高级人民法院开始制定相应辖区内法院审理医疗损害赔偿案件的司法指导文件。虽然这些司法指导文件不是司法解释，但由于上级法院有对下级法院进行审判业务指导的职能，因此这些司法指导文件对辖区内三级法院的审判人员审理医疗损害赔偿的专业案件有当然的指导作用，有的审判人员甚至会直接按照司法指导文件规定的内容来裁判案件。

应该说这些地方高级人民法院制定的司法指导文件也是在对当地多年审理医疗损害赔偿案件进行调研的基础上，在汇集了医疗纠纷领域的审判经验和研究成果的基础上，在广泛征求意见甚至模拟试行的基础上，最终形成的规范性文件。毫无疑问，这些司法指导文件对统一法官对医疗纠纷案件的审理程序，规范法官对医疗纠纷案件的证据的审查、认证和法律适用，起着非常重要的作用。

本书立足于医疗损害赔偿纠纷案件的理论与实务，结合近年来最高人民法院的司法解释及部分地方高级人民法院制定的与原《侵权责任法》《民法典》有关的司法指导文件，对医疗损害赔偿纠纷案件处理中涉及的重大疑难问题进行研究，以期对人民法院审理医疗损害赔偿案件的司法实践提供参考。

本书会经常使用或者反复出现一些法律及司法解释、地方司法指导文件，为行文和阅读简便而需要使用简称，现将这些司法解释、地方司法指导文件的全称、简称对照如下（见表2）。

表2 本书使用的法律及司法解释、地方司法指导文件的全称、简称对照表

全 称	简 称
《中华人民共和国民法通则》	《民法通则》
《中华人民共和国民法典》	《民法典》
《中华人民共和国侵权责任法》	《侵权责任法》
《中华人民共和国医师法》	《医师法》
《中华人民共和国产品质量法》	《产品质量法》
《中华人民共和国消费者权益保护法》	《消费者权益保护法》

续表

全　称	简　称
《中华人民共和国药品管理法》	《药品管理法》
《中华人民共和国刑法》	《刑法》
《中华人民共和国电子签名法》	《电子签名法》
《中华人民共和国道路交通安全法》	《道路交通安全法》
《中华人民共和国个人信息保护法》	《个人信息保护法》
《中华人民共和国民事诉讼法》	《民事诉讼法》
《中华人民共和国刑事诉讼法》	《刑事诉讼法》
《中华人民共和国行政诉讼法》	《行政诉讼法》
《中华人民共和国传染病防治法》	《传染病防治法》
《中华人民共和国母婴保健法》	《母婴保健法》
《中华人民共和国基本医疗卫生与健康促进法》	《基本医疗卫生与健康促进法》
《最高人民法院关于审理医疗损害责任纠纷案件适用法律若干问题的解释》	《医疗损害司法解释》
《最高人民法院关于适用〈中华人民共和国民法典〉时间效力的若干规定》	《民法典时效司法解释》
《最高人民法院关于适用〈中华人民共和国民法典〉总则编若干问题的解释》	《民法典总则编司法解释》
《最高人民法院关于适用〈中华人民共和国民事诉讼法〉的解释》	《民事诉讼法司法解释》
《最高人民法院关于审理民事案件适用诉讼时效制度若干问题的规定》	《民事诉讼时效司法解释》
《最高人民法院关于审理人身损害赔偿案件适用法律若干问题的解释》	《人身损害赔偿解释》
《最高人民法院关于确定民事侵权精神损害赔偿责任若干问题的解释》	《精神损害司法解释》
《最高人民法院关于民事诉讼证据的若干规定》	《民事证据规定》
《最高人民法院关于适用〈中华人民共和国侵权责任法〉若干问题的通知》	《侵权法适用通知》

续表

全 称	简 称
《最高人民法院关于人民法院民事诉讼中委托鉴定审查工作若干问题的规定》	《鉴定审查规定》
《医疗事故处理办法》	《办法》
《医疗事故处理条例》	《条例》
《浙江省高级人民法院民一庭关于审理医疗纠纷案件若干问题的意见（试行）》	《浙江司法指导意见》
《江苏省高级人民法院关于做好〈中华人民共和国侵权责任法〉实施后医疗损害鉴定工作的通知》	《江苏医疗鉴定通知》
《江苏省高级人民法院、江苏省卫生厅关于医疗损害鉴定工作的若干意见（试行）》	《江苏司法指导意见》
《上海市高级人民法院关于委托医疗损害司法鉴定若干问题的暂行规定》	《上海司法指导意见》
《北京市高级人民法院关于审理医疗损害赔偿纠纷案件若干问题的指导意见（试行）》	《北京司法指导意见》
《安徽省高级人民法院关于审理医疗纠纷案件若干问题的指导意见》(2015 年版)	《安徽司法指导意见》

目　录

Contents

第一章　医疗损害赔偿诉讼概述 …… 1
第一节　医疗损害赔偿相关概念 …… 3
一、医疗损害 …… 3
二、医疗损害诉讼 …… 4
三、医疗事故 …… 6
【案例 1-01】包头市某村卫生村医医疗事故罪案 …… 7
四、非法行医 …… 9
第二节　医疗损害赔偿制度的统一 …… 11
【原理阐释】 …… 11
一、医疗损害赔偿二元化现象的弊端 …… 11
【案例 1-02】分别依据《条例》和《民法通则》判决案件 …… 12
二、医疗损害赔偿诉讼的一元化解决 …… 13
【案例 1-03】适用《人身损害赔偿解释》获赔案件 …… 14
三、过错责任原则与过错推定 …… 15
四、无过错责任原则与公平责任分担 …… 17
【实务问题及难点】 …… 18
一、关于医疗损害赔偿纠纷案件的案由 …… 18
二、如何确定医疗损害赔偿范围和计算标准 …… 21
三、赔偿责任比例 …… 21
【案例 1-04】擅自扩大的尸体存储费不予支持的案例 …… 22
【法条链接】 …… 24

第二章 医疗损害赔偿诉讼难题及审判对策 …… 27
第一节 医疗损害赔偿诉讼难题 …… 29
一、当事人的选择难题 …… 29
【案例 2-01】医联体内检查结果互认，医院成为共同被告 …… 30
二、医疗过错的确定 …… 32
三、因果关系的确定 …… 33
四、病历的证据属性确定 …… 34
五、医疗鉴定机构的选择及鉴定意见的证据价值 …… 36
六、赔偿标准及赔偿数额的计算 …… 37
第二节 医疗损害赔偿立法与司法规制 …… 38
一、《民法典》对医疗过错认定的原则性规定 …… 38
【法条链接】 …… 40
二、医疗损害赔偿民事法律 …… 41
【案例 2-02】交通事故与医疗损害混合责任赔偿案例 …… 45
三、医疗损害赔偿其他规范性文件 …… 48
四、医疗损害赔偿司法解释 …… 49
【案例 2-03】女方自愿终止妊娠，丈夫不同意，医院该听谁的 …… 50
第三节 医疗损害赔偿难题的地方司法策略 …… 52
一、地方出台医疗纠纷预防与处理规范 …… 52
二、地方针对医疗损害赔偿诉讼出台的司法审判指导文件 …… 56

第三章 医疗过错与免责认定 …… 69
第一节 医疗损害责任构成 …… 71
【原理阐释】 …… 71
【实务问题及难点】 …… 72
一、关于侵权责任构成要件的认定 …… 72
二、侵害患者知情同意权责任和医疗产品责任构成 …… 76
【案例 3-01】侵犯了患者知情同意权，但未造成损害不承担责任的案件 …… 79
三、医疗行为的认定 …… 82

【案例 3-02】拔火罐是否属于医疗行为 …… 84
【案例 3-03】给未成年人文身如何定性 …… 87
【法条链接】 …… 89
【案例 3-04】杨某等与某市妇幼保健院医疗侵权赔偿纠纷上诉案 …… 91
第二节 医疗过错认定标准 …… 93
【原理阐释】 …… 93
一、医疗过错概说 …… 93
二、医师的注意义务 …… 94
三、违反注意义务的判断标准 …… 96
四、超出注意义务的情形 …… 101
【案例 3-05】超级细菌感染致患者死亡的法律责任 …… 104
【实务问题及难点】 …… 105
一、判断主体 …… 105
二、判断内容 …… 106
三、判断依据 …… 108
【法条链接】 …… 109
【案例 3-06】乡镇卫生院医疗水平判断案 …… 112
【案例 3-07】从某与南京某医院因错误手术损害赔偿纠纷 …… 113
第三节 医疗损害的抗辩事由 …… 115
【原理阐释】 …… 115
一、医疗损害责任的抗辩事由概念 …… 115
二、医疗损害责任免责事由和抗辩事由之辩 …… 116
三、《民法典》与《条例》关于抗辩事由的不同规定 …… 119
【实务问题及难点】 …… 121
一、对《民法典》第 1224 条第 1 款的解读 …… 121
二、《民法典》第 1224 条规定的三种抗辩事由的具体情形和扩展 …… 121
【法条链接】 …… 132
【案例 3-08】江某与北京某医院医疗事故赔偿纠纷 …… 134
【案例 3-09】某肿瘤患者自杀，医疗机构无责案 …… 135

第四章 医疗损害赔偿案件起诉 …… 139
第一节 起 诉 …… 141
【原理阐释】 …… 141
一、起诉的基本条件和要求 …… 141
二、案由选择 …… 144
三、当事人的选择 …… 148
四、共同被告 …… 149
【实务问题及难点】 …… 152
一、“医疗损害赔偿纠纷”与“医疗服务合同纠纷”的取舍 …… 152
二、侵犯胎儿权益案件中的原告 …… 154
【案例 4-01】医生未依据职责提供孕妇的产前诊断，应承担相应的责任 …… 157
三、如何确定医疗损害赔偿诉讼的被告 …… 159
【案例 4-02】医联体内医师会诊的“劳务费”是否属于不当得利 … 162
四、侵犯患者知情同意权责任纠纷 …… 165
五、医疗产品责任纠纷的被告及责任承担 …… 167
【法条链接】 …… 170
【案例 4-03】如何确定不当出生之诉的原告 …… 173
【案例 4-04】刘女士诉深圳北京两医院案 …… 175
【案例 4-05】齐齐哈尔第二制药有限公司亮菌甲素注射液致患者死亡案 …… 177
第二节 法律溯及力与诉讼时效 …… 178
【原理阐释】 …… 178
一、法的溯及力 …… 178
二、诉讼时效 …… 180
三、诉讼时效中断 …… 181
四、诉讼时效中止 …… 181
【实务问题及难点】 …… 182
一、关于《民法典》医疗损害责任章的溯及力 …… 182
二、医疗侵权纠纷诉讼时效期间的起算点 …… 184

三、发生后遗症的诉讼时效问题 …… 185
四、《民法典》等相关法律的溯及力争议的实质问题 …… 186
【法条链接】 …… 187
【案例 4-06】许某诉某大学附属医院的诉讼时效问题 …… 192
【案例 4-07】周某诉某医院输血致丙肝感染案 …… 194
【案例 4-08】本案应该适用《侵权责任法》还是《民法典》 …… 195

第五章　医疗侵权诉讼的举证责任分配 …… 199
第一节　医疗损害责任的归责原则体系与举证责任原则 …… 201
【原理阐释】 …… 201
一、举证责任分配的基本法理 …… 201
二、《民法典》医疗损害责任章确立的医疗损害责任的归责原则体系 …… 202
【实务问题及难点】 …… 204
一、关于医疗技术损害责任案件举证责任的具体配置 …… 204
二、关于医疗伦理损害责任案件举证责任的具体配置 …… 206
【案例 5-01】法院阐释医疗损害构成要件举证责任的案件 …… 207
三、关于医疗产品损害责任案件举证责任的具体配置 …… 212
四、医疗损害责任归责原则的变化对司法实践的影响 …… 214
【法条链接】 …… 214
【案例 5-02】因医疗机构病历缺陷实施过错推定案 …… 220
第二节　医疗损害赔偿案件举证责任的演变 …… 222
【原理阐释】 …… 222
一、医疗损害诉讼举证责任的发展阶段 …… 222
二、过去医疗损害赔偿案件采用举证责任倒置的原因 …… 225
三、医疗损害案件不再采用“一刀切”举证责任分配的理由 …… 226
【实务问题及难点】 …… 228
一、医疗损害司法解释对患方举证能力不足的弥补 …… 228
二、医疗损害赔偿诉讼举证责任的实务操作 …… 229
【法条链接】 …… 230

【案例 5-03】某医院转抄医嘱病历失真致鉴定不能 …… 233
第三节 医疗损害赔偿纠纷案件举证责任的最新规定 …… 234
【实务问题及难点】 …… 235
一、对案件基本事实的举证责任 …… 235
【案例 5-04】患者未能证明损害后果被驳回起诉 …… 237
【案例 5-05】患者未能证明因果关系被驳回起诉 …… 239
二、对过错、因果关系要件的举证责任 …… 242
三、《民法典》第 1222 条规定的过错推定情形的举证责任 …… 244
四、《民法典》第 1222 条规定的过错推定的性质 …… 246
【实务问题及难点】 …… 249
一、对免责事由的举证责任 …… 249
二、关于尸检问题 …… 250
【法条链接】 …… 251
【案例 5-06】医疗机构未告知患方尸检，无须承担责任案 …… 256
【案例 5-07】医疗机构未告知患方尸检，承担责任案 …… 259

第六章 医疗文书的证据问题 …… 261
第一节 医疗文书的范围 …… 263
【原理阐释】 …… 263
一、病历 …… 263
二、处方 …… 264
三、其他文件 …… 264
【实务问题及难点】 …… 265
一、病历规范书写与管理要求 …… 265
【案例 6-01】麻醉知情同意书非患者所签，但未侵犯患者知情同意权案 …… 266
二、处方规范书写与管理要求 …… 268
三、疾病诊断证明的效力与开具要求 …… 268
四、出生诊断证明的效力与开具要求 …… 269
五、死亡证明的效力与开具要求 …… 269

【案例 6-02】死亡证明书引发的保险理赔纠纷 …………………… 270
【法条链接】 ………………………………………………………… 271
第二节 病历的提供、查阅与封存 ……………………………………… 276
【原理阐释】 ………………………………………………………… 276
一、与病历相关的法律问题 ………………………………………… 276
二、患者的病历知情权 ……………………………………………… 279
三、医疗机构病历提供义务 ………………………………………… 280
【实务问题及难点】 ………………………………………………… 281
一、病历提供义务的具体情形和要求 ……………………………… 281
二、患者病历知情权的范围 ………………………………………… 283
三、“未按规定填写病历”的认定与处罚 …………………………… 284
【案例 6-03】何晓某与原国家卫生和计划生育委员会行政诉讼案 … 286
四、病历封存 ………………………………………………………… 288
【案例 6-04】医疗机构私自将后续病历加入已封存病历属于篡改 … 291
【案例 6-05】电子病历未“锁定”，医院承担 5 万元鉴定费 ………… 295
【法条链接】 ………………………………………………………… 296
【案例 6-06】某医院丢失患者病历引发纠纷 ………………………… 304
【案例 6-07】南京“天书病历”案 …………………………………… 305
第三节 病历的证据学审查 ……………………………………………… 307
【原理阐释】 ………………………………………………………… 307
一、病历的证据价值 ………………………………………………… 307
二、病历的客观性 …………………………………………………… 309
三、病历的相关性 …………………………………………………… 310
四、病历的合法性 …………………………………………………… 311
【实务问题及难点】 ………………………………………………… 313
一、病历真实性、完整性审查 ……………………………………… 313
二、关于病史不实的修改问题 ……………………………………… 318
【案例 6-08】医院配合患者修改病史，反被患者以“篡改病历”
起诉 ………………………………………………………… 320

【案例 6-09】患方要求修改病历中患者姓名，法院查证属实后准许 …… 321
三、电子病历的证据效力 …… 322
四、瑕疵病历的审判对策 …… 327
【法条链接】 …… 332
【案例 6-10】病历被篡改 68 处致使鉴定无法进行的案例 …… 336
【案例 6-11】电子病历遭受患者质疑的案例 …… 338

第七章　医疗损害技术鉴定 …… 341
第一节　医疗损害鉴定的启动 …… 343
【原理阐释】 …… 343
一、医疗损害责任鉴定的重要性 …… 343
二、医疗损害鉴定的双轨制 …… 345
【案例 7-01】经多次医学会鉴定与法医鉴定的医疗损害诉讼案件 …… 346
三、医疗损害技术鉴定 …… 349
【实务问题及难点】 …… 351
一、医疗损害鉴定的范围 …… 351
二、医疗损害鉴定的申请和委托 …… 353
三、医疗损害鉴定机构的选择 …… 354
【案例 7-02】脑瘫引起的医疗损害诉讼多次鉴定的案件 …… 357
四、鉴定费问题 …… 359
【法条链接】 …… 360
【案例 7-03】法医鉴定补充医学会鉴定案 …… 366
第二节　医疗损害鉴定的若干疑难问题 …… 368
【原理阐释】 …… 368
一、《民法典》未规定医疗损害鉴定制度 …… 368
二、委托医学会鉴定机构进行鉴定有无法律依据 …… 369
三、医疗损害鉴定的救济程序——重新鉴定 …… 370
四、关于当事人自行委托鉴定的效力问题 …… 373

五、关于鉴定机构自行撤销鉴定意见的问题 …… 374
【法条链接】 …… 375
【案例7-04】医学会鉴定与法医鉴定意见不一致的案件 …… 378
第三节 医疗损害鉴定意见的审查与应用 …… 380
【原理阐释】 …… 380
一、医疗损害鉴定意见的审查要求 …… 380
【案例7-05】质疑鉴定材料病历造假的医疗损害赔偿案 …… 383
二、医疗过错判断的审查 …… 385
【案例7-06】手术致患者丧失生育选择权的医疗损害纠纷 …… 387
三、因果关系判断的审查 …… 389
四、专家辅助人的正确运用 …… 391
【案例7-07】法官组织专家论证否定鉴定意见的案件 …… 392
【案例7-08】手术致患者丧失生育能力的医疗损害纠纷 …… 394
【法条链接】 …… 396

第八章 赔偿标准及计算 …… 401
第一节 医疗损害赔偿标准 …… 403
【原理阐释】 …… 403
一、医疗损害赔偿学说 …… 403
二、医疗损害赔偿标准 …… 404
【实务问题及难点】 …… 404
过错程度、责任程度、损害程度的区别 …… 404
第二节 具体赔偿范围和计算方式 …… 406
【原理阐释】 …… 406
【实务问题及难点】 …… 408
一、致人身体伤害的治疗和康复支出的合理费用的赔偿 …… 408
【案例8-01】医疗费用须凭据支付 …… 410
【案例8-02】治疗原发疾病的费用不在赔偿之列 …… 411
【案例8-03】患方设立陷阱获取医方提供的陪护证明 …… 415
【案例8-04】受害人住院期间由领退休金的配偶护理，法院支持护理费 …… 416

【案例 8-05】法院审查交通费、等待住院的住宿费实例 …… 418
【案例 8-06】住宿费审查实例 …… 420
二、致人残疾的相关赔偿项目 …… 422
【案例 8-07】致残的医疗损害赔偿项目 …… 424
【案例 8-08】被扶养人生活费计算错误案 …… 427
三、致人死亡的相关赔偿项目 …… 428
【案例 8-09】致患者死亡的医疗损害赔偿项目 …… 432
四、精神损害赔偿范围和计算标准 …… 433
【案例 8-10】王某某诉唐山某摄影有限公司赔偿特定物损失案 …… 435
【案例 8-11】医疗损害精神损害赔偿 …… 441
【法条链接】 …… 443
第三节　可能发生重复赔偿的情况 …… 447
【原理阐释】 …… 447
一、后续治疗费与残疾赔偿金 …… 447
二、残疾赔偿金、死亡赔偿金和被扶养人生活费 …… 451
三、死亡赔偿金和精神损害赔偿金 …… 452
四、医疗损害赔偿与其他责任主体赔偿 …… 454
五、死者生前无劳动能力且无生活来源，赔偿权利人能否获得死亡赔偿金和精神损害赔偿金 …… 457
【法条链接】 …… 459
【案例 8-12】后续治疗费的赔偿条件 …… 460

后　记 …… 463

第一章

医疗损害赔偿诉讼概述

近年来，我国的医疗纠纷案件数量居高不下，不统一的医疗纠纷民事处理机制给这场医患博弈增加了悬念和变数。为此，医院管理、法律等专业领域的专家、学者在探索和寻找有效解决医疗纠纷的渠道上作出了不懈努力。2009年年底出台的《侵权责任法》可谓是为这一问题的解决提供了契机。《侵权责任法》第七章构建了一整套有关医疗损害赔偿纠纷的司法处理制度，对我国当前的医疗纠纷民事处理产生了深远影响。2020年出台的《民法典》继承了原《侵权责任法》的相关内容，在原《侵权责任法》的基础上修改后作为《民法典》“侵权责任编”，另外，《民法典》中的有些规定也与医疗损害赔偿相关。此外，国家出台的其他一些法律、法规，最高人民法院出台的部分司法解释也与医疗损害赔偿密切相关，许多地方法院出台了司法指导文件，对医疗损害赔偿诉讼案件的处理起着规范作用。本章将从宏观方面阐述医疗损害赔偿诉讼的相关问题。

第一节 医疗损害赔偿相关概念

一、医疗损害

医疗损害属于一个具有专门含义的特殊概念，并非从字面上对其做一般意义上理解的含义，而是特指在医疗过程中，因为医疗机构或者医务人员的过错导致患者遭受身体或者精神伤害。医疗损害具有如下特征。

造成医疗损害的主体是医疗机构和/或医务人员。患者在医疗机构内发生的非医疗行为引起的伤害还有很多，如其他患者对患者造成的身体伤害，但是只有在医疗机构、医务人员执行医疗职务行为的过程中对患者造成的伤害，才能被称为医疗伤害，其他人、其他原因导致的患者伤害都不是医疗损害。

医疗损害侵害的客体是患者的生命权、健康权和身体权。医疗损害在结果上直接表现为患者遭受的皮肉痛苦、组织器官的破坏、功能障碍等，或者是对患者造成精神上的痛苦和伤害。正因为是患者的生命权、健康权、身体权遭受侵害，所以患者除了可以依据《民法典》“侵权责任编”主张权利之外，还可以依据《民法典》“人格权编”“合同编”等相关规定主张权利。

医疗损害发生的主观方面是医疗机构、医务人员有过错。过错是一种主观心态的描述，难以客观评价，诉讼中也难以让当事人进行举证证明。因此，在医疗损害赔偿诉讼中，对医疗过错的评价和衡量，是从医疗机构、医务人员在医疗过程中违反医疗卫生管理法律、法规、规章、诊疗技术规范、规程等方面进行的。在判断和评价医疗过错时，无论是法官作事实裁判评价，还是鉴定人作技术评价，医疗过错的认定，均是以医疗机构、医务人员未尽到其应当尽到的注意义务作为基准，未经医疗专业上的注意义务直接表现为行为人违反医疗卫生管理法律、法规、规章、诊疗技术规范、规程等。实践中，对医疗过错的评价，往往只有是和非的评价，没有过错程度的评价，过错程度与医疗损害赔偿的关联不大。过错程度对人格权侵害赔偿的影响，限于侵害除生命权、身体权和健康权外的人格权的民事责任。[1] 另外，医疗过错的评价，往往需要借助具有专门知识的人提供专业上的判断，即依靠鉴定意见加以认定。

医疗损害的客观方面表现为医疗过程中发生的给患者造成的非必然性的损害。医疗损害发生于医疗过程中，是医疗机构、医务人员在给患者提供诊疗服务的过程中，因医疗行为不当造成的患者额外的损害，与医疗行为本身造成的损害不同。医疗行为具有侵害性的特点，决定了医疗行为实施过程中会给患者造成一定的痛苦和伤害，如手术需要切开身体的相关部位，手术还需要切除有病灶的组织、器官，有时还会连带将正常的组织器官一并切除。这些都是医疗行为实施过程中给患者造成的必然损害。医疗损害强调的是医疗行为操作失误造成患者的附加性损害，如在手术过程中，由于手术操作人员的失误，划破了与手术无关的组织器官，或者切除了与手术无关的脏器。

二、医疗损害诉讼

在医疗过程中，由于医疗机构、医务人员违反了医疗卫生管理法律、法规、规章以及诊疗技术规范、规程，侵害了患者的生命权、健康权、身体权，患者依法要求医疗机构承担侵权责任，据此向人民法院提出的侵权赔偿诉讼。

《民法典》第 1218 条规定：患者在诊疗活动中受到损害，医疗机构或者其医务人员有过错的，由医疗机构承担赔偿责任。医疗损害赔偿实行替代责任，即医疗损害赔偿责任由医疗机构承担，不由实施医疗行为的医务人员承担。在侵权责任承担方面，有替代责任（vicarious liability）和个人责任（personal liability）两种类型。替代责任是指行为人就第三人实施的侵权行为对受害人承担的侵权责任，行为人与第三人之间一般都存在某种法律上的关系，如雇用关系、委托关系等。替代责任的情形常常发生在执行职务的过程中，如驾驶员在执行职务过程中致人损害，国家机关、法人单位、法人组织或雇主应当承担替代的赔偿责任。此外，被监护人侵权，监护人承担的也是替代责任。医疗损害赔偿责任的承担，由医务人员所代表的医疗机构承担替代责任。但是在具体的过错判断上，还是以医务人员的过错为依据。而个人责任则是指行为人就自己

---

① 《民法典》第 998 条规定："认定行为人承担侵害除生命权、身体权和健康权外的人格权的民事责任，应当考虑行为人和受害人的职业、影响范围、过错程度，以及行为的目的、方式、后果等因素。"

实施的侵权行为对受害人承担的侵权责任。无论是行为人承担的替代责任还是行为人承担的个人责任都是过错侵权责任，以行为人在控制第三人的行为方面存在过错作为条件，或者以第三人在行为时存在过错作为条件，虽然侵权法认为行为人承担的替代责任要比他们承担的个人责任更严格一些，但是行为人承担的替代责任仍然是过错侵权责任而非所谓的严格责任。

医疗损害赔偿原则上实施替代责任，由医疗机构对患者的损害负责。但是，在特殊情况下，存在医疗机构和医务人员共同承担责任的情况。比如，在医务人员多点执业的背景下，医务人员在其第一执业地点发生医疗损害赔偿，由医疗机构承担赔偿责任。但是，医务人员在第二、第三执业地点执业，发生医疗损害赔偿，且医务人员与医疗机构约定自己承担责任的，则由医务人员自行承担责任。①

当然，在医疗损害诉讼的责任形式上不一定是赔偿，患者可以主张医疗机构承担其他的责任形式。《民法典》第 179 条规定：承担民事责任的方式主要有：（1）停止侵害；（2）排除妨碍；（3）消除危险；（4）返还财产；（5）恢复原状；（6）修理、重作、更换；（7）继续履行；（8）赔偿损失；（9）支付违约金；（10）消除影响、恢复名誉；（11）赔礼道歉。法律规定惩罚性赔偿的，依照其规定。本条规定的承担民事责任的方式，可以单独适用，也可以合并适用。《民法典》第 1167 条规定：侵权行为危及他人人身、财产安全的，被侵权人有权请求侵权人承担停止侵害、排除妨碍、消除危险等侵权责任。在有的医疗侵权诉讼中，权利受到侵害的患者，可以主张除损害赔偿外的其他形式方式。

在医疗损害赔偿责任中，患者可以主张物质性损失的赔偿，也可以主张非物质性损失的赔偿。物质性损失的赔偿，依据《民法典》第 1179 条的规定，患者可以要求医疗机构赔偿医疗费、护理费、交通费、营养费、住院伙食补助费等为治疗和康复支出的合理费用，以及因误工减少的收入。造成残疾的，还应当赔偿辅助器具费和残疾赔偿金；造成死亡的，还应当赔偿丧葬费和死亡赔偿金。非物质性损失的赔偿，即精神赔偿，依据《民法典》第 1183 条的规定，

---

① 国家卫生和计划生育委员会、国家发展和改革委员会、人力资源和社会保障部、国家中医药管理局、中国保监会《关于印发推进和规范医师多点执业的若干意见的通知》（国卫医发〔2014〕86 号，2014 年 11 月 5 日发布并施行）。

医疗行为侵害患者人身权益造成严重精神损害的，被侵权人有权请求精神损害赔偿。因故意或者重大过失侵害自然人具有人身意义的特定物造成严重精神损害的，被侵权人有权请求精神损害赔偿。

三、医疗事故

在我国，医疗事故概念的使用由来已久。新中国成立初期相关报刊即出现医疗事故的概念，如《人民日报》多次报道医疗事故的问题。[①] 那时的医疗事故在概念上比较模糊，直到1987年《办法》的出台，第一次对医疗事故作出明确的定义。[②] 在2002年发布的《条例》第2条规定：医疗事故是指医疗机构及其医务人员在医疗活动中，违反医疗卫生管理法律、行政法规、部门规章和诊疗护理规范、常规，过失造成患者人身损害的事故。日本的法律上也有医疗事故的概念，但其外延很广，只对损害后果作出规定，强调医疗过程中发生了医疗上不能预料的患者死亡、死产。[③]

需要强调的是，医疗事故是一个行政法上的概念，是卫生行政部门在对医疗行业、医疗市场进行监管时，对违反医疗卫生管理法律、法规、规章和诊疗规范，造成患者损害的行为人进行处理时使用的一个概念。所以存在法律上医疗事故构成的问题，只有达到法律上规定的医疗事故构成要件的要求，相关的争议事件才构成医疗事故，卫生行政部门才能依法对相关医疗机构及医务人员作出行政处理。卫生行政部门作出行政处理的行为属于具体行政行为，行政管理相对人对处理不服的，可以启动行政复议程序，也可以向人民法院提起行政诉讼。

长期以来，我国对医疗事故的处理一直存在一些误区，主要表现在无论是

---

① 《消灭医疗事故》（社论），载《人民日报》1955年11月30日，第1版。

② 《办法》第2条规定：本办法所称的医疗事故，是指在诊疗护理工作中，因医务人员诊疗护理过失，直接造成病员死亡、残废、组织器官损伤导致功能障碍的。

③ 日本医疗法（昭和二十三年法律第二百零五号；令和元年法律第七十一号修改，令和三年三月一日施行）第6条之十规定，由在该医院等工作的医疗从业者提供的医疗起因，或者被怀疑是该起因引起的死亡或死产，由厚生劳动省令规定该管理者没有预期到该死亡或死产，即属于需要向厚生省报告的医疗事故，厚生省随后启动医疗事故调查程序。在其他一些法律、议案、论文中，也使用医疗事故的概念。比如，在议案《关于维持医疗受诊者的尊严及提供有助于自己决定的医疗信息、支援咨询及促进医疗事故等原因查明等的法律草案》（医療を受ける者の尊厳の保持及び自己決定に資する医療情報の提供、相談支援及び医療事故等の原因究明の促進等に関する法律案）（第一六四回国会，众第一八号议案）第33条规定了医疗事故报告要求。

原《办法》，还是修订后的《条例》，从法律性质来说均属于行政法规，但在内容上却主要规定损害赔偿，行政处理的内容偏少。在实践层面，各地卫生行政部门在接到医疗事故争议报告，或者处理医疗纠纷时，主要关注的是如何赔偿。各地之前出台的医疗事故处理办法实施细则中，甚至直接规定了事故等级的赔偿金额。所以，医疗事故的分级，一直都是以损害结果来确定，并且将医疗事故等级与伤残等级对应，就是为了方便计算赔偿费用，以至于现在仍有人在诉讼中要求医疗机构承担医疗事故赔偿责任。

但是，在医疗服务过程中因医疗机构或者医务人员的过错导致患者的权利被侵害所应当承担的赔偿责任实际上是一个民事概念，所以原《侵权责任法》对此予以规定，《民法典》进一步明确了相关内容。赔偿的问题通过《民法典》解决了，《条例》就应当回归其本来的定位，主要调整卫生行政部门对行政管理相对人——医疗机构、医务人员违反医疗卫生法律、法规、规章及诊疗规范，破坏医疗卫生管理秩序的行为所实施的处理。如果卫生行政部门在行政层面对严重违法医疗行为给予行政处罚，达不到惩治目的时，可以向公安司法机关移送，依据《刑法》第335条的规定，依法追究有关人员的医疗事故罪的刑事责任。

【案例1-01】包头市某村卫生村医医疗事故罪案①

2013年3月20日，患儿因咳嗽就诊潘某的卫生室，患儿奶奶自述患儿咳嗽四五天，在家自己口服头孢、尼美舒利颗粒和一些止咳药仍不见好转，口服药呕吐吃不下，19日晚仍发烧，遂再次就诊要求输液治疗。10时许，潘某对患儿进行检查后判断为急性上呼吸道感染，并询问患儿奶奶患儿是否有药物过敏史，但患儿奶奶回答不清楚。随即，潘某开具处方氨溴索+先锋必（注射用头孢哌酮钠）2g+病毒唑2g+地塞米松2g。并且按照医疗规范对患儿进行先锋必皮试，皮试结果为正常。潘某对患儿先给予氨溴索静脉滴注，一两分钟后，患儿出现肚疼、呕吐、哭喊的症状。潘某考虑是胃肠道反应（因为氨溴索有胃

---

① 包头市东河区人民法院（2014）包东刑初字第358号刑事附带民事判决书；包头市中级人民法院（2015）包刑一终字第28号刑事附带民事裁定书；内蒙古自治区高级人民法院（2017）内刑申233号再审决定书。

肠道反应说明)，遂换另一组先锋必+病毒唑（输液调节器未打开，此药物并未滴注)。此时，患儿奶奶发现患儿脸部有红点，潘某说如果担心就不要继续输液了，随即拔掉针头。留观二十分钟后，患儿脸部红点消退，恢复正常。潘某为患儿开了口服药后，患儿回家。约一小时后，潘某接到患儿邻居的电话，称患儿出现高烧发抖症状。随即，潘某开车将患儿接到卫生室，并拨打120急救中心电话。当时，患儿体温40.5℃，潘某对患儿采取物理降温、口服尼美舒利颗粒、肛塞小儿退热栓等方式进行治疗。为节约时间，潘某亲自驾车将患儿送往包头市中心医院，半路遇到120救护车，转到急救车送往包头市中心医院。包头市中心医院接诊后初步考虑为热原反应，当时给予了5mg地塞米松入壶静滴，不一会患儿有些抽搐，大约持续十秒。接诊医师考虑为病毒感染引起的脑炎，随即给予甘露醇及镇静剂（鲁米那、水合氯醛)。此时，患儿心电图正常并哭喊着叫奶奶，患儿烦躁不安，要求坐起来。坐了一会儿，随着镇静剂发挥作用，患儿开始睡觉，此时已经是14点。大约16点，包头市中心医院告诉患儿家属，患儿呼吸衰竭。17点，患儿各脏器功能衰竭，第二天宣布脑死亡。后患儿在包头市中心医院住院维持性治疗一年多之后死亡。

事发之后，包头市卫生局委托医学会先后组织了三次鉴定。第一次鉴定在2013年5月3日，鉴定结果认定此案为一级乙等医疗事故，潘某负次要责任。2013年11月5日，包头市医学会在未通知医患双方到场的情况下组织内部鉴定，认定此案为一级乙等医疗事故，潘某负主要责任。2014年9月3日，经内蒙古医学会组织鉴定，专家组认为潘某的过失行为与患儿药物过敏反应加重至发生过敏性休克，直至死亡有直接因果关系；包头市中心医院的诊疗和用药符合诊疗常规。本案为一级甲等医疗事故，潘某负主要责任，包头市中心医院无责任。随后，潘某被刑拘。包头市东河区人民法院认定潘某构成医疗事故罪，一审被判有期徒刑2年10个月，赔偿金额115万多元。二审维持原判。但被告人一直在申诉，内蒙古自治区高级人民法院于2018年4月24日指定包头市中级人民法院再审，最终仍维持原来的结论。

评析

医疗事故罪是指医务人员由于严重不负责任，造成就诊人死亡或者严重损害就诊人身体健康，构成犯罪的行为。其行为的后果更为严重，情节更为恶劣，性质上应当界定为犯罪，对责任医务人员作出行政处罚不足以达到惩罚的效果，而必须要给予其刑事处罚。因此，《刑法》第335条要求构成本犯罪的两个重要条件是“严重不负责任”和“造成就诊人死亡或者严重损害就诊人身体健康”。但是，在司法实践中有的地方法院简单地以“一级甲等医疗事故”作为构成本犯罪“严重不负责任”的替代条件。“一级甲等医疗事故”仅仅是一个结果条件，对应于“造成就诊人死亡或者严重损害就诊人身体健康”，即便加上“完全责任”“主要责任”等责任程度的认定部分，也不构成“严重不负责任”。因为在医疗事故技术鉴定中的“完全责任”“主要责任”等责任程度，仅仅是对医疗行为与损害后果之间因果关系的定量表达，并非不负责任的程度。本案患者死亡后，并未作尸体解剖，在患者未进行尸检、死因不明的情况下，难以确定医疗行为与患者死亡之间具有《刑法》上的因果关系。而恰恰从本案的细节中可以看出，潘某在患儿出现不良情况后一直表现出积极应对的态度：患儿在输液后出现“肚疼”“脸部有红点”，潘某立即停止输液，情况即有所缓解。作为一名乡村医生，由于经验缺乏，对此后果的预估不足，与其乡村医生的身份是相符的，并且症状缓解也促使其相信“过敏”并不严重。即便患者出现的情况确实是过敏性休克，但要让卫生室的乡村医生当时就作出诊断显然不现实，因为即便到了包头市中心医院，入院诊断也是“青紫原因待查，肺炎”，到了次日才作出过敏性休克的中间诊断。此外，在患者回家出现病情反复并加重之后，潘某能够亲自陪同患者家属将患者送至诊疗条件好的医院就医，并垫付诊疗费。说明潘某在给患者输液后不存在“不负责任”的情形，更不存在医疗事故罪所要求的“严重不负责任”的情形。[①] 而且本案在对潘某定罪的同时，附带民事赔偿是按照全部责任判决的，更与最后法院采信的内蒙古自治区医学会作出的医疗事故技术鉴定结论“主要责任”不一致。所以本案一直存在比较大的争议。

四、非法行医

非法行医是一个行政法上的概念，也被称为无证行医、非医师行医。非法行医涉及机构和个人非法行医两种情况。个人非法行医是指没有医师（助理医

---

① 王岳、刘鑫、郑延谱：《潘某是否构成医疗事故罪》，载《中国卫生》2015年第8期，第86-87页。

师）执业证书却以医师的名义从事诊疗活动的行为。《医师法》第 2 条规定：医师是指依法取得医师资格，经注册在医疗卫生机构中执业的专业医务人员，包括执业医师和执业助理医师。第 13 条第 4 款规定：未注册取得医师执业证书，不得从事医师执业活动。第 59 条规定：违反本法规定，非医师行医的，由县级以上人民政府卫生健康主管部门责令停止非法执业活动，没收违法所得和药品、医疗器械，并处违法所得二倍以上十倍以下的罚款，违法所得不足一万元的，按一万元计算。非法行医需要与医师违法行医相区别。医师违法行医是指持有执业医师（助理医师）执业证书的医师在诊疗活动中，违反医疗卫生管理法律、行政法规、部门规章和诊疗护理规范、常规的行为。《医师法》第 55 条、第 56 条列举的行为就是违法行为。因此，违法行医与非法行医有着本质上的区别。

所谓机构非法行医，《医疗机构管理条例》第 23 条规定：任何单位或者个人，未取得《医疗机构执业许可证》或者未经备案，不得开展诊疗活动。第 43 条规定：违反本条例第二十三条规定，未取得《医疗机构执业许可证》擅自执业的，依照《基本医疗卫生与健康促进法》的规定予以处罚。违反本条例第二十三条规定，诊所未经备案执业的，由县级以上人民政府卫生行政部门责令其改正，没收违法所得，并处 3 万元以下罚款；拒不改正的，责令其停止执业活动。具体罚款金额，依据《基本医疗卫生与健康促进法》第 99 条第 1 款的规定，违反本法规定，未取得医疗机构执业许可证擅自执业的，由县级以上人民政府卫生健康主管部门责令停止执业活动，没收违法所得和药品、医疗器械，并处违法所得五倍以上二十倍以下的罚款，违法所得不足一万元的，按一万元计算。机构非法行医也要与机构违法行医相区别。具有“医疗机构执业许可证”的机构在开展医疗活动的过程中，违反相关法律、法规、规章的规定，属于违法行医，包括医疗机构使用非卫生技术人员、超范围执业等，《医疗机构管理条例》第 45 条至第 49 条规定的都属于违法行医的范畴。

无论是医师资格的授予、医师执业注册，还是医疗机构登记注册，都是行政许可行为。非法行医是卫生行政部门在对医疗行业、医疗卫生市场进行监管的过程中，对那些没有医师资格的人、没有医疗机构执业许可资格的机构擅自开展医疗活动的情况进行处理所使用的一个概念，主要涉及行政部门是否采取行政强制措施、行政处罚，至于非法行医造成患者人身损害的权利救济，则不属于卫生行政部门的职责，而属于民事领域纠纷，受《民法典》等民事法律的调整。所以，在医疗损害赔偿诉讼中，法官只关注争议的医疗行为是否属于《民法典》上所规定的医疗损害，是否构成医疗侵权，关注的是医疗过错的判断，而不会考虑非法行医的问题。

另外，非法行医的认定，还存在行政意义和刑事意义上的区别。根据最高人民法院关于非法行医罪的司法解释，“未取得医生执业资格的人非法行医”是指以下情形之一：（1）未取得或者以非法手段取得医师资格从事医疗活动的；（2）被依法吊销医师执业证书期间从事医疗活动的；（3）未取得乡村医生执业证书，从事乡村医疗活动的；（4）家庭接生员实施家庭接生以外的医疗行为的。① 显然，在刑事司法上，认定非法行医是以行为人未取得医师资格为前提。如果行为人已经取得了医师资格但未经注册而行医，不能成为非法行医罪的犯罪主体。

第二节　医疗损害赔偿制度的统一

【原理阐释】

一、医疗损害赔偿二元化现象的弊端

医疗损害赔偿纠纷一直是人民法院审理的一类疑难案件。由于国务院于2002年颁布了《条例》，最高人民法院于2003年作出了相关司法解释，人民法院在审理医疗损害赔偿纠纷案件的过程中，逐渐形成了由三个双轨制构成的二元化现象。② 具体表现在三个方面：一是诉讼案由的双轨制，既有医疗事故损

---

① 《最高人民法院关于修改〈关于审理非法行医刑事案件具体应用法律若干问题的解释〉的决定》（法释〔2016〕27号，2016年12月12日最高人民法院审判委员会第1703次会议通过，自2016年12月20日起施行）。

② 杨立新：《侵权责任法》，法律出版社2010年版，第407页。

害赔偿纠纷，也有医疗事故以外的一般医疗损害赔偿纠纷。二是鉴定的双轨制，既有由卫生行政部门指导的各级医学会组织进行的医疗事故技术鉴定，也有由统一在司法行政部门登记注册的司法鉴定机构组织进行的医疗损害过错鉴定。三是赔偿的双轨制，既有适用《条例》进行的医疗事故赔偿，也有适用《民法通则》《人身损害赔偿解释》进行的赔偿。

在《侵权责任法》颁布之前，由于二元化现象的存在，医疗损害赔偿案件的处理在公正与效率方面的问题十分突出。这主要体现在两点：一是由于两类鉴定的存在，使得大部分案件经历多次鉴定，案件审理时间长，效率低下；二是由于《条例》规定的医疗事故赔偿与法律、司法解释规定的人身损害赔偿相比项目少、标准低，使得在实践中出现了赔偿的倒挂现象，即一些经鉴定不构成医疗事故但医院确实因其过错行为造成患者人身损害后果的，患者获得的赔偿数额反而要高于经鉴定构成医疗事故的患者的获赔数额，造成了极大的不公正。而且这种现象在全国范围内普遍存在，这引起了《侵权责任法》立法者的注意。①《民法典》时代已经彻底解决了这一问题，但是鉴定二元化现象仍然存在。

【案例1-02】分别依据《条例》和《民法通则》判决案件

患者孙某因咳喘于2007年10月15日到某医院就诊，医院为孙某进行输液治疗。先输喘定，输毕又用同一输液管输利复星，输入少量后孙某丧失意识，心跳停止。医生实施了抢救，孙某经抢救无效死亡。据此，孙某的近亲属以医疗损害赔偿纠纷为由将某医院诉至法院，要求医院赔偿各项损失共计648820.97元。

本案经医疗事故技术鉴定，鉴定报告认为医院无体检记录和观察、护理记录。不排除患者有基础心肺疾病，患者的死亡与输液过程中基础疾病加重或药物的不良反应有关。结论为本例构成一级甲等医疗事故，医院负主要责任。法院综合全案事实及证据情况，确定某医院应该承担赔偿责任，责任比例为80%。

---

① 王胜明：《中华人民共和国侵权责任法解读》，中国法制出版社2010年版，第269-270页。

关于本案的赔偿数额，一审法院参照《条例》第50条的规定计算，判决某医院赔偿孙某的近亲属医疗费、丧葬费、精神损害抚慰金共计9万余元。后原、被告双方均不服提起上诉。

二审法院经审理认为，由于本案所涉纠纷未经尸检，患者死因不明。而医疗事故技术鉴定的过程未依规定吸收法医参加，因此法院对鉴定结论不予采纳。但是综合本案情况，某医院存在过错，并造成了孙某死亡。故某医院应该承担赔偿责任，其责任比例为80%。在赔偿数额上，依据《民法通则》和《人身损害赔偿解释》计算，某医院应赔偿孙某的近亲属医疗费、丧葬费、死亡赔偿金、精神损害抚慰金共计43万余元。故二审法院最终判决某医院向孙某的近亲属赔偿医疗费、丧葬费、死亡赔偿金、精神损害抚慰金共计430533.97元。

评析

与《条例》相比，《民法通则》及相关司法解释规定的赔偿项目要多一些，同类赔偿项目的赔偿标准也要高一些。

赔偿范围主要差别有：如在造成患者死亡的情况下，属于一般医疗损害应给付死亡赔偿金，属于医疗事故则不存在给付死亡赔偿金问题。死亡赔偿金的计算标准是20年的人均可支配收入。又如在患者致残需后续治疗的情况下，按《人身损害赔偿解释》的规定医疗机构应赔偿康复费、整容费、护理费等，而《条例》规定的后续治疗费仅为基本医疗费用，不包括康复费、整容费、护理费。

应该说，在案件处理的当时上述案例是参照《条例》处理还是依据《民法通则》及相关司法解释处理，患者一方的获赔数额相差约34万元，主要原因就在于《条例》没有规定死亡赔偿金。这也是医疗损害赔偿机制“二元化”的主要特征之一。

二、医疗损害赔偿诉讼的一元化解决

为了解决医疗损害赔偿纠纷案件中的法律适用“二元化”带来的上述问题，《侵权责任法》设专章规定了医疗损害责任。《侵权责任法》已于2010年7月1日起施行，该法的施行必将对人民法院审理医疗损害赔偿案件产生深远的影响。此外，最高人民法院也于2010年6月30日下发了《侵权法适用通知》，对《侵权责任法》的溯及力、医疗损害鉴定、被扶养人生活费等问题作出原则性规定。《民法典》医疗损害责任章基本上继承了原《侵权责任法》的内容。

《民法典》抛弃了“医疗事故”的概念，在“侵权责任编”第六章专章规定了“医疗损害责任”。立法者及法学专家认为，《民法典》对医疗损害责任的赔偿没有像《条例》那样对医疗损害赔偿作出特殊规定，甚至该法第七章没有规定医疗损害应该如何赔偿。没有赔偿问题的特殊规定，就说明医疗损害赔偿与《民法典》规定的产品责任赔偿、交通事故赔偿等一样，赔偿项目和赔偿标准等都统一适用《民法典》侵权责任编中第二章“损害赔偿”的规定。[①]

同时，由于法律不再采纳医疗事故的概念，因此在民事审判领域，目前人民法院不再采用医疗事故损害赔偿纠纷的诉由。[②] 在医疗机构医疗损害责任成立之后，在确定具体赔偿标准上，人民法院也不再区分医疗事故的赔偿和医疗事故以外的其他医疗损害的赔偿，从而实现了医疗损害赔偿法律制度的统一。

【案例 1-03】适用《人身损害赔偿解释》获赔案件

单某因“鼻咽癌放疗 12 年，头痛、耳鸣 2 月余，声嘶 1 周”于 2006 年 9 月 12 日到某医院住院治疗。9 月 26 日起患者开始出现憋气、咳嗽、呼吸困难等症状，医方给予了相应的抗炎、平喘、解痉和缓解局部水肿等治疗。2006 年 10 月 6 日 21 时 15 分，患者死亡。死因诊断为，鼻咽高分化鳞癌，放疗后复发鼻咽部组织肿块，左岩骨尖可疑骨破坏。其近亲属要求医院赔偿各项费用共计 20 万元。

区级医疗事故鉴定不构成医疗事故，市级医疗事故鉴定构成一级甲等医疗事故，医院承担轻微责任。

一审法院认为，鉴定结论可以作为本案事实的依据。根据鉴定结论，虽然患者自身所患疾病是导致其死亡的根本原因，但医方抢救不力的医疗过失有缩短患者生存期的可能，在患者死亡后果中起了轻微的作用，判决医院按照 20% 的责任比例承担赔偿责任。但由于后果严重，参照《条例》处理将使患者所受

---

① 王胜明：《中华人民共和国侵权责任法解读》，中国法制出版社 2010 年版，第 269-270 页；杨立新：《〈中华人民共和国侵权责任法〉精解》，知识产权出版社 2010 年版，第 227-228 页。

② 刘鑫、梁俊超：《论医疗损害技术鉴定危机与改革》，载《证据科学》2010 年第 18 卷第 4 期。

损失无法得到基本补偿，因此法院按照《民法通则》《人身损害赔偿解释》相关规定，适当提高赔偿数额，判决医院赔偿各项费用13万余元。二审法院维持原判。

评析

本案的判决结果引起争议。有观点认为，本案已经市级医疗事故鉴定构成一级甲等医疗事故，法院本应当按照最高人民法院关于审理医疗事故赔偿案件相关司法解释的精神，由医疗事故引起的医疗赔偿诉讼，依据《条例》的规定，判决医院对患者进行赔偿。但法院在判决时依据《人身损害赔偿解释》的有关规定进行判决，使《条例》边缘化。本书认为，在《侵权责任法》颁布之前，这是医疗损害责任救济机制“二元化”之下的乱象之一，也是法院不得已的处理办法。

三、过错责任原则与过错推定

过错责任原则（principle of fault liability）也叫过失责任原则，是以行为人主观上的过错作为承担民事责任基本条件的认定责任的准则。根据过错责任原则，行为人仅在有过错的情况下，才承担民事责任。没有过错，就不承担民事责任。我国《民法典》第1165条第1款规定，行为人因过错侵害他人民事权益造成损害的，应当承担侵权责任。可见，在法律没有特别规定的情况下，都适用过错责任原则。过错责任原则有以下含义：一是以行为人的过错作为责任的构成要件，行为人具有故意或者过失才可能承担侵权责任；二是以行为人的过错程度作为确定责任形式、责任范围的依据。在过错责任原则中，不仅要考虑行为人的过错，往往也要考虑受害人的过错或者第三人的过错。如果受害人或者第三人对损害的发生也存在过错，则要根据过错程度来分担损失，因此可能减轻甚至抵消行为人承担的责任。在共同侵权的场合，共同侵权人的过错程度甚至可能成为其内部分担损失的依据。在《人身损害赔偿解释》中，采纳了以根据过错程度和原因力大小在共同侵权人内部分担损失为原则、平均分担为例外的主张。

过错责任原则是在否定早期“古代法”中结果责任原则的基础上，自《十二铜表法》正式提出故意和过失的概念后逐渐形成的。1804年《法国民法典》

正式确立过错责任原则，该法第 1382 条和第 1383 条分别规定了作为和不作为的过错责任。[①] 我国《民法典》第 1165 条第 1 款将过错责任原则规定为侵权法的归责原则。这一原则的确立，为民事主体的行为确立了标准。它要求行为人善尽对他人的谨慎和注意义务，尽量避免损害后果，也要求每个人充分尊重他人的权益，从而为行为人确立了自由行为的范围，体现了对人的尊重；它也有利于预防损害的发生，通过赋予过错行为以侵权责任，教育行为人行为时应当谨慎、小心，尽到注意义务，努力避免损害的发生；它充分协调和平衡了“个人自由”和“社会安全”两种利益的关系。

过错推定（presumption of fault），是指在某些侵权行为的构成中，法律推定实施该行为时具有过错。这些侵权行为的归责原则仍属于过错责任原则，即构成要件中要求行为人的过错。[②] 行为人可以通过自己没有过错来获得免责的效果，在这个意义上，也将过错推定为过错举证责任的倒置。因为在一般过错责任原则下，是要由受害人来证明行为人存在过错；而在过错推定的情况下，受害人不需要对行为人的过错举证证明，法律推定行为人存在过错，除非行为人能够证明自己没有过错。适用过错推定的情况，需要有法律的明确规定。我国《民法典》第 1165 条第 2 款规定：依照法律规定推定行为人有过错，其不能证明自己没有过错的，应当承担侵权责任。这是我国《民法典》对过错推定所作的原则性规定。显然，我国民法上对过错推定持谨慎态度，以过错责任原则为侵权责任的一般原则，过错推定为例外和补充，本书认为不宜称之为过错推定原则。主要是针对一些特殊情况下，原告举证证明被告的行为存在过错有困难时，且这种困难是由于技术条件或者客观原因的限制所导致，为了减轻原告的举证责任，平衡原、被告双方诉讼的地位，所采取的特殊规定。因而过错推定只在法律有规定的情况下才能适用。《民法典》第 1222 条对医疗损害赔偿诉讼采用的即为过错推定，要求符合该条规定的三种情况中的任意一种时，适用过错推定来认定行为人的过错。不过，《民法典》第 1222 条规定的过错推定仍然是可推翻的推定，将举证责任转移给被告医疗机构，如果医疗机构能够举

---

① 程啸：《侵权行为法中的过错与违法性》，载《人大法律评论》编辑委员会：《人大法律评论》，法律出版社 2003 年版，第 188-245 页；石佳友：《〈法国民法典〉过错责任一般条款的历史演变》，载《比较法研究》2014 年第 6 期，第 17-30 页。

② Samuel L. Heller, Torts-Rear-End Collision-Presumption of Fault, 13 U. MIA L. Rev. 236 (1958).

证证明其医疗行为没有过错，即否定了过错推定；如果医疗机构不能举证证明其医疗行为没有过错，即可确认医疗过错的存在。

四、无过错责任原则与公平责任分担

无过错责任原则（the principle of no fault liability），亦称客观责任原则、危险责任原则、严格责任原则。它是民法归责原则中的一个特殊原则，主要是指行为人造成他人损害的事实客观存在，以及行为人的活动和所管理的人或物的危险性质与所造成损害后果是因果关系，而特别加重其责任，让行为人对损害后果承担法律责任。无过错责任是随着经济的发展、科学技术的提高而提出的。最早在《法国民法典》中得到反映，第二次世界大战后，随着责任保险等制度的发展，对损害赔偿由个人转向社会分担，无过错责任普遍采用，在有些领域有取代过错责任的趋势。中国民法也承认无过错责任原则，并对此作了明确规定。无过错责任可分为两类：第一类是指当事人对造成损害无论有没有过错，法律规定应当承担侵权责任的，依照其规定，由当事人承担民事责任（《民法典》第1166条）；第二类是特殊侵权行为的责任承担，包括产品责任（《民法典》侵权责任编第四章）、机动车交通事故责任（《民法典》侵权责任编第五章）、环境污染和生态破坏责任（《民法典》侵权责任编第七章）、高度危险责任（《民法典》侵权责任编第八章）、饲养动物损害责任（《民法典》侵权责任编第九章）等，致害人员无过错仍应承担民事责任。根据《民法典》第1166条的规定，无过错责任的适用，是以法律规定为前提的。根据《民法典》第1223条及侵权责任编第四章的规定，在医疗损害赔偿诉讼中，目前医疗产品责任应当适用无过错责任原则。

公平责任（fair responsibility），又称衡平责任（strict liability），是指在当事人双方对损害均无过错，但是依照法律的规定又不能适用无过错责任的情况下，由人民法院根据公平的理念，在考虑受害人的损害、双方当事人的财产状况及其他相关情况的基础上，判令加害人对受害人的财产损失予以适当补偿。[①] 公平责任本就不是侵权损害的归责原则，《民法典》第1186条之所以规定在侵

① 王利明：《王利明学术文集·侵权责任编》，北京大学出版社2020年版，第137页。

权责任编损害赔偿一章之中，而没有规定在侵权责任编一般规定一章之中，旨在说明该条是关于公平补偿责任的一般规定，而不是公平归责原则。《民法典》侵权责任编对公平责任的修改主旨在于解决其在实践中被滥用的现象，做法是用“依照法律的规定”来限制法官的自由裁量权，使得《民法典》第1186条不再具备独立适用功能。对此，在理论上需否定公平责任的归责原则地位，并在具体规范中明确其适用条件。[①] 一般来说，仅在因自然原因引起的紧急避险、因监护人已尽监护职责，以及行为人无过错丧失意识三种情形下致人损害的适当补偿，才属于公平责任的适用范围。从该条规定的内容上看，“受害人和行为人对损害的发生都没有过错的，依照法律的规定由双方分担损失”。这里的法律规定是指《民法典》第1188条（监护责任）、第1190条（暂时丧失意识能力损害责任）、第1254条（高空抛物坠物责任）规定的情形，医疗损害责任并不在其列，不适用“公平责任”。在司法实践中，为了“摆平”医患双方的利益冲突，采取所谓的公平原则，满足当事人无理索赔的判决并不鲜见，这是不符合法律规定的。

【实务问题及难点】

《民法典》统一了医疗损害赔偿法律制度，但是在司法实践中应该如何操作，在立法中并没有明确而具体的规定，因而留下了大量的司法实务问题需要进一步研究和规制。

一、关于医疗损害赔偿纠纷案件的案由

司法实践中，各地对医疗损害赔偿纠纷案件的案由认识不一、做法不一。在法院已审结的与医疗相关的民事案件中，涉及的案由主要是医疗事故损害赔偿纠纷（或医疗损害赔偿纠纷）和医疗服务合同纠纷，还有追索医疗费纠纷、医疗美容纠纷、医用产品质量纠纷。此外，有的案件以人身损害赔偿为由起诉，实际上为医疗事故纠纷。还有的案件以财产损害赔偿为由起诉，实际上涉

---

① 尹志强：《〈民法典〉公平责任的理解与适用》，载《社会科学研究》2020年第5期，第17-26页。

及医院在诊疗过程中有关药物质量和仪器的使用等问题。

从案件性质方面分析，人民法院受理的上述案件，大部分属于对医疗活动产生争议引发的医疗损害赔偿纠纷。另一些纠纷则属于非医疗纠纷，即医患双方对医疗活动本身没有争议而在其他方面产生争议，如患者因被医院的陈旧设备砸伤而与医院发生的争议。

2000年最高人民法院颁布的《民事案件案由规定（试行）》，于2008年4月1日废止。2007年10月29日最高人民法院审判委员会第1438次会议通过，自2008年4月1日起施行《民事案件案由规定》；2011年2月18日《最高人民法院关于修改〈民事案件案由规定〉的决定》（法〔2011〕41号），对《民事案件案由规定》做第一次修正；2020年12月14日最高人民法院审判委员会第1821次会议通过的《最高人民法院关于修改〈民事案件案由规定〉的决定》（法〔2020〕346号）第二次修正。

《民事案件案由规定》将关于医疗损害赔偿纠纷案件的案由确定为医疗服务合同纠纷、医疗损害赔偿纠纷，并在医疗损害责任纠纷下确定了两个子案由：侵害患者知情同意权责任纠纷、医疗产品责任纠纷。

由于有两个案由，这就涉及法院能否依职权改变案由的问题。一般来说，法院原则上不能依职权改变案由。但在审判实践中，当事人由于法律知识欠缺，在起诉时，确定的案由往往不可能完全正确，这就需要重新确定符合诉讼关系的案由。出现这种情况时，法院应行使释明权，在法院行使释明权后，原告依然不申请改变案由的，法院则应按照原案由继续审理，适用与该案由相适应的法律。目前有关医疗赔偿案件的案由为医疗损害责任纠纷和医疗服务合同纠纷，原告要么选择医疗损害责任纠纷，要么选择医疗服务合同纠纷。如果原告选择医疗损害责任纠纷，那么法院适用侵权责任法审理；如果原告选择医疗服务合同纠纷，那么法院适用合同法审理。由于侵权责任和合同责任在举证责任、损害赔偿额计算等方面的不同，原告要承受因自己选择案由而产生的相应后果。

目前审理医疗损害赔偿纠纷案件除了适用《民法典》之外，《医疗损害司法解释》是非常重要的依据。以下案件适用《医疗损害司法解释》：（1）患者以在诊疗活动中受到人身或者财产损害为由请求医疗机构赔偿的案件；（2）患者起诉医疗产品的生产者、销售者承担侵权责任的案件；（3）患者起诉血液提供机构承担侵权责任的案件；（4）患者以在美容医疗机构或者开设医疗美容科室的医疗机构实施的医疗美容活动中受到人身或者财产损害为由提起的侵权纠纷案件。但是当事人提起的医疗服务合同纠纷案件，不适用《医疗损害司法解释》。

关于案由，《浙江司法指导意见》第3条规定：患者一方因医疗行为而遭受损害，有权提起侵权责任之诉或违约责任之诉。患者一方主张医疗机构承担侵权责任的，案由为“医疗损害赔偿纠纷”；患者一方主张医疗机构承担违约责任的，案由为“医疗服务合同纠纷”。患者一方对侵权责任之诉与违约责任之诉未做出明确选择的，人民法院应当向其释明并要求其予以明确。释明后患者一方仍未明确选择的，应根据最有利于纠纷解决的原则依职权确定其请求权基础；但确因当事人不明确请求权基础而导致案件无法处理的，可裁定驳回起诉。

此外，《北京司法指导意见》第1条第1款明确规定：本指导意见所称医疗损害赔偿纠纷，是指患者一方认为在诊疗活动中受到损害，要求医疗机构承担侵权责任而引起的民事纠纷。

不过，在医疗纠纷诉讼中，我们经常看到有人主张以非法行医作为民事诉讼案由进行起诉。[①] 2009年，患者诉北京大学第一医院非法行医案，就是一个典型的例子。那么是否可以以非法行医作为案由提起侵权之诉呢？本书认为不可以，理由有二：第一，最高人民法院发布的《民事案件案由规定》中就没有这样一个案由，最高人民法院发布的有关民事诉讼案由的规范性文件，就是为了规范比较混乱的民事诉讼的案由，便于当事人起诉和法院审判，也便于人民法院对民事案件的统计和管理。为此，最高人民法院在发布《民事案件案由规定》时明确要求：第一审法院立案时应当根据当事人诉争的法律关系性质，首先应适用《民事案件案由规定》列出的第四级案由，第四级案由没有规定的，则适用第三级案由；第三级案由中没有规定的，则可以直接适用相应的第二级案由或者第一级案由。既然《民事案件案由规定》中没有非法行医这一案由，当事人又怎么能够按照非法行医来起诉呢？第二，非法行医是一个行政法上的概念，是卫生行政机关监管医疗执业的一个特殊名词，主要用于对未经许可而擅自开展医疗执业的行为人进行处理、处罚。非法行医必然带来卫生行政机关的行政处理甚至处罚，但只要没有造成患者的损害结果，一般而言并不发生民

---

① 刘学文：《侵权案件立案标准》，人民法院出版社2009年版，第156-157页。

事赔偿问题。在正规医疗机构的诊疗过程中，即使医疗机构存在非法行医的现象，也仅仅可以据此认定医疗机构“违反法律、行政法规、规章以及其他有关诊疗规范的规定”，庭审中可以推定医疗机构存在过错而发生医疗过错的举证责任倒置，也不一定由医疗机构来承担侵权赔偿责任。

二、如何确定医疗损害赔偿范围和计算标准

《侵权责任法》虽然没有明确规定医疗损害赔偿范围和标准，但不明确规定就说明医疗损害赔偿范围和标准没有特别规定，与其他侵权类型完全一样。《侵权责任法》的颁布实施，解决了司法实践中赔偿标准“二元化”问题，不再区分医疗事故与非医疗事故。因此，人民法院在审理医疗损害赔偿案件时，应统一适用《侵权责任法》关于赔偿范围和标准的规定。

也就是说，在《侵权责任法》实施之后，患者一方当事人在与医疗机构发生医疗损害争议后，是如何依据《侵权责任法》将医疗机构诉至法院的。在这种情况下，虽然《条例》尚未废除或者修改，但法院应当尊重《侵权责任法》的立法本意，不再区分医疗事故与非医疗事故，而应统一适用《侵权责任法》关于赔偿范围和标准的各项规定。因为只有坚持法律适用的一元化，才能提高医疗损害赔偿纠纷案件处理的效率，并保证所有医疗损害赔偿纠纷案件得到公平的处理。

对此，为贯彻《侵权责任法》的实施，各地的指导意见也根据《侵权责任法》的精神作出了相应的规定。例如，《北京司法指导意见》第 35 条规定：确定医疗损害赔偿，应统一适用《侵权责任法》及相关司法解释关于赔偿范围和标准的各项规定。《上海司法指导意见》第 1 条规定：2010 年 7 月 1 日以前发生的医疗损害纠纷按当时的法律法规处理，2010 年 7 月 1 日以后发生的医疗损害纠纷适用《侵权责任法》及相关规定处理。由于《民法典》侵权责任编代替了《侵权责任法》，2021 年 1 月 1 日《民法典》实施后，沿用这些规定。

三、赔偿责任比例

赔偿责任比例是确定侵权责任成立之后的又一个重要问题。不过关于这一

问题的表述比较多，也比较混乱。有称“原因力”的，也有称“责任程度”的，还有称“参与度”的。本书认为，确定赔偿比例是审理案件的法官审判工作的分内之事。因此，法官在确定赔偿责任的时候，可以使用赔偿比例、责任程度等带有法律适用意义的表述方式。而在医疗损害鉴定过程中，由于鉴定人员只是从医学理论和技术层面判断过错医疗行为在损害后果产生方面的贡献程度，考虑的因素比较单一，往往不会考虑案件的其他具体事实和情节，是一种纯技术分析，因而表述为参与度、原因力等更合适。

医疗损害后果的发生往往与患者自身体质、原有疾病等有直接或间接的关系。因此，患者在医疗过程中出现不良后果，只要诊疗行为存在过错，所有损害后果都由医疗机构承担是不合理的。应该考虑医疗机构过错程度和诊疗行为在损害结果发生中的原因力大小确定损害赔偿比例，同时还要考虑案件的其他影响责任承担的因素。审判实践中，一般要根据鉴定意见认定的医疗过错行为在医疗损害后果中的责任程度和案件事实情况，综合确定赔偿比例。

例如，《北京司法指导意见》第36条规定：确定医疗损害赔偿数额，应当综合考虑医疗过错行为在损害结果中的责任程度、损害结果与患者原有疾病状况之间的关系以及医疗科学发展水平、医疗风险状况等因素。

此外，《浙江司法指导意见》第19条规定：患者一方请求医疗机构承担损害赔偿责任的，人民法院应根据医疗损害后果、医疗过失行为在医疗损害后果中的责任程度及医疗损害后果与患者原有疾病状况之间的关系，并结合医疗科学发展水平、医疗风险、医疗条件及患者个体差异等因素，确定医疗机构的损害赔偿责任。

【案例1-04】擅自扩大的尸体存储费不予支持的案例①

2020年5月9日0时32分，原告之女张某某因腹部疼痛就医于被告某卫生院。某卫生院就诊诊断为肠梗阻、急性胃炎，并给予输液观察。在治疗过程中张某某病情恶化，由救护车转上级医院治疗，后又返回被告某卫生院急诊科进行抢救，张某某于2020年5月9日8时死亡。遵义某鉴定机构的鉴定结论

---

① 贵州省金沙县人民法院（2020）黔0523民初4103号民事判决书；贵州省毕节市中级人民法院（2021）黔05民终4316号民事判决书。

为，张某某系病毒性心肌炎死亡。法医病理学诊断为，病毒性心肌炎、心包积液；肺淤血水肿；上呼吸道感染（喉、支气管炎）；多脏器出血：肺、心包壁、肠外膜、肾脏出血。重庆市某鉴定机构的鉴定意见为，贵州省金沙县沙土镇卫生院在对张某某的医疗行为中存在过错；其过错行为是致患儿死亡的次要原因。2020 年 5 月 10 日，原告与被告某卫生院就相关赔偿费用经某人民调解委员会调解，由某卫生院先行垫付给死者张某某亲属相关费用 10 万元，用作死者张某某的鉴定费、安葬费用等，并约定该费用在以后的赔偿费用中予以扣减，多退少补。一审判决后某卫生院上诉。

二审法院认为，某卫生院以家属明确要求门诊输液、患者非案涉鉴定意见所称的可危及患者生命情形等为由否定案涉鉴定意见书所称的医院未收入住院的过错，缺乏充分的依据，理由亦不充分，本院不予采纳。某卫生院以鉴定机构引用的《医院工作制度》不规范、某卫生院转诊是采取了相应措施为由否定案涉鉴定意见书所称"病情危重，生命体征未记录，实施转院存在过错"的过错，理由不充分，本院不予采纳。案涉鉴定意见所依据的病历资料等经过双方质证无异议，因果关系清楚，并无不当，故案涉鉴定意见书应予以采信。某卫生院否定案涉鉴定意见缺乏充分的依据和理由，本院不予采纳。

原审法院参照案涉鉴定意见书认定的"某卫生院过错行为是致患儿死亡的次要原因"，判决某卫生院对患者死亡承担40%的赔偿责任并无不当，某卫生院上诉调整为不超过20%的赔偿责任无充分理由，本院不予支持。患者死亡对其家属造成的精神损害是严重的，一审判决确认精神抚慰金 4 万元亦无不妥，某卫生院主张其不该承担赔偿责任的理由不成立，本院不予支持。患者张某某死亡后，其家属与某卫生院达成由某卫生院先垫付 10 万元安葬费、鉴定费的协议，且对死者的死因已于 7 月 7 日作出鉴定结论，而死者家属却将死者尸体冷藏至 2021 年 4 月 12 日，冷藏时间长达 337 天，明显扩大了该笔费用，某卫生院对此所提上诉有理，本院酌情确认 2020 年 5 月 10 日（开始冷藏时间）至 7 月 7 日（死因鉴定作出之日）的冷藏费用为 5310 元（总费用 30330 元÷337 天×59 天=5310 元）。一审对此认定不当，本院予以纠正。法院改判医疗费、死亡赔偿金、丧葬费、鉴定费、冷藏费、精神抚慰金等各项赔偿费用 231635.19 元。

评析

人去世后，出于吊唁和善后事务处理的需要，一般都会将遗体存放一段时间，该时间长短以不影响遗体生物属性和满足亲朋好友的情感需要为限，因此这段时间应当有合理限度。在中国传统文化中一直有让死者入土为安的观念，这种长期存放遗体的行为既是对死者的不尊重，也浪费了宝贵的社会资源，还会成为社会不安定因素。在有的患者死亡的事件中，死者近亲属出于查明死因的考虑，要求对死者遗体进行法医学解剖检验，在等待解剖的过程中，可能会有一段等待时间，但是解剖结束后，即便尸检机构尚未出具解剖报告，鉴定人已经将死者的重要组织器官分离并做后续检验所需处理，遗体本身已经没有保存的价值，此时死者近亲属应当将遗体做火化处理。如果存放的期限在合理范围内，在纠纷处理中的相关赔偿费用，理应由负有责任的一方承担。但是，在一些法律纠纷的事件中，死者近亲属会为了达到某种目的，过度延长遗体的存放时间，甚至无限期存放。如果尸体存放超过合理期限，由此产生过高的遗体存储费，超出部分理应由对延期存放遗体负有责任的一方承担。

本案中，患者于 2020 年 5 月 9 日死亡，相关机构对死者的死因已于 2020 年 7 月 7 日作出鉴定结论，但死者家属却将死者尸体冷藏至 2021 年 4 月 12 日，冷藏时间长达 337 天，明显扩大了尸体存储费用，最终法院认定本案合理存储期限是 2020 年 5 月 10 日（开始冷藏时间）至 7 月 7 日（死因鉴定作出之日），该期间产生的冷藏费用 5310 元由被告医疗机构承担，扩大部分由原告承担。这样的判决既符合法律规定，也是在提醒纠纷当事人，扩大相关费用，最终只能由自己承担，以避免当事人漫天要价的不当行为。

【法条链接】

《民法典》

第一千二百一十八条 患者在诊疗活动中受到损害，医疗机构或者其医务人员有过错的，由医疗机构承担赔偿责任。

《医疗损害司法解释》

第一条 患者以在诊疗活动中受到人身或者财产损害为由请求医疗机构，医疗产品的生产者、销售者、药品上市许可持有人或者血液提供机构承担侵权责任的案件，适用本解释。

患者以在美容医疗机构或者开设医疗美容科室的医疗机构实施的医疗美容

活动中受到人身或者财产损害为由提起的侵权纠纷案件，适用本解释。

当事人提起的医疗服务合同纠纷案件，不适用本解释。

第十二条 鉴定意见可以按照导致患者损害的全部原因、主要原因、同等原因、次要原因、轻微原因或者与患者损害无因果关系，表述诊疗行为或者医疗产品等造成患者损害的原因力大小。

《浙江司法指导意见》

第三条 患者一方因医疗行为而遭受损害，有权提起侵权责任之诉或违约责任之诉。患者一方主张医疗机构承担侵权责任的，案由为“医疗损害赔偿纠纷”；患者一方主张医疗机构承担违约责任的，案由为“医疗服务合同纠纷”。

患者一方对侵权责任之诉与违约责任之诉未做出明确选择的，人民法院应当向其释明并要求其予以明确。释明后患者一方仍未明确选择的，应根据最有利于纠纷解决的原则依职权确定其请求权基础；但确因当事人不明确请求权基础而导致案件无法处理的，可裁定驳回起诉。

第十九条 患者一方请求医疗机构承担损害赔偿责任的，人民法院应根据医疗损害后果、医疗过失行为在医疗损害后果中的责任程度及医疗损害后果与患者原有疾病状况之间的关系，并结合医疗科学发展水平、医疗风险、医疗条件及患者个体差异等因素，确定医疗机构的损害赔偿责任。

《北京司法指导意见》

1. 本指导意见所称医疗损害赔偿纠纷，是指患者一方认为在诊疗活动中受到损害，要求医疗机构承担侵权责任而引起的民事纠纷。

患者一方，是指直接遭受人身损害的患者、依法由患者承担扶养义务的被扶养人以及死亡患者的近亲属。

35. 确定医疗损害赔偿，应统一适用《侵权责任法》及相关司法解释关于赔偿范围和标准的各项规定。

36. 确定医疗损害赔偿数额，应当综合考虑医疗过错行为在损害结果中的责任程度、损害结果与患者原有疾病状况之间的关系以及医疗科学发展水平、医疗风险状况等因素。

第二章

医疗损害赔偿诉讼难题及审判对策

医疗损害赔偿之诉涉及医疗专业问题，医学专业的复杂性和技术性直接决定了医疗损害赔偿纠纷处理所面临的困难。医学是一门关系到每一个人生命和健康的学问，同时是每一个不懂医的人难以理解的学科。由于医学要面对每一个个体，且终生不可回避，因而医疗服务的质量和效果自然就成为人们特别关注的问题。近年来，医疗纠纷诉讼已经成为人民法院受理的侵权纠纷诉讼中的主要类型，但是医疗活动的专业性和复杂性决定了医疗损害赔偿诉讼有别于其他普通的诉讼，医疗损害赔偿诉讼面临着一系列的难题。

第一节 医疗损害赔偿诉讼难题

一、当事人的选择难题

医疗损害赔偿纠纷是接受医疗服务的患者或其家属与提供医疗服务的医疗机构及其医务人员之间的纠纷，是因医疗服务而产生的民事赔偿纠纷。在这种纠纷中，面临四类当事人：患者、家属、医疗机构、医务人员。另外，在有的医疗服务中还会面临没有独立生命的胚胎、胎儿。因此，谁是医疗损害赔偿诉讼的原告，谁是医疗损害赔偿诉讼的被告？这是提起医疗损害赔偿侵权之诉首先要解决的问题。

在医疗损害赔偿纠纷中，受损害而遭受侵权的自然人是诉讼的原告，因此一般情况下患者是诉讼的原告。但是，在因孕期保健服务缺陷导致不当出生之诉中，真正受损害的是有出生缺陷的新生儿，那么谁是这场医疗损害赔偿诉讼的原告呢？因为涉及的医疗过错是在母亲怀孕期间，此时新生儿还没有独立的生命，在民法上胎儿不属于民事主体，且接受服务的是该胎儿的母亲，但是最终受损害的又不是母亲。司法实践中，有的法院把母亲当作原告；有的法院把新生儿当作原告，而把母亲当作法定代理人。再有，在患者死亡的案件中，谁是提起诉讼的原告呢？当然是患者的法定继承人。这个问题在其他普通民事纠纷中也会遇到，并不是医疗损害赔偿的特殊难题。

此外，确定被告也会有些麻烦。一般情况下，给患者提供医疗服务的医疗机构是被告。那么具体提供医疗服务的医务人员充当了什么角色？如果涉及患者转诊多家医疗机构，还有提供出诊服务的医疗机构，这些医疗机构能否作为被告？再有，如果涉及医师外出会诊造成患者损害，会诊医师所在的医疗机构是否属于被告？国有企业、事业单位的医疗机构提供医疗服务引起的医疗纠纷诉讼，患方以谁为被告提起诉讼？在医联体背景下，医联体形式多种多样，[1] 医联体内其他医疗机构是否可以成为被告，是否应当承担连带责任？

【案例 2-01】医联体内检查结果互认，医院成为共同被告[2]

2018 年 12 月 6 日，洪某某因 10 天大便次数多、不成形，在黄山某康医院行碳 14 呼气试验和胃镜、结肠镜检查为“胃幽门螺杆菌感染、浅表性胃炎和乙状结肠小息肉”。当月 20 日，洪某某因上腹部不适伴大便次数多半月余，携带黄山某康医院制作的肠镜检查报告单、病理诊断报告到黄山市某医院消化内科就诊，诊断为“慢性胃炎、胃幽门螺杆菌感染”，予以药物治疗。次年 3 月 22 日，洪某某因肛门坠胀 3 个月伴大便不成形，到黄山某康医院急诊科就诊，肛检触及小混合痔，未进行直肠指检及结肠镜复查，诊断为“混合痔、肠功能紊乱”，予以口服药物治疗。2019 年 4 月 12 日至 7 月 4 日，洪某某三次到黄山市某医院消化内科就诊，均未进行常规直肠检查，漏诊直肠下段癌。2019 年 7 月 26 日，洪某某在黄山市某医院外科就诊，直肠指检发现肛门缘 5cm 处环周生长肿物伴肠管狭窄。后洪某某再次到黄山某康医院做肠镜检查，确认是直肠癌。2019 年 7 月 31 日，洪某某病情经北京大学肿瘤医院诊断为“直肠下段中分化腺癌伴部分淋巴结转移（Ⅲb 期）”，后经治疗预后良好。大半年辗转两家医疗机构 6 次，洪某某的癌症却没有被尽早发现。洪某某将两家医院起诉至法院，要求两家医院分别赔偿其各项损失 4.6 万余元。

一审法院委托某司法鉴定机构鉴定，鉴定意见认为，黄山某康医院对洪某某的医疗行为存在结肠镜检查和复诊检查不规范并漏诊直肠癌的过失，该过失系洪某某中晚期直肠癌及其相关后果的部分原因，参与度约为 40%；一审中，黄山某康医院对洪某某主张的诉请及事实无异议。洪某某与黄山某康医院经法院组织调解已达成协议。黄山市某医院对司法鉴定意见书有异议，请求委托省外司法鉴定机构重新鉴定。一审判定，黄山市某医院对洪某某的各项损失承担

---

① 《医疗联合体管理办法（试行）》（2020 年 8 月 1 日起施行）第 2 条规定：本办法所称医联体包括但不限于城市医疗集团、县域医疗共同体（或者称县域医疗卫生共同体，以下简称县域医共体）、专科联盟和远程医疗协作网。

② 安徽省黄山市屯溪区人民法院（2021）皖 1002 民初 2415 号民事判决书；安徽省黄山市中级人民法院（2021）皖 10 民终 1162 号民事判决书。

40%的赔偿责任即46048.98元。黄山市某医院申请重新鉴定提供的新证据《卫生部办公厅关于加强医疗质量控制中心建设推进同级医疗机构检查结果互认工作的通知》《关于印发黄山市医联体医共体建设实施方案的通知》以及黄山市某医院与黄山某康医院签订的《医联体协议》，证明黄山市某医院基于与黄山某康医院之间各自的检查检验结果实时查阅、互认共享。但二审法院不予认可，驳回黄山市某医院上诉，维持原判。

评析

为助力构建分级诊疗制度，推动医疗卫生机构发展方式由以治病为中心向以健康为中心转变，近年来我国大力发展医院集成化管理和运行的医联体模式，这也是近年来我国医院建设和发展的一种重要组织形式。医联体包括但不限于城市医疗集团、县域医疗共同体、专科联盟和远程医疗协作网等。然而，医联体这种新兴的医院之间以某种形式打包运行和管理的模式还有很多不确定因素，在具体运行过程中还会出现很多新的问题，尤其涉及法律纠纷时更是会让医联体内各成员单位之间产生法律责任关联。其中医疗机构之间的转诊、会诊、医疗协作、检查检验结果互认等是产生法律纠纷的重点。

2020年7月9日，国家卫生健康委、国家中医药管理局发布《医疗联合体管理办法（试行）》，2022年2月14日，国家卫生健康委、国家医保局、国家中医药局、中央军委后勤保障部卫生局联合印发了《医疗机构检查检验结果互认管理办法》，这些规范文件的出台对于医联体的建设和发展，对于检查检验结果的互认及法律纠纷的处理发挥了重要作用。但是本案发生在2018年，医联体建设和检查检验结果互认都处于探索阶段，虽然法律法规尚未成型，但是相关工作的开展仍应当以遵守法律的基本原则为前提。无论是在没有关联的医疗机构之间，还是在医联体内部各医疗机构之间，要产生检查检验结果互认的效果，都应当在相关医疗机构之间建立一种有效的保证检查检验质量和结果准确性的机制，这种保障机制的存在使得各相关医疗机构之间形成相互信赖的关系，从而对其他医疗机构提供的检查检验结果予以信任，无须重复检查。[①] 显然，本案中相关医疗机构之间在缺乏这种保障机制的情况下相互信任检查检验

---

① 刘鑫：《实施“检查检验结果互认”医师应当注意的问题》，载《中华医学信息导报》2022年第8期，第6版。

结果，由此产生的误诊、误治当然要面临承担法律责任的情况。

医疗机构在给患者提供医疗服务时总是会使用医疗产品，如果因为这些医疗产品有缺陷、质量不合格等造成患者损害，但是患者没有直接与这些医疗产品的生产者、销售者发生接触，往往会直接起诉医疗机构，那么如何追加这些医疗产品生产者、销售者的责任？虽然过去有追加医疗产品生产者、销售者的诉讼案件，但是否追加存在很大的不确定性。在涉及医疗产品责任纠纷的案件中患方起诉医疗机构，理由是医疗机构对医疗产品有加成交价，往往把医疗机构视为医疗产品的销售者。但是在全国对药品全面取消加成交价且医疗器械加成交价也正在逐步取消的情况下，是否仍可以把医疗机构视为销售者而起诉？如果彻底实施了医药分家，是否仍然可以将医疗机构视为药品的销售者？

如果医疗机构对违反医疗服务合同的患方提起诉讼，则会增加问题的复杂性，此时谁是被告？尤其是患者死亡后，医疗机构应向谁索要患者拖欠的医疗费呢？

二、医疗过错的确定

过错是侵权责任的核心，主观上的过错是损害赔偿责任构成的必备要件之一。缺少这一要件，即使侵权人的行为造成了损害事实，并且侵权人的行为与损害结果之间具有因果关系，也不承担责任。正如德国学者耶林所言，使人负损害赔偿的，不是因为有损害，而是因为有过失。[①] 在医疗损害责任的构成要件方面，侵害行为、损害结果的确定相对比较简单、容易，而因果关系和医疗过错的确定却相对艰难。医疗过错的确定之所以困难，主要缘于以下原因。

首先，由于过错是行为人主观心态的确定。在医疗服务过程中，具体的医疗操作是医务人员进行的，而且在现代医疗服务中往往不是一个医务人员参与其中。因此，确定实施医疗操作的医务人员在其主观心态上是否存在侵权责任构成要件中的过错是非常困难的。

其次，医疗过错存在与否需要看行为人是否违反了医疗卫生管理法律、法

① 王泽鉴：《侵权行为法》（第一册），中国政法大学出版社 2001 年版，第 13 页。

规、规章、诊疗规范及操作规程。根据《条例》第2条及《民法典》第1222条第1项的规定，医疗过错被认定为违反了医疗卫生管理法律、法规、规章、诊疗规范及操作规程。医疗卫生管理法律、法规，从数量上来看还比较有限，一般的法律工作者、普通人可以获得，但是卫生行政规章、诊疗规范、操作规程的数量非常庞大，有的规定甚至一般人难以获得，如何认定医疗机构及其医务人员违反这些规定？

再次，医疗操作规范、规程并不总是有成文的文本。前已述及，卫生行政规章、诊疗规范、操作规程的数量非常庞大，一般人难以获得，认定医疗行为是否违反这些规范性文件非常困难。然而，在医疗服务中，还有很多医疗技术缺乏成文的诊疗规范、操作规程，成文化的诊疗规范、操作规程只占其中很少一部分。没有成文的诊疗规范、操作规程的医疗行为是否违法，认定起来难度很大。

最后，医疗过错最终由法官裁定，而法官并不懂医。让一个不懂医的裁判者去裁判有争议的医疗行为是否违法，确实是一件勉为其难的事情。

然而，不能确定是否存在医疗过错，就无法确定医疗侵权责任是否成立，也就无法对案件作出最终的裁判。因此，对医疗过错的认定就成为审理医疗损害赔偿案件绕不过去的一道坎，认定医疗过错的存在与否是处理医疗损害赔偿纠纷的最大困难之一。

医疗过错的认定，首先需要在立法上确定医疗过错认定的基本原则，在此原则的基础上，进一步确定医疗过错认定的具体情形、方法、程序等。在《侵权责任法》出台之前，我国立法在这方面长期处于空白。即使《民法典》在第1221条确立了“当时的医疗水平”这一医疗过错的认定原则，也存在立法中模糊不清，实践难以操作和把握的问题。而且在司法审判实务中，具体审理案件的法官往往由于不懂医而不得不把这一认定医疗过错的权力让渡给鉴定机构。因此，最终医疗过错的认定就变成了一个鉴定问题。

三、因果关系的确定

与确定医疗过错面临的难题相似，医疗行为与损害后果之间是否具有因果关系，也是医疗损害责任认定的难点之一，甚至比医疗过错的认定难度还要大。因为因果关系是隐藏在事件表象下的客观规律，如果科学研究尚未揭示其中的客观规律，作为医疗鉴定这种将科学理论运用于具体案件的简单化的探索活动便无法着手。

人是复杂的生物体。较之于其他生物，除了具有一般生物的生理构造的复杂性之外，人类还有思维和精神世界的复杂性在影响着患者的生理状况。因此，在患者身上最终所发生的损害结果到底是什么原因引起的，是单一原因还是多个原因？如果是多个原因，各原因力在对损害结果的发生方面各自的贡献如何？

因果关系的认定，需要确定因果关系认定的基本原则，在此原则的基础上，进一步确定因果关系认定的具体情形、方法、程序等。

因果关系的认定，既是一个事实问题，也是一个法律问题，更是一个科学问题。当前医学科学发展水平还存在明显的局限性，很多疾病的发生机理并不清楚，患者所出现的损害结果往往是多因一果。而我们在分析和判断各原因对损害结果最终的影响力方面，也缺乏有效的、定量的、科学的方法，因此要准确认定医疗损害在患者损害结果方面的责任程度就显得非常困难。目前，关于医疗过错与损害结果之间的因果关系认定及责任程度的划分，一般而言也需要启动科学鉴定程序来解决。

因果关系的认定与人类对医学因果关系的认识水平有着密切关系。不过，自然界中很多事物的发展规律并未能为人类所揭示，因此准确判断医疗损害赔偿案件中的因果关系尚有困难。所以鉴定文书中目前对因果关系的判断往往是鉴定人的武断结论，不具有科学性。因此，鉴定意见中因果关系的内容，尤其是参与度、原因力的内容，[①] 在司法实践中要慎重使用。

四、病历的证据属性确定

病历原本是医务人员在执行医疗职务行为时，记载患者的病史、疾病诊断分析、治疗方案以及执行情况和效果的文书，在表现形式上是以文字、符号、图标、影像等元素来表达上述信息的档案，在客观上既可以表现为纸质的文本

---

① 满洪杰：《医疗损害责任因果关系虚无陷阱及其化解——兼评法释〔2017〕20号第12条》，载《法学》2018年第7期。

文件，也可以承载于其他可以容纳以上信息符号的媒介上，如光盘、胶片、软盘、硬盘等。病历是医疗过程的记录性文件，是为患者的疾病诊治和医学教学、科研服务的，但是一旦发生医疗纠纷，对医务人员的医疗活动需要再现时，病历就成了最好的证据资料。病历天生的角色不是证据，只有在所涉及的纠纷需要再现医疗过程，或者需要用病历来佐证患者的某一具体状态时，病历才扮演了证据的角色。

在医疗纠纷中，医患双方对医疗过程的主张往往存在分歧，那么具体的医疗过程是怎么实施的，具体的医疗环节、医疗细节怎么样，需要用病历来加以分析。如果病历的内容真实、可靠，病历作为证据当然没有问题；但是如果证据的内容不真实、不可靠，病历就不能成为鉴定的依据或者定案根据。一旦病历不真实、不可靠，就意味着医疗争议事件将会陷入双方争议和主张的医疗事实处于一种真伪不明的状态，此时法官无法用实体法律规定对案件进行裁判，最终不得已而使用程序法来进行裁判，即判决举证不能的一方承担最终的不利后果。由于病历是医务人员制作并由医疗机构保管的，因此医疗机构及其医务人员有保证病历内容真实有效的义务。如果医务人员书写、制作病历时违反相关法律规定，医疗机构在病历保管上违反相关法律的要求，必然可能造成病历的内容失真，从而使病历失去其应有的证据价值，医患双方所争议的医疗纠纷事件面临事实真伪不明的状态，从相关证据持有的法理上看，医疗机构必然面临不利的态势。另外，《民法典》第1222条规定的过错推定的三种情形中，第二种、第三种情形涉及医疗机构拒绝提供与纠纷有关的病历，或者伪造、隐匿、擅自销毁病历。一旦原告主张病历存在该情形，医疗损害诉讼就会启动过错推定，增加患者胜诉的把握。于是，医患双方在诉讼中就会将医疗纠纷争议的焦点由医疗事实争议转变为病历真伪争议，患方总是会对病历的真实性提出质疑，医方总是会极力维护病历的真实性。

然而，病历并不是记载只言片语的一张纸或者几张纸，也不是一时一刻一挥而就即可以完成的文件，而是由一系列文件组成的文书体系，由多位医务人员在一段时间或者更长时间内共同完成。因此，医疗机构所提交的病历总会存在这样或者那样的问题或者缺陷，患方往往就会抓住这些缺陷而主张病历不真实、不可靠，不能作为证据使用。虽然原卫生部对于病历的书写与保管有明确的规定和要求，而且相关行业协会对于病历的质量控制也提出了具体的评价标准，但是仍然难以避免病历存在瑕疵。如何评价存在这样或那样的瑕疵或者缺陷的病历的证据价值，法律并没有明确规定，而且由于涉及医疗专业问题，法官在判断这些问题上束手无策，所以病历真伪的判断及证据价值的认定，也就成了医疗纠纷诉讼的难题。

五、医疗鉴定机构的选择及鉴定意见的证据价值

长期以来，医疗纠纷诉讼面临着案由、法律适用、鉴定机制三个“二元化”问题。《侵权责任法》的制定，有一个主要的目的就是将这些二元化的问题向一元化转归，改变二元化结构医疗损害责任的法律适用矛盾状况，建立统一的、完善的医疗损害责任制度。[①]《民法典》侵权责任编第六章的制定，至少在立法层面上确实使这一问题得到了一定程度的解决，在案由、法律适用方面已经实现了一元化，然而鉴定机制二元化的问题却仍然无法解决。综观我国目前的医疗鉴定制度，不仅很难统一，而且可能演变为医疗事故技术鉴定机制被边缘化，而由法医鉴定机构唱独角戏的局面。[②] 从近年的情况来看，医疗鉴定的一元化十分明显，法医独揽医疗纠纷鉴定的局面基本形成。

在《侵权责任法》立法过程中，各方都呼吁立法机关在《侵权责任法》中规定基本的医疗损害责任鉴定制度，但都被以“实体法不规定程序法的内容”为理由而予以拒绝，没有对医疗损害责任鉴定作出任何规定。因此，就留下了医疗损害责任鉴定制度这个空白。[③] 有学者提出，从有利于医疗损害赔偿纠纷的处理出发，应当建立由医学会和司法鉴定行政管理部门共同参与的统一的医疗过错鉴定体制。然而，要让两种鉴定体制融合为统一的医疗过错鉴定体制谈何容易。首先，两种鉴定体制的管理体制不同。医学会的鉴定，本质上由卫生行政机关管理，鉴定办公室管理人员是享受国家事业编制待遇的工作人员，鉴定收费和鉴定支出各走不同的管理渠道。而社会上的法医鉴定机构则大多数属于自负盈亏的个体模式。其次，鉴定的方式方法不同。医学会的鉴定，

---

① 杨立新：《〈中华人民共和国侵权责任法〉精解》，知识产权出版社2010年版，第227页。

② 刘鑫、梁俊超：《论医疗损害技术鉴定危机与改革》，载《证据科学》2010年第18卷第4期，第409-433页。

③ 杨立新：《〈侵权责任法〉改革医疗损害责任制度的成功与不足》，载《中国人民大学学报》2010年第4期。

鉴定主体是临床专家，医学会鉴定办公室的鉴定管理人员只是一个鉴定组织者，不能参与鉴定意见的作出。而法医鉴定机构中，鉴定主体是法医鉴定人，临床专家只是一个专业意见的提供者，最终鉴定意见由法医作出。最后，鉴定的依据不同。医学会的鉴定依据是《条例》及《医疗事故技术鉴定暂行办法》，而法医对医疗损害进行鉴定则没有法律依据。由于两种鉴定模式在短期内服务融合、统一，因此在《民法典》实施中就存在如何选定鉴定机构的问题，包括选择哪一类鉴定机构予以鉴定、选择什么地方的鉴定机构实施具体案件的鉴定、鉴定人如何遴选；对当事人一方不同意初次鉴定意见的，如何启动第二次鉴定及如何遴选鉴定机构；同时存在医学会的鉴定意见和法医鉴定意见时，如何确定鉴定意见的证据效力；等等。

六、赔偿标准及赔偿数额的计算

严格地说，《民法典》侵权责任编第六章不涉及赔偿标准及赔偿数额的计算问题，这应当是在《民法典》侵权责任编第二章第 1179 条至第 1187 条的规定。然而，医疗损害责任的最终问题是如何赔偿的问题，因此在具体医疗纠纷案件的处理上，最终都不可能绕过赔偿标准及赔偿数额的计算。然而，在赔偿标准及赔偿数额的计算方面，确实又存在一些难以确定的疑难问题，包括如何看待和处理《条例》第 50 条的规定，《人身损害赔偿解释》与《民法典》的关系，患者系农业户口与非农业户口在赔偿上有无区别，被扶养人生活费是否赔偿，伤残赔偿金与继续治疗费发生重叠的处理，患者已经获得了其他赔偿义务人的赔偿是否还可以提出医疗损害赔偿，没有劳动能力的人死亡是否可以获得死亡赔偿金的赔偿，精神损失费如何赔偿及计算，等等。

第二节　医疗损害赔偿立法与司法规制

一、《民法典》对医疗过错认定的原则性规定

对前节所列举的医疗损害诉讼难题中的医疗过错的认定，《民法典》已经作出了原则性规定，而对其他疑难问题则鲜有涉及，以至于医疗纠纷民事诉讼在实务上仍然举步维艰，医疗纠纷案件的处理仍然陷入僵局。

《民法典》第1221条对医疗过错的认定作了原则性规定，即考察医疗机构及其医务人员是否尽到与当时的医疗水平相应的诊疗义务。医疗机构及其医务人员尽到与当时的医疗水平相应的诊疗义务，视为医疗行为没有过错；医疗机构及其医务人员没有尽到或者部分尽到与当时的医疗水平相应的诊疗义务，均视为医疗行为存在过错。不过，这是一种抽象而概括的表述，令医患双方及审案的法官无法把握。尤其是如何来理解法条中“当时”的含义，是准确把握是否存在医疗过错的关键。但是，应该如何来把握“当时”，立法中没有给出任何解释。从字面意思来看，“当时”是一个时间概念，但是如果仅作时间概念理解，医疗水平没有地域差别的话，与现实情况不符。事实上，我国存在地区之间、城乡之间医疗资源配置不均衡的情况，医疗机构的医疗水平差别很大，对有的医疗机构极其不公平，这样处理医疗纠纷也极为不利。有学者提出该概念本身包含了“地域”的含义，但是即便是从“地域”上来理解，在一个具体的行政区划范围内，医疗机构的医疗能力也是有高低之分的。

相比较之下，原《侵权责任法》草案曾经规定的“国家标准+差别标准”，是一种客观、科学而实事求是的做法。例如，原《侵权责任法》草案第二次审议稿第57条第2款规定：判断医务人员注意义务时，应当适当考虑地区、医疗机构资质、医务人员资质等因素。这样的规定是完全正确的，但是在审议时删掉了医疗水平差别对待的内容，理由是对于医务人员诊疗义务的判断，只能考虑时代整体医学水平的因素，而不能考虑医疗机构及医务人员个人的因素，

否则便成为学艺不精的医师推脱责任的理由。[①] 本书认为，这种看法是错误的，不能为了避免出现医疗机构及其医务人员推卸责任之词而不顾立法的科学性。相反，我们在一些学者的著述中，对这一问题的表述则多强调要考虑“时间、地域、医疗机构资质、医务人员资质”。[②] 为此，《医疗损害司法解释》第 16 条作了进一步细化规定：对医疗机构或者其医务人员的过错，应当依据法律、行政法规、规章以及其他有关诊疗规范进行认定，可以综合考虑患者病情的紧急程度、患者个体差异、当地的医疗水平、医疗机构与医务人员的资质等因素。将医疗过错认定标准区分为两个维度：一是法律维度，考察医疗机构及其医务人员是否违反法律、法规、诊疗规范等；二是技术维度，在考察医疗机构及其医务人员行为违法性的同时，还需要结合患者病情紧急程度、个体差异，医疗机构的医疗水平、资质等。可以说，《医疗损害司法解释》充分体现了“国家标准+差别标准”这一思想。

另外，关于过错推定，虽然《民法典》一改 2002 年 4 月 1 日实施的《民事证据规定》第 4 条第 1 款第 8 项“一刀切”式的举证责任倒置的要求，提出了实施过错推定的前置条件——由患方完成适用过错推定的条件的举证，但是《民法典》第 1222 条规定的三种适用过错推定的条件在实践中也具有难以操作的风险。不过，《医疗损害司法解释》对《民法典》第 1222 条的适用作了细化和变通规定。《医疗损害司法解释》第 4 条第 2 款规定：患者无法提交医疗机构或者其医务人员有过错、诊疗行为与损害之间具有因果关系的证据，依法提出医疗损害鉴定申请的，人民法院应予准许。第 7 条第 2 款、第 3 款规定：患者无法提交使用医疗产品或者输入血液与损害之间具有因果关系的证据，依法申请鉴定的，人民法院应予准许。医疗机构，医疗产品的生产者、销售者、药品上市许可持有人或者血液提供机构主张不承担责任的，应当对医疗产品不存在缺陷或者血液合格等抗辩事由承担举证证明责任。

总的来看，《民法典》在立法中所作的医疗过错的认定基本原则，仅仅是在立法层面上确定高度抽象概括但难以把持的概念，在实践操作中还需要具体的指导精神。《医疗损害司法解释》作了一些补充和适用性规定，而对前节列

---

① 王胜明：《中华人民共和国侵权责任法释义》，法律出版社 2010 年版，第 284 页。

② 陈现杰：《中华人民共和国侵权责任法条文精义与案例解析》，中国法制出版社 2010 年版，第 201 页。

举的医疗损害诉讼的其他疑难问题，仍然面临诉讼操作困难。在这样的背景之下，对医疗损害赔偿诉讼实践中的一些具体问题作出进一步的解释和补充就非常必要，尤其是要借鉴一些地方法院的审判经验。

【法条链接】

《民法典》

第一千二百二十一条 医务人员在诊疗活动中未尽到与当时的医疗水平相应的诊疗义务，造成患者损害的，医疗机构应当承担赔偿责任。

第一千二百二十二条 患者在诊疗活动中受到损害，有下列情形之一的，推定医疗机构有过错：

（一）违反法律、行政法规、规章以及其他有关诊疗规范的规定；

（二）隐匿或者拒绝提供与纠纷有关的病历资料；

（三）遗失、伪造、篡改或者违法销毁病历资料。

第一千二百二十三条 因药品、消毒产品、医疗器械的缺陷，或者输入不合格的血液造成患者损害的，患者可以向药品上市许可持有人、生产者、血液提供机构请求赔偿，也可以向医疗机构请求赔偿。患者向医疗机构请求赔偿的，医疗机构赔偿后，有权向负有责任的药品上市许可持有人、生产者、血液提供机构追偿。

第一千二百二十四条 患者在诊疗活动中受到损害，有下列情形之一的，医疗机构不承担赔偿责任：

（一）患者或者其近亲属不配合医疗机构进行符合诊疗规范的诊疗；

（二）医务人员在抢救生命垂危的患者等紧急情况下已经尽到合理诊疗义务；

（三）限于当时的医疗水平难以诊疗。

前款第一项情形中，医疗机构或者其医务人员也有过错的，应当承担相应的赔偿责任。

《医疗损害司法解释》

第四条 患者依据民法典第一千二百一十八条规定主张医疗机构承担赔偿责任的，应当提交到该医疗机构就诊、受到损害的证据。

患者无法提交医疗机构或者其医务人员有过错、诊疗行为与损害之间具有因果关系的证据，依法提出医疗损害鉴定申请的，人民法院应予准许。

医疗机构主张不承担责任的，应当就民法典第一千二百二十四条第一款规定情形等抗辩事由承担举证证明责任。

第五条 患者依据民法典第一千二百一十九条规定主张医疗机构承担赔偿责任的，应当按照前条第一款规定提交证据。

实施手术、特殊检查、特殊治疗的，医疗机构应当承担说明义务并取得患者或者患者近亲属明确同意，但属于民法典第一千二百二十条规定情形的除外。医疗机构提交患者或者患者近亲属明确同意证据的，人民法院可以认定医疗机构尽到说明义务，但患者有相反证据足以反驳的除外。

第六条 民法典第一千二百二十二条规定的病历资料包括医疗机构保管的门诊病历、住院志、体温单、医嘱单、检验报告、医学影像检查资料、特殊检查（治疗）同意书、手术同意书、手术及麻醉记录、病理资料、护理记录、出院记录以及国务院卫生行政主管部门规定的其他病历资料。

患者依法向人民法院申请医疗机构提交由其保管的与纠纷有关的病历资料等，医疗机构未在人民法院指定期限内提交的，人民法院可以依照民法典第一千二百二十二条第二项规定推定医疗机构有过错，但是因不可抗力等客观原因无法提交的除外。

第七条 患者依据民法典第一千二百二十三条规定请求赔偿的，应当提交使用医疗产品或者输入血液、受到损害的证据。

患者无法提交使用医疗产品或者输入血液与损害之间具有因果关系的证据，依法申请鉴定的，人民法院应予准许。

医疗机构，医疗产品的生产者、销售者、药品上市许可持有人或者血液提供机构主张不承担责任的，应当对医疗产品不存在缺陷或者血液合格等抗辩事由承担举证证明责任。

二、医疗损害赔偿民事法律

截止到2021年年底，医疗卫生领域的法律有15部，[①] 包括《献血法》《传

① 孙东东：《卫生法学》（第3版），高等教育出版社2021年版，第19页。

染病防治法》《国境卫生检疫法》《红十字会法》《医师法》《食品安全法》《药品管理法》《职业病防治法》《中医药法》《母婴保健法》《精神卫生法》《疫苗管理法》《基本医疗卫生与健康促进法》《人口与计划生育法》等，目前仅有《献血法》没有被修改过。这些医疗卫生法律中涉及医疗执业规范的内容，是认定医疗损害责任的重要法律依据，《献血法》《传染病防治法》《医师法》《药品管理法》《中医药法》《母婴保健法》《精神卫生法》《疫苗管理法》《基本医疗卫生与健康促进法》等法律与医疗损害赔偿关系密切。但同时，其他法律，尤其是民事法律，如《民法典》等，更是医疗损害赔偿的处理依据。

《民法典》7 编共 1260 条，其中总则编、合同编、人格权编、侵权责任编都与医疗损害赔偿关系密切。笔者在另一本书中作了详细梳理，有大量的法律条文都与医疗损害赔偿密切相关，归纳起来有 17 个方面。[①] 表 2-1 将《民法典》中的医疗损害责任章与《侵权责任法》中的医疗损害责任章进行了比较。

还有一些法律也与医疗损害赔偿关系密切，如《个人信息保护法》对个人信息处理作了详细规定。而医疗活动中，医务人员形成的病历涉及患者大量的个人信息和隐私，尤其是其第 28 条规定了敏感个人信息是指一旦泄露或者非法使用，容易导致自然人的人格尊严受到侵害或者人身、财产安全受到危害的个人信息，包括生物识别、宗教信仰、特定身份、医疗健康、金融账户、行踪轨迹等信息，以及不满十四周岁未成年人的个人信息。病历中存在大量的人物识别、医疗健康等信息，儿科患者病历更是涉及敏感个人信息的范畴。

《消费者权益保护法》中也存在与医疗损害赔偿有关的内容。在一些美容整形医疗服务中，非医疗需要的美容整形，目前司法上往往将其纳入消费纠纷处理。《消费者权益保护法》第 55 条第 1 款规定了惩罚性赔偿：经营者提供商品或者服务有欺诈行为的，应当按照消费者的要求增加赔偿其受到的损失，增加赔偿的金额为消费者购买商品的价款或者接受服务的费用的三倍；增加赔偿的金额不足五百元的，为五百元。法律另有规定的，依照其规定。《药品管理法》第 144 条第 3 款也规定：生产假药、劣药或者明知是假药、劣药仍然销售、使用的，受害人或者其近亲属除请求赔偿损失外，还可以请求支付价款十倍或者损失三倍的赔偿金；增加赔偿的金额不足一千元的，为一千元。

---

① 刘鑫、陈伟、张宝珠：《民法典时代医疗活动服务指南》，国家行政管理出版社 2021 年版，目录第 1-4 页，第 21-48 页。

表 2-1　《民法典》医疗损害责任与《侵权责任法》医疗损害责任比较

民法典	侵权责任法	备注
第七编 侵权责任 第六章 医疗损害责任	第七章 医疗损害责任	《民》指《民法典》 《侵》指《侵权责任法》
第 1218 条　患者在诊疗活动中受到损害，医疗机构**或者**其医务人员有过错的，由医疗机构承担赔偿责任。	第 54 条　患者在诊疗活动中受到损害，医疗机构**及**其医务人员有过错的，由医疗机构承担赔偿责任。	《侵》中“及”，《民》中变为“或者”。
第 1219 条　医务人员在诊疗活动中应当向患者说明病情和医疗措施。需要实施手术、特殊检查、特殊治疗的，医务人员应当及时向患者**具体说明**医疗风险、替代医疗方案等情况，并取得其**明确同意；不能或者不宜**向患者说明的，应当向患者的近亲属说明，并取得其**明确同意**。 医务人员未尽到前款义务，造成患者损害的，医疗机构应当承担赔偿责任。	第 55 条　医务人员在诊疗活动中应当向患者说明病情和医疗措施。需要实施手术、特殊检查、特殊治疗的，医务人员应当及时向患者**说明**医疗风险、替代医疗方案等情况，并取得其**书面同意；不宜**向患者说明的，应当向患者的近亲属说明，并取得其**书面同意**。 医务人员未尽到前款义务，造成患者损害的，医疗机构应当承担赔偿责任。	1.《侵》中两个“书面同意”，《民》中变为“明确同意”。 2.《侵》中“不宜”，《民》中变为“不能或者不宜”。 3.《民》中在“说明”前，加了“具体”二字。
第 1220 条　因抢救生命垂危的患者等紧急情况，不能取得患者或者其近亲属意见的，经医疗机构负责人或者授权的负责人批准，可以立即实施相应的医疗措施。	第 56 条　因抢救生命垂危的患者等紧急情况，不能取得患者或者其近亲属意见的，经医疗机构负责人或者授权的负责人批准，可以立即实施相应的医疗措施。	条文内容无变化。
第 1221 条　医务人员在诊疗活动中未尽到与当时的医疗水平相应的诊疗义务，造成患者损害的，医疗机构应当承担赔偿责任。	第 57 条　医务人员在诊疗活动中未尽到与当时的医疗水平相应的诊疗义务，造成患者损害的，医疗机构应当承担赔偿责任。	条文内容无变化。

续表

民法典	侵权责任法	备注
第1222条 **患者在诊疗活动中受到损害，有**下列情形之一的，推定医疗机构有过错： （一）违反法律、行政法规、规章以及其他有关诊疗规范的规定； （二）隐匿或者拒绝提供与纠纷有关的病历资料； （三）**遗失**、伪造、篡改或者**违法**销毁病历资料。	第58条 **患者有损害，因**下列情形之一的，推定医疗机构有过错： （一）违反法律、行政法规、规章以及其他有关诊疗规范的规定； （二）隐匿或者拒绝提供与纠纷有关的病历资料； （三）伪造、篡改或者销毁病历资料。	1.《侵》中“患者有损害”,《民》中变为“患者在诊疗活动中受到损害”。 2.《侵》中“因”,《民》中变为“有”。 3. 第3项中添加“遗失”“违法”。
第1223条 因药品、**消毒产品**、医疗器械的缺陷，或者输入不合格的血液造成患者损害的，患者可以向**药品上市许可持有人**、生产者、血液提供机构请求赔偿，也可以向医疗机构请求赔偿。患者向医疗机构请求赔偿的，医疗机构赔偿后，有权向负有责任的**药品上市许可持有人**、生产者、血液提供机构追偿。	第59条 因药品、**消毒药剂**、医疗器械的缺陷，或者输入不合格的血液造成患者损害的，患者可以向**生产者**或者血液提供机构请求赔偿，也可以向医疗机构请求赔偿。患者向医疗机构请求赔偿的，医疗机构赔偿后，有权向负有责任的生产者或者血液提供机构追偿。	1.《侵》中“消毒药剂”,《民》中变为“消毒产品”。 2.《民》中赔偿主体增加了“药品上市许可持有人”。
第1224条 **患者在诊疗活动中受到损害，有**下列情形之一的，医疗机构不承担赔偿责任： （一）患者或者其近亲属不配合医疗机构进行符合诊疗规范的诊疗； （二）医务人员在抢救生命垂危的患者等紧急情况下已经尽到合理诊疗义务； （三）限于当时的医疗水平难以诊疗。 前款第一项情形中，医疗机构**或者**其医务人员也有过错的，应当承担相应的赔偿责任。	第60条 **患者有损害，因**下列情形之一的，医疗机构不承担赔偿责任： （一）患者或者其近亲属不配合医疗机构进行符合诊疗规范的诊疗； （二）医务人员在抢救生命垂危的患者等紧急情况下已经尽到合理诊疗义务； （三）限于当时的医疗水平难以诊疗。 前款第一项情形中，医疗机构**及**其医务人员也有过错的，应当承担相应的赔偿责任。	1.《侵》中“患者有损害”,《民》中变为“患者在诊疗活动中受到损害”。 2.《侵》中“因”,《民》中变为“有”。 3.《侵》中“及”,《民》中变为“或者”。

续表

民法典	侵权责任法	备注
第1225条　医疗机构及其医务人员应当按照规定填写并妥善保管住院志、医嘱单、检验报告、手术及麻醉记录、病理资料、护理记录等病历资料。 患者要求查阅、复制前款规定的病历资料的，医疗机构应当**及时**提供。	第61条　医疗机构及其医务人员应当按照规定填写并妥善保管住院志、医嘱单、检验报告、手术及麻醉记录、病理资料、护理记录、医疗费用等病历资料。 患者要求查阅、复制前款规定的病历资料的，医疗机构应当提供。	《民》中增加了“及时”。
第1226条　医疗机构及其医务人员应当对患者的隐私**和个人信息**保密。泄露患者的隐私**和个人信息**，或者未经患者同意公开其病历资料的，应当承担侵权责任。	第62条　医疗机构及其医务人员应当对患者的隐私保密。泄露患者隐私或者未经患者同意公开其病历资料，造成患者损害的，应当承担侵权责任。	《民》中保密的范围增加了“和个人信息”。
第1227条　医疗机构及其医务人员不得违反诊疗规范实施不必要的检查。	第63条　医疗机构及其医务人员不得违反诊疗规范实施不必要的检查。	条文内容无变化。
第1228条　医疗机构及其医务人员的合法权益受法律保护。 干扰医疗秩序，妨害医务人员工作、生活，**侵害医务人员合法权益的**，应当依法承担法律责任。	第64条　医疗机构及其医务人员的合法权益受法律保护。干扰医疗秩序，妨害医务人员工作、生活的，应当依法承担法律责任。	1.《民》中分成两款。 2.《民》中增加了“侵害医务人员合法权益的”。

【案例2-02】交通事故与医疗损害混合责任赔偿案例①

1987年6月9日，俞某骑自行车与他人相撞倒地后，被内蒙古自治区阿拉善左旗运输公司客车碾轧致臀部受伤，当天由阿拉善盟左旗医院转送至宁医大总院（原宁夏医学院附属医院）救治，后经尿道修复手术未获成功。1992年9

① 宁夏回族自治区高级人民法院于2015年11月24日作出（2015）宁民再终字第2号民事判决书；最高人民法院（2020）最高法民再66号民事判决书。

月5日，经内蒙古自治区司法鉴定中心鉴定，俞某为一级伤残。1992年11月，经阿拉善盟左旗公安局交通警察大队主持调解，由阿拉善左旗运输公司赔偿俞某121625.74元。1998年，俞某向内蒙古自治区阿拉善盟左旗人民法院提起诉讼，要求阿拉善左旗运输公司继续赔偿其交通事故经济损失95万余元，法院经审理驳回了俞某的诉讼请求。俞某不服，上诉至内蒙古自治区阿拉善盟中级人民法院，二审法院经审理驳回上诉，维持原判。俞某后向内蒙古自治区高级人民法院申请再审，内蒙古自治区高级人民法院于2000年3月29日作出（2000）内法民再字第3号民事判决，改判由阿拉善左旗运输公司赔偿俞某医疗费、护理费、住院伙食补助费、20年残疾者生活补助费、交通费、今后治疗费、残疾用具费等共计559478.26元。

2001年5月至9月，俞某在首都医科大学附属北京友谊医院（以下简称北京友谊医院）行人造可控膀胱、尿道改道术，术后持续使用导尿管，并膀胱会阴瘘。2004年3月，俞某将宁医大总院诉至宁夏回族自治区银川市中级人民法院，以俞某的身体损伤与宁医大总院的医疗过错之间存在因果关系为由要求宁医大总院赔偿各项经济损失951840元。银川市中级人民法院根据宁夏医学会医疗事故鉴定“此病例不属医疗事故”、起诉已超过法定诉讼时效为由驳回俞某的诉讼请求。俞某不服，上诉至宁夏回族自治区高级人民法院，该院在审理过程中委托最高人民法院司法鉴定中心对俞某的病情再次进行鉴定。鉴定结论认为，宁医大总院在治疗过程中遗漏了俞某因骨盆骨折所致尿路损伤的诊断，在拔除（入院1月后）导尿管后，没有及时采取有效的尿液引流措施，从而增加了俞某发生会阴感染及会阴瘘的机会，医院的护理工作失误，也是俞某褥疮生成的原因之一，而褥疮的生成又影响了俞某骨盆的复位和脊柱的恢复。故宁医大总院对俞某实施的医疗行为存有过失，该过失与俞某现有的损害结果存在一定的因果关系。后该案经多次上诉、发回、重审、上诉，最高人民检察院抗诉。

最高人民法院经审理认为，第一，俞某因交通事故诉讼获得了相应的赔偿。综合宁夏医学会的《医疗事故技术鉴定书》和相关法律、司法解释的规定，应当认定宁医大总院存在一定过错，并承担相应的民事责任。但对俞某造成一级伤残的后果，主要原因在于交通事故，宁医大总院的过错及原因力处于次要地位。原审判令宁医大总院承担30%的赔偿责任，已经充分考虑了俞某的客观情况，在审判权能够行使的自由裁量权范围内，很大程度上对患者予以了保护，现俞某要求宁医大总院承担全部赔偿责任，于法于理均难以支持。第二，关于导尿管及辅助器材费用的性质。残疾辅助器具的主要功能是辅助残疾人士提高生活质量，而治疗不仅仅在于提高病人的生活质量，更重要的是缓解病痛、医治病症直至维持生命。本案俞某所使用的导尿管系维持其生存所必需的医疗器具，其所产生的费用属于医疗费，而非残疾辅助器具费。因此，导尿管及其相关费用应当作为治疗费，原审对该费用的定性准确，本院予以确认。北京友谊医院出具的数份《诊断证明书》证明俞某病症需要终身治疗，导尿管需要终身持续使用，其费用属于必然发生的医疗费用，鉴于本案实际情况，可对该后续医疗费一并处理。第三，关于导尿管及其辅助器材赔偿标准。司法既是刚性的，也是有温度的，对本案的实际情况及所处的诉讼阶段，本院秉持刚柔相济、帮扶伤残的人文关怀和悯恤之心，对俞某关于其使用导尿管及其辅助器材的费用请求，在法律原则许可和司法裁量权范围内最大限度地予以支持。具体而言，一是导尿管及其辅助器材费用就高计算。俞某必须使用 119.9 元导尿管的事实无法成立，宁医大总院认为俞某一直使用的是价格为 4.5 元的普通实用型导尿管，而宁夏高院 66 号判决根据医院证明、医生意见和本人的具体情况，以 8.5 元价格的导尿管作为赔偿标准。在本院庭审中，宁医大总院又举示了两种一套价格分别为 16 元和 48 元的导尿管及辅助器材。据此，本院根据本案实际情况，综合考虑多种因素，参考宁医大总院认为的 48 元一套合资导尿管价格，就高确定俞某使用的导尿管及辅助器材价格为 48 元一套。二是确定俞某每天使用导尿管 4 根。俞某无法提供证据证明其必须每天使用 4 根导尿管进行更换，宁医大总院认为俞某的说法无证据证明，也不符合客观事实。本院认为，尽管维持俞某生命所需的更换导尿管的频率的确未必如俞某所言，但在可能的情况下，法律允许让患者获得更好的救助与治疗，提高导尿管更换频率应该有助于俞某获得更好的治疗体验，并减少感染概率，故本院确定一天 4 根导尿管的标准。三是确定使用期限为 20 年。《人身损害赔偿解释》对各项赔偿费用规定最长期限为 20 年，对满 20 年后仍需要赔偿的费用，如继续护理费、辅助器具费等为 5 年至 10 年。宁夏高院 66 号判决对俞某使用导尿管及辅助器材费用已按 20 年计，如参照上述辅助器具费第二次赔偿的期限最多为 10 年，但本院为维护生命生存的基本价值，酌情确定按最长年限 20 年计。综上，宁医大总院应向俞某支付导尿管及其辅助器材费共计 420480 元（48 元×4 根×365 天×20

年×30%责任比例)。判决被告医院赔偿原告“宁夏医科大学总医院赔偿俞某残疾者生活补助费、今后护理费、交通费、住宿费共计 170980. 50 元”“将来必然发生的医疗费 420480 元”等费用，共计 641460. 50 元。

评析

我国侵权损害赔偿采填平学说，即受害人因侵权行为遭受的损害应当得到侵权人的足额赔偿。本案受害人所遭受的损害明确，侵权行为系因交通事故及医疗过错行为共同导致，因此受害人因侵权行为导致的经济损伤应当由交通事故责任人和医疗过错责任人共同承担。法院在审理过程中，对交通事故和医疗损害的责任做了比例划分，并且按照该比例全面赔偿了受害人的损伤，受害人在获得了全额赔偿的基础上再主张由医疗机构承担全部责任确实不符合法律的规定，所以法院最终没有支持其主张。此外，关于后续治疗费问题。由于患者遗留的损害面临终身医疗依赖——使用导尿管并定期更换，因医疗依赖产生的后续治疗费与伤残赔偿金不构成重复赔偿，所以法院支持了受害人的诉讼请求。但是在导尿管的价格上，医患双方存在争议，最终法院在权衡原、被告双方提供的证据后，作出后续导尿管的价格认定。这既涉及原、被告双方的举证责任，是否完成举证的问题，也涉及法院对双方提交证据的审核，并最终依据法官的价值取向行使自由裁量权。

三、医疗损害赔偿其他规范性文件

根据《宪法》和《立法法》的规定，国务院有权在职权范围内就医药卫生管理事项制定行政法规，依法制定卫生法律的实施细则，改变或撤销各部委和地方的不适当的部门规章和地方政府规章。因此，一方面国务院可以就卫生管理活动中的某些事项制定行政法规，如《条例》《医疗机构管理条例》《人类遗传资源管理条例》《医疗废物管理条例》等；另一方面国务院作为国家最高权力机关的执行机关，还可以依法为实施卫生法律制定相应的执行性卫生行政法规，如根据《母婴保健法》制定的《母婴保健法实施办法》等。截止到 2021 年年底，医疗卫生领域的行政法规共有 35 部。

据《立法法》的规定，国务院各部、委员会（具有行政管理职能的直属机构)，可以根据法律和国务院的行政法规、决定、命令，在本部门的权限范围内，制定规章。卫生部门规章规定的事项应当属于执行法律或国务院的行政法规、决定、命令的事项。涉及两个以上国务院部门职权范围的事项，应当提请国务院制定行政法规或由国务院有关部门联合制定规章。国家卫生行政部门制定了《处方管理办法》《医疗事故技术鉴定暂行办法》《院前医疗急救管理办法》《医疗机构临床用血管理办法》等 94 部部门规章，另外，国家药品监督管理部门等制定的行政规章也属于卫生法的渊源。[①]同时，国家卫生行政部门还会制定一些规范性文件、技术规范、临床实践指南、技术标准等，如《病历书写基本规范》《医疗机构病历管理规定》《医疗机构检查检验结果互认管理办法》《医疗废物分类目录（2021 年版）》《国家卫生健康委关于加强医疗损害鉴定管理工作的通知》[②] 等。

四、医疗损害赔偿司法解释

目前与医疗损害赔偿有关的最为重要的司法解释有《医疗损害司法解释》《人身损害赔偿解释》《精神损害司法解释》《民事证据规定》等，还包括《民事诉讼法》及其司法解释和其他民法及相关司法解释。有的司法解释文件在《民法典》颁布之后作了修改。[③]本书相关部分的论述将以这些司法解释为依据，结合这些司法解释的相关内容展开。

《医疗损害司法解释》总共 26 个条文，内容涉及九个方面：（1）医疗损害赔偿诉讼一般性问题（前言、第 25 条第 2 款、第 26 条）；（2）当事人、起诉、当事人追加（第 1-3 条、第 25 条第 1 款）；（3）病历、举证责任及分配（第 4-7 条）；（4）医疗侵权责任承担（第 16 条、第 19 条、第 20 条）；（5）医疗损害专门性问题鉴定（第 8-12 条）；（6）侵害患者知情同意权责任纠纷处理（第 17-18 条）；（7）医疗产品责任纠纷处理（第 21-23 条）；（8）赔偿数额计算标准（第 24 条）；（9）鉴定人及专家辅助人出庭（第 13-15 条）。

---

① 孙东东：《卫生法学》（第 3 版），高等教育出版社 2021 年版，第 20 页。

② 《国家卫生健康委关于加强医疗损害鉴定管理工作的通知》（国卫医函〔2021〕1 号，2021 年 1 月 6 日）。

③ 根据 2020 年 12 月 23 日最高人民法院审判委员会第 1823 次会议通过的《最高人民法院关于修改〈最高人民法院关于在民事审判工作中适用《中华人民共和国工会法》若干问题的解释〉等二十七件民事类司法解释的决定》修正；根据 2022 年 2 月 15 日最高人民法院审判委员会第 1864 次会议通过的《最高人民法院关于修改〈最高人民法院关于审理人身损害赔偿案件适用法律若干问题的解释〉的决定》修正，自 2022 年 5 月 1 日起施行。

《民法典》第1179条将赔偿项目规定为三个方面：第一个方面，受害人因被侵权所遭受的实际损失，包括医疗费、护理费、交通费等为治疗和康复支出的合理费用，以及因误工减少的收入；第二个方面，受害人因被侵权伤害造成残疾的，除应当赔偿第一个方面所应给予的经济赔偿外，还应当赔偿残疾生活辅助器具费和残疾赔偿金；第三个方面，受害人因被侵权造成死亡的，除应当赔偿第一个方面所应给予的经济赔偿外，还应当赔偿丧葬费和死亡赔偿金。这些具体赔偿项目应该怎么计算，是《民法典》在司法实践中适用的关键。必须明确的是，《条例》所规定的赔偿项目计算方法不再适用，医疗损害赔偿中物质性的损失计算适用《人身损害赔偿解释》。

《民法典》第1183条还确定了精神损害赔偿的基本原则。医疗损害的精神赔偿金计算不再适用《条例》第50条第11项所确定的精神损害赔偿金的计算方法，而是适用《精神损害司法解释》。

此外，其他司法解释也有一些与医疗损害诉讼有关的内容，值得关注。比如，《最高人民法院关于适用〈中华人民共和国民法典〉婚姻家庭编的解释（一）》[①] 第23条规定：夫以妻擅自中止妊娠侵犯其生育权为由请求损害赔偿的，人民法院不予支持。该项规定为长期以来一直困扰医疗机构的一类纠纷，即妻子单方面到医院做人工流产或者引产等中止妊娠手术，丈夫到医院闹事甚至起诉医院，提供了法律依据。

《民法典》侵权责任编第六章对医疗损害赔偿所作的法律规定，还有大量悬而未决的问题，无论是在理论界，还是在司法实务界，专家、学者的争论都很大，意见分歧明显。这些问题若不明确，必然会影响医疗损害赔偿案件的处理，造成同案不同判的情况，从而影响法律的统一和权威。

【案例2-03】女方自愿终止妊娠，丈夫不同意，医院该听谁的[②]

原告徐某之妻李某，孕25周，在其母亲的陪同下到被告医院要求终止妊娠住院，并在《中/晚期妊娠引产知情同意书》上签名，5天后引产一死男胎

---

① 2020年12月25日由最高人民法院审判委员会第1825次会议通过，自2021年1月1日起施行。

② 医法汇医事法律团队：《女方自愿终止妊娠，其夫索赔医院，生还是不生?》，载《医师报》2019年4月25日，第20版。

后出院。原告徐某认为，医院没有查清李某的婚姻状况，在没有征得其丈夫同意的情况下就非法实施人工终止妊娠手术，不仅剥夺了徐某的生育权，也剥夺了胎儿的生命权，造成其夫妻感情破裂及精神上巨大的伤害，遂起诉要求医院赔偿各项损失共计80余万元。法院经过审理，最终驳回原告的诉讼请求。

评析

案例所示情形是医疗实践中常见的伦理问题，一些医疗机构对此问题的处理仍存在困惑。

首先，妻子有权决定生与不生。“男女双方地位平等”，关于男方是否具有生育权的问题，很多人会认为女性选择终止妊娠应当经得其配偶的同意，其实不然。《妇女权益保障法》第51条规定：妇女有按照国家有关规定生育子女的权利，也有不生育的自由。当夫妻双方因生育权问题发生冲突协商不能时，应优先尊重女性意愿，女性单方选择终止妊娠的行为不构成对男性生育权的侵害，医疗机构实施终止妊娠手术的行为是对女性意愿的尊重，没有侵害男方的生育权，无须承担赔偿责任。

其次，医疗机构实施手术并无过错。李某作为完全民事行为能力人，自愿同意在医院实施终止妊娠手术，并在手术知情同意书上签字同意实施终止妊娠手术，属于对其生育权的自行处置，是其生育决定权的体现。

再次，医院的做法没有过错，不应当承担侵权责任。《民法典》第1165条第1款规定：行为人因过错侵害他人民事权益造成损害的，应当承担侵权责任。本案中，医院为李某施行人工终止妊娠手术，不但是医疗机构应尽的职责，也是保障女性公民不生育自由的正当行为，具有合法性，并不存在过错，依法无须承担侵权责任。

最后，早在2011年《最高人民法院关于适用〈中华人民共和国婚姻法〉若干问题的解释（三）》① 第9条就规定：夫以妻擅自中止妊娠侵犯其生育权为由请求损害赔偿的，人民法院不予支持。2021年1月1日实施的《最高人民法院关于适用〈中华人民共和国民法典〉婚姻家庭编的解释（一）》第23条重申了该规定。

---

① 2011年7月4日由最高人民法院审判委员会第1525次会议通过，自2011年8月13日起施行，2021年1月1日失效。

第三节 医疗损害赔偿难题的地方司法策略

一、地方出台医疗纠纷预防与处理规范

针对医疗纠纷普遍且频发、医疗纠纷形势严峻的现实，许多省、自治区、直辖市都出台了各地的医疗纠纷预防与处理相关的规范文件，甚至有的市、县也出台了类似的文件。这些文件的出台对当地医疗纠纷的预防与诉讼外解决具有非常重要的现实意义，对当地预防医疗纠纷、化解医疗纠纷发挥了非常重要的作用，也为各地通过司法途径处理医疗纠纷提供了非常有利的辅助条件，因而是人民法院处理医疗纠纷的重要考量因素。

（一）地方人大关于医疗纠纷预防与处理的立法

目前，由省（市）级人大出台的地方性的医疗纠纷预防与处理立法有 3 部：《江苏省医疗纠纷预防与处理条例》（江苏省第十三届人民代表大会常务委员会公告第 61 号，2017 年 3 月 30 日江苏省第十二届人民代表大会常务委员会第二十九次会议通过，根据 2021 年 5 月 27 日江苏省第十三届人民代表大会常务委员会第二十三次会议《关于修改〈江苏省老年人权益保障条例〉等九件地方性法规的决定》修正，自 2021 年 5 月 27 日起施行），共计六章 65 条，内容包括总则、医疗纠纷预防、医疗纠纷处理（一般规定、纠纷解决途径、医疗鉴定）、医疗风险分担、法律责任、附则；《天津市医疗纠纷处置条例》（天津市人民代表大会常务委员会公告第 22 号，2014 年 11 月 28 日天津市第十六届人民代表大会常务委员会第十四次会议通过，自 2015 年 1 月 1 日起施行），共计七章 40 条，内容包括总则、医疗责任保险、医疗纠纷的处置、调解与理赔、权利和义务、法律责任、附则；《江西省医疗纠纷预防与处理条例》（江西省第十三届人民代表大会常务委员会公告 104 号，2014 年 3 月 27 日江西省第十二届人民代表大会常务委员会第九次会议通过，2021 年 7 月 28 日江西省第十三

届人民代表大会常务委员会第31次会议修正，自2021年7月28日起施行），共计七章65条，内容包括总则、医疗纠纷预防、医疗纠纷处理（一般规定、协商与调解、专家咨询与医疗鉴定）、医疗纠纷应急处置、医疗责任保险、法律责任、附则。2017年天津市人民代表大会常务委员会制定了《天津市医院安全秩序管理条例》①，2020年北京市人民代表大会常务委员会制定了《北京市医院安全秩序管理规定》。这些地方性立法维护了医院安全和医务人员的合法权益，强调医疗卫生人员人身安全和人格尊严不可侵犯，全面保护了医疗卫生人员的合法权益，强调卫健部门、公安机关、医疗机构等各司其职，强调单位主责、协调联动、依法处置，有许多内容值得其他省市推广与借鉴。

北京作为首都，在医院安全秩序管理的地方立法方面也起到了率先引领作用。2020年6月5日，北京市第十五届人民代表大会常务委员会第二十二次会议通过《北京市医院安全秩序管理规定》，自2020年7月1日起施行。该规定以维护医院安全秩序，惩治涉医违法犯罪行为，保护医务人员安全和社会公众利益为立法目的，按照医警联动、预防为主、综合治理、共同维护的工作原则，设计制度，制定措施，设定条款，聚焦医疗安全秩序管理的主要矛盾和关键症结。

《北京市医院安全秩序管理规定》的亮点有：（1）强调预防。该规定要求对醉酒、精神或行为异常并有暴力倾向等就诊人员，医院可以安排治安保卫人员协助医务人员实施约束、隔离等保护性医疗措施。对有涉医违法犯罪前科和多次来医院无理缠闹，或者扬言实施暴力等高风险就诊人员，医院发现后应当通知公安机关，由公安机关先进行法治宣教，告知不得有违法行为；在其承诺遵守医院管理规定后，由医院治安保卫人员陪诊监督，直至离开医院。（2）医院应建立安检制度。该规定明确了进入医院人员有接受安检义务，严禁携带枪支、弹药、匕首等管制器具和易燃易爆、有毒有害等危险物品，以及菜刀、斧头、棍棒等公安机关规定的其他禁带物品进入医院。不接受安全检查的，医院有权拒绝其进入。（3）医务人员的避险保护措施。该规定指出，医务人员人身安全受到暴力威胁时，可以采取避险保护措施，回避对就诊人员的诊疗；在不危及就诊人员生命安全的情况下，医院可以暂停诊疗；影响医务人员人身安全情形消失后，应当及时恢复诊疗。（4）建立高危就医人员信息共享的

① 天津市人民代表大会常务委员会公告第61号，2017年1月9日天津市第十六届人民代表大会常务委员会第三十三次会议通过，自2017年3月1日起施行。

联防联控机制。共享共用医疗纠纷信息、高风险就诊人员信息、涉医110警情和涉医案件违法犯罪行为人数据等信息。①同时要求卫生健康部门、公安机关与医院应当定期会商通报信息，分析医院治安形势，开展矛盾纠纷排查调处，进行风险评估预警。医院应当建立医疗纠纷风险评估制度，定期对医疗纠纷进行摸排分析，预防、减少和妥善化解医疗纠纷。

（二）省（市）级人民政府关于医疗纠纷预防与处理的行政规章

目前由省（市）级人民政府出台的地方性的医疗纠纷预防与处理行政规章有8部：《安徽省医疗纠纷预防与处置办法》（2017年，安徽省人民政府令第276号），《山西省医疗纠纷预防与处理办法》（2017年，山西省人民政府令第252号），《福建省医疗纠纷预防与处理办法》（2017年，福建省人民政府令第215号），《上海市医患纠纷预防与调解办法》（2014年，上海市人民政府令第12号），《广东省医疗纠纷预防与处理办法》（2017年，广东省人民政府令第242号），《湖北省医疗纠纷预防与处理办法》（2013年，湖北省人民政府令第366号），《湖南省医疗纠纷预防与处理办法》（2012年，湖南省人民政府令第263号），《浙江省医疗纠纷预防与处理办法》（2010年，浙江省人民政府令第269号）。上海市卫生健康委在前期会同市公安局制定《上海市医患纠纷突发事件医警联动工作机制》的基础上，进一步明确了医患纠纷突发事件的工作原则，规范医警联动机制的组织架构，明确各有关单位职责分工，确保医患纠纷突发事件依法、规范、有序处置。《上海市医疗卫生人员权益保障办法》经2020年11月30日市政府第106次常务会议通过，2020年12月28日公布，自2021年3月1日起施行。

《上海市医疗卫生人员权益保障办法》的亮点有：（1）逐步提高医疗卫生人员的薪酬待遇，医疗卫生机构及其上级主管部门会同有关部门，落实国家和上海市关于医疗卫生事业单位工作人员收入分配各项政策规定，建立正常的调整机制，逐步提高医疗卫生人员的薪酬待遇。对参加突发公共卫生应急处理的

---

① 北京市人民代表大会常务委员会：《北京市医院安全秩序管理规定》（2020年6月5日北京市第十五届人民代表大会常务委员会第二十二次会议通过，2020年6月22日发布，自2020年7月1日起施行）。

第10条 市、区卫生健康部门与公安机关，医院与属地公安派出所应当建立联席会议制度，会商通报信息，分析医院治安形势，开展矛盾纠纷排查调处，进行风险评估预警，协同处置涉医安全事件。

第11条 卫生健康部门会同公安机关等单位建立全市医院安全保卫信息平台，共享共用医疗纠纷信息、高风险就诊人员信息、涉医110警情和涉医案件违法犯罪行为人数据等信息。

医疗卫生人员，根据国家和本市规定及时落实相应的补助补贴等政策。(2) 对长时间超负荷工作的人员安排强制休息，医疗卫生机构应当依法保障医疗卫生人员的休息休假时间。对于参加突发公共卫生事件应急处理或者执行紧急任务的医疗卫生人员，医疗卫生机构应当合理安排轮休、调休、补休，对长时间超负荷工作的人员安排强制休息。(3) 保障医护人员心理健康，医疗卫生机构应当重视医疗卫生人员心理健康，建立心理疏导制度，定期进行心理健康宣传，为医疗卫生人员提供心理评估等服务。(4) 要预防伤医行为发生，建立行政机关、司法机关、医疗卫生机构以及市场主体共同参与的跨部门、跨领域、跨区域的涉医失信联合惩戒机制。(5) 对医闹人员实施失信惩戒。建立惩戒信息定期通报机制，相关部门定期将联合惩戒措施的实施情况反馈至市公共信用信息服务平台，市卫生健康主管部门应当定期汇总、分析并向各相关部门通报。根据医闹者的违法危害程度，区别一般失信处罚和严重失信惩罚。①

---

① 《上海市医疗卫生人员权益保障办法》（上海市人民政府令 40 号，2020 年 12 月 28 日公布，自 2021 年 3 月 1 日起施行）

第 32 条 禁止任何人实施下列行为：（一）殴打或者以其他方式故意伤害医疗卫生人员，非法限制医疗卫生人员人身自由，谩骂、侮辱或者捏造事实诽谤、诬告陷害医疗卫生人员；（二）恶意拦截、尾随医疗卫生人员，以言语、文字、图像等方式扬言或者暗示暴力伤害医疗卫生人员或其亲属，寄送恐吓物品，或者以其他方式干扰医疗卫生人员正常生活；（三）故意损毁、占用医疗卫生机构财物，抢夺病历，符合出院或者转诊标准无正当理由滞留医疗卫生机构；（四）在医疗卫生机构设灵堂、摆花圈、烧纸钱、拉横幅，在医疗卫生机构违规停放尸体，阻挠将尸体移放太平间或者殡仪馆；（五）冲击或者占据办公或诊疗场所、围堵出入口、驱赶就医人员，携带易燃易爆、有毒、有放射性、有腐蚀性以及其他可能危及人身和财产安全的危险物品进入医疗卫生机构；（六）教唆他人实施针对医疗卫生机构或者医疗卫生人员的违法犯罪行为，或者以受他人委托处理医疗纠纷为名实施敲诈勒索、寻衅滋事等；（七）其他侵害医疗卫生人员合法权益的行为。

第 38 条 除急危重症患者外，实施本办法第三十二条所列禁止行为，被公安机关处以警告或罚款的，医疗保障部门可以取消该失信主体的医保使用便利化服务，要求其在一定期限内先行支付现金后按规定报销；本市所有的医疗卫生机构可以采取以下惩戒措施：（一）限制或者取消其先看病后付费、使用“互联网+”服务的便民措施；（二）限制提供特需门诊、特种病房、高等病房等特需医疗服务；（三）限制其他就诊便利化服务。除前款规定的惩戒措施外，行政机关还可以在法定权限范围内依法就相关联的事项采取以下惩戒措施：（一）限制享受行政管理中的便利化措施和优惠性政策；（二）法律、法规和国家、本市规定的其他措施。

第 39 条 实施本办法第三十二条所列禁止行为，被公安机关处以行政拘留或者被司法机关追究刑事责任的，除采取本办法第三十八条规定的惩戒措施外，行政机关还可以在法定权限范围内依法就相关联的事项采取以下惩戒措施：（一）限制补贴性资金支持；（二）限制招录为公务员或者事业单位工作人员；（三）限制担任事业单位法定代表人；（四）限制参加政府采购和政府购买服务等活动；（五）按程序及时撤销相关荣誉，取消参加评先评优资格；（六）在一定期限内限制其使用医保就医；（七）法律、行政法规规定的其他措施。

第 40 条 本市建立惩戒信息定期通报机制，相关部门定期将联合惩戒措施的实施情况反馈至市公共信用信息服务平台，市卫生健康主管部门应当定期汇总、分析并向各相关部门通报。

（三）省（市、自治区）级多个部门联合发布关于医疗纠纷预防与处理的规范性文件

由省（市、自治区）级多个部门联合发布关于医疗纠纷预防与处理的规范性文件有7个：《甘肃省预防与处置医疗纠纷暂行办法》（2013年，8部门），《四川省医疗纠纷预防与处置暂行办法》（2012年，7部门），《重庆市人民政府办公厅关于印发重庆市医疗纠纷处置办法的通知》（2011年，市政府办公厅），《河南省医疗纠纷预防与处置暂行办法》（2010年，4部门），《新疆维吾尔自治区医疗纠纷预防与处置暂行办法》（2015年，9部门），《山东省关于做好新形势下医疗纠纷综合处置工作的意见》（2017年，14部门），《北京市关于加强医疗纠纷人民调解工作的意见》（2010年，6部门）。

云南、贵州、陕西、吉林、辽宁、黑龙江、青海、内蒙古、宁夏、广西、西藏等地区尚未查到有医疗纠纷预防与处理的地方规范性文件。

二、地方针对医疗损害赔偿诉讼出台的司法审判指导文件

（一）省高级人民法院的司法审判指导文件概况

医疗损害赔偿案件的绝对数量并不多，在法院受理的民事案件中占比很小，但该类案件专业性强，医患双方对立严重，法院裁判往往需要借助医疗鉴定意见进行事实认定，但鉴定情况又比较复杂，因而导致医疗损害赔偿案件的处理难度加大，其已经成为我国民事审判工作中非常复杂且疑难的诉讼之一。尽管地方法院没有司法解释权，但是由于我国的司法资源分配极不平衡，地方各级法院审判人员的素质水平参差不齐，因此，长期以来，我国地方法院在审判实践过程中已经形成了一个惯例，即根据对各地的具体情况，针对法律规定不具体、司法解释也不甚明确的问题制定统一意见。这些司法审判指导文件虽然对当地各级法院没有强制约束力，但由于它是因地制宜制定出来的，且可以弥补审判人员对审判实践中的问题把握不准的缺陷，因此在当地具有很高的审判适用效果。为此，各地司法机关针对医疗损害赔偿案件出台了司法指导文

件，规范和指导法官审理、裁判医疗损害赔偿案件。①《最高人民法院关于统一法律适用加强类案检索的指导意见（试行）》第9条规定：检索到的类案为指导性案例的，人民法院应当参照作出裁判。提出类案参照裁判的要求。因此，在办理医疗损害赔偿案件中，充分掌握相关法律、司法解释以及各地司法审判指导文件，具有非常重要的现实意义。本书将对部分高级人民法院的司法指导文件的内容予以介绍（见表2-2）。

这些地方法院的司法指导文件都在原《侵权责任法》实施后、《民法典》实施前出台，但是由于《民法典》侵权责任编与原《侵权责任法》的内容极为相似，没有原则性变化，且出台司法指导文件的人民法院没有宣布这些文件的时效，因此一般而言这些司法指导文件仍然适用，只不过在阅读、理解、使用这些规定时，要注意将其中表述为《侵权责任法》的内容换成《民法典》的内容。

表2-2　各地关于医疗损害赔偿案件的司法指导文件一览表

生效时间	单位②	条数	名称	内容	特色
2010年7月1日	浙江高院	23	关于审理医疗纠纷案件若干问题的意见（试行）	诉讼	第一个制定并实施。
2014年1月7日		13	关于依法审理医疗纠纷案件促进和谐医患关系的意见		
2010年7月9日	江苏高院	4	关于做好《中华人民共和国侵权责任法》实施后医疗损害鉴定工作的通知	鉴定	损害鉴定常任专家库，鉴定专家实名制。
2010年10月11日		23	关于医疗损害鉴定工作的若干意见（试行）		

① 之前有学者对浙江、江苏、上海、北京四地5个文件进行了比较研究。参见孙东东、张鹏：《医疗损害赔偿诉讼难题及审判对策》，载《证据科学》2011年第3期；另外还可以参见刘鑫、连宪杰：《医疗侵权案件地方司法指导文件证据规定研究》，载《证据科学》2015年第2期，第184-208页；杨帆、王贵君：《医疗侵权案件地方指导文件鉴定规范研究》，载《证据科学》2015年第2期，第209-223页。

② 本文在论述过程中，为了简明扼要，在引用各地文件名称时，一般不直接引用文件名称，而表述为“某地文件”。比如，引用《北京市高级人民法院关于审理医疗损害赔偿纠纷案件若干问题的指导意见（试行）》时，表述为“北京文件”。在某高院涉及两个文件时，分表表述为“某地某年文件”。比如，引用《浙江省高级人民法院关于依法审理医疗纠纷案件促进和谐医患关系的意见》，表述为“浙江2014年文件”。

续表

生效时间	单位	条数	名称	内容	特色
2010年11月18日	北京高院	43	关于审理医疗损害赔偿纠纷案件若干问题的指导意见（试行）	诉讼	2005年文件升级；内容详尽，解决诉讼中的大多数问题。
2011年1月1日	上海高院	28	关于委托医疗损害司法鉴定若干问题的暂行规定	鉴定	异地鉴定，鉴定以委托医学会为主，鉴定专家实名制，鉴定程序文件、专家合议书送交法院。
2011年8月15日，2015年1月20日修改	安徽高院	35	关于审理医疗纠纷案件若干问题的指导意见	诉讼	2004年文件升级；内容详尽，解决诉讼中的大多数问题。
2011年9月29日	新疆高院	32	关于修订《关于审理医疗损害赔偿案件若干问题的指导意见（试行）》的意见	诉讼	2008年文件升级；内容详尽，解决诉讼中的大多数问题。
2011年11月17日（已失效）	广东高院	28	关于人民法院委托医疗损害鉴定若干问题的意见（试行）	鉴定	鉴定专家、咨询专家实名制。
2011年11月30日	山东高院	2	全省民事审判工作会议纪要	诉讼	仅涉及法律适用和证据。
2012年8月1日	天津高院	14	关于审理医疗损害纠纷案件委托鉴定程序问题的通知（试行）	鉴定	以医学会鉴定为主。
2013年9月27日	福建高院	18	关于委托医疗损害鉴定若干问题的意见（试行）	鉴定	以医学会鉴定为主，异地鉴定。

续表

生效时间	单位	条数	名称	内容	特色
2013 年 11 月 23 日	湖北高院	32	关于审理医疗损害责任纠纷案件若干问题的意见	诉讼	2009 年文件升级；内容详尽，解决诉讼中的大多数问题。
2009 年 9 月 10 日	江西高院	48	关于审理医疗损害赔偿纠纷案件若干问题的指导意见（试行）	诉讼	内容详尽，涉及诉讼中的主要问题。
2011 年 9 月 1 日	杭州中院	不详	关于医疗损害赔偿纠纷案件委托医疗损害鉴定实务研讨会会议纪要	鉴定	细化鉴定程序，细化鉴定人出庭要求。
2013 年 5 月 1 日		17	关于医疗损害责任纠纷案件鉴定人出庭制度的操作细则		
2015 年 1 月 23 日	广州中院	64	医疗损害责任纠纷案件审理指引①	诉讼	细化诉讼各环节及程序。

从目前情况来看，针对《侵权责任法》出台综合性的医疗损害赔偿诉讼的司法审判指导文件的省、自治区、直辖市主要有五个，即浙江、北京、安徽、新疆、湖北，其中前四地的司法审判指导文件的概况详见表 2-3。江苏、上海、广东、天津、福建等高级人民法院发布的有关鉴定司法指导文件详见表 2-4。

表 2-3　浙江、北京、安徽、新疆四地的司法审判指导文件的概况

文件属地	文件名称	生效日期	条数	主要内容	特色
浙江	关于审理医疗纠纷案件若干问题的意见（试行）	2010 年 7 月 1 日	23	诉讼各方面	医疗注意义务认定要求；各种举证责任分配；对病历瑕疵区别对待；对委托鉴定机构提出专业要求；尊重医疗诊治规律，准确认定医疗损害责任；打击医闹；建立专业合议庭。
	关于依法审理医疗纠纷案件促进和谐医患关系的意见	2014 年 1 月 7 日	13		

① 广州市中级人民法院 2015 年公布《医疗损害责任纠纷案件审理指引》，但笔者只拿到该法院 2013 年公布的版本。本研究使用的是广州市中级人民法院于 2013 年 11 月 26 日在其官网上公布的《医疗损害责任纠纷案件审理指引》，http：//www.gzcourt.gov.cn/sszn/ck104/2013/11/26180646184.html，最后访问日期：2022 年 2 月 25 日。

续表

文件属地	文件名称	生效日期	条数	主要内容	特色
北京	关于审理医疗损害赔偿纠纷案件若干问题的指导意见（试行）	2010年11月18日	43	诉讼各方面	内容详尽，切合审判实践，解决实际问题；过度医疗，就医凭证，病历真实性，医疗损害鉴定内容，医务人员质证，未尽医疗告知义务。
安徽	关于审理医疗纠纷案件若干问题的指导意见	2011年8月15日	35	诉讼各方面	规定了非诊疗行为，医方起诉患方终止医疗服务合同、拖欠医疗费，对被告作了更为细致的划分，尸检告知，病历真实性等。
新疆	关于修订《关于审理医疗损害赔偿案件若干问题的指导意见（试行）》的意见	2011年9月29日	32	诉讼各方面	内容详尽，切合审判实践，解决实际问题。

表 2-4 江苏、上海、广东、天津、福建五地的司法审判指导文件的概况

文件属地	文件名称	生效日期	条数	主要内容及特色
江苏	关于做好《中华人民共和国侵权责任法》实施后医疗损害鉴定工作的通知	2010年7月9日	4	损害鉴定常任专家库、鉴定专家实行实名制；规定了外省鉴定机构鉴定、重新鉴定，评残标准适用，鉴定机构监管，鉴定机构随机备选范围等。
	关于医疗损害鉴定工作的若干意见（试行）	2010年10月11日	23	
	江苏省医疗损害鉴定管理办法	2017年11月23日	35	
	关于委托医疗损害鉴定案件有关问题的通知	2017年10月30日	6	
上海	上海市高级人民法院关于委托医疗损害司法鉴定若干问题的暂行规定	2011年1月1日	28	异地鉴定，鉴定专家实行实名制，鉴定程序文件、专家合议书等送交法院。

续表

文件属地	文件名称	生效日期	条数	主要内容及特色
广东	关于人民法院委托医疗损害鉴定若干问题的意见（试行）	2011 年 11 月 17 日（已失效）	28	鉴定费承担，病历瑕疵，鉴定材料，咨询专家出具书面意见，咨询专家信息，因果关系分级。
天津	关于审理医疗损害纠纷案件委托鉴定程序问题的通知（试行）	2012 年 8 月 1 日	14	规定了有条件的异地鉴定，医学会鉴定优先等。
福建	关于委托医疗损害鉴定若干问题的意见（试行）	2013 年 9 月 27 日	18	鉴定费承担，司法鉴定委托临床专家要求，病历瑕疵区别对待，咨询专家信息。

（二）省高级人民法院关于鉴定的司法审判指导意见

目前的医疗损害技术鉴定仍然采用双轨制，既可由医学会组织实施鉴定，也可由司法鉴定机构组织实施鉴定。《医疗损害司法解释》乃至各地的司法审判指导文件的规定基本相同。最高人民法院在之前的文件中就规定①，人民法院适用《侵权责任法》审理民事纠纷案件，根据当事人的申请或者依职权决定进行医疗损害鉴定的，按照《全国人民代表大会常务委员会关于司法鉴定管理问题的决定》《人民法院对外委托司法鉴定管理规定》及国家有关部门的规定组织鉴定。而原卫生部在《关于做好〈侵权责任法〉贯彻实施工作的通知》中要求，对司法机关委托或医患双方共同委托的医疗损害责任技术鉴定，医学会应当受理，并可参照《医疗事故技术鉴定暂行办法》等有关规定，依法组织实施，由此可见“二元化”的医疗损害鉴定机制并未从实质上得到改变。然而，各省市对存在的诸多困难并未回避，结合地区特点对医疗损害技术鉴定的主体进行规范，如北京、浙江、湖北、广东、安徽的鉴定指导文件明确了医学会和司法鉴定机构均可接受委托开展医疗损害鉴定。2011 年《安徽司法指导意见》第 18 条更是提出，“医疗鉴定包括医疗事故技术鉴定和医疗过错鉴定，统称医疗损害鉴定”。虽然医疗损害鉴定实行双轨制，但是哪一类鉴定优先则有所不同。比如，部分省市如上海、江苏等，虽然认可医学会和司法鉴定机构均

① 《侵权法适用通知》（法发〔2010〕23 号）。

可进行医疗损害鉴定，但医学会组织的鉴定处于优先地位，除双方均同意委托司法鉴定机构外，由医学会组织实施医疗损害鉴定（见表 2-5）。[①]

表 2-5 各地方鉴定指导文件对鉴定主体的规定比较

司法鉴定机构与医学会为同等地位	北京	人民法院委托进行医疗损害责任过错鉴定的，应当根据北京市高级人民法院关于司法鉴定工作的相关规定，委托具有相应资质的鉴定机构组织鉴定。在国家有关部门关于医疗损害鉴定的新规定颁布之前，人民法院也可以委托各区、县医学会或北京医学会组织进行医疗损害责任技术鉴定。
	广东	人民法院审理医疗损害责任纠纷案件，可以依据当事人的申请或依职权决定委托省内具备条件的医学会或司法鉴定机构进行医疗损害鉴定。
	浙江	人民法院可以根据当事人的申请或依职权决定，委托医学会或其他司法鉴定机构进行医疗损害鉴定。当事人应当配合鉴定，无正当理由拒不配合的，应承担相应不利的诉讼后果。
	安徽	医疗事故技术鉴定应当委托医学会进行。医疗过错鉴定可以委托医学会或具有相应资质的司法鉴定机构进行。
	福建	人民法院审理医疗损害责任纠纷案件，依据当事人的申请或者依职权决定，既可以委托省内具备条件的医学会组织鉴定专家进行医疗损害鉴定，也可以委托具有相应资质的其他司法鉴定机构进行鉴定。鉴定机构由双方当事人协商确定。协商不成的，由人民法院在医疗机构所在地以外的市级医学会、省医学会，或者具有相应资质的其他司法鉴定机构中随机抽取确定。
优先委托医学会鉴定	上海	在法院审理医疗纠纷民事案件过程中，当事人申请医疗损害鉴定的，除双方当事人协商一致外，应由法院依职权委托医学会组织专家进行鉴定。医学会认为无法鉴定，法院可依据《人民法院对外委托司法鉴定管理规定》另行委托具有资质的司法鉴定机构组织鉴定。
	湖北	人民法院可以委托医学会进行医疗损害鉴定，也可以委托具有相应资质的其他司法鉴定机构进行鉴定。医患双方协商一致的，人民法院委托双方共同选定的鉴定机构进行鉴定。在双方不能协商一致的情况下，人民法院委托医学会进行医疗损害鉴定，当事人明确表示不同意医学会鉴定的除外。
	江苏	医疗损害鉴定仍应委托医学会组织专家进行，统称为医疗损害鉴定。当事人均同意委托其他司法鉴定机构进行医疗损害鉴定的，应予准许。

① 杨帆、王贵君：《医疗侵权案件地方指导文件鉴定规范研究》，载《证据科学》2015 年第 2 期。

续表

优先委托医学会鉴定	新疆	一方当事人申请有关医疗过错的司法鉴定，另一方当事人申请医疗事故技术鉴定的，人民法院应当委托进行医疗事故技术鉴定。医疗行为经医疗事故技术鉴定构成医疗事故，当事人又申请就医疗过错进行司法鉴定的，不予支持。医疗行为经医疗事故技术鉴定不构成医疗事故，当事人申请就医疗过错进行司法鉴定，人民法院认为确有必要的，可以进行委托。
	天津	经双方当事人协商一致，可委托医学会或具有资质的司法鉴定机构进行医疗损害鉴定。无法达成一致的，委托医学会进行鉴定。医学会不予受理的，人民法院可依照《人民法院对外委托司法鉴定管理规定》另行委托具有资质的司法鉴定机构进行医疗损害鉴定。

医学会组织的医疗损害鉴定和司法鉴定机构组织的医疗损害鉴定的双轨制局面的形成有其独特的历史成因，单双轨制严重影响了司法权威，造成了医疗损害诉讼案件不确定性增高，司法实践迫切希望医疗损害鉴定由“双轨制”转化为“单轨制”。然而，两种鉴定方式各有其优势，也各有其鉴定规则、相应机构与从业人员，目前很难实现完全的统一，其中的现实问题也正是《民法典》实施后，医疗损害技术鉴定机制难以统一的原因。从目的上来看，医疗损害技术鉴定是为了解决医疗侵权诉讼中的专业性问题，那么由何种主体开展鉴定对诉讼程序无原则性影响？在统一鉴定程序、规则的前提下，医学会及司法鉴定机构均可组织开展医疗损害鉴定，即实现医疗损害鉴定机制的相对统一。①

（三）各地司法审判指导文件内容介绍

1. 浙江的司法审判指导文件

浙江省高级人民法院民一庭于2010年上半年颁布，自2010年7月1日起施行的《浙江司法指导意见》，是我国《侵权责任法》颁布之后由地方高级人民法院提出的第一个医疗损害赔偿案件处理的司法指导文件。该文件共23个条文，内容涵盖医疗过错认定的原则，医疗告知义务与法律责任，案由的确定，共同侵权，特殊医疗损害赔偿，举证责任分配，尸检义务与责任，病历提供、异议与审查，鉴定与再次鉴定的启动、质证，医疗损害责任的确定，调解

① 睢素利：《关于完善我国医疗损害鉴定制度的探讨》，载《中国医院》2013年第9期，第46-48页。

的效力等。

2014 年 1 月 7 日，浙江省高级人民法院针对医疗纠纷的新形势新情况，又发布了《关于依法审理医疗纠纷案件促进和谐医患关系的意见》，从以下方面强化医疗损害赔偿案件的审判：加强法院指导下的诉前鉴定工作，强化诉前鉴定在预判诉讼风险中的作用；规范医疗损害鉴定委托工作，加大对鉴定过程的督促力度；规范鉴定人出庭作证制度，保障当事人对鉴定意见的质证权利；完善专家辅助人出庭制度，提升当事人对鉴定意见的质证能力；加大对证据的审查力度，审慎分配举证责任；尊重医疗诊治规律，准确认定医疗损害责任；严厉打击医闹行为，维护医疗机构正常工作秩序等。

2. 北京的司法审判指导文件

《北京司法指导意见》于 2010 年 11 月 18 日在北京市高级人民法院审判委员会第 17 次（总第 265 次）会议上审议通过。在目前已经发布审判指导意见的四家高级人民法院中，北京市高级人民法院发布的指导意见是最晚的，但却是最好的，其内容涵盖面广，针对的问题多，审判指导的意义强。

《北京司法指导意见》是在 2005 年发布的《北京市高级人民法院关于审理医疗损害赔偿纠纷案件若干问题的意见（试行）》（京高法发〔2005〕157 号）的基础上，总结六年多的司法审判实践经验，充分借鉴立法和司法的理论研究成果，针对《侵权责任法》和相关司法解释的规定，修订而成。《北京司法指导意见》共分为七个部分 43 条内容，涵盖了一般规定、诉辩事由、举证责任、医疗损害鉴定、案件审理、赔偿责任和附则。

3. 安徽的司法审判指导文件

安徽省高级人民法院发布的《安徽司法指导意见》（2011 年 8 月 15 日安徽省高级人民法院审判委员会第 17 次会议通过；2015 年 1 月 20 日再次作出修订），该文件共六章 35 条，包括立案受理、当事人、举证责任、医疗鉴定、赔偿责任和其他。

同时，安徽省高级人民法院发布的《安徽省人民法院委托鉴定工作实施细则》（皖高法〔2014〕332 号）、《关于规范司法鉴定对外委托工作的若干意见》（2016 年 10 月 19 日，皖高法〔2016〕324 号）对医疗损害鉴定委托工作作出进一步规范。

（四）各地关于鉴定司法审判指导文件内容的介绍

1. 江苏的司法审判指导文件

江苏省高级人民法院在《侵权责任法》实施之后，先后制定了两个司法审判指导文件：一是江苏省高级人民法院于2010年7月9日独立发布的《江苏医疗鉴定通知》；二是江苏省高级人民法院、原江苏省卫生厅于2010年10月11日联合发布的《江苏司法指导意见》。这两个文件都是围绕医疗损害鉴定工作进行规定的。

《江苏省医疗纠纷预防与处理条例》于2017年3月30日江苏省第十二届人民代表大会常务委员会第二十九次会议通过，根据2021年5月27日江苏省第十三届人民代表大会常务委员会第二十三次会议《江苏省人民代表大会常务委员会关于修改〈江苏省老年人权益保障条例〉等九件地方性法规的决定》修正，自2021年5月27日起施行。该条例对医疗损害作出了专节规定（第三章第三节共11个法条），内容包括鉴定委托、鉴定机构、鉴定人遴选、鉴定费预缴、出庭质证等，其中亮点是：各医疗损害鉴定机构之间没有隶属关系；医疗损害鉴定机构接受委托从事医疗损害鉴定，不受地域范围的限制；医学会进行医疗损害鉴定，不实行医疗事故技术鉴定中的首次鉴定、再次鉴定制度；当事人对医学会出具的医疗损害鉴定意见有异议的，可以在诉讼过程中向人民法院申请重新鉴定；首次对医学会的鉴定规定鉴定专家署名，司法鉴定机构进行医疗损害鉴定，鉴定人应当组织召开听证会，听取医患双方的陈述；听证会应当有不少于三名具有临床二级学科分类相关专业高级职称的专家参加，邀请的专家应当出具评议意见并签名，由司法鉴定机构存入鉴定档案等。同时，江苏省高级人民法院、原江苏省卫生和计划生育委员会、江苏省司法厅联合制定了《江苏省医疗损害鉴定管理办法》（2017年10月23日发布，自2017年11月23日起施行），该办法共计35条。另外，江苏省高级人民法院制定了《关于近期委托医疗损害鉴定案件有关问题的通知》（2017年6月29日发布）、《关于委托医疗损害鉴定案件有关问题的通知》（2017年10月30日发布，苏高法电〔2017〕728号）。

《江苏医疗鉴定通知》内容不多，主要涉及四项规定：（1）明确了医疗损害鉴定的实施主体是医学会，以其他司法鉴定机构进行鉴定为例外，由其他鉴定机构实施鉴定的前提是双方当事人同意。(2) 医疗损害鉴定的内容包括医疗过错、因果关系、责任程度（医疗过错行为在医疗损害后果中的原因力大小）、残疾等级。医疗损害鉴定意见未明确作出这些内容认定的，人民法院可以要求鉴定机构作出补充鉴定或出具相应的意见。(3) 其他医疗物品质量的鉴定，人民法院应委托具有相应资质的机构进行。(4) 关于鉴定材料真伪的审查判断，由人民法院负责进行，未经质证的，不得委托鉴定。当事人对病历等鉴定材料有争议的，由人民法院予以认定。病历等材料的真实性难以判断的，人民法院应当告知当事人先申请相关鉴定。

《江苏司法指导意见》则针对《江苏医疗鉴定通知》对医学会的鉴定作了进一步详细而具体的规定，增加了委托医学会鉴定的可操作性，保证医学会出具的鉴定意见更加符合《侵权责任法》的要求和诉讼规则。《江苏司法指导意见》分为四个方面共计 23 条，这四个方面分别是医疗损害鉴定的委托与受理、医疗损害鉴定的组织实施、鉴定专家库的管理、医疗损害鉴定工作的协调配合。从这四个方面的内容来看，实际上是对依据《条例》制定的《医疗事故技术鉴定暂行规定》的完善与补充，是一种大胆而有意义的尝试，为《侵权责任法》实施后关于医疗损害鉴定所探索的新路径。

《江苏省高级人民法院关于委托医疗损害鉴定案件有关问题的通知》（苏高法电〔2017〕728 号）对鉴定机构遴选、重新鉴定、省外鉴定机构选择、伤残标准确定等作出补充规定。

2. 上海的司法审判指导文件

上海市高级人民法院于 2010 年年底颁布，自 2011 年 1 月 1 日起施行的《上海司法指导意见》，是在原《上海市高级人民法院关于人民法院委托医学会进行医疗纠纷司法鉴定若干问题的意见》和《上海市高级人民法院关于人民法院委托医学会进行医疗纠纷司法鉴定若干问题的补充意见》的基础上修改而成的关于鉴定委托的操作规范，共 28 条，对法院委托医疗损害技术鉴定具有非常强的操作指导意义。

上海的司法审判指导文件中，异地鉴定、鉴定专家实行实名制、鉴定程序文件、专家合议书等送交法院是其亮点。

3. 广东的司法审判指导文件

《广东省高级人民法院关于人民法院委托医疗损害鉴定若干问题的意见

（试行）》（粤高法发〔2011〕56 号，2011 年 11 月 17 日发布并施行，现已失效），该意见共计 28 条，规定了以下内容：鉴定启动、鉴定费预缴、鉴定材料的范围、瑕疵病历资料区分情况处理、鉴定实施、鉴定文书内容、因果关系分级及参与度、鉴定人出庭费等。

对医学会和司法鉴定机构组织开展医疗损害技术鉴定的形式和要求规定比较明确：医学会接受鉴定委托的，应根据医疗损害责任纠纷涉及的专业，主持医患双方从专家库中随机抽取相应专业的专家组成鉴定组，其中一名专家由医学会指定。专家鉴定组实行合议制，人数为三人以上（含三人）单数。涉及死因、伤残等级鉴定的，应当有法医参加鉴定组。当事人拒绝参与随机抽取鉴定专家组成员，人民法院认为应当继续鉴定的，由人民法院派员监督随机抽取专家鉴定组成员。司法鉴定机构应指定或选择二名以上鉴定人共同进行鉴定。鉴定人不具备相应临床医学专业高级以上技术职称的，应当在鉴定过程中咨询二名以上具有相应专业技术职称的临床医学专家。提供咨询的专家应出具书面意见。同时提出了鉴定人和咨询专家署名的要求：医学会或司法鉴定机构出具的医疗损害鉴定书，应当由鉴定人员签署姓名和职称，加盖鉴定机构印章，并附鉴定机构资质证书和鉴定人员职称证书或执业证书复印件。司法鉴定机构在鉴定过程中咨询临床医学专家的，还应当在鉴定书中载明专家的姓名、职称和工作单位。

4. 福建的司法审判指导文件

《福建省高级人民法院关于印发〈关于委托医疗损害鉴定若干问题的意见（试行）〉的通知》（2013 年 9 月 27 日发布，闽高法〔2013〕349 号），从医疗损害鉴定的启动与委托、医疗损害鉴定的组织实施、医疗损害鉴定意见、鉴定人出庭四个方面共计 18 条对医疗损害技术鉴定工作进行规定。明确规定：司法鉴定机构的鉴定人不具备相应临床医学专业高级以上技术职称的，应当在鉴定过程中咨询两名以上具有相应专业高级以上技术职称的临床医学专家，并由提供咨询的专家出具书面意见；瑕疵病历资料区分情况处理；医疗损害鉴定的内容；司法鉴定机构在鉴定过程中咨询临床医学专家的，还应当在鉴定书中载明专家的姓名、职称和工作单位等内容。

5. 天津的司法审判指导文件

《天津市高级人民法院关于审理医疗损害纠纷案件委托鉴定程序问题的通

知（试行）》（2012 年 8 月 1 日发布，津高法〔2012〕第 174 号），共计 14 条。该通知规定，关于医疗损害技术鉴定，经双方当事人协商一致，可以委托医学会和其他具有鉴定资质的机构进行鉴定；无法达成一致意见的，委托医学会进行鉴定。天津高院的规定，强调委托医学会进行鉴定，并且规定医学会出具的鉴定文书应当由鉴定专家签名，经法庭通知，医学会应当派鉴定专家出庭质证。

第三章

医疗过错与免责认定

作为侵权行为的构成要件之一，主观过错的认定一直是诉讼实务中的难点。从医疗损害责任的构成来看，医疗过错的认定涉及医疗行为的专业性，比其他侵权行为的主观过错认定更为复杂，因此有必要详细分析医疗过错的判断标准以指导实务。

第一节　医疗损害责任构成

【原理阐释】

侵权责任构成理论是侵权实施的核心。任何民事活动，如果要认定其违法，应当承担侵权责任，就必须符合法定的侵权责任构成条件。在这些法定的构成条件中，如果被诉的民事行为缺乏任何一个条件，即可以认定侵权责任不能成立。侵权责任构成理论中最为重要的是侵权责任构成要件。侵权责任构成要件是指承担一般侵权责任的各种作为必要条件的因素。①

医疗损害责任是指医疗机构或其医护人员因为自身的过错，在诊疗活动中对患者造成了损害，从而需要由医疗机构对患者及其家属承担的损害赔偿责任。医疗损害责任的构成要件有四个：一是医疗机构和医务人员的诊疗行为；二是患者的损害；三是损害后果与损害之间的因果关系；四是医务人员的过错（某些情况下，无过错也构成医疗损害责任）。实践中，下面四种行为一般不认为是诊疗行为：一是医院设施有瑕疵导致患者摔伤或者在医院自残、自杀；二是医院管理有瑕疵导致损害，如抱错婴儿等；三是医生故意伤害患者，如拿患者做实验；四是非法行医致人伤害。这四种行为或与医生的诊疗行为无关，或是构成故意伤害，失去诊疗行为治病救人的本质属性，只能构成一般侵权责任，而不是医疗损害责任。

关于因果关系是否属于医疗损害责任的构成要件，有人根据《民法典》第1218条的规定，认为没有直接涉及因果关系的文字或含义，因此诊疗行为与损害结果之间存在的因果关系不是医疗损害责任的构成要件。但是，“司法实践中因果关系的重要性从来没有动摇过”。根据《民法典》第1165条第1款的规定可知，“行为人因过错侵害他人民事权益造成损害的，应当承担侵权责任”，

① 张新宝：《侵权责任法原理》，中国人民大学出版社2005年版，第47页。

即因果关系被规定在侵权责任的构成要件的一般规定中，除非法律有专门规定，否则因果关系都是侵权责任的一般构成要件。而在医疗损害责任一章中，虽然没有包含因果关系的词语，但也应视为一般性事项而适用侵权责任的一般构成要件，即因果关系仍然是医疗损害责任的构成要件。关于医疗损害责任构成要件中有无因果关系要件的要求，应当根据立法体例上总则和分则的关系来考察。《侵权责任法》第一章、第二章应当视为总则，第三章至第十章应当视为分则。[①]在总则部分作出明确规定的法律事项，在分则部分无须再作规定，在分则中只需规定特殊事项与特殊规则。

【实务问题及难点】

一、关于侵权责任构成要件的认定

（一）侵害行为

医疗损害责任的构成必须是医疗机构及其医护人员在诊疗活动中存在违法行为。医疗机构及其医护人员在诊疗活动中存在违法行为是构成医疗损害责任的必备条件，也是医疗损害责任成立必不可少的要件之一。这一要件事实上包括三个方面的要素，即主体必须是医疗机构及其医护人员、必须发生在诊疗活动中、必须存在违法行为。

医学行为虽然以拯救就医者的生命健康为目的，但采用的检查方法、手段、治疗的方法以及使用的药物，不但对身体具有侵入性和损害性，如活体穿刺、手术切割等，而且对组织器官具有一定甚至是明显的损害性，如抗癌放射性疗法和化学性疗法等，都具有医疗行为的侵害性。[②] 由于绝大多数医疗行为都具有侵害性，因此在医疗损害赔偿诉讼中，患方对侵害行为的举证主要是要求证明医患之间存在医疗服务关系，即医疗机构确实在患者身上实施了相应的医疗行为。

那么，患方如何来证明医疗机构在其身体上实施了医疗行为呢？一切可以

---

① 杨立新：《〈中华人民共和国侵权责任法〉精解》，知识产权出版社 2010 年版，第 9 页。

② 何颂跃：《医疗纠纷与损害赔偿新释解》，人民法院出版社 2002 年版，第 43 页。

证明医疗行为曾经在患者身上实施的直接证据甚至间接证据都可予以证明，包括患者的挂号凭证、病历手册、诊断证明、处方笺、病假条、收费清单、收费发票、出院证等。尤其是门诊病人，其在医疗机构就诊的时间距离损害结果的发生有相当长一段时间间隔，而就诊的相关手续及文件少，保管不当极易丢失，因此患方如果要针对若干年前曾经发生的医疗行为提起诉讼，必须从这些方面来收集证据。

（二）损害结果

“无损害则无责任”，只有在损害后果发生的情况下，才需要考虑医疗机构及其医护人员是否存在过错，是否要由医疗机构承担医疗损害责任。损害后果必须是法律明确规定的后果，必须是侵害了患者受法律保护的合法权利。根据《民法典》第110条、第990条的规定，民事主体享有的生命权、身体权、健康权、姓名权、名称权、肖像权、名誉权、荣誉权、隐私权等权利，都在其保护的范围内。而医疗损害责任主要侵害患者的权利，包括生命权、健康权、财产权，在一定情况下还会侵害患者的隐私权、监护权等其他权利。也就是说，医疗机构及其医护人员的行为必须侵害了患者的上述合法权利，产生了一定的损害后果，才可能构成医疗损害责任。

损害是指受害人因他人的加害行为（举动）或者物的内在危险之实现而遭受的人身或财产方面的不利后果。[①]在医疗损害赔偿责任构成上所要求的损害结果，必须把握两个问题：一是损害结果必须是实际已经发生的，而不是可能发生的。损害一般应当为现实已经存在的“不利后果”，但法律另有规定的，即使实际损害尚未出现，也认为存在法律上的损害或者侵权行为的构成不以实际损害已经出现为要件。因此，在医疗机构及其医务人员实施了具有侵害性的医疗行为之后，如果患者没有发生实际损害后果，而仅以将来可能会出现损害为由起诉，不能得到法律的支持。二是损害结果必须是肉眼可见或者可以通过仪器设备检测得到的，即可以用证据予以证明的。对患者是否实际发生了损害结果，在诉讼中是需要患方予以证明的，损害结果的举证责任在患者一方。那么，患者如何证明损害结果已经发生呢？肉眼可见的损害可以事实存在为证

---

① 张新宝：《侵权责任法原理》，中国人民大学出版社2005年版，第53页。

明，无须特别举证。比如，患者在医疗过程中被截肢了，患者肢体的残缺状况自然就证明了损害结果的发生。但是，有时患者身上发生的损害是通过肉眼或者肢体感官难以察觉的，如肝功能损害、智力损害、内脏器官阙如等，这时就需要采用医学辅助检查、检测手段予以证明。

根据《医疗损害司法解释》第 17 条的规定，医务人员侵害了患者的知情同意权，但未造成患者人身损害，医疗机构不承担损害赔偿责任。因此，在侵害患者知情同意权责任纠纷的案件中，仍然要求医务人员的侵权行为造成患者损害后果。如果是由于医务人员侵害患者知情同意权的行为造成了患者医疗目的之外的损害，固然可以认定为损害结果，但是如果是未经患者知情同意的前提下实施了侵袭性的医疗行为，在治疗疾病的同时也造成了患者的合理损害，如切除了有病变的人体组织器官，此时的损害结果的认定比较困难。本书认为，损害后果的认定，不应当以简单的生理机能破坏的表现来认定，而应当考察两个要素：一是该医疗行为的实施，作为一个理性患者在其患有此种疾病的情况下是否同意接受该治疗措施；二是该生理机能的破坏是否与医疗目的相关。把握这两点便可以判断侵害患者知情同意权纠纷中的损害结果。

（三）因果关系

我国医疗损害责任构成上所讲的医疗机构及其医护人员的违法行为和患者的损害后果之间存在因果关系，就是要求医疗行为与损害结果之间具有事实上的内在逻辑联系，即二者之间具有引起与被引起的关系。

在因侵犯患者知情同意权的损害结果的认定方面，还有一个机会丧失理论。法国、以色列、意大利等国和美国部分州，采用比例式赔偿路径，以机会丧失理论为工具，以便在医疗过失与患者的最终损害之间建立起责任确立的概然性因果关系规则。[①] 在美国，虽然机会丧失理论偶尔也会适用于其他类型的案件，但主要还是应用于医疗过失诉讼领域。如果医生因过失误诊导致患者原本可以治愈的疾病未能治愈，从而丧失治愈机会或存活机会，那么，该医生就应当为患者失去治疗该疾病的机会承担责任，即所谓“失去康复机会的诉讼原

---

① 满洪杰：《医疗损害机会丧失赔偿规则研究》，载《法学家》2019 年第 4 期，第 64-79 页。

因”问题。通常认为，如果该疾病治愈的概率小于50%，而原告又不能通过优势证据规则证明被告的过失导致了他的损害，根据传统的“全有或全无”原则，则原告不可能获得任何赔偿。而机会丧失理论则认为，医生须对患者承担责任，但如果该疾病即使得到正确的诊断和治疗仍有可能发生损害，就要考虑对赔偿额予以酌减。该理论最早于1966年美国联邦第四巡回上诉法院的Hicks v. United States案的判决中出现。[①] 该案中法院认为，“被告应当对其破坏的实质性生存机会负责”。[②] Lauren Guest等研究提示，截至2014年6月，美国共有24个州接受了某种形式的“机会丧失”规则，17个州明确拒绝，4个州存在分歧判决，5个州尚未有相关案例。[③]机会丧失理论是美国法院在审理医疗误诊案件时普遍运用的一种新的因果关系理论。美国关于机会丧失理论的渊源很难明确指出，但可以见到的包括早期的侵权案例、某些合同案例、美国侵权法重述以及某些学者的论述等。美国田纳西大学法学院著名学者Joseph H. King, Jr. 教授构建的机会丧失理论的核心内容比较有代表性，即如果被告的侵权行为破坏或减少了原告获得更有利结果的机会，那么原告可以就丧失的机会请求被告予以赔偿。机会丧失理论在满足以下四个要件时予以适用：(1) 被告没有履行其对原告负有的保护或维持原告获得更有利结果的机会的义务。(2) 或者这种义务是基于一种特殊的关系、允诺或其他足以引致保护原告获得更有利结果可能性的在先义务的基础；或者唯一的问题是在评估被告的侵权行为造成的物质损害时如何证明原告的既存状况。(3) 被告的侵权行为减少了原告获得更有利结果的可能性。(4) 被告的侵权行为是造成难以准确确定更有利结果能否实现的原因。[④]但是，机会丧失理论在我国司法实践中还是比较慎重的。我国对治愈机会丧失侵权案件尚未形成统一的裁判标准，结合借鉴域外既有的相关理论与判例解决模式，当依照证据优势规则可以确定诊疗过失与患者损害之间的因果关系时，则依照传统侵权理论实现对患者的救济。当诊疗过失与患者损害

---

① Hicks v. United States, 368 F. 2d 626, 628-30 (4th Cir. 1966).

② Alice Ferot, The theory of loss of chance: between reticence and acceptance, 8 *Florida International University Law Review*, 591-625 (2013).

③ Lauren Guest, David Schap and Thi Tran, The "Loss of Chance" rule as a special category of damages in medical malpractice: a state-by-state analysis, 21 *Journal of Legal Economics*, 53-107 (2015).

④ Joseph H. King, Jr., Causation, Valuation, and Chance in Personal Injury Torts Involving Preexisting Conditions and Future Consequences, 90 *Yale L. J.*, 1353-1370 (1981).

之间的因果关系达不到相当性的证明程度时，则应依其因果关系的契合程度按比例规定侵权责任。①

（四）医疗过错

医疗过错是指医疗机构及其医务人员在医疗过程中对患者造成损害的一种可归责的心理状况，表现为故意和过失两种形式。医疗过错是一种主观心理状态，从医疗行为的专业性、隐蔽性来看，让患者举证证明确实勉为其难。实践中，倾向于将主观过错的认定用客观的违法性来加以认定，即考察医务人员在开展医疗活动过程中是否违反了医疗卫生法律、法规、诊疗规范、操作规程。不过，由于医疗活动具有非常强的专业性、科学性和隐蔽性，医疗过错的认定非常专业，因此包括医疗过错和因果关系往往需要通过启动鉴定程序来确定。由于医疗损害技术鉴定在医疗损害诉讼中占据了核心位置，鉴定意见直接关系到侵权责任的成立与否，因此各地的司法审判指导文件都有规定，本书在后面也将作专章讨论。

二、侵害患者知情同意权责任和医疗产品责任构成

医疗损害责任纠纷存在两种特殊的形式——侵害患者知情同意权责任纠纷和医疗产品责任纠纷，这两类侵权责任构成的要件具有医疗损害责任构成要件的一般特点，也有其特有的构成要件要求。

（一）侵害患者知情同意权责任构成

侵害患者知情同意权责任纠纷中的侵权责任构成要件，同样应当具备侵害行为、损害后果、侵害行为与损害后果之间具有因果关系、行为人主观上具有过错四个要件。但是，侵害患者知情同意权责任纠纷中的过错是未尽医疗告知与说明义务，侵害患者的知情同意权，因此行为人的主观过错表现在违反法律、法规、规章及诊疗规范上，法律规定的未尽医疗告知义务，即违反《民法典》第1219条的规定，具体表现在以下几个方面。

---

① 钱宁、张善斌：《治愈机会丧失侵权案件救济路径研究》，载《光华法学》编委会：《光华法学》（第11辑），法律出版社2019年版，第136-146页。

1. 未尽医疗告知义务

（1）告知对象错误。医疗活动中患者的知情同意权，本质上是患者的权利，因此患者是知情同意权的主体，医务人员应当首先向患者告知，只有在患者系未成年人、严重精神疾病患者、处于昏迷状态或者出于保护性医疗需要时，才涉及向患者近亲属告知。只有在紧急情况下不能取得患者或患者近亲属意见时，才由医疗机构负责人或授权的负责人批准实施诊疗措施。

（2）告知内容错误。医疗告知的内容包括患者病情、诊疗方案、替代医疗方案、诊疗方案风险、疾病的预后转归等信息，这是医疗告知的核心内容，也是医疗告知最容易出现争议的地方。不过，关于医疗告知内容的要求，无法作出统一规定。在美国医疗诉讼法律史发展过程中，知情同意权构筑起了严密的逻辑演进路径，即从“医师标准”到“患者标准”再到“理性人标准”的嬗变，形成了一项独特的免责特权制度。[①]在医疗告知义务的履行上，也存在例外情况，包括紧急医疗情形、医疗特权[②]、权利放弃、已知信息或应知信息、法律的特别规定等。[③] 在国外存在由理性医师标准向理性患者标准转化的情形。

《医疗损害司法解释》第 5 条第 2 款规定：医疗机构提交患者或者患者近亲属明确同意证据的，人民法院可以认定医疗机构尽到说明义务。在医疗告知上，并没有特别强化医疗告知的内容，主要是医疗告知的形式多样，口头交代、告知和说明的内容无法用客观证据呈现，因此是以“患者同意的证据”来予以证明其尽到告知义务。

（3）告知形式错误。医疗告知的形式包括公示告知、口头告知、书面告知

---

① 刘昂：《论医疗知情同意权的历史嬗变及法律启示——来自美国医疗诉讼案例的考察》，载《河北法学》2015 年第 4 期，第 176-183 页。

② 医疗特权（Physician's privilege）是指：当医师认为，向患者披露某些信息会对患者产生危害时，医师可对该信息予以保留。当医师有足够医学上的理由认定告知病人相关信息会造成对他的重大伤害甚至可能危及其生命时，医师可以不告知患者相关信息而采取医学上的妥当医疗。通常这些患者是处在沮丧或情绪极不稳定的状态中，或者患者获取相关信息会产生无端的疑虑和恐惧，从而抗拒诊疗。根据医疗特权的逻辑，医师的说明义务应与治疗目的相结合，如果告知信息对治疗不利时，医师未加说明不构成过失。“医师必须将患者的福祉置于首位。”医疗特权存在的必要性和妥当性一直以来备受争议。批评者认为，这种例外的创设是对知情同意原则的破坏，标志着向医疗“父权主义”的回归。审理 Canterbury 一案的 Robinson 法官提醒：“医生基于医疗原因而隐瞒信息的特权应得到严密的限制，否则的话，它会吞没掉信息披露规则本身。”Canterbury v. Spence，464 F. 2d 772（1972）.

③ 刘小红：《我国医疗侵权知情同意原则问题研究》，载《暨南学报（哲学社会科学版）》2014 年第 7 期，第 74-82 页。

三种。医疗过程中大量的信息是采用公示告知和口头告知的形式，不可能将所有的信息都采用书面形式告知。需要书面告知的仅包括手术、特殊检查和特殊治疗的相关信息。

手术是指医生用医疗器械对病人身体进行的切除、缝合等治疗。手术是以刀、剪、针等器械在人体局部进行的操作，以此来维持患者的健康，是外科的主要治疗方法，俗称“开刀”。这是广义手术的定义。手术的目的在于医治或诊断疾病，如去除病变组织、修复损伤、移植器官、改善机体的功能和形态等。早期手术仅限于用简单的手工方法，在体表进行切、割、缝，如脓肿引流、肿物切除、外伤缝合等。故手术是一种破坏组织完整性（切开），或使完整性受到破坏的组织复原（缝合）的操作。随着外科学的发展，手术领域不断扩大，已能在人体任何部位进行。应用的器械也在不断更新，如手术刀就有电刀、微波刀、超声波刀及激光刀等多种。因而手术也有更广泛的含义。狭义的手术含义，则是指对患者的身体造成较大创伤、较深侵入、风险较大的外科诊治方法。需要采用书面形式告知的手术系指狭义上的手术。

关于特殊检查、特殊治疗，《医疗机构管理条例实施细则》第 88 条规定，特殊检查、特殊治疗，是指具有下列情形之一的诊断、治疗活动：①有一定危险性，可能产生不良后果的检查和治疗；②由于患者体质特殊或者病情危笃，可能对患者产生不良后果和危险的检查和治疗；③临床试验性检查和治疗；④收费可能对患者造成较大经济负担的检查和治疗。

（4）没有让患者签署同意意见。《医疗损害司法解释》第 5 条第 2 款规定：医疗机构提交患者或者患者近亲属明确同意证据的，人民法院可以认定医疗机构尽到说明义务。医务人员不仅要尽到告知与说明义务，还要在告知与说明之后，取得患者或其近亲属书面同意的意见。

2. 造成患者出现损害后果

侵害患者知情同意权责任纠纷的侵权责任构成要件中，仍然有损害后果的要求。如果医务人员未尽告知与说明义务，侵犯了患者的知情同意权，并不一定意味着要承担责任，只有存在损害后果，才面临侵权责任的承担。但是，侵害患者知情同意权导致患者出现的损害后果如何认定呢？实务上确实存在医师未尽到告知义务，侵犯了患者知情同意权的情况，但是依据诊疗规范，相关的手术、特殊检查、特殊治疗确实应该做，医务人员实施了该医疗行为，除了手术、特殊检查、特殊治疗所造成的合理损害之外，如手术切口、切除含有病灶的组织器官等，没有造成额外的伤害，这是否存在损害后果呢？《医疗损害司法解释》第17条规定："医务人员违反民法典第一千二百一十九条第一款规定义务，但未造成患者人身损害，患者请求医疗机构承担损害赔偿责任的，不予支持。"北京的司法指导文件也是这样规定的，安徽的司法指导文件除了这样规定之外，还规定了严重侵害患者知情同意权造成精神痛苦的，还须承担必要的精神损害赔偿。

侵犯患者知情同意权责任纠纷中的损害后果，本书认为应注意把握两个认定条件：一是该手术、特殊检查、特殊治疗实施的必要性。这种必要性的判断，应当以一个正常理性患者作为判断标准，即正常情况下患者患此种疾病，在得知其病情和治疗措施、风险等事项后，大多数患者均选择接受该治疗，那么该诊疗行为就是必需的。二是损害后果是不是合理的，是医疗行为本身必然带来的，还是医疗行为之外发生的。

【案例3-01】侵犯了患者知情同意权，但未造成损害不承担责任的案件[①]

2013年9月，患者刘某某因妇科疾病就诊，医生行子宫切除术+右侧输卵管切除术+肠粘连松解术。医生术前仅告知刘某某为子宫切除。术中发现右侧输卵管因为慢性炎症已经水肿，就切除了输卵管。刘某某认为医院没有告知她就切除输卵管，侵害了其知情权，遂起诉至法院要求被告医院赔偿其损失。

法院受理后委托某司法鉴定机构鉴定。鉴定意见为：（1）医院对被鉴定人刘某某所行的腹腔镜转开腹全子宫切除术和右侧输卵管切除术，技术操作过程中未发现明显过错行为。患者后期所发生的腹膜播散性平滑肌瘤病属于罕见疾病，医方无法预见，故不存在未尽到告知义务的过错。就现有鉴定材料及目前的医疗技术水平不能完全排除该疾病的发生与医方手术操作之间存在一定的关联性。（2）被告医院对被鉴定人刘某某的诊疗行为存在对右侧输卵管切除未尽到告知义务的过错，与被鉴定人刘某某右侧输卵管切除的损害后果之间存在因果关系，原因力大小为同等。（3）九级伤残。

---

① 北京市西城区人民法院（2020）京0102民初33079号民事判决书。

法院经审理认为，输卵管是病变组织，不是正常组织，切除对原告身体机能没有影响，且能避免病情恶化的风险。因此，法院没有采纳鉴定意见，驳回原告要求赔偿残疾赔偿金和治疗费的请求。

评析

侵犯患者知情同意权纠纷的发生率比较高，究其原因是相关法律对医务人员的告知说明义务和患者知情同意权的规定过于原则和模糊。事实上，患者在接受医疗服务的过程中，由于医疗活动的专业性，患者及其近亲属往往是医学的外行，所以患者想了解的事项太多。换言之，提供医疗服务的医务人员应当告知的相关信息范围非常广泛，稍有告知不到位，患者及其近亲属就可能会主张侵犯其知情同意权。在司法实践中，很多医疗损害赔偿的案件都有医务人员告知不到位的情况，鉴定机构在认定“医疗过错”时涉及最多的两个点“病历书写不规范”“告知不到位”，也说明了这个问题。

但是，在《民法典》范围内，侵犯患者知情同意权仍然是医疗损害赔偿的一种形式，医疗机构是否承担责任，仍应当以医疗侵权责任构成为依据。按照侵权责任构成四要件说，医疗侵权责任构成应当同时具备侵害行为、损害结果、侵害行为与损害结果之间具有因果关系、行为人主观上存在过错。本案中，被告医疗机构的医务人员在实施手术的过程中确实存在过错，但并没有因为不履行相关告知说明义务而导致患者出现手术之外的损害，在医疗侵权责任构成要件上缺少一个要件，最终法院没有支持原告患者的诉讼请求。

3. “具体说明”与“明确同意”

《民法典》第1219条的规定，较原《侵权责任法》第55条规定，主要是在手术、特殊检查、特殊治疗方面，要向患者或其近亲属“具体说明”，并取得其“明确同意”。“具体说明”是新增加的，“明确同意”则是对“书面同意”的修改。在《医师法》第25条中也作了相应的调整。

首先，《民法典》第1219条关于医疗告知的规定，根据医疗活动的不同确定了不同的告知内容，将告知说明分为两个层次：一般说明义务和具体说明义务。一般说明义务适用于对患者病情、医疗措施和其他需要告知的事项，即患者所患疾病的名称、发展情况、检查措施、治疗方案以及检查注意事项、住院须知等情况。具体说明义务适用于患者需实施手术、特殊检查、特殊治疗的情形。

其次，“具体说明”就是要求医疗机构的说明应当“具体”“明确”“不含糊”“有明确的细节”。这对医务人员提出了更高的要求，不但要求医务人员在法定情形下履行说明义务，而且说明要做到“具体”。实践中具体说明多表现为医师出具知情同意书，患者签署，医师在签署知情同意书的工作中需要注意的事项，本书以实践为基础作以下建议：（1）知情同意书不等同于“免责书”。知情同意书告知的意义在于医师告知患者可能存在的风险及后果，使患者知晓利弊；告知有无替代方案，进而使患者选择诊疗措施。（2）医疗知情同意中不仅有可能出现风险的概念，还应当对风险进一步解释说明，以体现“具体”要求。（3）医疗告知文字不够直观的，可采用图画、实物模型、视频等方式。（4）多数需要具体告知的情形以有制式的知情同意书为模板，无制式、无模板的，可采用谈话记录并签字等方式；情况紧急的可采用视频记录等方式，即告知的形式是载体，内容是实质。（5）知情同意书、谈话记录的内容与病程记录的记载内容相互呼应，即告知行为于病程中有记录体现。（6）诊疗过程中发现与预先告知内容不符的告知，需要告知不符的情况，重新取得患方同意。（7）需改变手术方式或增加手术操作的，需重新取得患方同意，未经告知自行决定改变手术方案，即使目的合法也没有产生不良后果，该行为也违背了手术同意书订立的本意；医师如果因未经知情同意自行决定改变或增加手术方案，造成患者损害的，医方将就此承担赔偿责任。（8）医师对替代方案的告知往往容易被忽视，医师多数侧重于告知病情、风险，而对替代方案给予忽略，替代方案同样需要向患者进行明确告知，以供患者全面考虑决策；如针对一些疾病确无替代方案的，需明确告知患者，基于当前的医疗水平，暂无替代方案。①

最后，“明确同意”并非取消书面同意，而是拓宽医师告知说明的载体。随着社会发展，信息化技术新事物出现，医疗知情告知不再拘泥于书面的载体，可以采取多种新方式，如电话、微信、电子邮件，或者公证、律师见证、视频资料、录音录像等对患者或者其近亲属进行说明告知。伴随信息化技术的不断发展，国内有部分医院已经在探索通过专业录音录像告知沟通结合室内电子动画演示的形式进行告知，该方式有利于促进医生更认真告知、患者更容易理解，可有效促进知情告知制度的实施；国内一些医院开展的术前谈话公证制

① 刘鑫、陈伟、张宝珠：《医师法理解与适用》，中国法制出版社2022年版，第130页。

度，也积极有效地促进了医师认真、全面、具体履行告知义务的行为，对保障患者知情同意权具有积极意义。

但有观点认为“书面同意”已经更改，不需要再进行书面同意。这种观点是不正确的。本书认为，社会信息技术的发展拓宽了知情告知的媒介，该法条修改的立法本意是不拘泥于书面告知，而并非取消书面告知。从证据留存便利的角度看，书面告知仍然是医务人员的首选方式、基础方式、主要方式。根据《医疗损害司法解释》第 5 条第 2 款的规定：医疗机构提交患者或者患者近亲属明确同意证据的，人民法院可以认定医疗机构尽到说明义务，但患者有相反证据足以反驳的除外。该规定充分肯定了书面告知对“尽到说明义务”的证明力。

（二）医疗产品责任构成

医疗产品侵权责任构成，总体上与一般的产品责任差别不大，适用严格责任原则。但是医疗产品毕竟还是有其特殊性。根据《民法典》第 1223 条及《医疗损害司法解释》第 7 条的规定，在医疗产品侵权责任构成上，要求具备侵害行为、损害后果、产品缺陷过错、因果关系四个要件。具体而言，侵害行为，是指患者在医院使用了某种被指控造成患者损害的医疗产品或者血液。产品缺陷导致的损害后果包括产品损坏及产品缺陷导致患者组织、器官的破坏、功能障碍及并发症等，还包括由此增加的经济支出。比如，骨折内固定钢板断裂，导致患者再次骨折，须再次手术及治疗时间延长。产品缺陷则由医方进行举证证明医疗产品不存在缺陷或者血液合格；因果关系由患者以提出鉴定申请的方式替代解决，详见第五章。

三、医疗行为的认定

（一）医疗行为具有利弊双重性

医疗行为具有利弊双重性，在给人们带来疾病治愈希望的同时，也存在给患者造成痛苦、身体伤害甚至是灾难性后果的风险。因此，医疗行为应当在国家严格管控之下实施，对未经许可擅自实施的医疗行为予以坚决的打击和制裁。是否属于医疗行为，是判断医疗损害侵权诉讼的关键，也是行政法、刑事法上认定非法行医及非法行医罪的关键。只有医疗行为才涉及经卫生行政部门资格许可，获得“医疗机构执业许可证”的单位和“医师执业资格证”的个人才能开展医疗活动，未经卫生行政部门许可擅自开展医疗活动的单位和个人即有构成非法行医的嫌疑。①

（二）医疗行为的认定

医疗行为具有很强的专业性，且对患者而言具有秘密性，让患者举证证明医务人员对其实施何种医疗行为，显然勉为其难。为此，《医疗损害司法解释》第 4 条将其降格为证明其在医疗机构就诊过（详见第五章），但仍有必要解析医疗行为的含义及认定。

《医疗机构管理条例实施细则》第 88 条明确了“诊疗活动”的概念并进行了定义：是指通过各种检查，使用药物、器械及手术等方法，对疾病作出判断和消除疾病、缓解病情、减轻痛苦、改善功能、延长生命、帮助患者恢复健康的活动。显然，这是迄今为止我们能够获得的最权威的与“医疗行为”含义最贴近的概念，也可以作为我国医疗行为的定义。对“诊疗活动”的定义，可以从以下两个方面来予以把握，同时具备这两个要件，即可以判断为医疗行为。

第一，医疗行为目的，在于“对疾病作出判断和消除疾病、缓解病情、减轻痛苦、改善功能、延长生命、帮助患者恢复健康”。这里给出了医疗行为的七个目的，因此某一行为要界定为医疗行为，须具备这七大目的中任意一个。

第二，医疗行为方式，在于“通过各种检查，使用药物、器械及手术等方法”，虽然采用列举的方式罗列了四种医疗行为方法，但本书认为应该没有穷尽，因为定义表述为“等方法”，医疗实践中确实还有其他的方法，如穴位按摩。医疗行为的方式、方法是医疗行为认定最重要的要件，它是医疗行为的外在表现形式，也是医疗行为直接管控的对象，因此对医疗行为的方式应该进一步准确界定。基于此理由，本书认为列举的方法显然不理想，应该采用模糊界

① 关于非法行医，本书主张以“无证行医”概念取代为宜。当前，非法行医概念在卫生行政执法中常常被滥用，很多行政执法中的处罚事项不是非法行医，而是违法行医，包括超范围执业、医疗机构使用非卫生技术人员等。非法行医的认定，应当同时具备三个要素：一是行为人实施的必须是医疗行为；二是行为人系未取得“医疗机构执业许可证”的单位或者“医师执业资格证”的个人；三是行为人为不特定之人长期实施该行为，系以该行为“为业”。

定法。医疗行为方式应当是指采用具有侵害性、危险性和不确定性的方法对患者的身体实施干预。侵害性是指对身体组织器官完整性的破坏，如针刺、切开等；危险性，是指实施的行为会直接影响患者的生命或健康，如穴位按压，虽然没有破坏组织器官的完整性，但是直接影响到患者的生命或者健康状态，至于一般的足疗，不会直接影响患者的健康，只会间接影响人的健康，因而就不是医疗行为；不确定性则是指医疗行为实施的结果，充满着不确定性，既有疾病诊疗的不确定性，也有对健康和生命影响的不确定性，还有存在各种风险的不确定性。某项行为具有这三性中任何之一者，即可以认为是医疗行为的行为方式。概言之，行为的方式可以考察是否需要医学理论知识的指导和行为是否存在人身伤害的风险，以该两项条件加以判断行为方式较为恰当。

【案例 3-02】拔火罐是否属于医疗行为[①]

2017 年 8 月，诸暨市某美容院在筹备试运行期间，为陈某某进行拔罐减肥，收费 3900 元，共两个疗程。陈某某拔罐治疗一个月后，拔罐处皮肤出现水疱，继续拔罐至疗程结束，腹部、腿部出现色素沉着。2017 年 10 月 30 日，诸暨市某美容院正式注册成立，经营范围为服务：美容（公共场所经营）（具体经营项目以许可证或批准文件核准为准）、保健养生、非医疗性保健减肥；零售：化妆品、服装、鞋帽、饰品、日用品。

2018 年 4 月，陈某某至该美容院要求解决色素沉着问题，协商未果，陈某某向诸暨市消费者协会进行投诉，协会经调解未果。陈某某遂向诸暨市卫计局投诉，该局调查后发现，诸暨市某美容院在给客户减肥过程中未使用器械，只使用了一种叫尚赫牌的代谢膏，未取得医疗机构执业许可证，后未作处理。2019 年 3 月，原、被告双方对赔偿事宜协商未果，原告陈某某向法院起诉。

法院认为，陈某某在诸暨市某美容院接受美容服务，双方已经形成服务合同关系，消费者在接受服务时，其合法权益受到损害的，可以向服务者要求赔偿。根据 2016 年 1 月 13 日发布的《国家中医药管理局关于促进中医养生保健服务发展的指导意见》，中医养生保健机构对服务人群进行健康干预时可以使

---

① 浙江省诸暨市人民法院（2019）浙 0681 民初 4988 号民事判决书；浙江省绍兴市中级人民法院（2020）浙 06 民终 1144 号民事判决书。

用按摩、刮痧、拔罐、艾灸、熏洗等中医技术及以中医理论为指导的其他养生保健方法及产品等。本案中，诸暨市某美容院以按摩、拔罐方式从事养生保健，未涉及医疗及使用针刺、发泡灸、中医微创类或其他具有创伤性、侵入性或者危险性的技术方法，属于国家允许的中医保健服务行为，故不应认定为未取得资质的机构实施医疗美容的欺诈行为，故对陈某某主张就减肥项目服务费用进行三倍赔偿的诉讼请求，因无相应的证据和法律依据，该院不予支持。法院判决诸暨市某美容院应赔偿陈某某医疗费、交通费、鉴定费等经济损失共计8925元。原告上诉后，二审法院维持原判。

评析

本案原、被告双方存在保健合同关系，原告在接受被告提供服务的过程中受到了损害，被告应当依法予以赔偿，并无争议。本案的争议在于，被告美容机构提供的拔罐行为是否属于医疗行为。如果拔罐属于医疗行为，被告应当获得卫生行政部门颁发的“医疗机构执业许可证”，并由有医师资格的专业人员操作。但被告既没有“医疗机构执业许可证”，也不是由有医师资格的专业人员操作，因而构成欺诈，可以依据《消费者权益保护法》第55条规定要求三倍赔偿。原告认为是医疗行为，提供的法律依据是原卫生部颁发的《医疗美容项目分级管理目录》（卫办医政发〔2009〕220号）：美容中医科项目（暂不分级）下的针灸美容技术、拔罐术。被告认为拔罐不属于医疗行为，其提供的依据是《国家中医药管理局关于促进中医养生保健服务发展的指导意见》（国中医药医政发〔2016〕1号）：明确服务内容，规范中医养生保健服务行为，中医养生保健机构可以提供中医健康状态辨识与评估、咨询指导、健康干预、健康管理等服务，对服务人群进行健康干预时可以使用按摩、刮痧、拔罐、艾灸、熏洗等中医技术及以中医理论为指导的其他养生保健方法及产品等。中医健康状态辨识与评估类服务应由中医类别执业（助理）医师开展。此外，《国家中医药管理局关于印发〈中医师在养生保健机构提供保健咨询和调理等服务的暂行规定〉的通知》（国中医药医政发〔2016〕2号）规定，养生保健机构可以提供的服务：为服务对象提供按摩、刮痧、拔罐、针灸、熏洗等以中医理论为指导的养生保健调理服务。法院采纳了被告提供的文件作为裁判依据，没有支持原告的主张。本案中，三份文件确实有内容上的不同。本书认为，按摩、刮痧、拔罐、艾灸、熏洗等中医技术，无论是否纳入医疗行为范围管理，就其专业领域而言，均属于国家中医药管理部门的管辖范围，法院裁判依据中医药管理部门的规范文件为宜。

（三）医疗美容的认定

《医疗损害司法解释》将医疗美容侵权纳入了医疗侵权诉讼的范围，需要区别什么是医疗美容行为，什么是非医疗美容行为，同样是对医疗行为与非医疗行为的判断。《医疗机构管理条例实施细则》第 88 条对医疗美容的定义为："使用药物以及手术、物理和其他损伤性或者侵入性手段进行的美容。"该法第 4 条还同时规定卫生防疫、国境卫生检疫、医学科研和教学等机构在本机构业务范围之外开展诊疗活动以及美容服务机构开展医疗美容业务的，必须依据条例及本细则，申请设置相应类别的医疗机构。《医疗美容服务管理办法》第 2 条对医疗美容作出明确的规定，即医疗美容是指运用手术、药物、医疗器械以及其他具有创伤性或者侵入性的医学技术方法对人的容貌和人体各部位形态进行的修复与再塑。例如，割双眼皮、注射美容等。

虽然医疗美容、整形行为与传统意义上的医疗行为在目的上有差别，并非出于消除疾病、缓解病情、减轻痛苦等医疗目的，但却是广义上的医疗目的：预防疾病和损伤，促进和维护健康；解除由疾病引起的疼痛和不幸；照顾和治愈患病的人，照料那些不能治愈的人；避免早死，追求安详死亡。①医疗美容行为具有与医疗行为相同的专业性，均需要医疗机构的医护人员具有相当丰富的医疗知识和掌握相关的医疗技术和能力，才能为就医者提供相关的医疗服务；医疗美容行为具有与医疗行为相同的侵袭性和创伤性，医疗行为和医疗美容行为都是医护人员使用药物、器械等对就医者的人身进行侵袭性的、损害性的行为；医疗美容机构及其医护人员具有与医疗机构及其医护人员相同的行政管理和行业准入机制；医疗美容机构及其医护人员和医疗机构及其医护人员均需按照我国法律法规的规定具备相应的条件才能进行医疗行为，均需接受我国卫生行政部门的监督和管理。所以采用"手术、药物、医疗器械以及其他具有创伤性或者侵入性的医学技术方法"对他人实施美容、整形的服务，仍然被视为医疗行为。结合《医疗机构管理条例实施细则》《医疗美容服务管理办法》的规

---

① 1996 年 11 月，14 个发达国家和包括中国在内的发展中国家的代表重新审查医学目的时提出来的医学目的。参见杜治政、许志伟：《医学伦理学词典》，郑州大学出版社 2003 年版，第 102 页。

定以及医疗美容行为与医疗行为的共同点，本次司法解释明确规定了医疗美容属于“诊疗活动”的范围，因医疗美容行为引发的纠纷应当适用医疗损害责任的规定。反观什么叫非医学美容呢？《美容美发业管理暂行办法》（商务部令2004年第19号）第2条第2款规定：美容是指运用手法技术、器械设备并借助化妆、美容护肤等产品，为消费者提供人体表面无创伤性、非侵入性的皮肤清洁、皮肤保养、化妆修饰等服务的经营性行为。医学美容与非医学美容的区别在于使用的技术和方法、对人体是否造成损害和侵入。

包括文眉、文眼线在内的文身术（tattoo）是否属于医疗美容行为？原卫生部在2009年明确作出过《关于纹身不纳入医疗美容项目管理的批复》。[①]关于文眉等行为是否属于医疗行为，在我国台湾地区也存在过争议，但现在台湾地区的行政部门认为文眉等属于医疗行为。[②] 国家卫健委将关于文眉、文眼线的行为认定为不属于医疗行为，主要原因在于其目的性上，文眉等行为并非出于防病治病，也不是改善人体器官功能，而仅仅是改变形体、外观。但如果以此来作为判断文眉等行为不属于医疗行为的理由，显然过分狭隘，且不存在医疗美容这一个诊疗科目。因为在医疗美容科目中，有很多医疗美容服务的内容仅仅是为了改变人体的视觉效果，与防病治病、改善功能毫无关联，包括面部整形、隆胸等。关于文眉等行为，更应当考虑其所采用的技术和方法是否具有创新性和侵入性，是否存在对人体造成损害的风险。文眉等行为由于具有创伤性和侵袭性，消毒不严有感染的风险，共用针头、刀片等还存在传播血源性疾病的风险。如果对文眉等不从医疗执业上加以管控，如何防范不正规的美容机构实施文眉等行为造成的创口感染和血源性疾病传播。

【案例3-03】给未成年人文身如何定性[③]

2017年6月1日以来，被告章某在沭阳县经营某文身馆期间，先后为史某、陈某、宋某、周某、何某等40余名不特定未成年人文身，文身图案为“一生苏

---

① 原卫生部：《关于纹身不纳入医疗美容项目管理的批复》（卫医政函〔2009〕293号，2009年7月2日发布并施行）。

② 参见我国台湾地区卫生行政部门1986年6月13日发布的卫署医字第601766号函、8月15日发布的卫署医字第612904号函。

③ 江苏省宿迁市中级人民法院（2021）苏13民初303号民事判决书。

北”、“一生戮战”、艺妓、二郎神、关羽、般若、唐狮、花臂、满背等。被告章某在从事上述文身经营活动时，未进行工商注册登记，也未取得卫生许可证，明知服务对象为未成年人，且未告知未成年人父母等法定代理人。同时，被告章某在未取得医疗美容许可证的情况下，为李某、戈某、孙某等7名未成年人清除文身。被告章某的行为侵害了不特定多数未成年人的身体权、健康权，对未成年人的身心健康造成了侵害，损害了社会公共利益。江苏省沭阳县人民检察院于2020年12月25日公告了案件相关情况，公告期内未有法律规定的机关和有关组织提起民事公益诉讼，后该案移送江苏省宿迁市人民检察院提起本案诉讼。

法院认为，文身馆经营户章某为未成年人文身，侵害了不特定未成年人的身体权、健康权，侵害了社会公共利益，应当承担民事侵权责任。判决：一、被告章某立即停止向未成年人提供文身服务的行为；二、被告章某于本判决生效之日起十日内在国家级公开媒体上向社会公众书面赔礼道歉。

评析

本案为全国首例检察机关为未成年人文身民事公益诉讼案。未成年人文身后，易遭受社会排斥，被动形成自我认同，给未成年人造成心理创伤。文身行为还会在未成年人群体内产生模仿效果，容易互相效仿。由于被告人在未经未成年受害人的监护人同意的情况下，擅自给未成年人实施文身术，损害了未成年人的身体健康权，不利于未成年人的成长与发展，有碍未成年人充分行使参与社会生活的权利，违反了未成年人保护法、民法总则关于对未成年人、限制民事行为能力人利益保护的规定，对其成年后的升学、就业影响极大，尤其是公务员招录、参军等受限。

本书认为，对于文身术，更应当从技术本身进行认定。文身是一种有创行为，不能完全清除。常用的激光清除过程中存在明显痛感，需要清除4-5次，每次间隔3个月，总体清除周期要在1年以上。文身技术存在人身侵害性，也具有危险性，操作不规范，极易造成血源性疾病传播。本案作为一起市级检察机关启动的维护未成年人合法权益的公益诉讼，在媒体上广为报道和宣传，但是看了本案的裁判结果，不禁令人唏嘘。被告侵害未成年人合法权益的成本太低，其违法造成的社会危害与其被追究的民事责任极不匹配，主要原因就在于对文身服务的管理上不到位，文身到底应当如何定性，其是否属于医疗行为尚不明确。

国家卫健委认为，文身不纳入了医疗美容项目管理，不属于医疗行为。①但是清除文身却是医疗美容项目中的“不良文饰修复术”，被纳入三级美容外科服务项目，属于医疗行为。②在日本、韩国以及我国台湾地区的卫生行政管理部门，都将文身纳入了医疗行为进行管理。在美国，36 个州有监管卫生设施的规定；15 个州有培训监管要求；26 个州有感染控制监管要求；14 个州的立法涉及所有三项内容的监管。③文身即便不能纳入医疗行为进行管理，国家相关部门也应当出台相应的监管法规，并制定严格的资格准入和技术标准。

【法条链接】

《民法典》

第一千一百六十五条　行为人因过错侵害他人民事权益造成损害的，应当承担侵权责任。

依照法律规定推定行为人有过错，其不能证明自己没有过错的，应当承担侵权责任。

第一千一百六十六条　行为人造成他人民事权益损害，不论行为人有无过错，法律规定应当承担侵权责任的，依照其规定。

第一千一百八十六条　受害人和行为人对损害的发生都没有过错的，依照法律的规定由双方分担损失。

第一千二百一十八条　患者在诊疗活动中受到损害，医疗机构或者其医务人员有过错的，由医疗机构承担赔偿责任。

《医疗损害司法解释》

第一条　患者以在诊疗活动中受到人身或者财产损害为由请求医疗机构，医疗产品的生产者、销售者、药品上市许可持有人或者血液提供机构承担侵权责任的案件，适用本解释。

患者以在美容医疗机构或者开设医疗美容科室的医疗机构实施的医疗美容

---

① 原卫生部：《关于纹身不纳入医疗美容项目管理的批复》（卫医政函〔2009〕293 号，2009 年 7 月 2 日发布并施行）。

② 《医疗美容项目分级管理目录》（卫办医政发〔2009〕220 号）。

③ Carlson VP, Lehman EJ, Armstrong M. Tattooing regulations in U. S. States, 2011. *J Environ Health*. 2012 Oct; 75 (3): 30-7. PMID: 23091968.

活动中受到人身或者财产损害为由提起的侵权纠纷案件，适用本解释。

当事人提起的医疗服务合同纠纷案件，不适用本解释。

第四条 患者依据民法典第一千二百一十八条规定主张医疗机构承担赔偿责任的，应当提交到该医疗机构就诊、受到损害的证据。

患者无法提交医疗机构或者其医务人员有过错、诊疗行为与损害之间具有因果关系的证据，依法提出医疗损害鉴定申请的，人民法院应予准许。

医疗机构主张不承担责任的，应当就民法典第一千二百二十四条第一款规定情形等抗辩事由承担举证证明责任。

第五条 患者依据民法典第一千二百一十九条规定主张医疗机构承担赔偿责任的，应当按照前条第一款规定提交证据。

实施手术、特殊检查、特殊治疗的，医疗机构应当承担说明义务并取得患者或者患者近亲属明确同意，但属于民法典第一千二百二十条规定情形的除外。医疗机构提交患者或者患者近亲属明确同意证据的，人民法院可以认定医疗机构尽到说明义务，但患者有相反证据足以反驳的除外。

第七条 患者依据民法典第一千二百二十三条规定请求赔偿的，应当提交使用医疗产品或者输入血液、受到损害的证据。

患者无法提交使用医疗产品或者输入血液与损害之间具有因果关系的证据，依法申请鉴定的，人民法院应予准许。

医疗机构，医疗产品的生产者、销售者、药品上市许可持有人或者血液提供机构主张不承担责任的，应当对医疗产品不存在缺陷或者血液合格等抗辩事由承担举证证明责任。

第十七条 医务人员违反民法典第一千二百一十九条第一款规定义务，但未造成患者人身损害，患者请求医疗机构承担损害赔偿责任的，不予支持。

《北京司法指导意见》

7. 在医疗损害赔偿纠纷诉讼中，患者一方应当首先证明其与医疗机构之间存在医疗关系并发生医疗损害。医疗机构应当提交病历及相关资料说明相应的诊疗过程。

交费单、挂号单等诊疗凭证及病历、出院证明等证据可以用于证明医疗关系存在。患者一方提供不出上述证据，但有其他证据能证明医疗行为存在的，人民法院可以认定存在医疗关系。

39. 未尽告知义务，损害患者生命权、健康权、身体权等人身及财产权利的，医疗机构应当承担侵权责任。

未尽告知义务，仅损害患者知情同意权而未损害患者人身、财产权利的，医疗机构不承担赔偿责任。

《安徽司法指导意见》

第三十二条　医疗机构违反告知义务，给患者造成人身损害的，应承担相应的赔偿责任。

医疗机构未尽告知义务，虽未给患者的身体组织造成损害，但严重损害患者知情同意权、造成其精神痛苦的，患者请求精神损害赔偿的，人民法院应根据《最高人民法院〈关于确定民事侵权精神损害赔偿责任若干问题的解释〉》的相关规定，确定医疗机构适当承担精神损害赔偿责任。

【案例 3-04】杨某等与某市妇幼保健院医疗侵权赔偿纠纷上诉案[①]

杨某于2005年8月4日到某市妇幼保健院进行产前检查，于次日在该妇幼保健院建立孕产妇卡，并进行了孕产期常规体检和保健检查。其后杨某先后于当年8月4日、11月20日，2006年1月23日在某市妇幼保健院进行产前B超检查，均未发现异常。在此期间，某市妇幼保健院为杨某进行了常规的血细胞分析，结果亦为正常。某市妇幼保健院还按规定对杨某进行了孕产期保健提示和保健医学指导。2006年2月21日，杨某在某市第二人民医院剖宫产下一男婴李某，李某左手掌先天缺失。为此，杨某、李某某（李某之父）向四川省彭州市人民法院提起医疗侵权之诉，要求某市妇幼保健院赔偿各项损失共计320000元。

四川省彭州市人民法院一审认为，目前很多医学问题尚处于探索之中，超声检查方法和技术仍存在一定的局限性。在产前检查中，由于医疗技术水平本身的局限性和受胎儿体位、胎儿活动、胎儿骨骼声影及羊水等多种因素影响，超声显像尚不能将胎儿的所有结构显示出来，胎儿畸形的概率客观存在。某市妇幼保健院按照医疗规范和常规尽到了注意义务，主观上没有过错，客观上没有违反医疗卫生管理法律法规和规章及诊疗护理规范，其医疗行为不具有违法

① 四川省成都市中级人民法院（2008）成民终字第296号民事判决书。

性。李某左手掌先天缺失，系其在胎儿妊娠过程中形成的畸形，该缺陷不是由于医生的过失造成，即使没有医生的行为介入，其也注定是有遗传缺陷的。因此，该损害结果与某市妇幼保健院的产前检查行为没有因果关系，故某市妇幼保健院的医疗行为不构成侵权责任，不应当承担赔偿责任。因此，一审判决驳回杨某、李某某的全部诉讼请求。

原告不服一审判决，上诉至四川省成都市中级人民法院。二审法院经审理认为，某市妇幼保健院的产前检查行为符合现行法律法规规定，不具有违法性，某市妇幼保健院主观上没有过错，其医疗行为与李某先天畸形的结果之间也不存在因果关系，故某市妇幼保健院不构成侵权责任，无须承担赔偿责任。故二审驳回上诉，维持原判。

评析

本案是法院根据医疗损害责任构成的四要素进行判决的典型案件。根据《侵权责任法》第54条的规定，医疗损害责任构成的要件与一般侵权行为构成的要件相同，即必须满足一般侵权责任构成的四个要件：行为的违法性、损害后果、行为与损害后果之间的因果关系以及行为人的主观过错。只有在同时满足以上四方面的要素时，侵权行为才能成立，行为人才需要依法承担相应的侵权责任。

从行为的违法性来看，某市妇幼保健院的行为符合现行法律法规、规章制度的规定，不具有违法性。依据《母婴保健法》《人口与计划生育法》《母婴保健法实施办法》等法律法规的规定，医疗保健机构应当为育龄妇女和孕产妇提供孕产期保健服务，应当为孕产妇提供下列医疗保健服务：（1）为孕产妇建立保健手册（卡），定期进行产前检查；（2）为孕产妇提供卫生、营养、心理等方面的医学指导与咨询。在本案中，杨某与某市妇幼保健院建立产前保健检查关系后，从对杨某进行血液化验分析到超声检查，某市妇幼保健院均按照孕期检查常规和超声《临床技术操作规范》的规定进行，医疗行为符合医学诊疗规范，没有违反诊疗护理常规和操作规范的行为，故不具有违法性。

从损害后果及行为与损害后果之间的因果关系来看，本案中李某出生后左手掌先天缺失的结果是因为其父母的基因缺陷或其自身在妊娠过程中的各种原因造成，其产生原因具有复杂性，有的尚不为现代医学所能判定。某市妇幼保健院的产前检查行为只是定期通过B超和血液生化检查来判断有无严重畸形，并对孕产妇进行孕期健康教育，其不可能产生导致胎儿畸形的后果。也就是说，即使没有医疗行为的介入，李某出现先天性左手掌缺失畸形的可能性依然存在，该损害结果并非某市妇幼保健院的产前检查行为所致，因此李某先天左手掌缺失与某市妇幼保健院的产前检查行为之间不存在因果关系。

从主观过错方面来说，某市妇幼保健院的产前检查行为符合现行的相关规范，不具有过失。根据现行的《临床技术操作规范》的规定，中晚期妊娠常规超声检查内容包括：（1）胎位；（2）胎儿径线测量双顶径（BPD），股骨长度（FL）；（3）是否为多胎；（4）检查胎儿有无明显性脊柱裂、无脑儿、腹裂、心脏外翻；（5）测量胎心率及观察胎动；（6）确定胎盘位置；（7）测量羊水深度。另外，有条件的单位可给出双顶径、头围、腹围、股骨长度四项参数，以便更准确预测胎龄，可应用彩超频谱测量脐带动脉 S/D。可见，胎儿手掌并非产前常规超声检查的内容。此外，杨某、李某某也未与妇幼保健院约定就胎儿手掌进行特别检查。据此判断，某市妇幼保健院按照常规的检查内容对杨某进行检查，其检查内容符合双方约定，也符合常规检查技术规范的要求，尽到了在现有医疗条件下通常的注意义务，主观上并无过错。

不难看出，本案中医疗机构的医疗行为未违反医疗卫生管理、行政法规、部门规章和诊疗护理规范、常规，不存在医疗过失行为。李某出现先天畸形与医疗机构的医疗行为之间不存在因果关系，医疗机构主观上也不存在过错。因此，法院判决医疗机构不承担损害赔偿责任也是符合法律规定的。本案提醒医疗机构及其医务人员在医疗行为过程中要严格依法执业，切实遵守相关规范，只有这样，才能避免因构成医疗侵权而承担赔偿责任。

第二节 医疗过错认定标准

【原理阐释】

一、医疗过错概说

医疗过错（medical error）包括医疗故意和医疗过失。医疗故意是指医务人员对患者可能出现的损害结果持积极的追求心态，或者医务人员对患者所出现的损害结果有预见而予以放纵，从而使损害结果最终得以发生。显然，在侵权法上对故意是比较好考察的，在医疗侵权中也是如此。因而，医疗过失的考察则不然，由于医疗行为的专业性、患方看不见等特点，医疗过失的考察就成了侵权法上的重点和难点。[①]

《民法典》对医疗过错明确规定了认定标准，有利于理论界对医疗过错进行深入研究，也有利于司法实务界在具体诉讼案件中进行把握。《民法典》第1221条把医务人员在诊疗活动中是否尽到与当时的医疗水平相应的诊疗义务作为考察是否存在医疗过错的标准，这是我国医疗侵权立法的一大进步。不过，何谓当时的医疗水平，何谓与当时的医疗水平相应的诊疗义务，是一种抽象而含糊的表述，实务中要准确把握还是有难度的。

二、医师的注意义务

长期以来在理论研究方面都认为，医疗过失的本质是医务人员违反了其对患者的注意义务。对医疗过失的认定首先需要判断医务人员是否对患者有相应的注意义务。医务人员的注意义务是，医师及其辅助履行人在进行行为时依据法律、法规、规章制度和具体操作规程，以及职务和业务上的习惯和常理，接受契约或委托的要求等，保持足够的小心谨慎，以预见医疗行为的结果和避免结果发生的义务，包括结果预见义务和结果回避义务两部分内容。[②]对结果预见义务或者结果回避义务的违反都构成了违反注意义务的行为。

结果预见义务，即预见到自己的诊疗行为可能发生的结果，包括采取某种检查方法可能带来的创伤或者漏诊、误诊，作出的诊断结果误诊的可能性，采取某种治疗方法的有效性、副作用等。也即医务人员应当采取谨慎的态度，对自己所作出的诊疗行为及后果有清晰的判断和预见。结果预见义务来源于医疗行为的专业性、患者对医生的信赖、医务人员的职业道德等。预见的程度和范围因医务人员的资质、专业技术水平的高低和患者的个体性差异而不同。通常

---

① 刘鑫、张宝珠、陈特：《侵权责任法“医疗损害责任”条文深度解读与案例剖析》，人民军医出版社2010年版，第48页。

② 刘鑫、王岳、李大平：《医事法学》，中国人民大学出版社2009年版，第74页。

情况下，资历较高的医务人员，在先进诊疗技术的辅助下可以更大程度地预见诊疗行为的结果。同时，即使是同一种疾病，不同的患者也有不同的临床表现和疾病转归，对结果的预见还需与患者的个体情况相结合。

结果回避义务是在预见了可能发生的危险结果的前提下，采取相关措施，回避危险结果的发生。一般而言，避免结果发生有三种方式：一为舍弃危险行为；二为提高注意并采取安全措施；三为在危险结果发生后进行救济。①舍弃危险行为，即放弃可能会造成危险后果的检查方式、治疗方案等；提高注意并采取安全措施，即在继续进行既定诊疗行为时，对可能造成的危险后果进行有针对性的防范；当危险结果发生后，不能以已尽到合理的注意为由，怠于抢救患者。具体采取哪种方式要结合患者的综合状况进行判断。比如，对糖尿病患者进行外科手术，应当首先预见到可能发生的术后感染等危险后果，然后结合患者血糖的高低、全身状况以及外科手术的危险系数、是否有可替代治疗方案等具体情况，进行综合分析。如果患者的血糖很高，全身状况较差，同时手术并非唯一治疗方法或者实施手术很可能会造成不可逆的重大损害后果，则放弃采取手术治疗。如果手术治疗为抢救患者所必需，并且患者的血糖水平在相对安全的范围，则通过采取创伤较小的切口，加强术后护理等措施，尽量避免危险后果的发生。如果术后依然发生了感染后果，应当尽力进行治疗，防止感染的进一步恶化。

履行结果预见义务和结果回避义务的前提是必须有预见和回避的可能性。一般来说，对没有先例的危险或者未知的危险，应当否定预见可能性。②现行医疗水平有其发展的局限性，疾病的发展转归有相当一部分是难以预见的，当出现了难以预见的不明原因的损害后果时，不能以此认定医师没有履行结果预见义务，因为这些结果本身是缺乏预见可能性的。同理，医疗行为有其固有的风险性，在现有技术水平下，不可能保证对疾病百分之百的诊断正确和治疗有效，任何一种诊疗方法都有其难以避免的损害后果或者并发症，即使完全预见到了某种危险后果，也不一定能够完全避免，除非放弃治疗，而这又构成了放任疾病发展的后果。因此，对结果预见义务和结果回避义务的判断必须以预见和回避的可能性存在为前提，判断对象是医师的行为过程，而不是单纯地以是否实际发生了危害生命健康的重大损害结果进行判断。也就是说，不以结果回

① 杨立新：《侵权法分则》，人民法院出版社 2009 年版，第 51 页。

② 程皓：《注意义务比较研究》，武汉大学出版社 2009 年版，第 75 页。

避行为的实际效果为唯一标准。比如，对于术后感染，医务人员在手术中采取了严格的无菌操作，术后进行了预防性的抗生素使用等，在采取了所有可能的预防感染的措施之后，患者依然出现了术后感染。此时，就不能以术后感染出现为由，认定医务人员没有采取有效措施回避危险结果的发生。

三、违反注意义务的判断标准

（一）医疗注意义务判断的两个维度

医疗过错的判断即判断医务人员的诊疗行为是否违反了注意义务。《医疗损害司法解释》第16条规定：对医疗机构或者其医务人员的过错，应当依据法律、行政法规、规章以及其他有关诊疗规范进行认定，可以综合考虑患者病情的紧急程度、患者个体差异、当地的医疗水平、医疗机构与医务人员资质等因素。对医务人员注意义务的判断，首先，应当考察医务人员是否违反医疗卫生管理法律、行政法规、规章以及诊疗规范等。注意义务的根据一般表现在相关的法律、行政法规、规章以及有关诊疗规范之中，当法律法规对注意义务有明确的规定时，对医疗过失责任的认定就比较容易。但是立法总是有限的，立法中对医师注意义务的规定仅仅是一种有限的列举，大量的医疗实践活动及其要求都不可能包括进来。因此，对医疗注意义务的判断还应当有一般性的、概括性的规定，以便于具体案件的认定和把握。其次，还应当考察医务人员实施医疗行为时面临的其他因素，包括患者病情的紧急程度、患者个体差异、当地的医疗水平、医疗机构与医务人员资质等。《民法典》第1221条规定：医务人员在诊疗活动中未尽到与当时的医疗水平相应的诊疗义务，造成患者损害的，医疗机构应当承担赔偿责任。这就是医疗过错认定的标准，也是在法律、法规规定不明确的情况下认定医疗医务人员是否尽到注意义务的依据。换句话说，在法律法规没有明确规定的情况下，判断医务人员的过失，应当采用“当时的医疗水平”标准，即医疗机构及医务人员在诊疗活动中应当尽到与当时的医疗水平相应的注意义务。①

---

① 陈现杰：《中华人民共和国侵权责任法条文精义与案例解析》，中国法制出版社2010年版，第201页。

（二）医疗注意义务判断的基础

所谓医疗水平是指已由医学水平加以解明的医学问题，基于医疗实践的普遍化并经由临床经验研究的积累，且由专家以其实际适用的水平加以确定，已经成为一般普遍化的医疗可以实施的目标，并在临床可以作为论断医疗机关或意识责任基础的医疗时的医疗水平。[①]有观点认为对医疗水平的评价要严格依据法律、行政法规、部门规章、诊疗规范等成文化的文件判断。但是医学是一个充满了未知性的实践性学科，同一种疾病在不同患者身上的表现千差万别，即使是作为实践总结的诊疗规范，也只是根据疾病的多数表现而形成的，用于一般的普遍性操作起参照性作用，不可能用同一种模式治疗所有的患者。尤其是在我国这样一个疆域宽、人口多、经济发展不平衡、医疗资源分配不均衡的国度，各地各医疗机构及其医务人员的医疗水平差异很大。因此，对医疗水平进行判断，应当用同一个类别的医疗机构、同一个类别的医师的水平进行评价，要让被评价对象的条件与标杆的条件具有可参照性，而不能仅仅依照诊疗规范等成文化规定进行评判。

当然，医疗活动是极其复杂而多样化的，因此对医疗水平的把握，应当根据医疗技术来区别对待。法律、行政法规、规章以及诊疗规范规定了具体要求的诊疗行为，医疗机构及其医务人员都应当遵守，不应当因地区、资质的不同而有差别。除此之外，有的诊疗行为属于基本性操作，也不一定要考虑这些因素。反之，对有的诊疗行为，在有的情况下，“当时的医疗水平相应的诊疗义务”也可以理解为包括地区、资质等因素。[②]不过这种理解仍然存在实践中难以把握的问题。对医师注意义务的判断要综合以上因素，结合具体情况将医疗技术或医疗行为进行分类或分级予以分析。刘宇建议将医疗水平分为四类：第一类是最低水平标准，是法律规范中存在的非技术性要求；第二类是基本医疗水平标准，是以一种清晰的书面方式进行表达，大家都可以清晰地进行认定的定型化的诊疗规范；第三类是通常医疗水平标准，是不能用清晰的方式表达出来的非定型化的诊疗规范；第四类是信赖医疗水平标准，是基于一种信赖关系存

---

① 杨立新：《〈中华人民共和国侵权责任法〉精解》，知识产权出版社 2010 年版，第 244 页。

② 王胜明：《〈中华人民共和国侵权责任法〉条文解释与立法背景》，人民法院出版社 2010 年版，第 221 页。

在的高于正常的医疗水平。第一类和第二类标准可以直接由规范进行评价。其中第一类标准可以由法官直接判断，第二类标准需要由医学专业人士以鉴定的形式作出，第三类通常医疗水平标准只能由同行进行评价，而第四类信赖医疗水平标准则需要考虑一些特殊的因素。在第一类和第二类标准中，只有时间因素可以考虑，原则上讲是不能考虑地域和资质的。但是在第三类通常医疗水平标准中，应当全面地考虑时间、地域、资质的因素。而信赖医疗水平标准就不应当考虑地域和资质，但是应当考虑产生信赖关系的因素。[①]这种分类方法太细，实践中难以进行区分和具体操作。本书建议将医疗技术分为两大类：基本医疗技术和非基本医疗技术。基本医疗技术是指开办医疗机构及取得医务人员资格必须要掌握的技术，即入门级的医务人员应知应会的医疗技术。对基本医疗技术的医疗水平的判断，应当以时间和紧急情况作为考察的基本因素。而非基本医疗技术主要是指疑难复杂、技术难度大、医疗风险高、设备要求复杂甚至是多人合作才能完成的医疗技术。在判断非基本医疗技术的医疗水平时，需要考虑包括时间、地区、医师资质、医疗机构资质、紧急情况等多重因素，以实现对医疗行为是否存在医疗过错的客观公平的判断。

1. 患者病情紧急程度

当出现紧急情况时，由于医疗判断的时间紧促，对各种状态无法详尽地检查、观察、判断，自难要求其与通常时期的注意能力一致。[②]因此，对存在紧急性因素的医疗行为，对医生注意程度的要求通常应低于一般的医疗情形。例如，在美国的 Rayburn v. Day 一案中，外科医师注意到可能有纱布遗留于患者腹部，经搜查仍无所获，但基于患者情况紧急，未继续寻找而将伤口缝合，法院认为这属于紧急情况下的“诚实错误”，不能仅因纱布易留于患者腹部即科以损害赔偿责任。[③]因此，在对医疗行为进行判断时，必须结合医疗行为当时的具体情况，尤其是要明确有无限制医师注意义务的情况存在，如果因客观的紧急情况，医师不能充分履行普通情形下的注意义务，对医师的医疗行为进行判断时要采取低于正常情况的注意义务标准。这一因素在《民法典》第 1224 条第 1 款第 2 项中有充分体现。

---

① 杨帆：《“侵权责任法 · 医疗损害责任”研讨会综述》，载《证据法学》2010 年第 18 卷第 4 期。

② 邱聪智：《民法研究》（一）（增订版），中国人民大学出版社 2002 年版，第 312 页。

③ Rayburn v. Day，268 P. 1002，126 Or. 135.

2. 患者个体差异

每一个人都有其独特性，不仅是从人的思想、情感和价值观上来说，从人体的构造和机能上来看也是如此。患者个体差异对医务人员的注意义务有着重大影响。个体差异的普遍存在，根源于每个个体内在的诸多差异因子及其相互作用构成的系统。从生物、心理、社会医学模式的观点分析，这些差异因子包括：（1）个体在生物、生理、理化等方面的差异，包括年龄、性别、人种、解剖、生理、生化、免疫、遗传、病史等；（2）个体在心理方面的差异，包括个性、心理等；（3）个体在社会方面的差异，包括个体所处地域、职业、行为、个体文化、社会生化等。①个体差异因子的相互作用决定了每一个个体的病因、病症、病情、病程都必然带有个体的特征。正是由于个体中存在如此复杂多样的个体差异的影子，使得即便是同一种疾病，不同个体病因可能截然不同，病症可能迥然有别，病情可能存在明显区别，病程快慢可能差距很大。例如，由于受个体差异的制约，症状表现不典型、与其他疾病症状酷似、症状极不明显甚至无症状等情况，在临床实践中相当普遍。诊断个体化观点的内涵是，在诊断过程的问诊、体检、辅检等环节中，细心收集和鉴别个体临床表现的差异，准确揭示并具体分析个体差异因子之间的内在联系，逐步明确个体差异的临床意义，进而捕捉个体疾病的特殊本质。同时，不断探索把握个体差异的认识方法。这些是形成正确诊断、避免误诊的可靠保证。不过，个体差异千变万化，医务人员难以准确把握患者的个体差异。这里提出患者个体差异是为了强调医务人员在诊疗过程中应当有个体差异的观念。在医疗损害赔偿案件中，关于注意义务的判断，既要考察患者个体差异对其所患疾病的影响，从而影响到医务人员的认知和判断，也要考虑到医务人员的诊疗行为是否考虑到患者的个体差异。不过患者的个体差异有程度的区分，每一个个体都是独特的生命体，即人与人不同，每一个患者都有个体差异，但轻微的个体差异对疾病诊治影响不大，只有特殊的、悬殊的个体差异才会影响医务人员的判断。个体差异的一个极端典型即患者具有特异体质，特异体质的患者疾病的发生、发展规律与一般患者不同，特异体质患者的治疗也与一般患者不同，且很多情况下患者的特异体质难以发现。因此，医务人员对特异体质患者的诊治中发生不良后果的注意

① 曾昭耆：《重视患者个体差异中的人文特点》，载《中华全科医师杂志》2006 年第 5 卷第 3 期。

义务的要求也相应降低。

3. 时间、地区因素

在医疗纠纷中，很多情况下，损害后果并不会马上表现出来，而是会经过一段时间甚至长达十几年才会出现。同时，医疗纠纷诉讼绝大部分都要经过鉴定程序，因此持续时间很长，通常会持续一两年的时间，持续四五年甚至更长时间也很常见。而医疗技术水平的发展速度很快，一项医疗技术可能在一两年内就有重大突破。即使是医疗行为发生后马上提起诉讼，在医疗诉讼期间，医疗技术也可能发生了重大突破。更不用说，民事诉讼的最长诉讼时效长达20年，这期间的技术发展更是难以预料的。因此，在医疗水平的判断中，时间因素起了非常重要的作用。也许以提起医疗诉讼时或者进行鉴定时的技术水平完全可以避免患者的损害后果，但是在实施医疗行为的当时，由于技术的局限性，该损害后果是不可能避免的。因此，必须以实施争议医疗行为当时的医疗水平作为衡量医疗行为的标准，否则会丧失其客观性和可行性。正因如此，《民法典》明确提出了要以"当时的医疗水平"判断医疗行为是否存在过错。"当时"是指实施争议医疗行为时的医疗水平。

英美法中，由于19世纪科学、技术及经济发展的不平衡，农村的医疗条件与城市相比有着很大的差距，法院因而确定了"地区规则"（locality rule），即被告医师的注意义务标准是由其所在地区的其他专家通常的专业技能和注意程度来决定的。也就是说，农村医生并不适用城市医生的注意义务标准，前者的注意义务标准要低于后者。后来，随着经济、文化、科学技术的进步，城乡之间医疗水平的差距逐渐缩小，农村的医生也可以得到与城市医生一样的教育、培训的机会，法院对传统的地区规则予以改革，向着国家规则的方向努力。[①]从这一发展过程可以看出，地区规则的存在是与城乡医疗水平的差距相一致的。如果地区差距很大，则判断注意义务时就需要考虑地区差异，如果城乡差距较小，则可以采取统一的标准判断医疗行为。就我国而言，我国医疗资源的分布极不平衡，有限的医疗资源过分集中于大城市的大医院中，而广大农村地区医疗资源不足，技术薄弱。因此，在我国这种特殊的国情下，对医师注意义务的判断必须充分考虑城乡和地区差异，不能以大城市的标准衡量不发达地

---

① 田韶华、杨清：《专家民事责任制度研究》，中国检察出版社2005年版，第149页。

区的医疗行为。但这并不意味着地区因素可以滥用，对一些基本的医疗行为，地区因素是不能成为抗辩理由的。

4. 医疗机构资质及医务人员资质

根据《医师法》的规定，在我国医师执业需要经过严格的程序。经过数年的医学专业理论和医疗机构一年的实践期，方可参加执业医师资格考试或者执业助理医师资格考试，考试合格取得医师资格证书。取得医师资格证书后，可向县级以上人民政府卫生行政部门提出申请，取得执业资格。医师根据从医年限和资历分为住院医师、主治医师、副主任医师和主任医师。不同职称的医师的经验和水平是有差异的。住院医师不论是执业年限还是经验，与主任医师都有很大差异，因此不能以主任医师的技术水平要求住院医师。同时，不同资质的医师采取不同的注意义务标准，与医患双方的信赖关系也相一致。目前，患者在就医时可以选择普通号或专家号，如果患者指明某位知名专家，基于该专家的技术职称和名望，其必然对该专家有高于其他普通医生的信赖和期望值。基于此，以普通医生的注意义务标准来评价该专家的医疗行为也是不够准确的。

我国对医疗机构也采取严格的准入和评级制度。根据原卫生部发布的《综合医院分级管理标准（试行）》和《医疗机构基本标准（试行）》的规定，我国的医院根据功能、规模、技术水平、医疗设备、医院的管理水平和医院质量分为一级、二级、三级等。不同等级的医疗机构应有不同的注意义务水平。比如，三级甲等医院无论是从医务人员的技术水平、先进医疗设备的配备还是医疗质量的管理等方面都远高于普通的社区医疗机构，当然不能以三级甲等医院的注意义务水平来衡量社区医院的医疗行为。

四、超出注意义务的情形

超出注意义务情形的判断离不开上述医疗过错的判断标准，此处仅列举几种常见的超出注意义务的情形进行分析。

（一）不可抗力

《民法典》第180条规定：因不可抗力不能履行民事义务的，不承担民事责任。法律另有规定的，依照其规定。不可抗力是不能预见、不能避免且不能克服的客观情况。根据《民法典》的规定，不可抗力具有三个特征，即不可预见性、不可避免性和不可克服性。《民法典》将不可抗力作为侵权行为普遍适用的免责情形，具体到医疗损害责任，在不可抗力的情况下，因客观原因的介入超出了医师的注意能力，切断了医师的医疗行为与损害后果的因果关系。因此，对不可抗力的判断要密切结合不可抗力的三个特征。“不可预见”应是根据现有的技术水平，一般对某事件的发生没有预知的能力。“不可避免并不能克服”，应是指当事人已经尽到最大努力和采取一切可以采取的措施，仍不能避免某种事件的发生并克服事件所造成的损害结果。①

以停电事故为例，在手术的进行过程中，发生了停电事故，导致手术不能进行。那么，停电是否构成了不可抗力呢？首先要判断这一事件是否可以事先预知。如果是因路线检测或者施工导致的停电，在停电之前医疗机构会接到相关单位的通知，此时，停电就是可以预见的，医疗机构应当采取推迟手术或者使用备用电源等措施，防止在手术中突然断电，造成医疗损害。而如果停电是由于强烈地震造成，对地震这一自然现象，在目前的技术水平条件下是难以预见的，更是不可抗拒和不能避免的，由此而造成手术中断，出现损害后果，就属于超出注意义务范围的不可抗力。

（二）医疗意外

所谓医疗意外，是指由于病情或病员体质特殊而发生难以预料和防范的不良后果。②此处所说的医疗意外的原因是病情的特殊性和患者的特异性体质，而不是第三者介入或者不可抗力等的出现。医疗意外与不可抗力都有不可预见的特征，但是区别在于，不可抗力除不可预见外，还有不可避免和不可抗拒的特征，而医疗意外则主要在于其不可预见性。医疗意外具有两个基本特征：一是病员死亡、残疾或功能障碍的不良后果发生在诊疗护理工作中；二是不良后果的发生是医护人员难以预料和防范的，或者说是由他们不能抗拒或者不能预见的原因所引起的。《条例》第33条规定，在医疗活动中由于患者病情异常或者患者体质特殊而发生医疗意外的不属于医疗事故，也就是说，此情形超出了医

---

① 王胜明：《中华人民共和国侵权责任法解读》，中国法制出版社2010年版，第125-128页。

② 《医疗事故处理条例》起草小组：《医疗事故处理条例释义》，中国法制出版社2002年版，第96页。

师的注意义务范围。之所以如此规定，是因为患者的特殊病情或者体质导致疾病的诊断和治疗不能以现有的普遍性医疗技术进行。目前的医疗技术水平有其局限性，有很多的生理和病理现象是无法解释的，在现有的医疗水平条件下难以有效预见。比如，在携带 NDM-1 耐药基因的“超级细菌”被发现之前，即使医师采取了大量的治疗措施进行抗炎治疗，依然无法挽救患者的生命，原因就是对“超级细菌”的存在缺乏认识。对这种异常病情，医师是不可能预见到的，因此造成的医疗损害就超出了医师的注意义务，不构成医疗过错。

比较常见的医疗意外形式有医护人员抢救及时、措施得力或手术操作无误，但患者仍死亡或遗留严重后遗症；病员为特异性体质，在治疗前知道或治疗后发现，但以目前的医学科学技术难以解决而出现不良后果；在基础麻醉或椎管阻滞麻醉时，使用规定的剂量麻药，仍导致呼吸抑制、血压下降或麻醉平面过高，虽经积极抢救，依然未能防止不良后果；诊断及手术适应症明确，操作无误，而在术中或术后发生意外、呼吸、循环骤停及其他重要器官的功能衰竭等不良后果的。

（三）难以避免的并发症

并发症是指医师在对病患进行诊疗的过程中，由于病患疾病发展的必然结果，导致病患的残疾、器官功能障碍等不良后果。①比如，纤维支气管镜检查导致的咯血或出血、咽喉部不适或疼痛、喉水肿或者声音嘶哑、发热，甲状腺手术术后的喉返神经损伤、甲状旁腺功能不足等都属于并发症。并发症与医疗意外的区别在于医疗意外是不可预见的，而并发症是可以预见却难以避免的。需要注意的是，并不是所有的并发症都是难以避免的，并发症免责的前提是看它是否可避免。如果本来是可以避免的并发症却发生了，医疗机构就应当承担责任。如果并发症的发生是不可避免的，医疗机构就可以免责。因此，关键是要判断并发症的发生是否可以避免，即要求医务人员在医疗过程中采取必要措施尽力避免并发症的发生，但最终并发症还是发生了，即为难以避免的并发症。实际上就是要看医务人员在医疗过程中是否尽到注意义务，这就需要通过上述医疗过错的判断标准来进行衡量。

---

① 刘鑫、张宝珠、陈特：《侵权责任法“医疗损害责任”条文深度解读与案例剖析》，人民军医出版社 2010 年版，第 48 页。

【案例3-05】超级细菌感染致患者死亡的法律责任①

黄某某于2017年12月14日因车祸致颅脑损伤急诊入住昆山市某医院，入院诊断为“双侧额颞脑挫伤、蛛网膜下腔出血、右侧颞枕硬膜外血肿、颅底骨折、肺挫伤”。12月15日，昆山市某医院为黄某某行开颅血肿清除术+去骨瓣减压术，术后并发肺部感染，昆山市某医院给予气管切开排痰、纤维支气管镜吸痰+肺泡灌洗术及抗感染、对症支持等治疗，经治疗后患者病情逐渐好转，于2018年2月12日出院。出院时，患者一般情况可，神志朦胧，能经口进食，头部手术切口干，骨窗压力低，气管套管已拔除，四肢活动可。2018年2月12日出院时，医方建议其去康复医院继续治疗，但因无床位患者在家中休养。患者回家后5-6天开始发烧，自服退烧药两天略有好转，但后来病情加重，于2018年2月21日到苏州九龙医院就诊，住院期间痰培养发现××克雷伯菌（+++）全耐药菌，抗感染治疗效果欠佳，2018年3月4日自动出院后当日死亡。根据病情发展经过及临床表现，考虑黄某某因严重颅脑损伤术后并发严重肺部感染等，最终致多脏器功能衰竭而死亡。

经苏州市医学会鉴定专家意见认为昆山市某医院对黄某某的诊疗过程中，对其住院期间××克雷伯菌属感染告知不足，但与黄某某的死亡后果之间无因果关系。一审法院认为，虽然昆山市某医院对黄某某住院期间××克雷伯菌属感染告知不足与黄某某的死亡之间没有因果关系，但考虑到如果昆山市某医院在黄某某住院期间将其感染××克雷伯菌的情况告知其家属，家属在黄某某出院后对其病情的监护会更谨慎，对黄某某病情的控制可能会向好的方面发展，故一审法院酌定由昆山市某医院承担10%的赔偿责任。被告医院不服判决上诉后，二审法院驳回上诉，维持原判。

评析

超级细菌（superbug）不是特指某一种细菌，而是泛指那些对多种抗生素具有耐药性的细菌，其准确称呼应该是“多重耐药性细菌”（multi-drug resist-

---

① 江苏省昆山市人民法院（2018）苏0583民初10806号民事判决书；江苏省苏州市中级人民法院（2019）苏05民终8152号民事判决书。

ant bacteria，MDROS）。2011 年，原卫生部颁布的《多重耐药菌医院感染预防与控制技术指南（试行）》中明确指出，多重耐药菌是指对临床使用的三类或三类以上抗菌药物同时呈现耐药的细菌。这类细菌对抗生素有强大的抵抗作用，能逃避被杀灭的危险。目前，引起特别关注的超级细菌主要有：耐甲氧西林金黄色葡萄球菌（MRSA）、耐多药肺炎链球菌（MDRSP）、万古霉素肠球菌（VRE）、多重耐药性结核杆菌（MDR-TB）、多重耐药鲍曼不动杆菌（MRAB）以及最新发现的携带有 NDM-1 基因的大肠杆菌和肺炎克雷伯菌，等等。由于大部分抗生素对其不起作用，超级细菌对人类健康已造成极大的危害。

本案中患者感染的是克雷伯菌（Klebsiella），药敏试验为全部耐药，符合超级细菌的认定。所以本案中，医学会的鉴定没有认定医疗行为存在过错，而是针对患者感染超级细菌的情况没有告知患者，系未尽到告知说明义务，轻微责任的承担也是针对未尽告知说明义务。

【实务问题及难点】

一、判断主体

即由谁来判断医师的诊疗行为是否违反了注意义务，构成医疗过错。主观过错作为侵权行为的构成要件之一，应该是由作为中立裁判者的法官进行认定。但是医疗过错是一个极具专业性的问题，只有拥有专业医学知识的专家才有能力判断某医疗行为是否存在医疗过错。在医疗侵权诉讼中，通常情况下，法官会通过鉴定途径对医疗过错这一专业性问题进行评价。因此，医疗过错的判断自然就转化为医疗过错的鉴定，判断的主体也就转化为鉴定启动的主体，即由谁来启动医疗过错的鉴定。

一般来说，在侵权诉讼过程中采取“谁主张，谁举证”的原则，根据《民法典》侵权责任构成要件的要求，医疗过错是认定医疗侵权责任构成的要件之一，因而原则上医疗过错的举证责任在提起诉讼的患者一方，在患方不能举证证明医疗行为存在过错的情况下，应当申请启动医疗鉴定，以期通过鉴定的方式来认定医疗过错是否存在。在特殊情况下，如果患方能够举证证明医疗机构存在《民法典》第1222条规定的三种情形中的任何一种，无须再由患方就医疗过错举证，而由法官直接推定医疗行为有过错，从而发生了由医方举证证明自己没有过错的情形。如果医方不能举证证明医疗行为没有过错，医疗机构就应当申请医疗鉴定。

对医患双方来说，表面上看医疗过错鉴定是一个申请问题，是否准予鉴定，是否最终委托鉴定机构鉴定，决定权在法院。但实质的问题应当是谁来垫付鉴定费的问题，因为在医疗损害诉讼中，鉴定费是一笔不菲的费用，如果鉴定认为垫付了鉴定费的一方没有过错，法官最终判定垫付医疗费的一方没有责任，对方当事人就应当支付鉴定费，此时如果对方当事人无力支付鉴定费，最终结果是垫付鉴定费的一方赢了官司却输了钱。实务中对鉴定费的支付应当持审慎的态度，北京的做法就值得借鉴：当事人一方申请进行医疗损害鉴定的，鉴定费由该当事人预交；人民法院依职权委托医疗损害鉴定的，鉴定费由双方当事人预交。

二、判断内容

在实务中对医疗过错的判断应当放到医疗过程中，而不是依据医疗结果进行判断。从合同角度来看，医疗合同中，医疗机构承担的是行为义务，而非结果义务。因此，自然应当排除结果责任的配置。①具体来说，就是从医疗过程实施的具体环节，即从问诊、检查、会诊、治疗、转诊五个方面判断医生是否违反了注意义务。

问诊是通过询问病人或陪诊者，了解疾病的发生、发展、治疗经过、现在症状和其他与疾病有关的情况，以正确地诊断疾病。问诊的内容包括患者的一般情况、主诉、现病史、既往史、系统回顾、个人史、月经及生育史、家族史等。问诊在疾病的诊断中有非常重要的作用，是正确地进行检查和作出关于疾病的正确判断的基础。比如，对现病史的采集，需要充分了解起病情况、诱因、主要症状的特点、病情的发展演变、伴随症状、诊治经过等。如果医生没有充分地问诊，就存在一定过错，尤其是对于一些重要的情况。比如，慢性阑

---

① 王成：《论医疗损害侵权行为归责原则的配置》，载《证据科学》2009年第17卷第3期。

尾炎患者经常会因胃痛就诊，如果没有进行详尽的问诊，不了解患者有急性阑尾炎的发作史，可能就会误诊为胃部疾病。如果患者因医生没有诊断出阑尾炎，而导致慢性阑尾炎得不到有效治疗，甚至出现急性发作的严重后果，那么医生的问诊不充分就存在过错。

在详细了解了患者的个人情况和疾病表现后，医生会对患者的病情进行初步的判断，并进行相应的检查，以明确对疾病的诊断。对一些疾病来讲，某些辅助性检查的结果是诊断疾病的重要依据，如冠心病诊断的金标准是冠状动脉造影看到冠状动脉狭窄。如果不能明确诊断疾病，患者的全身状况也允许，就应当进行有针对性的检查，在缺乏检查结果支持的情况下，盲目地进行治疗，导致了不良后果的发生，医生的行为就存在过错。

会诊是不同的医生对患者进行诊断，包括三级医师查房制度在内的科内会诊、科间会诊、院际会诊等。疾病的发生发展是复杂多变的，资质较低的医生可能难以准确判断疾病，有时候患者的疾病涉及不同的分科，需要多科的医生共同判断病情。因此，会诊对诊断治疗疑难复杂的病情是很重要的。如果医生发现该患者的疾病超出了个人的能力范围或者超出了单学科的范畴，就应当及时请求其他医生共同对患者的疾病进行判断讨论，以明确诊断和治疗方案。如果医生不及时地请求会诊，明知不可为而为之，导致患者的疾病不能治愈甚至恶化，医生就存在主观过错。

在明确了疾病的诊断之后，就要拟订治疗方案，进行针对性治疗。在现有医疗技术条件下，可能有多种治疗手段都有利于治疗患者的疾病。医生在拟订方案时，应该充分结合患者的情况，选择最优的治疗方案。比如，对某种疾病的治疗，公认手术方案是最佳的治疗手段，其疗效是显著的，那么在患者全身状况允许的条件下，为手术的绝对适应症时，医生依然坚持只是采取保守的药物治疗，可能就会构成医疗过错。

转诊是医疗机构没有诊治具体患者病症的能力和条件，从而将患者转给其他有能力诊治该病症的医疗机构。[①]《医疗机构管理条例》第 30 条规定：医疗机构对危重病人应当立即抢救。对限于设备或者技术条件不能诊治的病人，应当及时转诊。一名医生或者一个医疗机构的医疗水平总是有限的，尤其是对一

① 杨立新：《侵权法分则》，人民法院出版社 2009 年版，第 51 页。

些基层医院来讲，受客观医疗条件和医生技术水平的限制，对疑难复杂病例的诊断和治疗会存在一定的难度。对一些急危病重的病例，如果医疗机构发现缺乏相应的治疗水平，就应当及时将该患者转诊给有治疗能力的医疗机构继续治疗，否则即使在治疗中尽其所能，也仍然存在医疗过错。

三、判断依据

（一）法律、行政法规、部门规章、地方性法规和地方政府规章

法律、行政法规、部门规章、地方性法规和地方政府规章等法律法规对医生和医疗机构的基本义务进行了规范。例如，《医师法》第23条规定：医师在执业活动中履行下列义务：（1）树立敬业精神，恪守职业道德，履行医师职责，尽职尽责救治患者，执行疫情防控等公共卫生措施；（2）遵循临床诊疗指南，遵守临床技术操作规范和医学伦理规范等；（3）尊重、关心、爱护患者，依法保护患者隐私和个人信息；（4）努力钻研业务，更新知识，提高医学专业技术能力和水平，提升医疗卫生服务质量；（5）宣传推广与岗位相适应的健康科普知识，对患者及公众进行健康教育和健康指导；（6）法律、法规规定的其他义务。法律法规所规定的注意义务一般是基本的义务，所有的医务人员和医疗机构都应该遵照执行。

（二）成文的诊疗规范

成文的诊疗规范主要体现在卫生部门制定的技术规范，中华医学会所制定的各学科的诊疗标准、临床诊疗指南、操作规程，教育部规划出版的权威教科书等。这些内容多是长期的临床实践经验总结，具有普适性，可以作为规范指导临床实践。需要注意的是，学术著作、医学杂志上的论文等并不必然能够作为诊疗规范。医学论文多是作者个人的临床经验和实验结论，并没有经过广泛的临床实践证实，不能作为普适性的标准。但由于药品说明书是经过国家药品管理机构审定的，因而具有规范性质，对医务人员有约束力。

（三）业界通识

医学是一门实践性很强、不断变化发展的学科。在当今医疗技术日新月异的背景下，各种诊疗手段层出不穷，成文化的诊疗规范很难适应最新的医学发展。同时，疾病的个体性差异很强，诊疗规范不可能详尽地对各种病症进行无遗漏的描述，因此在行业内会形成很多通识的常用做法，虽然并不体现在成文化的规范中，但这些普遍性的做法也应该作为衡量医生注意义务的标准。

（四）其他因素

法律、法规、规章以及相关诊疗规范都只是确定了一个抽象的标准，医务人员具体注意义务的考察，还需要结合诊疗时患者的情况、诊疗条件、环境条件等因素。《医疗损害司法解释》第 16 条规定，医疗过错的认定，除了违法性考察之外，可以综合考虑患者病情的紧急程度、患者个体差异、当地的医疗水平、医疗机构与医务人员资质等因素。

【法条链接】

《民法典》

第一千二百二十一条　医务人员在诊疗活动中未尽到与当时的医疗水平相应的诊疗义务，造成患者损害的，医疗机构应当承担赔偿责任。

第一千二百二十二条　患者在诊疗活动中受到损害，有下列情形之一的，推定医疗机构有过错：

（一）违反法律、行政法规、规章以及其他有关诊疗规范的规定；

（二）隐匿或者拒绝提供与纠纷有关的病历资料；

（三）遗失、伪造、篡改或者违法销毁病历资料。

第一千二百二十三条　因药品、消毒产品、医疗器械的缺陷，或者输入不合格的血液造成患者损害的，患者可以向药品上市许可持有人、生产者、血液提供机构请求赔偿，也可以向医疗机构请求赔偿。患者向医疗机构请求赔偿的，医疗机构赔偿后，有权向负有责任的药品上市许可持有人、生产者、血液提供机构追偿。

《医疗损害司法解释》

第六条 民法典第一千二百二十二条规定的病历资料包括医疗机构保管的门诊病历、住院志、体温单、医嘱单、检验报告、医学影像检查资料、特殊检查（治疗）同意书、手术同意书、手术及麻醉记录、病理资料、护理记录、出院记录以及国务院卫生行政主管部门规定的其他病历资料。

患者依法向人民法院申请医疗机构提交由其保管的与纠纷有关的病历资料等，医疗机构未在人民法院指定期限内提交的，人民法院可以依照民法典第一千二百二十二条第二项规定推定医疗机构有过错，但是因不可抗力等客观原因无法提交的除外。

第十六条 对医疗机构或者其医务人员的过错，应当依据法律、行政法规、规章以及其他有关诊疗规范进行认定，可以综合考虑患者病情的紧急程度、患者个体差异、当地的医疗水平、医疗机构与医务人员资质等因素。

第二十条 医疗机构邀请本单位以外的医务人员对患者进行诊疗，因受邀医务人员的过错造成患者损害的，由邀请医疗机构承担赔偿责任。

《浙江司法指导意见》

第一条 医疗机构在诊疗活动中应尽到与当时的医疗技术水平相应的注意义务，未尽到该注意义务造成患者损害的，应认定医疗机构有过错。

认定医疗机构有无违反注意义务，应主要依据法律、法规、规章和诊疗操作规范所规定的义务，并适当考虑医疗机构的资质、医务人员的知识、技能等相应专业、资质及地区差异等因素。

第八条 患者就医后死亡，医疗机构认为死亡原因不明，要求患者一方协助进行尸检，但因患者一方的原因未行尸检，导致无法查明死亡原因，并致使无法认定医疗行为与损害结果之间是否存在因果关系或有无过错的，患者一方应承担不利的诉讼后果。

第十二条 涉案病历资料存在下列瑕疵的，人民法院应当区分情况做出处理：

（一）当事人以伪造、篡改、销毁或其他不当方式改变病历资料的内容，致使无法认定医疗行为与损害后果之间是否存在因果关系及有无过错的，应承担相应不利的诉讼后果；

（二）病历资料内容存在明显矛盾或错误，制作方不能做出合理解释的，应承担相应不利的诉讼后果；

（三）病历书写仅存在错别字、未按病历规范格式书写等形式瑕疵的，不影响对病历资料真实性的认定。

《北京司法指导意见》

9. 发生医疗损害，患者能够证明医疗机构有下列情形之一的，人民法院应推定医疗机构有过错：

（1）违反法律、行政法规、规章以及其他有关诊疗规范的规定；

（2）隐匿或者拒绝提供与纠纷有关的病历资料；

（3）伪造、篡改或者销毁病历资料。

对于上述情形，人民法院在必要时应依职权调查取证。

14. 当事人遗失、涂改、抢夺病历，或以其他不正当手段改变病历资料的内容，导致医疗行为与损害结果之间的因果关系不明或有无过错无法认定的，应承担不利的法律后果。

29. 人民法院判断医务人员在诊疗活动中是否尽到与当时的医疗水平相应的诊疗义务，应以医疗行为发生当时的医疗水平为标准，还应当适当考虑地区、医疗机构资质、医务人员资质等因素。

《安徽司法指导意见》

第十五条　医疗机构在诊疗活动中应尽到与当时的医疗技术水平相应的注意义务，未尽到该注意义务造成患者损害的，应认定医疗机构有过错。

人民法院认定医疗机构有无违反注意义务，应依据法律、行政法规、部门规章和诊疗护理规范所规定的注意义务进行审查，并适当考虑医疗机构的资质和技术水平。

第十六条　患者就医后死亡，医患双方对死因有异议的，医疗机构应书面告知患者一方进行尸检。如因患者一方的原因未行尸检，导致无法认定诊疗行为有无过错或过错诊疗行为与损害结果之间是否存在因果关系的，患者一方应承担不利后果。如因医疗机构未书面告知而导致未行尸检的，由医疗机构承担不利后果。

患者一方未在尸检书面通知上签字，但医疗机构有证据证明已将书面尸检通知向患者一方出示，并作了充分说明的，可以认定医疗机构已履行了尸检书面告知义务。

【案例 3-06】乡镇卫生院医疗水平判断案①

患者黄某某到被告奉节县某镇中心卫生院就诊，经诊断为卵巢囊肿。被告为黄某某实施了左侧卵巢囊肿切除术，术后患者死亡。患者家属向法院起诉，要求被告承担损害赔偿责任。司法鉴定认为被告对患者诊疗过程中存在过错，且该过错导致患者死亡的因素相对大于患者自身因素。原审根据此鉴定意见判决被告承担70%的损害赔偿责任并支付原告精神损害抚慰金3万元。双方当事人对判决不服，提起上诉。

二审法院认为，鉴于该卫生院并非当地拥有先进医疗技术设备和医务人员的大型综合医疗机构，其对患者的诊疗手段、经验以及所收取的治疗费用均与当地大型医院具有一定局限性和差别。综合前述几方面因素，本案医患双方在承担过错责任的比例上不宜差距过大，而原判对此所确认的责任比例相差较大，故应予适当调整，由被告承担60%的责任。

同时，根据医疗过错鉴定的分析说明，此种疾病相对于医疗方的医疗条件，存在技术上认识不足的客观条件因素。被告在诊疗过程中，主观上是为了及时治病救人，客观上派出了具有临床经验和资质的医生进行手术。鉴于该卫生院的医疗技术设备和医务人员的医疗水平以及所收取治疗费用与大型综合医疗机构存在一定差异，而医疗技术水平上的差距显然与医疗结果的好坏存在一定的因果联系，患者在入院时对此医疗风险是能够预见的，故此种风险责任医患双方均有义务承担。再者，患者的自身疾病也是造成其死亡的因素之一，结合本案实际情况考虑，原判由被告承担精神赔偿金不妥，应予撤销。

评析

在本案中，二审法院认为，患者所患疾病的治疗存在客观上的困难，被告作为乡镇卫生院，受其客观条件和诊疗水平所限，不可能达到与大型综合医院同等的治疗效果。乡镇卫生院作为基层医院，从硬件设施到人员配置上都不能与大型综合医院相比。因此，二审法院在判决中充分考虑到疾病的复杂程度，结合医院的资质，认为对医院医疗过错的评价要与其诊疗技术水平相一致，不

---

① 重庆市第二中级人民法院（2009）渝二中法民终字第932号民事判决书。

能提出过高的要求，降低了其责任份额。

该判决还强调了患者对此风险的承担。患者自主选择了诊疗条件差和水平较低的乡镇卫生院，并支付了较低的治疗费用，应该可以预见到所接受的治疗不会等同于大型综合医院。因此，由于乡镇卫生院医疗条件所限而导致的损害后果，患者也应承担相应的责任。

【案例 3-07】从某与南京某医院因错误手术损害赔偿纠纷①

1997 年 9 月 18 日，原告从某因右乳房包块入住被告南京某医院，入院诊断是“右乳包块待查：右乳腺小叶增生症”。经术前穿刺细胞学检查和各项常规检查，医院认为无手术禁忌症。经全科术前讨论，医院认为不排除恶性可能，决定行“右乳包块切除术+快速冰冻切片检查”，若快速冰冻切片为恶性，则行“右乳癌改良根治术”。术前将有关情况告知患者家属，家属同意并签字。9 月 25 日，医生实施手术，术中包块组织经快速冰冻切片检查诊断为恶性肿瘤，医生将该诊断结果告知家属并经其签字同意后，对从某实施了“右乳癌改良根治术”，手术顺利。术后该院病理科对术中切除的组织进行免疫组化检查，出具报告称从某右乳包块为侵袭性颗粒肌母细胞瘤，属低度恶性或境界恶性，手术切除后不必进行其他治疗，但须密切随访。从某得知该报告后，将其获得的术后病理切片送至多家医院检验，均认为并非恶性肿瘤。因此，从某认为南京某医院术中快速冰冻切片检查诊断有误导致其右乳组织被全部切除，给自己带来严重精神痛苦，存在重大过错，从某遂要求医院承担损害赔偿责任。经从某申请，南京市区、市两级医疗事故委员会进行鉴定，均诊断为颗粒肌母细胞瘤，并认为本例不属于医疗事故，但均认为“南京某医院快速切片病理诊断从某右乳包块为恶性肿瘤存在不谨慎之处，并导致了临床手术扩大化”。

从某对此结论不服，诉至法院，要求医院承担过错责任，并赔偿相关损失。医院则认为其医疗行为并无过错，术中快速冰冻切片仅仅为给肿瘤细胞定性，最终病理报告亦诊断肿瘤细胞为侵袭性。既然是侵袭性，即属于低度恶性或有恶变趋势，临床治疗可与恶性肿瘤相同。

---

① 杨太兰：《医疗纠纷判例点评》，人民法院出版社 2003 年版，第 101-104 页。

法院委托鉴定机构对术后病理切片进行鉴定，结果认为原告所患肿瘤是侵袭性或恶性肿瘤，为颗粒肌母细胞瘤，是一种罕见的软组织肿瘤，国外文献报道极少，其中恶性颗粒肌母细胞瘤更为少见，在南京地区各主要医院病理科尚未遇到过。该肿瘤属少数来源未确定、良恶性质难以准确界定的肿瘤之一，目前病理界对此肿瘤形态命名各异，标准不一，临床上对该病可以同恶性肿瘤一样采取根治术，也可根据患者具体情况，考虑在适当范围内切除。

综上，法院认为原、被告存在医患关系，医疗机构在实施医疗行为时尽到了其应尽的义务。因本案中所涉及的肿瘤为一罕见肿瘤，以目前的医疗水平尚无法准确诊断，尤其是在术中进行快速冰冻切片检查时。虽然医疗机构的诊断未达到精确的地步，但是并不能视为误诊或错诊，且在此诊断基础上对患者实施根治术亦符合行业惯例。患者右乳缺失的结果虽然和医疗机构的行为有关，但医疗行为不存在过错，不能认为构成医疗侵权行为。因此，一审法院判决驳回原告的诉讼请求。原告不服，上诉至南京市中级人民法院。二审法院经审理认为，原告所患肿瘤为罕见的疾病，现有病理学诊断方法和认识水平难以对此进行准确认定，医院在快速冰冻切片检查时诊断虽存在一定偏差但不能过于苛刻，不宜认为其诊断错误，因此被告选择进行根治术未尝不可。故二审法院判决驳回上诉，维持原判。

评析

本案属于限于当时的医疗水平难以诊疗，故认定医疗机构的医疗行为不存在过错的情形。根据《民法典》第1221条的规定，与当时的医疗水平相应的诊疗义务是判定医疗机构及其医务人员是否具有过错的标准。医务人员在诊疗活动中未尽到与当时的医疗水平相应的诊疗义务，属于有过错。反之，医务人员尽到了该义务，就排除了过错可能性，医疗机构也就不具有医疗损害责任。关键是如何认定医务人员是否尽到了该义务，这不仅要结合当时、当地的医疗水平，还得考虑具体疾病在当前可以达到的诊疗效果，不应该对其有过于苛刻的要求。本案中，医务人员在诊疗活动中已经尽到了与当时的医疗水平相应的诊疗义务，即使诊断结果有误，也不能以此认定医疗行为存在过错。

第一，本案中患者所患疾病极不寻常，是世界范围内罕见的疾病，肿瘤来源未确定，良恶性质难以准确界定，有关报道及论述较少，医学研究上也很薄弱。目前病理界对此肿瘤形态命名各异，标准不一。所取切片的部位不同、病理诊断的医生不同，都可能会导致截然相反的诊断结果。因此，这种非常复杂的疾病的病理诊断，在客观上超过了医务人员的一般业务水平，应当允许诊断结果存在误差。

第二，医疗机构已经尽到了谨慎的注意义务。本案中，医务人员无论是选择先行快速冷冻切片检查，根据结果判断后续术式，还是在快速冰冻显示恶性肿瘤后采取根治术，都是在充分考虑患者疾病情况的基础上作出的合乎医疗常规的决定，不能以最终结果存在一定的偏差而否定其根本治疗方法与过程的正确性。人体是一个复杂的系统，还有许多秘密有待人类去探究，其中很多这样未知的秘密都可能给医疗活动中的诊断结果带来误差，这是不可避免的。

第三，当前的医学知识仍然有限，人们对疾病的认识水平和诊疗技术仍然有局限。与这种局限性相适应，应当允许诊疗行为存在一定的风险。这种风险是由于技术局限所导致，与医务人员的行为没有直接关系。如果要求所有的诊疗行为毫无风险，其结果只能是患者不就医，医生不看病，最终将阻碍医学的进步和影响对患者的抢救。因此，只要医疗机构及医务人员在实施医疗措施中尽到了充分注意义务，合理运用现有手段，符合现行诊疗规范，那么就不宜认定其行为存在过错，当然其也就不具有医疗损害责任。

第三节 医疗损害的抗辩事由

【原理阐释】

一、医疗损害责任的抗辩事由概念

抗辩事由，亦称免责事由或减责事由，是指法律规定的可以免除或者减轻行为人责任的特定事由。免责事由（减责事由），是抗辩事由从抗辩成立后的结果来看。抗辩事由，是被告针对原告的损害赔偿请求，证明自己责任不成立或者可以减轻责任的理由，在大陆法系民法理论中也被称为违法阻却的事

由。但将一切成立的抗辩事由称为免责事由（减责事由）是不准确的，有些抗辩事由的存在，实际上是责任构成要件的欠缺，即无责，根本谈不上免责。下文将详细阐述免责事由的界定问题。抗辩事由可以依据不同的标准作出不同的分类，如正当理由和外来原因之分、一般抗辩事由和特殊抗辩事由之分等。这里着重介绍以行为性质为标准划分的正当理由和外来原因这两种抗辩事由。

正当理由是指损害虽然系由被告的行为所致，但其行为具有合法性，因此可以阻却行为的违法性的责任构成要件。大陆法系学者一般将正当理由划分为：(1) 正当防卫；(2) 紧急避险；(3) 自助；(4) 法定权利或者其他合法权利；(5) 受害人同意。在英美法系中，有学者将正当理由分为：(1) 受害人同意；(2) 正当防卫；(3) 防卫他人；(4) 拘捕与防范犯罪；(5) 对财产的防卫；(6) 从动产或者不动产上获取权益；(7) 执行军事命令与纪律。

外来原因是指损害不是由被告的行为所致，而是由外在于其行为的独立原因造成，因此被告的行为与损害结果之间不具有因果关系，如不可抗力、受害人有过错的行为以及第三人过错行为等。不可抗力系指：(1) 火灾；(2) 天灾；(3) 战争或者武装冲突；(4) 政府或者主管部门的行为、检疫限制或者司法扣押；(5) 罢工、停工或者劳动受到限制。可以归纳为三个方面，即自然原因的不可抗力、社会原因的不可抗力、国家原因的不可抗力。①

《民法典》中有大量的免责规定，包括在医疗损害赔偿诉讼中，外来原因中的第三人或者受害人的过错抗辩免责（减责），应当引起重视，这在医疗损害责任的责任抗辩中比较多见。

二、医疗损害责任免责事由和抗辩事由之辩

根据《民法典》第1224条的规定，患者在诊疗活动中受到损害，有下列情形之一的，医疗机构不承担赔偿责任：(1) 患者或者其近亲属不配合医疗机构进行符合诊疗规范的诊疗；(2) 医务人员在抢救生命垂危的患者等紧急情况下已经尽到合理诊疗义务；(3) 限于当时的医疗水平难以诊疗。前款第1项情

---

① 张新宝：《侵权责任法原理》，中国人民大学出版社2005年版，第129页。

形中，医疗机构或者其医务人员也有过错的，应当承担相应的赔偿责任。有学者认为该条款为免责条款，第1款为免责事由，但是本书认为，将上述医疗损害的三种免责事由称为无责事由更为合适。

对“患者或者其近亲属不配合医疗机构进行符合诊疗规范的诊疗”，显然在该语境下，医务人员是不具有过错的，同时前款第1项情形中，“医疗机构或者其医务人员也有过错的，应当承担相应的赔偿责任”也证明了这一点，一旦有过错，就应当承担相应的赔偿责任。这仍然是过错责任原则，只是在“患者或者其近亲属不配合医疗机构进行符合诊疗规范的诊疗”情况下，医务人员无过错而无责任。而对“医务人员在抢救生命垂危的患者等紧急情况下已经尽到合理诊疗义务”的条款，是对抢救生命垂危的患者等紧急情况下医务人员注意义务的适当放低，但是这也在《条例》第33条中作了相关规定，医务人员为此行为，注意义务只要不低于必要限度即可，也是有法可依的，即不具有过错，因此也不构成医疗损害赔偿责任。“限于当时的医疗水平难以诊疗”属于医务人员诊疗能力范围之外。实践中，医务人员只要尽到充分说明义务，没有侵犯患者或者其近亲属的知情同意权就不具有过错，也不构成医疗损害赔偿责任。

通过分析，将上述三种情况称为免责条款并不合适。免责条款多被理解为有责而免除，但是上述三种情况实则为无责。其实，我国《民法典》也没有将其称为免责条款，而是“患者在诊疗活动中受到损害，有下列情形之一的，医疗机构不承担赔偿责任”，“不承担赔偿责任”这种表述同第三章“不承担责任和减轻责任的情形”中的“不承担责任”是一致的，如第三章的受害人故意、不可抗力等条款，规定的都是“不承担责任”，即不构成侵权责任的别称，但是理论研究上多把不可抗力等视为免责事由。实际上，不可抗力和紧急避险都不是免除责任的情况，因为其根本就不构成责任。①

任何法律都是一般规定与特别规定的统一体，立法者在作出一般规定（基本规定）的同时，总会基于一些特殊情况作出一些特别规定。民法作为部门法之一当然也不例外，它也存在相当数量的特别规定，其中就包括属于法律拟制和注意规定的特别法条。所谓法律拟制，就是将原本不符合某法律规制的情况

① 张文显：《法理学》，法律出版社2007年版，第201页。

也按照该法律处理。法律拟制扩大了某一法律的适用范围，将原本不属于该法律处理的情况纳入进来。如果无此法律拟制的特别规定，法律将不能如此处理。比如，《民法典》第 18 条第 2 款规定："十六周岁以上的未成年人，以自己的劳动收入为主要生活来源的，视为完全民事行为能力人。"这款规定也属于法律拟制，立法者在明知"十六周岁以上的未成年人"并非 18 周岁以上的成年人的情况下，仍然规定在"以自己的劳动收入为主要生活来源"的条件下赋予了完全民事行为能力人的法律效果。注意规定也是一种特别规定，它是指在法律已作基本规定的前提下，提示司法工作人员注意，以免司法工作人员忽略的规定。注意规定并不改变一般规定的内容，它只是对一般规定的重申、具体化，即使没有该注意规定，遇到这种情况也应该这么处理。

通过上述分析和理论介绍，我们可知，《民法典》第 1224 条规定属于注意规定而非法律拟制。如果是法律拟制，那么成为免责条款是合适的，因为免责条款多被视为有责，而现在的特殊规定，责任可以免除。因此，从法律拟制视角看，《民法典》第 1224 条被称为免责条款是没有问题的，但是通过本书的分析，其并不是法律拟制而是注意规定，即使无此规定，出现该情况也应该这样处理。在这种情况下，《民法典》第 1224 条实则为注意规定，是无责条款。

因此，"患者或者其近亲属不配合医疗机构进行符合诊疗规范的诊疗"等上述三种情况被称为医疗损害的无责事由更合适，但是考虑到我国传统民法理论研究，都表述为免责事由，贸然提出无责事由的新概念欠缺理论概念的严谨性。实际上，无论是免责事由还是无责事由，都是从诉讼结果的角度着眼，而从诉讼过程来看，"患者或者其近亲属不配合医疗机构进行符合诊疗规范的诊疗"等三种情况应该被称为抗辩事由，即可以对抗对方主张抗辩的事由，这在学术界没有争议。只有当抗辩事由成立时，才谈得上是免责事由（或无责事由）还是减责事由，如果这种抗辩事由最终未被法官采信，那么其也就不会被称为免责事由（或无责事由）或是减责事由了。基于此，本书下面将所谓的"免责事由"一律表述为抗辩事由。

三、《民法典》与《条例》关于抗辩事由的不同规定

《民法典》第 1224 条规定了医疗机构的三种抗辩事由，毫无疑问这对医疗机构来说是件好事，因为在当前的医疗纠纷中，存在一些患者“无理取闹”的现象，有了这三种抗辩事由，医疗机构可以直接用法律的明确规定来拒绝患方的不正当要求。但是对很多熟知《条例》的医务管理人员来说，《民法典》第 1224 条规定的抗辩事由太少了，不能够充分保护医疗机构的合法权利，不能够促使医务人员放心大胆地实施医疗措施。但是，笔者在深入研究了《民法典》第 1224 条的规定后认为，《民法典》第 1224 条规定的三种抗辩事由与《条例》第 33 条所规定的六种抗辩事由其实是一致的，甚至在某些方面免责范围更为宽泛，只是表述的方法不一样而已。这里本书将两部法规的有关抗辩事由的内容陈列于表 3-1 中比对如下：

表 3-1　《民法典》第 1224 条与《条例》第 33 条比较

《民法典》第 1224 条	《条例》第 33 条	说　明
（一）患者或者其近亲属不配合医疗机构进行符合诊疗规范的诊疗；	（五）因患方原因延误诊疗导致不良后果的；	《民法典》列举了患方的具体行为，《条例》则是概括性地表述患方行为，后者的范围更加宽泛。
（二）医务人员在抢救生命垂危的患者等紧急情况下已经尽到合理诊疗义务；	（一）在紧急情况下为抢救垂危患者生命而采取紧急医学措施造成不良后果的；	都是在紧急情况下对患者的抢救。
（三）限于当时的医疗水平难以诊疗。	（二）在医疗活动中由于患者病情异常或者患者体质特殊而发生医疗意外的； （三）在现有医学科学技术条件下，发生无法预料或者不能防范的不良后果的； （四）无过错输血感染造成不良后果的； （六）因不可抗力造成不良后果的。	《民法典》是一种概括性的抽象表述，《条例》则是具体罗列，显然后者的四种情形全部包含在前者的抽象表述中。

《民法典》第1224条第1款第1项与《条例》第33条第5项相比，前者的“不配合医疗机构进行符合诊疗规范的诊疗”显然要比后者的“延误诊疗导致不良后果的”的范围更大。《民法典》第1224条第1款第2项与《条例》第33条第1项相比，前者的“尽到合理诊疗义务”要比后者的“采取紧急医学措施造成不良后果的”表述更概括抽象，实践操作上怎么理解“合理诊疗义务”可能会出现争议，但是“在紧急情况下为抢救垂危患者生命而采取紧急医学措施造成不良后果的”显然属于医疗机构和医务人员尽到“合理诊疗义务”的情况，因此《民法典》第1224条第1款第2项能囊括《条例》第33条第1项应该是没什么疑问的。本书重点分析《民法典》第1224条第1款第3项为何能与《条例》第33条第2项、第3项、第4项、第6项对应上。《民法典》第1224条第1款第3项是概括性的抽象表述，是指医疗行为受限于当时的医疗水平，不能够正确地诊治疾病，或者实施了相应的诊疗行为，却不能够避免患者病情恶化，强调了医疗水平对医务人员从事医疗活动的限制，也说明了医疗行为不是万能的，很多问题是医务人员无法解决的。《条例》第33条第2项、第3项、第4项、第6项罗列的四种情形，都是目前医疗水平难以达到或者解决的医学难题。因此，本书认为二者之间是存在包含对应关系的。

实际上，无论是《民法典》第1224条的规定还是《条例》第33条的规定，都属于医疗损害赔偿诉讼中医疗机构的抗辩事由。这些抗辩事由一旦成立，将从根本上阻却医疗损害责任某一构成要件的成立或应该减轻医疗损害责任，即抗辩事由一旦成立，医疗机构就不构成医疗损害责任或应该减轻责任。法律之所以对该抗辩事由作出明确列举性规定，并不是因为在该情况下医疗机构即使构成了医疗损害责任也可以免责，而是在该抗辩事由成立的情况下，医疗机构根本就不具有责任或应减轻责任。因此，即使法律没有《民法典》第1224条的规定或《条例》第33条的规定，在实际诊疗活动中，医疗机构仍可以通过证明存在这些情况而主张自己不具备医疗损害责任构成要件中的违法行为要件或过错要件或因果关系要件，进而证明自己没有医疗损害责任或应减轻责任。对医疗机构来说，即使无法律的明确规定，在这些情况下，其也没有责任或应该减轻责任。现在法律作了明确规定，只是起强调注意重申的作用，一方面可以鼓励医务人员积极治病救人，消除其后顾之忧；另一方面可以打击一些患者的无理取闹，对这些“社会不能承受之痛”的医闹[1]，医疗机构可以用法律的明确规定拒绝其不正当要求。

【实务问题及难点】

一、对《民法典》第1224条第1款的解读

《民法典》第1224条第1款规定的三种情况属于医疗机构的抗辩事由，其作用在于重申、明确、强调医疗机构在此情况下不应当承担的责任，如果这些抗辩事由被法庭采纳，其行为在事实上已经不构成侵权行为，而不是因为法律的特殊规定将责任免除。该规定属于民法上的注意规定，而非法律拟制，其作用只是重申医疗损害责任必须符合其构成要件，在存在《民法典》第1224条第1款规定的三种情况下，医疗损害责任的构成要件是不完整的，因此医疗机构不构成医疗损害责任。

在实践中，患方举证证明医疗机构及其医务人员的诊疗行为已经符合医疗损害赔偿责任的构成要件，即已经具备了违法行为、损害后果、因果关系和主观过错四个要素，构成了侵权行为。此时，医疗机构可以援引的《民法典》第1224条第1款的规定，举证证明存在第1款规定的三种抗辩事由之一，即可以据此否定患方举证证明的四个构成要件中的一个或数个，从而证明自己没有责任。

二、《民法典》第1224条规定的三种抗辩事由的具体情形和扩展

《民法典》第1224条规定的三种抗辩事由或在过错要件上阻却医疗损害责任的构成，或在行为具有违法性要件上阻却医疗损害责任的构成，而且每一个具体的抗辩事由的内涵都十分丰富，本书将逐一展开论述。

---

① 耿仁文：《“医闹”——社会不能承受之痛》，载《中国医院法治》2007年第3期。

（一）患者或者其近亲属不配合医疗机构进行符合诊疗规范的诊疗

患者或者其近亲属不配合医疗机构进行符合诊疗规范的诊疗，是说患者或其近亲属拒绝医疗机构合理诊疗的，医疗机构不承担赔偿责任。在这种情形之下，患者受到损害的，不是医疗机构的医疗行为出现了问题，而是由于患方不配合的过错造成的，医疗机构不具有医疗损害责任，属于患方过错免责抗辩事由。诊疗活动本身具有风险性，医患双方任何一方的不当行为都可能造成就诊者人身损害。因此，理想的诊疗活动是医患双方进行配合合作的过程，需要医患双方通力合作才能完成。患者及其家属要向医务人员提供全面真实的既往病历资料，不得隐瞒有关病史，要遵守医疗机构的诊疗秩序，维护正常的就医环境；要对医务人员采取的符合诊疗常规的诊疗措施进行配合，如按时服用药物、定期进行复查、发现不适情况及时告知等。只有这样，医疗机构及其医务人员才能正确地对患者的病情进行判断，作出正确的诊断，并采取合理的治疗措施，从而使患者恢复健康。理解这一抗辩事由，有以下几点需要特别注意。

1. 拒不配合诊疗的主体是患者或者其近亲属

这是对这一抗辩事由适用时主体的限制，即必须是患者本人或者其近亲属拒绝配合合理的诊疗行为，医疗机构才能据此抗辩。患者作为独立的民事主体，在其是完全民事行为能力人时，也即患者年满 18 周岁，心智健全时，患者对自身的身体、健康有自行决定和处分的权利，没有法律的明确规定，任何人不得强迫患者接受某种诊疗行为。患者可能出于各种原因考虑而拒绝医疗机构的诊疗行为，只要该行为未对社会和公众利益造成损害，即不属于法定需要进行强制医疗的传染病、精神病等，那么拒绝诊疗都是合法的，医疗机构无权强制患者接受诊疗。如果患者是限制民事行为能力人或无民事行为能力人，也就是说患者不满 18 周岁或者虽年满 18 周岁但患有精神疾病的情况下，患者自己无法对医疗行为的运用与否作出判断，需要由其近亲属作出决定。根据《民法典》第 1045 条的规定，此处的“近亲属”应当包括配偶、父母、子女、兄弟姐妹、祖父母、外祖父母、孙子女、外孙子女。在现实中，有些情况下，患者的近亲属未在身边，而是由患者的朋友、同事等送患者到医疗机构，这些人也可能因为各种原因而拒绝医疗机构实施诊疗行为。在这种情况下，医疗机构就必须注意，应当要切实审查这些人是否属于本项规定的近亲属，其拒绝诊疗的行为是否能够免除医疗机构的责任，如果不能，那么医疗机构就不能据此作为不具有责任的理由。在这种情况下，除《民法典》第1220条规定的“因抢救生命垂危的患者等紧急情况”“经医疗机构负责人或者授权的负责人批准，可以立即实施相应的医疗措施”外，医疗机构均应当慎重地决定是否对患者实施诊疗行为，以免引起不必要的纠纷。

2. 患者或者其近亲属拒不配合的须是医疗机构进行的符合诊疗规范的诊疗

如果医疗机构进行的诊疗行为违反医疗卫生相关的法律法规、规章制度、诊疗规范，没有考虑患者的实际病情而随意决定进行治疗或手术，或者是进行不必要的检查或治疗，或者是在治疗中违反无菌操作等基本规范，可能对患者造成各种损害的，患者及其近亲属当然有权拒绝，而且因此影响治疗的后果需要由医疗机构承担。因此，如果医疗机构在医疗损害纠纷中需要引用本项规定为自身辩护时，必须确保自身实施的诊疗行为是符合诊疗规范的，是合法合理的。只有在保证诊疗行为符合诊疗规范的情况下，患者及其近亲属拒不配合的，医疗机构才能够据此免除责任。

3. 患方不配合医疗机构进行的符合诊疗规范的诊疗的具体情形

在医疗实践中，患方不配合医疗机构符合诊疗规范的诊疗的情形是比较多的，有的比较明显，患方的表现即可以直接指向患方不配合医疗机构符合诊疗规范的诊疗；有的比较隐蔽，需要进一步剖析之后才得以发现。这里本书简单罗列一些常见的患方不配合医疗机构进行的符合诊疗规范的诊疗的具体情形。

（1）患方私自停药。药物有一定的副反应，且有些人可能觉得长期服药是件痛苦的事情。有的患者不遵医嘱，在出院之后，就没有继续按照医师的要求服药，擅自减量甚至停药，从而给患者的疾病治疗造成了负面影响。例如，某肺结核的患者，在医院内治疗基本上控制了病情，医院给患者制订好出院后长期抗结核治疗的方案后出院，但是患者回到家中，没有按时服药，在治疗效果明显、症状减轻之后直接停药，最终导致患者疾病复发、恶化，最终死亡。

（2）患者不遵医嘱，擅自食用禁食食物。有的疾病在治疗过程中需要患者忌食，有的食物不能吃。比如，糖尿病患者不能吃含糖高的食物，但是患者不听医务人员的劝告，擅自食用了这类食物，导致病情加重。另外，有时患者随便食用医院门口小摊上购买的不洁食物，造成食物中毒。如果医疗机构在患者入院时对饮食的要求作了清楚的告知，而患者仍然我行我素，不听劝告，出现了问题，只能由患者自己承担责任。

（3）患方不配合，不设立陪护人员，造成患者摔伤、坠床、自杀。住院患者因病重，或者活动不便，或者有自杀的倾向，或者没有民事行为能力等，医疗机构应当通过设立陪护的方式来防止患者出现摔伤、坠床、自杀等情况。因此，医疗机构应当规范陪护制度，对需要陪护的患者，应当向家属告知陪护的要求，签署《陪护风险告知书》。如果家属不设陪护，或者虽然设有陪护，但陪护人员不恪尽职守，导致患者出现不良后果，责任由患方自行承担。①

（4）患方不同意医方建议，拒绝必要的治疗。这里所讲的治疗，是指具体的治疗方法，包括药物治疗和手术治疗。治疗方法本身可能对患者存在伤害，有的治疗手段会给患者造成一定的痛苦，因而有的患者会拒绝医师提出的治疗建议。有的患者对手术治疗心存疑虑，因而不愿意接受医师的手术建议，而要求医师对其疾病进行保守治疗。比如，某患者因急性化脓性阑尾炎入院，医师根据患者的病情，建议实施手术治疗，但是患者在过去也有过阑尾炎发作的经历，并且多次经过保守治疗均治愈出院，因此对医师本次给出的手术治疗建议不予理睬，结果患者病情没有控制住，最终病情恶化，阑尾穿孔，导致出现败血症，危及生命。

（5）患方不同意医方建议，拒绝留院观察。患者前往医疗机构的门诊或者急诊就医，虽然当时的病情并不一定严重，但是接诊医师根据自己的临床经验，考虑到患者的病情有一定的不确定性，有进一步加重或者恶化的风险，因而建议患者留观于医疗机构。但患方不予配合，不同意留观，径直离开医疗机构。如果患者在回家途中或者回到家中之后，病情出现了变化，由于得不到及时有效的治疗，造成不良后果的，医方可以免责。

（6）患方私自拔管。有的病人需要在身体上安插一些导管，如术后在手术部位的引流管，在患者的胃中插上胃液引流管。有的病人认为这些引流管碍事或者不舒服，便擅自将引流管拔出。或者患者意识不清，烦躁不安，家属没有严加看护，结果病人在躁动中将引流管拔掉，又没有及时通知医务人员插管，导致病情恶化。

（7）患方不同意医方建议，放弃治疗。在医疗活动过程中，经常会出现患

---

① 刘鑫、张宝珠：《护理执业风险防范指南》，人民军医出版社 2008 年版，第 53-55 页。

者或其家属对患者的疾病治疗前景不看好，对疾病治疗丧失信心，或者出于经济窘迫等原因，患方放弃对病人的继续治疗。表现在患方拒绝医师开处方，或者患方要求终止治疗而出院。患方放弃治疗的行为，从医疗服务合同的角度来看，实际上是患方终止医疗服务合同的行为。对医疗机构而言，医疗服务合同具有强制缔约性，因而医方在一般情况下不得擅自解除合同，只有患方可以单方面解除合同。患方单方面解除医疗服务合同，包括中止治疗、放弃治疗、出院、转院等。①

（8）患方未经医护人员同意，私自外出。如果医疗机构对住院患者实施严格禁止外出的管理，此时，医疗机构在其入院之初应当让患者签署《住院须知》，该文书上要写明“患者住院期间，未经医护人员同意，不得擅自外出”。如果患者未经请假外出，造成出现不良后果的，医疗机构不承担责任。不过，医疗机构为了便于管理，应当要求住院病人统一着病号服，医院门卫要严格管控身穿病号服的患者外出。

（9）患方不同意医方建议，拒绝必要的检查。这里所讲的检查既包括需要借助仪器、设备的辅助检查，也包括医师的手法检查。医务人员对患者疾病的诊疗活动，检查是必不可少的措施。没有必要的检查，就不可能充分揭示患者的疾病信息。然而，有的检查会对患者造成一定的损害，如X线透视、拍X线片、CT扫描等；有的检查让患者痛苦难忍，如胃镜检查；有的检查充满危及患者健康、生命的风险，如冠状动脉造影；还有的检查费用比较昂贵，如核磁共振成像检查。在诊疗过程中，有的患者基于自身的身体感受或者经济上的考虑，对医师建议的检查予以拒绝。由于没有及时做检查，导致患者疾病的确诊可能会受到影响，或者对患者疾病治疗效果和影响缺乏判断指标，对患者造成的不良后果，医疗机构不承担责任。

4. 对“医疗机构及其医务人员也有过错”的解读

这是对混合过错时责任承担的规定。混合过错是我国民法学上的称谓，在国外也被称为“过失相抵”或“与有过失”，指受害人的过错仅仅是损害发生的一个实质性要素，加害人对此也存在过错。根据民法学的一般原理，当存在混合过错的情形时，根据双方过错的情况，由双方分别承担相应的责任。《民

① 刘鑫：《医事法学》（第2版），中国人民大学出版社2009年版，第210页。

法典》第1173条规定：被侵权人对同一损害的发生或者扩大有过错的，可以减轻侵权人的责任。根据该条规定，如果患方对于医疗机构符合诊疗规范的诊疗不予配合，但同时医疗机构在诊疗过程中也存在过失，如告知不充分，导致患方没有清楚理解医方拟实施的医疗行为的作用和性质，从而拒绝接受相应的诊疗，这种情况下医疗机构仍然有责任。

（二）医务人员在抢救生命垂危的患者等紧急情况下已经尽到合理诊疗义务

法谚云："紧急时无法律。"其基本的含义是，在紧急状态下，可以实施法律在通常情况下所禁止的某种行为，以避免紧急状态所带来的危险。比如，正当防卫、紧急避险、自救行为、义务冲突都是在紧急状态下实施的权利行为，而这些权利行为的共同特点是，将法律在通常情况下所禁止的行为作为手段来保护合法权益。在紧急状态下所产生的这种权利，被称为紧急权。①在医疗服务过程中，往往会遇到患者生命垂危的紧急情况，此时对患者的救助需要争分夺秒，救治患者的措施和方法也可以超出常规，不受诊疗规范所限制，以救治患者的生命为唯一目的。

在救治生命垂危患者的紧急情况下对医务人员医疗救治行为的宽容要求，域外有相关的法律规定。比如，在意大利的医疗损害赔偿制度中，就有重大过失承担赔偿的规定。《意大利民法典》第2236条规定："若某一任务的履行涉及具有特殊难度的技术问题，那么履行者对其造成的损害不承担赔偿责任；但是具有故意或重大过失的除外。"②再如，在美国的Rayburn v. Day一案中，外科医师注意到可能有纱布遗留于患者腹腔中，经努力查找未果的情况下，基于患者情况危急，未继续寻找而将手术切口予以缝合。法院在判决中认为，这属于紧急情况下的"诚实错误"，不能仅因纱布遗留于患者腹部即要求医师承担损害赔偿责任。我国台湾地区的"民法典"第175条也规定：管理人为免除本人生命、身体或财产上之急迫危险，而为事务之管理者，对于因其管理所生之损害，除有恶意或重大过失者外，不负赔偿责任。在我国过去的立法中，除了《条例》第33条第1项对紧急救治作了原则性规定之外，尚未看到其他立法对

---

① 张明楷：《刑法格言的展开》，法律出版社1999年版，第241页。

② 杨立新：《医疗损害责任研究》，法律出版社2009年版，第57页。

该问题作出规定，这对我国医疗急救工作的开展是非常不利的。医疗机构及其医务人员由于没有法律的明确规定，其急救行为没有法律的保护，因而医疗机构及其医务人员在急诊急救中缩手缩脚，不敢大胆地实施救治患者的医疗行为，使得很多原本有希望获救的患者最终没有获救。曾经有学者提出，我国医疗责任的承担应当以重大过失为原则，具体轻过失为例外。①在出现紧急情况时，医师作出医疗判断的时间紧促，对各种状态无法详尽地检查、观察、思考、判断，自难要求其与通常情况下的注意能力一致。②因此，针对在紧急情况下所实施的医疗行为，法律对医务人员的注意程度的要求通常应当低于一般的医疗情形。③

《民法典》作出的该项规定，是从国家立法的层面对我国医疗急诊急救工作的规范和保护。该项规定的核心意思，是指医务人员在为了抢救生命垂危的患者等紧急情况下，只要其医疗行为的实施已经尽到合理的诊疗义务，即使给患者造成了损害结果，医疗机构也不需要为此承担赔偿责任。其实质是在患者的生命权与其他权利之间发生冲突的时候，将生命权放在第一位。在为了挽救患者生命、保护患者生命权的紧急情况下，可能会采取一些紧急的诊疗措施，只要医务人员采用这些措施时已经尽到合理诊疗义务，就不需要承担赔偿责任。这属于正当理由的免责抗辩事由，与法律对紧急避险的规定相类似。在适用本项规定时，需要注意以下三点。

第一，适用该规定的绝对条件：紧急情况+患者生命垂危。运用该项规定的前提必须是在抢救生命垂危的患者等紧急情况下，这是对该项抗辩事由适用时空条件的规定。根据侵权责任构成的一般原理，如果医疗机构的医疗违法行为给患者造成了损害后果，主观上也存在过错，那么医疗机构就需要承担赔偿责任。但是，在医疗机构的医疗过程中经常会遇到许多紧急情况，如发生大规模灾害事故、发生严重工程事故等情况时，常常有大量的患者需要紧急抢救，而且常常是进行挽救患者生命的抢救活动。在这种情况下，抢救生命的紧迫性要求医疗机构采取紧急措施，同时也对医疗机构的诊疗行为提出了相对宽松的

---

① 宋晓亭：《论医疗行为的过失豁免——兼谈〈医疗事故处理条例〉中的过失应当如何理解》，载《法律与医学杂志》2002 年第 3 期。

② 邱聪智：《民法研究》（一）（增订版），中国人民大学出版社 2002 年版，第 312 页。

③ 田韶华、杨清：《专家民事责任制度研究》，中国检察出版社 2005 年版，第 301 页。

要求。反之，如果是在日常的诊疗过程中，不存在抢救患者生命的紧急情况，也就没有本项规定适用的空间和余地了。

第二，适用该规定的相对条件：医务人员已经尽到合理诊疗义务。运用该项规定时要求医务人员已经尽到合理诊疗义务。即使是在抢救患者生命的紧急情况下，医疗机构及其医务人员也必须遵守基本的诊疗规范，按照原卫生部及有关机构出台的《医院工作制度》等规定实施抢救过程，力争将抢救的副作用降至最小。这一方面内容要求医务人员在实施抢救患者生命等紧急情况下依旧严格按照有关法律法规的规定，遵守诊疗规范，符合诊疗常规，尽到合理的诊疗义务；否则就可能违反有关诊疗规范，未尽到合理诊疗义务，其结果是无法运用本项规定免除责任，而是构成了侵权责任，需要承担相应的赔偿责任。当然，医务人员是否尽到合理的诊疗义务，是一个相对的问题，没有绝对的标准限制。因为在紧急情况下抢救危重患者的生命时，可能医疗条件是有限的，比如没有消毒包、没有充分的已经消毒的医疗器械，在多人需要急救时，可能多位患者就得共用一套医疗器械，交叉感染在所难免，即使这样，医疗行为也应当免责。对于医务人员是否尽到合理的诊疗义务的判断，由于涉及专业技术方面的内容，因而也可能需要交给鉴定机构予以鉴定。

第三，适用该规定的具体情形及扩展。该项规定概括性地表述为“在抢救生命垂危的患者等紧急情况下”，将医疗急救行为规定了三个判断条件：（1）抢救行为；（2）患者生命垂危；（3）情况紧急。《民法典》没有具体罗列哪些情况符合这些要求并可以免责。本书认为，符合这三个条件的医疗行为有以下几种。

1. 急诊急救行为

无论是急诊还是急救，都体现了一个“急”字，此时患者病情发展迅速，生命垂危，需要医疗紧急干预。医疗机构及其医务人员按照既定的急诊急救程序，对患者实施救治，即使没有救治过来，或患者最终落下严重残疾，医疗机构仍然应当免责。不过，这提醒医疗机构在管理上应当组建急诊急救的组织，订立急诊急救的程序性文件，保证医疗机构的急诊急救渠道畅通。

2. 术中大出血

医务人员在给患者实施手术的过程中，经常会遇到突发情况，如术中大出血。例如，在对产妇剖宫产的过程中，产妇系瘢痕子宫，有胎盘植入，术中出血不止，为了保住患者性命，医务人员将患者的子宫切除。这样的行为是符合本项规定的，医疗机构对于患者子宫切除的情况不承担责任。

3. 患者有紧急输血的必要，医疗机构又没有充足的库存血，医疗机构可以自采血

虽然根据我国《献血法》及血库管理相关规定的要求，医疗机构不得自采血。但是在边远地区，患者需要紧急输血，而医疗机构库存血又不够的情况下，医疗机构可以自采血。虽然自采血可能不能保证血液的质量，患者可能因此感染血源性疾病，但此时患者面临生命权与健康权的冲突，医疗机构在对患者权利的取舍上应当以生命权为重，健康权是以生命权的存在而存在的，如果患者没有了生命，根本谈不上健康权。不过，医疗机构的自采血需要注意对献血员做体检和力所能及的检查，并与患方签署《自采血输血风险告知书》。

此外，还有抢险救灾、战争等特殊情况下对生命垂危患者的救治。

（三）限于当时的医疗水平难以诊疗

法谚云："法律不强人所难。"意为不强求不可能的事项或法律不强求任何人履行不可能履行的事项。[①]医学是一门非常古老的学科，也是日新月异飞速发展的学科。时至今日，尽管医学发展迅速，医学理论研究、医学技术水平都有了极大的提高，人类运用医学手段治愈疾患的能力有很大进步。但是，不容否认的是，医学发展到今天，在许多方面依然是无能为力的，医学也并未达到包治百病的地步。例如，尽管人们意识到化疗药物会产生极大的副作用，放射治疗也会对人体正常的机能造成损害，但是在目前阶段，化疗、放疗作为肿瘤治疗的重要手段依然在广泛运用，其在许多晚期肿瘤及肿瘤术后治疗中起到重要的作用。另外，虽然人们早就认识到许多手术可能会出现严重的并发症，但是在不进行手术治疗就无法改善的情况下，两害相权取其轻，人们还是要进行手术治疗。不难看出，现阶段的医疗水平还是存在局限性的，不能苛求医疗能够解决一切病患。本项规定是指当医疗机构的医疗行为给患者造成了损害后果，应当承担损害赔偿责任时，如果该损害后果的发生是由于受当时的医疗水平的局限而难以诊疗，那么医疗机构就可以要求据此免除赔偿责任。这是属于外来

① 刘鑫、王岳、李大平：《医事法学》，中国人民大学出版社 2009 年版，第 227 页。

原因的免责抗辩。

限于当时的医疗水平难以诊疗的核心还是医疗水平的局限性，如何判断医疗机构的诊疗行为是受到医疗水平局限性制约而发生的难以诊治的情况呢？在司法实践中可能需要委托医学会医疗技术鉴定机构组织相关学科的专家来评价。本书认为，以下列举的具体情形属于限于当时的医疗水平难以诊疗的情况。

1. 在医疗活动中由于患者病情异常或者患者体质特殊而发生医疗意外的

患者的病情异常，往往导致患者疾病发展迅速，医疗机构可能还来不及实施医疗干预措施，患者疾病已经出现了难以逆转的改变甚至死亡。比如，患者因急性心肌梗死到医疗机构急诊，在医师询问患者家属的过程中患者死亡，从进院到死亡前后经历约10分钟，就不能认为医院对患者的死亡负有责任。再如，患者体质特殊往往会在医疗过程中发生一些难以预料、难以治疗的情况，如患者系过敏体质，在麻醉过程中对麻醉药物过敏，最终因过敏性休克抢救无效死亡。

2. 在现有医学科学技术条件下，发生无法预料或者不能防范的不良后果的

现有医学科学技术条件是当时医疗水平的同义语，不仅有时间相关性，更有地域和人员相关性。有的疾病在三甲医院可以有效救治，但是在基层卫生院却无力救治；有的病症在医学专家的检查之下可以很快确诊，但是在一个住院医师接诊时却摸不着头脑。

3. 无过错输血感染造成不良后果的

血液是重要的医疗用品，无法人工生产，只能从活人身上采集。虽然，在采血之前要对献血员进行体检，但是目前仍然存在难以解决的窗口期问题，即有5%左右的献血员为感染丙型肝炎、艾滋病等血源性疾病的早期，虽然实施了目前的检查却无法检测出病毒指标，其所献血液被视为正常而输给患者，造成患者感染血源性疾病。只要血站和医疗机构能够证明自己在采血、输血的过程中没有过错，血站和医疗机构就应当免责。

4. 对罕见病、少见病的误诊误治

医务人员对疾病的正常诊断思维是将患者表现出来的疾病症状和体征与常见病谱相比对，从常见病上进行诊断的，罕见病、少见病鲜有被考虑。另外，由于罕见病、少见病发病率低，在临床工作中的病例数不多，很多医师执业一

辈子对一些罕见病、少见病可能根本就没有遇到过，没有见识就没有经验，自然也增加了误诊的概率。因此，对于罕见病、少见病的误诊，只要医务人员已经尽到了必要的诊疗义务，医疗机构即可以免责。

5. 因不可抗力造成不良后果的

关于不可抗力，法理上强调它是一种客观的外部因素，也强调当事人以最大的注意预见不可抗力，以最大的努力避免不可抗力和克服不可抗力，但仍然不可避免地发生了危害后果。概括地说，不可抗力具有三个“不能”的特性，即不能预见、不能防范、不能避免。符合这三个条件者即为不可抗力事件。

（四）医疗损害的其他几种抗辩事由

关于免责情形，在《民法典》侵权责任编第一章第1173条到第1178条作了专章规定，医疗机构及其医务人员的医疗行为是否可以免责，也可以援引该章罗列的六条内容来免责。比如，《民法典》第1174条规定：损害是因受害人故意造成的，行为人不承担责任。在医疗损害赔偿案件中，如果患者遭受医疗损害后，尽管医院建议其尽快接受后期治疗、手术，但是由于患者原因耽误甚至拒绝的，导致损害结果扩大，扩大的损害结果导致的损失由患者自行承担。比如，患者自杀，属于患者故意结束自己的生命，医疗机构没有责任。

除本条第1款规定的三种抗辩事由外，根据民事侵权责任的基本原理，医疗机构还可以援引其他的情形作为抗辩事由，要求免除损害赔偿责任。这些情形如不可抗力、正当防卫、紧急避险、受害人同意、受害人故意、第三人的过错等，在《民法典》中亦有这方面的规定。在出现这些情形时，医疗机构可以根据相关法律的规定要求，免除或者减轻应当承担的赔偿责任。

《民法典》第1223条已经就输血相关的损害赔偿责任的承担进行了明确规定，但未对医疗意外和不可抗力进行规定。但是，考虑到《民法典》第180条明确规定不可抗力作为侵权责任的抗辩事由，并且第180条作为总则部分可以统领整个《民法典》，因此医疗机构也可以将不可抗力作为医疗损害赔偿责任的抗辩事由。至于在医疗活动中，由于患者病情异常或者患者体质特殊而发生的医疗意外，医疗机构在实施该医疗行为过程中不存在主观过错，甚至根本就不存在医疗违法行为，因此医疗损害侵权行为根本无法成立，当然也就不存在承担赔偿责任的可能了。

【法条链接】

《民法典》

第一百八十条 因不可抗力不能履行民事义务的，不承担民事责任。法律另有规定的，依照其规定。

不可抗力是不能预见、不能避免且不能克服的客观情况。

第一百八十一条 因正当防卫造成损害的，不承担民事责任。

正当防卫超过必要的限度，造成不应有的损害的，正当防卫人应当承担适当的民事责任。

第一百八十二条 因紧急避险造成损害的，由引起险情发生的人承担民事责任。

危险由自然原因引起的，紧急避险人不承担民事责任，可以给予适当补偿。

紧急避险采取措施不当或者超过必要的限度，造成不应有的损害的，紧急避险人应当承担适当的民事责任。

第一百八十三条 因保护他人民事权益使自己受到损害的，由侵权人承担民事责任，受益人可以给予适当补偿。没有侵权人、侵权人逃逸或者无力承担民事责任，受害人请求补偿的，受益人应当给予适当补偿。

第一百八十四条 因自愿实施紧急救助行为造成受助人损害的，救助人不承担民事责任。

第一千一百七十三条 被侵权人对同一损害的发生或者扩大有过错的，可以减轻侵权人的责任。

第一千一百七十四条 损害是因受害人故意造成的，行为人不承担责任。

第一千一百七十五条 损害是因第三人造成的，第三人应当承担侵权责任。

第一千一百七十六条 自愿参加具有一定风险的文体活动，因其他参加者的行为受到损害的，受害人不得请求其他参加者承担侵权责任；但是，其他参加者对损害的发生有故意或者重大过失的除外。

活动组织者的责任适用本法第一千一百九十八条至第一千二百零一条的规定。

第一千一百七十七条　合法权益受到侵害，情况紧迫且不能及时获得国家机关保护，不立即采取措施将使其合法权益受到难以弥补的损害的，受害人可以在保护自己合法权益的必要范围内采取扣留侵权人的财物等合理措施；但是，应当立即请求有关国家机关处理。

受害人采取的措施不当造成他人损害的，应当承担侵权责任。

第一千一百七十八条　本法和其他法律对不承担责任或者减轻责任的情形另有规定的，依照其规定。

第一千一百八十六条　受害人和行为人对损害的发生都没有过错的，依照法律的规定由双方分担损失。

第一千二百二十四条　患者在诊疗活动中受到损害，有下列情形之一的，医疗机构不承担赔偿责任：

（一）患者或者其近亲属不配合医疗机构进行符合诊疗规范的诊疗；

（二）医务人员在抢救生命垂危的患者等紧急情况下已经尽到合理诊疗义务；

（三）限于当时的医疗水平难以诊疗。

前款第一项情形中，医疗机构或者其医务人员也有过错的，应当承担相应的赔偿责任。

《医师法》

第二十七条　对需要紧急救治的患者，医师应当采取紧急措施进行诊治，不得拒绝急救处置。

因抢救生命垂危的患者等紧急情况，不能取得患者或者其近亲属意见的，经医疗机构负责人或者授权的负责人批准，可以立即实施相应的医疗措施。

国家鼓励医师积极参与公共交通工具等公共场所急救服务；医师因自愿实施急救造成受助人损害的，不承担民事责任。

《条例》

第三十三条　有下列情形之一的，不属于医疗事故：

（一）在紧急情况下为抢救垂危患者生命而采取紧急医学措施造成不良后果的；

（二）在医疗活动中由于患者病情异常或者患者体质特殊而发生医疗意外的；

（三）在现有医学科学技术条件下，发生无法预料或者不能防范的不良后果的；

（四）无过错输血感染造成不良后果的；

（五）因患方原因延误诊疗导致不良后果的；

（六）因不可抗力造成不良后果的。

《北京司法指导意见》

29. 人民法院判断医务人员在诊疗活动中是否尽到与当时的医疗水平相应的诊疗义务，应以医疗行为发生当时的医疗水平为标准，还应当适当考虑地区、医疗机构资质、医务人员资质等因素。

31. 患者有损害，医疗机构能够证明由于患者病情异常或者患者体质特殊，限于当时的医疗水平难以诊疗而发生医疗意外的，不承担赔偿责任。

【案例3-08】江某与北京某医院医疗事故赔偿纠纷[①]

2001年12月24日，王某（江某之女）到北京某医院治疗，被确诊为“结核性胸膜炎”，该院于当日及当月27日两次对王某进行胸穿，抽取积液。之后开始进行药物化疗，2002年春节前，经接诊大夫同意，王某回湖北，并继续服用北京某医院所开化疗药物。2002年9月17日下午，王某去世，死亡原因系猝死。

之后，江某将北京某医院诉至北京市某区人民法院。江某称北京某医院的主要侵权行为包括：当王某要求住院时医院拒收；接诊医生只要求王某进行肝功1项检查即可，而没有要求其进行拍胸片等其他检查。并认为上述侵权行为违反了《结核病防治管理办法》中“全程督导化疗指治疗全过程中每次用药均在医务人员直接观察下进行；全程管理化疗指治疗全过程中通过定期门诊取药，家庭访视，尿液监测，家庭督导及误期追回的管理方法”的规定。

法院经审理认为，医疗手册、病历等是医护人员对患者病情诊断、治疗措施、治疗结果等情况的原始记录，在患者否定其记录的真实性但没有提出相应证据的情况下，应当认定病历的真实性。北京某医院在王某的医疗手册中明确

① 刘鑫、孙东东、陈特：《医疗损害赔偿诉讼实务》，中国法制出版社2012年版，第86-87页。

写明“建议患者住院治疗，家属不同意”及“建议查肝功能、胸片”。庭审中江某虽对上述记录内容提出异议，但均未能向法庭提供相应证据，故对北京某医院在医疗手册上所做记录的真实性予以认定，并据此进一步认定，该院未实施针对王某的侵权行为。虽然有关规章规定，医疗机构应对结核病人的化疗管理实行全程督导和全程管理，但王某的亲属拒不接受北京某医院住院治疗的建议，医院也无强制王某住院的权利。因此，王某的死亡与北京某医院的医疗行为之间无因果关系，判决驳回江某的全部诉讼请求。

评析

本案是因为患者或者其近亲属拒不配合医务人员进行符合医疗常规的诊疗，结果导致患者损害，从而判定医疗机构没有责任的案件。在本案中，法院认为医疗行为与患者死亡的后果之间不存在因果关系的重要原因之一，是医疗机构的诊疗行为符合诊疗规范。医疗机构在对患者确诊后，按照诊疗常规对其进行系统的抗结核化疗，还根据患者的病情需要建议患者住院和进行胸片等检查，并将有关的知情告知等内容在医疗手册中如实加以记录，这些处置符合诊疗规范的要求并且履行了告知说明义务。因此，可以认定医疗机构的医疗行为与患者的死亡后果之间不存在因果关系，并且诊疗行为不存在知情告知方面的缺陷，医疗机构对于患者的死亡不承担损害赔偿责任。患者死亡后果的发生是患者及其近亲属不配合诊疗所导致，由此所造成的后果应当由患方承担。

【案例3-09】某肿瘤患者自杀，医疗机构无责案①

2009年3月，41岁的患者张某到医院就诊，被诊断为肺癌晚期，后住院治疗。同年4月3日19时许，张某在医院门口天桥跳桥自杀身亡。其家属随后起诉称，虽然患者死亡的主观原因是其自身造成，但客观上医院没有尽到其应尽的护理义务，疏于管理，任由病人自由出入医院。在发现病人失踪后，医院也没有采取任何有效的措施寻找或及时告知病人家属，进而延误了阻止患者死亡的最佳时机。据此，病人家属索赔丧葬费等共计17.3万余元。

---

① 裴晓兰、石磊：《肺癌晚期患者在医院外自杀，法院判决医院不担责》，载《京华时报》2010年3月23日。

庭审中医方辩称，张某入院时，医院明确以书面形式告知患者及家属，住院病人不得随便外出。患者入院后，其在治疗期间病情平稳，无任何异常表现。患者死亡系自杀，应由其自行承担责任。

北京市第二中级人民法院经审理认为，从患者离开医院之前支开陪护自己的嫂子、自杀前给丈夫发诀别短信等情节来看，患者的自杀行为是经过深思熟虑后有计划的行为，其本人状态是沉着、理性的。在此种情形下，医院看护人员难以预见并采取措施防止患者自杀。证据显示，医院门口标有“住院病人请勿外出”字样；在医院住院病人须知上业已写明。医院履行了病房管理和查房职责。患者自杀的时间段属于晚饭后病人的自由活动时间，病人不在病房内并不属于异常情况。事发时，天色较为昏暗，在此种情况下，要求医院的门卫发现其是病人并加以劝阻，对医院来说过于苛刻。最终，法院判决驳回患方起诉，医院不承担责任。

评析

自杀作为一种社会现象，与社会环境因素和个人自身的因素有着密切的关系。在医疗机构自杀的非精神病患者，往往是因为患者难以忍受病痛折磨，或者是对疾病治疗丧失信心，或者是不愿意拖累家人，因此决定患者自杀的更多的是来自患者自身的身体因素、心理因素和经济因素。另外，家人对其关心、开导和照顾也是影响患者最终是否选择自杀的重要原因。从这个角度来看，真正防止自杀的有效措施不是简单地对医疗机构及其医务人员提出医疗护理上的要求，也不是医疗机构加强安全防护措施就可以避免的，而是要求患者家属给予患者更多的开导和关爱。

自杀本质上是患者自愿作出结束自己生命的一种选择，因而自杀所产生的损害结果是由患者的自愿行为造成的。在侵权行为的归责方面，各国法律多采用相同的原则，即被害人须自己承担所产生的损害，仅在有特殊理由时，始得向加害人请求损害赔偿。①我国《民法典》第1174条规定：损害是因受害人故意造成的，行为人不承担责任。因此，如果损害系由受害人故意造成的，管理人则不应承担责任。

本案中患者的死亡，是源于患者故意制造的自杀行为。从患者特意支开陪

---

① 王泽鉴：《侵权行为法》（第一册），中国政法大学出版社2001年版，第11页。

护家属的做法和患者给其丈夫发的诀别短信来看，自杀是患者经过深思熟虑后有计划的行为，医护人员难以预见并采取措施予以制止。患者选择在院外的天桥上实施行为，而医院对于院外地域并不具有掌控能力。医院即使发现患者私自出院，在劝阻无效的情况下，也无权对患者的人身自由加以强行限制。因此，在明示患者及家属住院期间不得擅自离院，并严格履行病房管理和查房职责后，对于患者利用自由活动时间实施的自杀行为，医院不应承担侵权责任。

第四章

医疗损害赔偿案件起诉

医疗损害赔偿案件的起诉，是医疗纠纷争议得以呈现于法庭并接受法院审判的前提。那么，医疗损害赔偿案件的起诉需要具备什么条件，案由及当事人如何选择呢？另外，《民法典》的溯及力和请求医疗损害赔偿的诉讼时效期间如何确定？本章将对这些问题进行讨论。

第一节 起 诉

关于医疗损害诉讼的起诉事项，适用《民事诉讼法》[①]《民事诉讼法司法解释》[②]。在《民法典》颁布后，与民事诉讼相关的司法解释也都作了修改。

【原理阐释】

一、起诉的基本条件和要求

（一）起诉的概念

起诉，是指公民、法人或其他组织认为其权益受到侵犯或与他人发生争议时，请求法院通过审判予以司法保护的诉讼行为。起诉是一种很重要的诉讼行为，它是引起诉讼的前提和起点。我国《民事诉讼法》上采取的是“不告不理原则”，所以想要得到法律上的保护必须向法院起诉，否则法院将不会主动给予司法保护。这一点与刑事诉讼法、行政诉讼法的要求是不一样的。发生了医疗损害事件之后，如果卫生行政机关认为该事件危害了我国的医疗卫生管理秩

---

① 1991年4月9日第七届全国人民代表大会第四次会议通过，根据2007年10月28日第十届全国人民代表大会常务委员会第三十次会议《关于修改〈中华人民共和国民事诉讼法〉的决定》第一次修正，根据2012年8月31日第十一届全国人民代表大会常务委员会第二十八次会议《关于修改〈中华人民共和国民事诉讼法〉的决定》第二次修正，根据2017年6月27日第十二届全国人民代表大会常务委员会第二十八次会议《关于修改〈中华人民共和国民事诉讼法〉和〈中华人民共和国行政诉讼法〉的决定》第三次修正，根据2021年12月24日第十三届全国人民代表大会常务委员会第三十二次会议《关于修改〈中华人民共和国民事诉讼法〉的决定》第四次修正。修正后的《民事诉讼法》自2022年1月1日起施行。

② 2014年12月18日最高人民法院审判委员会第1636次会议通过，根据2020年12月23日最高人民法院审判委员会第1823次会议通过的《最高人民法院关于修改〈最高人民法院关于人民法院民事调解工作若干问题的规定〉等十九件民事诉讼类司法解释的决定》第一次修正；根据2022年3月22日最高人民法院审判委员会第1866次会议通过的《最高人民法院关于修改〈最高人民法院关于适用《中华人民共和国民事诉讼法》的解释〉的决定》第二次修正。修正后的司法解释自2022年4月10日起施行。

序，损害了患者的生命和健康，或者存在潜在的侵害风险，卫生行政机关可以主动调查事件真相，处理甚至处罚医疗机构及其医务人员，但是患方不提出要求，卫生行政机关可以不予过问对患者的经济赔偿问题。如果医疗损害事件涉嫌犯罪，公安机关还可以启动刑事调查程序，直至追究相关医务人员、医务管理人员的刑事责任，但刑事附带民事诉讼，需要患者予以启动。

起诉以当事人将载明原告、被告当事人身份信息、诉讼案由和具体诉讼请求的诉状提交到具有管辖权的人民法院为标志，不以纠纷当事人之间发生争议的时空为标志。只有当事人将起诉书提交到具有管辖权的人民法院，才表明当事人欲将发生争议的纠纷交由法院进行裁判。在医疗损害赔偿纠纷中，也是以患方将载明医疗损害争议的诉状提交给具有管辖权的人民法院才表明诉讼的开始。

（二）起诉的基本条件

医疗损害侵权是指医疗机构及其医务人员在医疗活动中，因医疗过失对患者产生的不利益的行为，或指在医疗活动中发生的未尽注意义务而使患者生命、健康、隐私等人身受损害而应承担相应的民事责任的行为。[①]可以看出，医疗侵权是一种民法性质上的侵权，所以医疗侵权诉讼应适用民事诉讼法的规定。

根据《民事诉讼法》第 122 条的规定，起诉有以下 4 个基本条件和要求。

1. 原告是与本案有直接利害关系的公民、法人和其他组织

这里的“直接利害关系”是指公民、法人或其他组织因其权益受到侵犯或与他人发生争议，也就是说，必须是自己的权益受到侵犯或与他人发生争议才能成为原告。在医疗损害赔偿案件中，原告是患者或其近亲属：患者没有死亡的，包括患者系未成年人、精神病人或者呈现昏迷、植物生存状态的人等。患者死亡的，原告是患者的近亲属，包括患者的配偶、父母、子女、兄弟姐妹、祖父母、外祖父母、孙子女、外孙子女等，具体由谁以原告的身份参加诉讼，应当按照《民法典》第 1127 条所规定的继承顺序来确定：第一顺序为配偶、子女、父母；第二顺序为兄弟姐妹、祖父母、外祖父母。继承开始后，由第一

① 刘鑫、王岳、李大平：《医事法学》，中国人民大学出版社 2009 年版，第 244-245 页。

顺序继承人继承，第二顺序继承人不继承；没有第一顺序继承人继承的，由第二顺序继承人继承。这里所讲的利害关系，是指诉讼的结果直接导致患方的利益得到认可或者保护，是按照裁判所要求强制履行的法律义务带来的利益。

2. 有明确的被告

在医疗损害赔偿案件中，被告是给患者提供发生医疗损害争议的医疗服务活动的医疗机构。对“明确的被告”的理解要注意两点：一是被告必须明确，比如某某医院、某某医疗机构，不能笼统地称医院或妇幼保健院。这里要求被告的名称必须与其“医疗机构执业许可证”上载明的名称一致，要求写全称，而不能写简称、俗称。二是被告必须要实际存在，如果被告并未实际存在，法院将会不予受理或驳回原告起诉，如某某医院已经被注销法人资格，将不能再以某某医院为被告。当前，有的医疗机构出于经营的考虑，往往悬挂“某某医院分院”的牌子，或者类似的其他名称。患者起诉时需要核实清楚被告医院的真实名称，否则起诉后将被认为告错对象，无功而返，被驳回起诉。

这里需要特别说明的是，根据《民法典》第 1191 条、第 1218 条的规定，虽然对患者实施医疗行为的是具体的医务人员，也就是说，医疗损害是具体医务人员造成的，但是不能以医务人员为被告，而应当以医务人员供职的医疗机构为被告。因为在我国，医务人员实施医疗行为是一种职务行为，患者是与医疗机构签订医疗服务合同，医务人员以医疗机构的名义为患者提供医疗服务。因此，发生了医疗损害结果之后，患方只能起诉医疗机构，不能起诉具体的医务人员。

3. 有具体的诉讼请求和事实、理由

其中“具体的诉讼请求”是指原告在起诉时，必须提出具体哪些权益需要法院给予保护。比如，请求法院判决被告赔偿多少钱，或者确认某种法律关系是否存在等，而不能出现类似“请求法院为我做主”的言辞，“做主”这个词并不明确、具体，到底要做什么“主”，法院不知道。所谓“事实、理由”其实是指拥有一定的证据材料，至少有证据材料证明该案确实发生过。比如，患者起诉某某医院医疗侵权，至少要证明患者在这家医院看过病，并受到损害。当然，至于这些事实或理由是否属实在起诉阶段是在所不问的。

原、被告之间以医疗活动为连接，患者及其近亲属与医疗机构之间的利害关系也是以医疗活动相联系的。因此，在医疗损害赔偿案件中，患方起诉医疗机构的事实就是医疗服务活动存在过错并造成患者发生损害结果的事实，患方起诉医疗机构的理由就是要求患方提供证据证明医疗机构的医疗行为有过错，或者说发生的损害结果与过错医疗行为之间存在因果关系等。具体的诉讼请求，就是患方应当依据《民法典》第1179条、第1183条的规定，提出具体的要求医疗机构承担侵权责任的方式。

4. 属于人民法院受理民事诉讼的范围和受诉人民法院管辖

根据《民事诉讼法》第3条“人民法院受理公民之间、法人之间、其他组织之间以及他们相互之间因财产关系和人身关系提起的民事诉讼”的规定，可以确定人民法院受理民事诉讼的范围。并且《民事诉讼法》第二章的规定确定了各级和各地域法院受理案件的范围，从而可以确定受诉人民法院的管辖，一般情况下，对于医疗损害赔偿案件，纠纷所在地的基层人民法院都能受理。

上面是起诉的基本要求，只有满足上述的基本要求才能提起诉讼，法院才会受理。并且根据《民事诉讼法》第123条的规定，起诉方式是以书面起诉为原则，口头起诉为例外，也就是说，只有在书面起诉确实有困难的情况下才能口头起诉。

二、案由选择

（一）案由的定义

最高人民法院颁布的《民事案件案由规定》[①]（以下简称《案由规定》）中对民事案件案由进行了定义——民事案件案由是民事案件名称的重要组成部分，反映案件所涉及的民事法律关系的性质，是对当事人诉争的法律关系性质进行的概括，是人民法院进行民事案件管理的重要手段。用通俗的话说，案由就是概括案件的主要内容，反映案件的法律关系，如医疗损害赔偿纠纷就是医疗侵权诉讼案件的案由。可以看出案由就是一个案件的题目，但并不是每一件具体的案件都有相对应的案由，甚至有些案件找不到合适的案由，因为案由并不能涵盖一些较特殊的案子。长期以来，医疗纠纷民事案件的案由确定非常混

① 《最高人民法院关于印发修改后的〈民事案件案由规定〉的通知》（法〔2020〕347号，自2021年1月1日起施行）。

乱，在《侵权责任法》颁布之前，案由选择上有医疗纠纷、医疗侵权、医疗事故侵权、医疗损害赔偿、人身损害赔偿等，各地法院根据自己的理解自行确定。不过现在基本上可以从《案由规定》中找到相应的案由——医疗损害赔偿纠纷和医疗服务合同纠纷。

（二）确定案由的标准

在司法实践中对于依什么标准来确定案由，特别是新类型的案由，各界有不同的观点和做法。有的学者主张依当事人的请求来确定案件的案由，有的学者主张依据现行的法律或法规的规定来确定案由，还有的学者则主张依案件的法律关系来确定案由。

《案由规定》肯定了第三种说法，即依法律关系来确定案由。作出这种选择的理由是，通过适用普通程序审理的案件案由应当依据当事人争诉的法律关系的性质来确定，这样也符合人民法院审判实践中一个案件解决一个法律关系的做法，并且能够准确地适用民事法律，正确地处理民事纠纷。

（三）确立案由的意义

针对民事诉讼案由，最高人民法院在2000年就专门出台过《民事案件案由规定（试行）》，在适用八年的基础上进一步修订，于2008年颁布《案由规定》，并且在2011年作了第一次修正，2018年作了案由补充，2020年作了第二次修正，可见案由对法院和当事人的重要性。为什么要规范民事案件案由呢？《案由规定》指出，建立科学、完善的民事案件案由体系，有利于方便当事人进行民事诉讼，有利于统一民事案件的法律适用标准，有利于对受理案件进行分类管理，有利于确定各民事审判业务庭的管辖分工，有利于提高民事案件司法统计的准确性和科学性，从而更好地为创新和加强民事审判管理、为人民法院司法决策服务。

（四）医疗诉讼中的案由

根据《案由规定》，医疗纠纷民事诉讼中的案由有两类：医疗损害赔偿纠纷和医疗服务合同纠纷。医疗损害赔偿纠纷是指因医疗机构及其医护人员在诊疗护理过程中存在过失，造成患者死亡、残疾、组织器官损伤引发功能障碍，产生对受害人赔偿责任而引发的争议。选择这一案由只能是患方当事人针对医疗行为造成患者损害提起诉讼。同时，《案由规定》在医疗损害赔偿纠纷之下又分出了“侵害患者知情同意权责任纠纷”和“医疗产品责任纠纷”两个子案由，这样就可以更加准确地解决医疗损害赔偿问题。医疗服务合同是指医疗机构与患者之间明确相互权利义务关系的合同。选择这一案由可以是患方起诉医疗机构，也可以是医疗机构因患方拖欠医疗费、拒不出院等情形起诉患方。如果患者因医疗机构或医护人员的过错而产生损害，存在违约责任和侵权责任竞合的现象，当事人可以选择其中之一作为案由进行起诉。那么，医疗损害赔偿纠纷与医疗服务合同纠纷这两个案由有何异同呢？只有将这两个案由的区别与联系搞清楚，当事人才能作出正确的选择。

1. 医疗损害赔偿纠纷与医疗服务合同纠纷案由的相同点

（1）两者的主体相同。两种纠纷都是在患者和医疗机构之间发生的，损害赔偿纠纷是因为医疗机构由于过错对患者造成了损害产生的，而服务合同纠纷是因为医疗机构或患者违反了相应义务。比如，泄露患者隐私。

（2）责任的性质相同。两种纠纷所承担的责任都是民事责任，因为两种纠纷都是因违反了民事义务而承担的责任。比如，恢复原状、赔偿损失、赔礼道歉。

（3）适用的诉讼程序相同。如前所述，不论是医疗损害赔偿纠纷还是医疗服务合同纠纷都适用民事诉讼法的规定，所以两者适用的都是民事诉讼程序。

2. 医疗损害赔偿纠纷与医疗服务合同纠纷案由的不同点

（1）承担责任的前提不同。医疗违约责任以当事人间存在合同关系为前提，即患者与医疗机构之间建立了医疗服务合同，并因该合同产生了权利义务；医疗侵权责任并非依据当事人间建立的医疗服务合同关系，而是医疗机构在医疗活动中其行为构成侵权，即以侵权行为的发生作为依据。

（2）侵犯的权利不同。医疗违约责任是侵犯债权人的债权产生的民事责任，侵犯的是相对权；医疗侵权责任是侵犯他人的财产权或人身权产生的民事责任，侵犯的是绝对权。

（3）依据的事实基础不同。医疗违约责任不需要有损害事实的存在，只要医疗机构有违约行为就应承担责任；而医疗侵权责任则一般要有损害事实存在，才承担责任。

（4）归责原则不同。一般认为，我国合同法采用无过错责任原则或者严格责任原则，因此医疗违约责任主要适用无过错责任原则，即违约就应当承担责任。但应当注意因医疗服务合同产生的是一种手段债务，并非结果债务，故而患者并不能依据合同要求医疗机构履行合同必须将其治愈，而是要求依合同义务审查医疗机构是否履行治疗义务和是否恰当地进行治疗。侵权责任主要适用过错责任原则，同时还存在适用无过错责任、公平原则的例外情况。当前医疗侵权责任主要适用过错推定责任。

（5）举证责任不同。医疗违约责任是基于医疗服务合同而产生，故应当适用合同的举证责任，患者对证明合同关系成立并生效的事实负有举证责任，医疗机构对是否履行合同承担举证责任，如在治疗过程中发生了合同关系的变更、解除、终止等情形，由主张该情形发生的一方承担举证责任。医疗侵权责任在举证时由患者证明损害结果的存在，由医疗机构对医疗行为与损害结果之间不存在因果关系及不存在医疗过错承担举证责任。

（6）诉讼管辖不同。医疗违约之诉可以按照《民事诉讼法》的规定约定管辖，约定原告住所地、被告住所地、合同履行地、合同签订地、标的物所在地人民法院管辖，在没有约定的情况下一般由被告住所地法院管辖，也有可能发生如上门提供医疗服务的情况，从而使上门服务的合同履行地法院也具有管辖权。医疗侵权之诉则主要由侵权行为地或者被告住所地人民法院管辖。

（7）承担责任的范围不同。医疗违约责任的责任范围在于赔偿财产责任；医疗侵权责任不仅可以是财产责任，也可以是非财产责任，包括因人身损害造成的精神损害赔偿。

（8）承担责任的方式不同。医疗违约责任的承担方式是实际履行、违约金责任、财产损失赔偿等责任。而医疗侵权责任则相对广泛，包括赔偿损失、消除影响、恢复名誉、赔礼道歉等形式。过去我们在区分侵权之诉与违约之诉时，常说侵权之诉有严重的人身损害者可以主张精神损害赔偿，违约之诉不能主张。对此，《民法典》有新规定，第996条规定，因当事人一方的违约行为，损害对方人格权并造成严重精神损害，受损害方选择请求其承担违约责任的，不影响受损害方请求精神损害赔偿。所以在医疗纠纷方面，如果患者选择以医疗服务合同提起诉讼，仍然可以主张精神损害赔偿。

（9）债务连带性上的不同。患者因为治疗疾病而到不同的医疗机构进行诊治，其依据医疗服务合同向不同的医疗机构主张权利，各医疗机构依各自与患者建立的医疗关系而分别承担责任。患者如以医疗侵权主张权利，则各医疗机构可能因自身行为承担相应责任，也可能因共同侵权行为承担连带责任。①

三、当事人的选择

（一）当事人的定义

医疗侵权诉讼当中的当事人的概念应同于民事诉讼中的当事人的概念，所以当事人是指以自己的名义参加诉讼，要求法院裁判与其有利害关系的民事纠纷，并受法院裁判约束的人。当事人与被裁判的案件有密切的利害关系，而且对案件有重大影响，可以直接决定案件裁判的结果。当事人有三大特征，只要符合这三大特征就可以认定为当事人。

1. 以自己的名义参加诉讼

当事人参加诉讼必须以自己的名义，承担相应的诉讼结果，同时也享有法律所规定的诉讼权利和承担诉讼义务。如果以他人名义参加诉讼就不是当事人，如律师就不是当事人，因为律师参加诉讼是代理当事人，不是以自己的名义，而是以当事人的名义。

2. 与案件有直接利害关系

当事人请求法院裁判与自己有密切关系的争议，保护自己的法定权益，如果没有直接的利害关系，就不能成为当事人。比如，律师代表并帮助当事人处理民事争议，与案件没有直接的利害关系，所以不是当事人。

3. 受法院裁判的约束

当事人以自己的名义应诉必须承担相应的诉讼后果，也就是当事人必须服从和执行法院的裁判，如果不执行法院的裁判，法院将通过强制执行使裁判结果实现。这里的裁判不仅仅指的是判决，还包括裁判、决定、法院制作认可的调解书。如果没有承担法院裁判的后果则不是当事人，如上面举例的律师，还有鉴定人、证人等。

---

① 刘鑫、王岳、李大平：《医事法学》，中国人民大学出版社 2009 年版，第 239-240 页。

从上述对当事人的界定来看，在诉讼当中一般将原告和被告称为案件的当事人，其他的人都称为诉讼参与人。所以，在医疗纠纷诉讼当中，应选择具有当事人资格的自然人或法人作为被告，如果对方不具有成为当事人的资格，该诉讼就很有可能被驳回。如果同时有很多人具有成为当事人的资格，这时又该怎么选择当事人才能有利于维护自己的权益呢？下面将论述这一问题。

（二）医疗损害赔偿诉讼当事人的选择

一般的医疗损害赔偿案件中的原告、被告的选择，在前一部分已经论述，并不存在困难。但是，在特殊的医疗损害赔偿案件中同时有数人可以成为当事人时，怎样选择当事人最有利于维护自己的利益（当然这里主要指的是对被告的选择）呢？本书分析如下。

1. 选择数人中的一人作为被告

在医疗产品责任中，根据《民法典》第 1223 条的规定，患者既可以起诉医疗产品的生产者，也可以起诉医疗机构。这时患者就可以进行选择起诉，看以两者中的谁作为被告最有利于维护自己的权益，当然也可以将两者作为共同被告同时起诉。

2. 选择数人作为共同被告

在上述医疗产品侵权中已经提及，可以将医疗产品的生产者和医疗机构作为共同被告。此外，共同危险行为①也会出现共同被告的情形。例如，A 患者去 B 和 C 两家医疗机构就医，造成了医疗损害，但 B 和 C 两家医院都不能证明自己与 A 患者的损害没有因果关系，那么 A 患者这时就可以同时起诉 B 和 C 两家医院。

四、共同被告

（一）共同被告概述

在共同诉讼中，被告一方为两人以上的，称为共同被告。通常情况下，医

① 共同危险行为，是指两个或两个以上的民事主体共同实施了有侵害他人权利危险的行为，并造成实际损害，但不能判明损害是由何人造成的侵权行为。

疗侵权案件的被告是为患者提供医疗服务的医疗机构,[①]但在目前医疗损害赔偿案件日益增多的情况下，医疗损害赔偿案件的被告也由原来单一的医疗机构增加到与患者损害相关的多家医疗机构，而其他对患者造成损害的单位或个人也会与医疗机构一起成为医疗损害赔偿案件的被告。

（二）多被告诉讼的争诉点

在有多家医疗机构为共同被告的医疗损害赔偿案件中，诉讼的关键点有两个：一是因为有多家被告，因而就会涉及诉讼管辖问题；二是以多家医疗机构为共同被告，其责任如何分配。在患者的权利受到侵害准备起诉时，诉讼管辖解决的是到哪一家法院起诉的问题，责任分配解决的是告谁、由谁来赔偿、谁来承担责任的问题。

在医疗损害赔偿诉讼中，相对于原告的自然人身份，被告的资格界定多种多样，哪些单位或个人能成为医疗损害赔偿诉讼的被告，需要具体分析。由于被告身份的多样化，由原来单一的医疗机构变化到多家医疗机构以及医疗机构同其他单位一起成为共同被告的状态。在这些复杂的侵权案件中涉及各类法律的衔接，并且在交叉适用时难免会出现冲突和矛盾。

1. 诉讼管辖

民事诉讼管辖，是指确定上下级人民法院之间的有关第一审民事案件的分工和权限。诉讼管辖可从不同的角度予以划分，我国《民事诉讼法》规定有级别管辖、地域管辖、移送管辖、指定管辖和协议管辖。本章对医疗侵权案件中主要涉及的地域管辖进行分析。

地域管辖，是指确定同级人民法院在各自的辖区内管辖第一审民事案件的分工和权限。又分为一般地域管辖和特殊地域管辖。

---

① 根据原卫生部2017年2月21日修订后的《医疗机构管理条例实施细则》第2条的规定，医疗机构是指经登记取得《医疗机构执业许可证》的机构。同时，根据第3条的规定，我国医疗机构的类别分为：（1）综合医院、中医医院、中西医结合医院、民族医医院、专科医院、康复医院；（2）妇幼保健院、妇幼保健计划生育服务中心；（3）社区卫生服务中心、社区卫生服务站；（4）中心卫生院、乡（镇）卫生院、街道卫生院；（5）疗养院；（6）综合门诊部、专科门诊部、中医门诊部、中西医结合门诊部、民族医门诊部；（7）诊所、中医诊所、民族医诊所、卫生所、医务室、卫生保健所、卫生站；（8）村卫生室（所）；（9）急救中心、急救站；（10）临床检验中心；（11）专科疾病防治院、专科疾病防治所、专科疾病防治站；（12）护理院、护理站；（13）医学检验实验室、病理诊断中心、医学影像诊断中心、血液透析中心、安宁疗护中心；（14）其他诊疗机构。

（1）一般地域管辖，是指按照当事人住所地确定人民法院的管辖权。我国《民事诉讼法》确定的“原告就被告”是以一般地域管辖确定受诉人民法院的原则，即原告起诉被告，应在被告住所地的人民法院起诉。被告住所地，是指公民户籍所在地，或者法人和其他组织的主要办事机构、主营业或者领导机构所在地，医疗侵权的被告就是医疗机构，该机构的所在地就是被告住所地，即医疗机构所在地的法院具有管辖权。

（2）特殊地域管辖，是指依据诉讼标的所在地、被告住所地与人民法院辖区之间的关系所定的管辖。医疗损害赔偿案件中对于赔偿问题的起诉，本身为侵权损害赔偿的案件，既可以适用一般地域管辖的规定，在实施医疗行为的医疗机构所在地起诉，也可以适用特殊地域管辖的规定，在侵权行为发生地、损害结果发生地等人民法院起诉。我国《民事诉讼法》第 29 条规定：“因侵权行为提起的诉讼，由侵权行为地或者被告住所地人民法院管辖。”“侵权行为地”，是指构成侵权的法律事实所在地，它包括侵权行为发生地和侵权结果发生地。“侵权行为发生地”，是指实施侵权行为的地点。“侵权结果发生地”，是指损害后果出现的地点。一般情况下，医疗侵权诉讼的案件，侵权行为地和侵权结果地是一致的，只有在特殊的情况下这二者不在同一辖区内，而是两个法院都具有管辖权，这时患者可以选择其中一个法院进行起诉。

2. 责任分担

在涉及多个被告的医疗损害赔偿案件中，由于共同侵权而产生了共同被告。我国《民法典》关于共同侵权行为的责任承担主要是共同侵权人的连带责任承担方式。其连带责任具有四个方面的特征：其一，连带责任是指共同侵权行为人对受害人承担的责任。共同侵权行为人对受害人负有连带责任，即意味着各行为人均有向受害人承担全部赔偿责任的义务，至于各加害人在实施共同侵权行为的过程中对损害结果所起的作用、过错程度如何，并不影响其对受害人所应负的连带责任，即全部赔偿责任。其二，受害人有权要求任何一个或数个共同侵权行为人承担全部或部分的赔偿责任。由于任何一个共同侵权行为人均有义务对受害人负全部赔偿责任，因此受害人有权在共同侵权行为人中选择承担责任的主体。共同侵权行为人的连带责任一旦成立，受害人即可同时或先后请求共同侵权行为人中的任何一人或数人为全部或部分赔偿，未被请求的行为人是否有不履行义务的行为或是否有履行能力等均不影响受害人的选择。其三，部分行为人对受害人承担了全部的赔偿责任以后，即解除了全体行为人的义务，只要受害人的请求权全部实现，其不得再次提出请求。其四，共同侵权行为人承担连带责任的前提是法律的直接规定，属于法定的责任。

共同侵权行为人的法律责任如何分配与承担是一个比较复杂的法律问题，而且涉及实体法与程序法的衔接，同时也是一个反映利益衡量和法律政策的民法方法论问题。要求共同侵权行为人对受害人的损害承担连带责任的制度设计不仅使受害人的请求权得以实现，而且将举证责任负担更多地加之于侵权行为人，使受害人的损害赔偿请求变得简便易行，有利于对受害人利益的充分救济和保护。这是在当前和谐社会的大方针下，充分保护弱势群体、追求效率和公平的价值理念，同时实现行为人与受害人之间的利益平衡在立法环节最突出的体现。然而，侵权法上的连带责任规定在实际操作中有扩大适用的现象，这有违侵权法"自己责任"的原则。本书认为，保护被侵权者的合法权益，尽量弥补被侵权者受到的损失，是侵权法的初衷和目的。但是一方损失的弥补不能牺牲无过错并有支付能力的人的合法权益，社会弥补与救济的功能更多的是依靠健全的社会保险制度来实现，而非一个或一小部分无任何过失与行为的"行为人"的合法权益。

【实务问题及难点】

一、"医疗损害赔偿纠纷"与"医疗服务合同纠纷"的取舍

以"医疗损害赔偿纠纷"作为案由是一个很大的进步，它涵盖了很多《条例》不包括的与医疗行为相关的纠纷。同时，《案由规定》中进一步将"医疗损害赔偿纠纷"分为"侵害患者知情同意权责任纠纷"和"医疗产品责任纠纷"，但仍然没有解决很多不是医疗事故但造成患者损害的纠纷没有相应的案由的问题。《案由规定》确定以"医疗损害赔偿纠纷"作为医疗侵权诉讼的案由，而不是"医疗事故损害赔偿纠纷"，这样涵盖的范围就宽泛了许多，只要在医疗过程中医疗机构及其医务人员因过错造成的损害都可以"医疗损害赔偿纠纷"进行起诉，从而解决了上述问题。但仅有"医疗损害赔偿纠纷"案由并

不能全面涵盖医疗纠纷，如医疗机构对患者的治疗虽然没有造成身体方面的实质损害，但也没有达到患者的要求，就不能适用“医疗损害赔偿纠纷”的案由。

而“医疗服务合同纠纷”则是从民事合同的角度来考察医疗纠纷，它涵盖了一些非身体实质性损害引起的医疗纠纷，如医疗机构及其医务人员泄露患者隐私、没有按照约定满足患者的整形美容要求等。患者和医疗机构两者之间的具体权利和义务的约定通常是不会以“签合同”这种方式出现的，而是由《民法典》《医师法》《条例》《基本医疗卫生与健康促进法》等法律、法规的相关条文作出规定。医疗服务合同的内容很多，但核心的义务内容，在医方便是医师的诊疗义务，在患方便是患方给付报酬的义务。换句话说，虽然医患双方没有签订纸质的合同，但实质上存在合同关系，并且合同的内容就是相关法律、法规等的规定，如果违反相应的规定就认为医疗机构或患者违反了合同义务，这时就可以“医疗服务合同纠纷”进行起诉。但医疗服务合同的主要内容是相关的法律、法规的规定，所以医疗机构应当依法执业，在给患者提供医疗服务的过程中，应当遵守国家的医疗卫生管理法律、法规、规章以及诊疗规范、操作规程，只有这样，医疗机构及其医务人员的医疗活动才算履行法定的医疗服务合同义务。

最高人民法院将“医疗损害赔偿纠纷”和“医疗服务合同纠纷”作为医疗纠纷的案由，两者相辅相成，基本上涵盖了所有的医疗纠纷，既方便法院审理医疗纠纷案件，也方便患者或医疗机构向法院起诉，有利于解决复杂的医疗纠纷和保护患者的利益。虽然很多医疗纠纷只能选择医疗损害赔偿纠纷作为起诉的案由，有的医疗纠纷只能选择医疗服务合同纠纷作为起诉的案由，但是有一些医疗纠纷则既可以选择医疗损害赔偿纠纷作为起诉的案由，也可以选择医疗服务合同纠纷作为诉讼案由，这里就存在诉讼案由的竞合与选择问题，应该怎么选择呢？二者在选择上是有区别的。以“医疗损害赔偿纠纷”为案由进行起诉，适用的是《民法典》，如果经法院证实确实是医疗机构造成损害的，具体的赔偿计算适用《人身损害赔偿解释》的规定；而以“医疗服务合同纠纷”为案由的，则适用《民法典》合同编的有关规定，其后果就是承担违约责任，如继续履行、采取补救措施或者赔偿损失，至于怎样具体承担这些违约责任，则适用《民法典》合同编第八章的规定。可以看出，不同的案由导致审判结果是不一样的，有时选择“医疗损害赔偿纠纷”起诉更有利于患者，有时则是“医疗服务合同纠纷”。所以，患者在面临选择哪种案由起诉时，应当根据法律看哪种赔偿更有利于自己而确定。

二、侵犯胎儿权益案件中的原告

在医疗损害赔偿案件中常常会涉及胎儿受到损害的问题，如孕期保健纠纷案件，由于医疗机构在给孕妇提供孕期保健服务的过程中，没有检查出胎儿发育异常，最终新生儿出生患有严重的生理畸形或者发育缺陷；或者孕期检查提示胎儿发育畸形，建议孕妇引产，但最后引产下来的胎儿发育并无异常。此时，谁是医疗损害赔偿案件的原告呢?《民法典》继承编第 1155 条规定：遗产分割时，应当保留胎儿的继承份额。胎儿娩出时是死体的，保留的份额按照法定继承办理。由此可以看出，胎儿虽然没有出生，但其享有一定的权益，并且在我国法学界和司法实践中都有限地承认胎儿的人格。但是《民法典》第 16 条规定：涉及遗产继承、接受赠与等胎儿利益保护的，胎儿视为具有民事权利能力。但是，胎儿娩出时为死体的，其民事权利能力自始不存在。根据该条规定，我国民法上赋予胎儿准民事主体地位，附条件地享有准民事权利。那么，在发生孕期保健纠纷案件时，如何确定案件的原告呢？胎儿显然不能成为原告，特别是如果胎儿出生时为死胎的。所以，这里要分为两种情况：第一，胎儿为死胎的情况，由于胎儿出生时已死亡，故受害人是胎儿的母亲，胎儿的母亲有权作为原告提起诉讼；第二，胎儿出生后死亡的，在这种情况下，由于胎儿出生后曾经是活体，此时可以称其为婴儿，即其已经是一个独立的人，具有民事权利能力。因此，胎儿出生后再死亡的，受害人是该婴儿的近亲属，主要就是该婴儿的父母。也就是说，此时婴儿的父母有权作为原告提起诉讼。

近年来，我国司法实践中有关孕期保健引起的纠纷有增多的趋势。所谓孕期保健纠纷，在美国侵权法上实际上分为两类：错误的出生（wrongful birth）和错误的生命（wrongful life）。前者是指医疗机构或者其医务人员没有将胎儿发育畸形与选择终止妊娠的情况告知孕妇，在孩子出生之后，作为孩子的父母可以向被告医疗机构提起诉讼要求赔偿，原告请求赔偿的项目主要是与出生婴儿的缺陷有关的特殊医疗和教育费用，但不包括抚养教育子女的普通费用，甚至如果原告所受的精神损害并没有导致某种现款支付的费用，原告也不能提起精神损害赔偿；后者是指由有缺陷的新生婴儿作为原告提出的诉讼，原告起诉的是其出生这一事实本身，即他根本就不应当出生。不过这一诉讼由于涉及伦理问题，即便在美国也存在比较大的争议，美国不同的州在相关案件的处理上对新生婴儿错误的生命之诉的诉讼请求给予了不同形式的支持。①在 Smith v. Cote 案②中，法院没有接受无生命要好于有残缺的观点，因此没有支持原告的诉讼请求。

所谓孕期保健纠纷，是指提供医疗服务的医务人员或医疗机构在给孕妇提供孕期检查、保健服务的过程中未尽职责范围内的注意义务，没有提供有关胎儿发育信息或者向父母提供了错误的或不准确的胎儿发育信息，致使父母误以为胎儿没有残疾而未终止妊娠生下残疾儿，或者误以为胎儿有缺陷而选择终止妊娠，从而向医疗机构请求损害赔偿的纠纷。其损害赔偿的请求权基础或者依据在于，医疗合同之诚信原则，《产前诊断技术管理办法》第 24 条规定了在发现胎儿异常情况下经治医师的告知义务，确定了医生有进行产前检查和将诊断结果及进一步处理意见告知孕妇的义务。所以，该义务属于法定义务，对于该义务的违反，足以说明其行为的违法性。未尽到其应有之注意义务，而具有法律上的非难性、谴责性致使父母利益受损，父母因此应当享有的损害赔偿请求权。③在我国，孕期保健纠纷案件的原告一般确定为新生儿父母。从前文中美国侵权法关于这方面的内容来看，确定孕期保健纠纷的原告为新生儿的父母是非常合理的，主要有两点理由：其一，孕期保健纠纷主要是因为医生没有准确提供胎儿的发育信息而出现误以为是残疾儿而终止妊娠或导致生下残疾儿，前者对于父母作为原告很容易理解，因为胎儿都没有出生，所以只有父母才能作为原告，对于后一种情况，生下残疾儿，要求赔偿的项目主要是与出生婴儿的缺陷有关的特殊医疗和教育费用，而这些费用还是由父母承担，所以由父母作为原告也相对合理；其二，因为新生儿是没有诉讼能力的，对于自己的请求要依

① ［美］Vincent R. Johnson：《美国侵权法》，赵秀文等译，中国人民大学出版社 2004 年版，第 185-186 页。

② Smith v. Cote, 128 N. H. 231, 236, 513 A. 2d 341 (1986).

③ 尹海文：《论父母对“不当出生”者之损害赔偿请求权》，载《法律与医学杂志》2006 年第 2 期，第 109-113 页。

赖父母的判断，与其这样，还不如直接由父母作为原告，并且如果让出生的残疾儿作为原告，那么起诉的是其出生这一事实本身，即他根本就不应当出生，这本身就是一个矛盾之处。所以，综上所述，在孕期保健纠纷当中确定新生儿的父母作为原告既符合法律，也符合社会实际情况，更具有可操作性。将出生的残疾儿作为原告，本质是混淆了错误的出生和错误的生命，而我国不认可错误生命之诉。

在母婴保健活动中，由于医疗机构未尽到注意义务，对胎儿发育畸形未能发现，从而未能向孕妇提示，使得孕妇丧失了优生优育选择权，由此提起“医疗服务合同纠纷”诉讼没有争议。但是，如果孕产妇提出医疗损害赔偿之诉，法院是否应当支持呢？首先，可以肯定的是，虽然伴随缺陷出生和长大，但该缺陷婴儿并非被侵权人。究其原因，其一，从生命伦理的角度而言，生命纵有缺陷，也不能因此而低估生命的价值，不能说错误的出生是一种损害；其二，任何人无权请求被他人杀死，因此医生并没有违反对缺陷婴儿的义务。其次，缺陷婴儿的父母就其对孩子抚养应支出的一般费用上，亦非被侵权人。这是因为，其一，就婴儿的出生，不管其是否有缺陷，或是否在计划之内，对父母而言，都并非损害；其二，基于出生而产生的亲属法上特殊抚养照顾义务不能单独抽取出来，而主张其对子女的付出是一种损害。但是，父母为缺陷儿童支出的医疗费、超出一般抚养费用的特殊的教育和照顾费用，大多数国家和地区都承认应当获得赔偿。因此，在这些费用方面，父母具有被侵权人的地位。[①] 医疗保健机构在进行产前医学检查的过程中因未尽勤勉和忠诚义务导致检查结论失实，使信赖该项检查结果的合同相对人生育缺陷婴儿，额外增加抚育、护理及治疗费用，蒙受纯粹财产上的损失，构成加害给付，医疗保健机构应当根据《民法典》合同编的规定承担相应的违约损害赔偿责任。当事人以侵权为由提起诉讼，因对纯粹财产上的损害现行法律尚无相应的请求权基础规范，侵权诉讼不能成立。人民法院应当就此向当事人释明，告知其以正确的案由起诉。损害赔偿的范围包括当事人作为合同对价支出的各项费用以及额外增加的抚育、治疗、护理费等纯粹财产上的损失，但对纯粹财产上的损失应根据其确定性、

① 最高人民法院侵权责任法研究小组：《〈中华人民共和国侵权责任法〉条文理解与适用》，人民法院出版社2010年版，第30页。

可预见性和合理性予以限制，并应当考虑损益同销、过失相抵等因素。[①]所以在赔偿范围上，原则上应当赔偿对该残疾儿抚育、教育、生活等增加的费用和精神损害赔偿。

【案例 4-01】医生未依据职责提供孕妇的产前诊断，应承担相应的责任[②]

2003 年 10 月 6 日，原告杜某到被告处进行孕期初诊，被告为原告建立了《宜昌市孕产妇系统保健手册》（以下简称《保健手册》）。《保健手册》记载：初诊日期 2003 年 10 月 6 日，原告孕次 5 次，产次 1 次，孕周 18 周+2，预产期 2004 年 3 月 16 日（+），身高 160cm，体重 75kg；被告还对原告的血压、骨盆等进行了检查。对《保健手册》上孕期检查记录的项目，被告基本做了检查，但对尿蛋白未做检查，亦未进行高危评分。《保健手册》第 13 页印制了孕期危险因素评分表。根据该表，原告年龄超过 35 岁应评 15 分，体重超过 70 公斤应评 15 分。《保健手册》第 26 页印制了如何及早知道宝宝是否患有先天愚型（21-三体综合征）的内容，但未列明五种应做产前诊断的孕妇情形。2004 年 3 月 4 日，原告在被告处住院并剖宫产下其子姚某。分娩记录上记载手术指征为羊水过少，生产时合并症为羊水早破。2005 年 7 月 7 日，姚某经被告医院检查，初步诊断为 21-三体综合征。杜某遂于 2005 年 7 月诉至一审法院，请求判令被告赔偿抚养费、教育费、医疗费等共计 49. 54 万元。

法院经审理认为，原、被告建立了以《保健手册》上载明的医疗保健项目为主要内容的服务合同关系。被告未按《保健手册》上规定的项目给原告做尿蛋白等检查和高危评分虽然属于未完全履行合同义务的违约行为，但该行为与筛查先天愚型胎儿没有因果关系，且《保健手册》记载原告未接触过可能导致胎儿先天缺陷的物质。在姚某出生后的相当时间内，原、被告均未发现其有发

---

① 最高人民法院民事审判第一庭：《因产前检查疏失导致缺陷儿出生相关医疗机构应否承担侵权责任》，载最高人民法院民事审判第一庭：《民事审判指导与参考》2008 年第 3 集（总第 35 集），法律出版社 2008 年版，第 153 页。

② 湖北省宜昌市三峡坝区人民法院（2005）三民初字第 171 号民事判决书；湖北省宜昌市中级人民法院（2006）宜中民一终字第 118 号民事判决书。

育异常或可疑畸形，可见只有通过遗传基因的检查，即产前诊断才能查明原告的胎儿是否患有先天愚型，而《保健手册》上没有进行产前诊断或是否建议产前诊断的医疗服务项目。根据1995年《母婴保健法实施办法》第25条第5项的规定，孕妇年龄超过35周岁的，医师应当对其进行产前诊断。原告系经产妇，不在上述规定的应进行产前诊断的范围内。因此，被告不存在必须建议原告进行产前诊断的责任。《产前诊断技术管理办法》第17条规定，年龄超过35周岁的孕妇，经治医师应当建议其进行产前诊断，但是原卫生部的部门规章规定扩大了国务院相关行政法规规定的范围。同时，在宜昌市卫生局制作的《保健手册》第26页上，印有关于先天愚型筛查的普及宣传资料。原告身为孕妇，未按要求仔细阅读《保健手册》上的内容，自身存在疏忽大意的过失。原告要求被告赔偿其因抚养其子所需生活费、医疗费、教育费、护理费等计49.54万元的诉讼请求没有法律依据，不予支持，判决驳回原告杜某的诉讼请求。

杜某不服一审判决上诉，二审法院经审理认为，虽然上诉人杜某提出被告医院在对其进行产前检查时，存在违反《保健手册》的约定属实，但被告医院未按《保健手册》中规定的项目对杜某进行全面检查与其产下先天愚型的患儿没有因果关系。一方面，被告医院没有书面对杜某进行产前诊断的有关指导和建议，对于杜某产下21-三体综合征的姚某存在一定的过错，应承担相应的责任。另一方面，杜某疏于阅读、了解《保健手册》中所附筛查先天愚型的宣传资料和进行产前诊断咨询，亦有责任。本案一审法院以原告要求被告赔偿其抚养子女所需的生活费等诉讼请求无法律依据为由，驳回原告的诉讼请求。二审法院判决撤销一审判决，判令被告补偿原告50000元，但未阐明被告承担责任的理由和补偿的依据。

评析

本例为孕期保健服务合同纠纷，认定医疗机构是否尽到该合同义务，应当以医疗机构在提供孕期保健服务的过程中，是否按照国家有关孕期保健的诊疗规范、临床实践指南提供医疗服务，实施相应的检查。本案的关键为原告是否应当实施产前诊断，被告医院是否有告知产前诊断的义务。虽然相关法律规范规定不尽相同，但技术规范对产前诊断提出了更为严格的要求，而且这里强调的是告知说明义务。由于超过35周岁的孕妇所怀胎儿出现发育畸形的风险增加，初产妇与经产妇没有实质性的区别，因而医务人员应当执行技术规范。所以二审法院最终认定医疗机构未尽到诊疗义务，判决其承担一定责任。

此外，在责任承担方面，由于胎儿发育畸形是怀孕过程中出现的生理异常，与医疗机构未尽到告知说明义务没有因果关系，医务人员未尽到告知说明义务仅仅可能影响孕妇的优生优育选择权。即便医务人员实施了该告知说明义务，因为客观原因，也可能查不出胎儿发育畸形；即便查出胎儿畸形，孕妇也未必选择终止妊娠。所以，对于发育畸形导致最终分娩的新生儿出现残疾，不宜赔偿残疾赔偿金，本案二审法院作出了精神损害赔偿。

三、如何确定医疗损害赔偿诉讼的被告

（一）不同类型医疗机构涉及医疗侵权被告的确定

1. 政府设立和社会捐资兴办的医院、卫生院、疗养院、诊所、卫生所、急救站等非营利性医疗机构，在性质上属于事业单位法人，对外以自己全部财产独立承担民事责任，医务人员是该医疗机构的工作人员，他们对患者的医疗行为不是代表其个人，而是利用医疗机构提供的技术条件，代表医疗机构所为的职务行为。根据《民法典》及相关司法解释和有关民法理论，对此类医疗机构的医务人员在医疗活动中的医疗损害侵害患者人身权提起的诉讼，应当将该医疗机构列为被告，而不是实施具体医疗行为造成患者人身损害的医务人员。

2. 股份制、股份合作制和中外合资合作医疗机构等营利性医疗机构，对其医务人员在诊疗过程中造成的医疗侵权纠纷，根据《医疗机构管理条例》第16条第6项的规定，以该医疗机构的名义独立承担民事责任，所以在诉讼中也应当将该医疗机构列为被告。

3. 城镇个人诊所作为个人投资、私人经营开办的营利性医疗机构，以开办者个人名义和个人所有资产对诊疗活动中发生的侵权纠纷独立承担民事责任。由于其个人实施的医疗行为导致医疗损害产生，原告提起诉讼的，应当以开办该诊所的自然人为被告。城镇合伙诊所属于个人合伙性质的营利性医疗机构，全体合伙人对合伙债务都负有无限连带责任，因此对于原告提起的医疗侵权诉讼，根据《民事诉讼法》及司法解释，各该诊所的合伙人应当作为共同被

告应诉。[①]需要指出的是，如果是个体诊所所雇用的人员致人损害的，应当直接以该个体诊所的业主为被告，而非该所雇用人员，这里是一种雇用替代责任。

4. 机关、企业和事业单位工作人员与本单位按照国家医疗机构基本标准设置为内部职工服务的职工医院、门诊部、诊所、卫生所（室）产生医疗纠纷，因为它们不属于《医疗机构管理条例》所规定的医疗机构范围，因此不能适用。认为自己合法权益遭受侵害的本单位职工，可以选择向有关部门申诉，也可以根据《民法通则》和《民事诉讼法》的有关规定，以本单位为被告向人民法院起诉。机关、企业和事业单位设置的职工医院、门诊部、诊所、卫生所（室）对外开展医疗活动的，本单位以外的人与其产生医疗纠纷，可以根据《民法典》和《民事诉讼法》的有关规定，以设置该职工医院、门诊部、诊所、卫生所（室）的具有独立的民事主体资格的机关、企业和事业单位为被告向人民法院起诉。

5. 村卫生室的医疗服务活动造成患者损害的医疗损害赔偿诉讼，应当以谁为被告起诉，情况比较复杂，应当区别对待。分为两种情况：（1）属于乡镇卫生院的派出机构或分支机构。不具备法人资格的医疗机构不是最终的医疗损害赔偿的责任承担主体，赔偿责任应由开办单位承担。[②]乡镇卫生院的派出机构或分支机构不具有独立承担民事责任的资格，因此患者在上述机构发生医疗损害，乡镇卫生院才是适格的被告。（2）属于个人经营的诊室。在我国，医师执业不但要取得执业医师资格或者执业助理医师资格，还要经过注册才能在医疗、预防、保健机构中执业。诊室的个体医师是依照法律规定取得医师资格与执业资格而自己从事医疗业务，并独立核算的个人开业医师或中医师。个体医师涉及医疗损害赔偿责任时为独立的责任主体。

6. 美容院的被告资格。目前，在我国开设美容业务的机构主要分为三类：仅开办生活美容项目的个体美容院、具有法人资格的专业美容医疗机构和医疗

① 具体规定请参见《民事诉讼法司法解释》第59条和第60条的规定。第59条规定：在诉讼中，个体工商户以营业执照上登记的经营者为当事人。有字号的，以营业执照上登记的字号为当事人，但应同时注明该字号经营者的基本信息。营业执照上登记的经营者与实际经营者不一致的，以登记的经营者和实际经营者为共同诉讼人。第60条规定：在诉讼中，未依法登记领取营业执照的个人合伙的全体合伙人为共同诉讼人。个人合伙有依法核准登记的字号的，应在法律文书中注明登记的字号。全体合伙人可以推选代表人；被推选的代表人，应由全体合伙人出具推选书。

② 柳经纬、李茂年：《医患关系法论》，中信出版社2002年版，第25页。

机构下设的医疗美容科室。个体美容院是个人投资、私人经营开办的营利性机构，以开办者个人名义和个人所有资产对美容活动中发生的侵权纠纷独立承担民事责任。发生美容医疗纠纷时，患者应以美容院的业主为被告。患者在具有法人资格的专业美容医疗机构发生医疗损害时，对患者直接造成损害的医师不能成为民事赔偿的责任主体，专业美容医疗机构才是适格的被告。患者在医疗机构下设的医疗美容科室发生损害，医疗机构的单独科室不是独立的法人，不具有独立承担民事责任的资格，因此应以美容科室所在的医疗机构为被告。

7. 养老院、敬老院内发生老年人损伤、死亡事件时的被告。在我国，敬老院一般由企业、事业单位、社会团体、个人兴办。民政部门是敬老院事业的主管部门，负责对敬老院工作的业务指导。敬老院无论是个人开办的营利性服务机构，还是政府开办的具有社会福利性的非营利性机构，都是经过县级以上的民政部门批准注册合法开办的福利机构。在养老院、敬老院内发生老年人损伤、死亡事件，养老院、敬老院应作为独立的诉讼主体参加诉讼，承担民事责任。

8. 有医联体关系的医疗机构，如何确定被告。在我国的医疗卫生行政管理领域，医联体是一个很宽泛的概念。根据国家卫健委 2020 年 7 月 9 日发布的《医联体管理办法（试行）》第 2 条的规定：医联体包括但不限于城市医疗集团、县域医疗共同体（或者称县域医疗卫生共同体，以下简称县域医共体）、专科联盟和远程医疗协作网。有学者对我国医联体进行全面考察后，总结为四大类：（1）区域纵向医联体：紧密型、半紧密型、松散型；（2）县域医疗共同体；（3）医疗联盟：医院联盟、专科联盟；（4）远程医疗协作。[①]正因如此，发生医疗纠纷后，对于医联体内的各医疗机构，到底以哪一家为被告，哪一家应当承担责任，医联体内各医疗机构之间是否承担连带责任，要看医联体内部各医疗机构之间的关系。国务院办公厅于 2017 年 4 月 23 日发布的《关于推进医疗联合体建设和发展的指导意见》（国办发〔2017〕32 号）明确规定：要制定医联体章程，规定主体单位与其他成员单位的责任、权利和义务，完善医疗质量管理等制度，提高管理效率。医联体可探索在医院层面成立理事会。一般不宜起诉医联体内其他医疗机构。

① 王东博、李建、卢九星等：《我国医联体发展现状及对策探讨》，载《中国医院》2019 年第 1 期，第 47-48 页。

【案例4-02】医联体内医师会诊的“劳务费”是否属于不当得利[①]

2017年11月27日，原告亲属宋某某感觉右手麻痹，到被告天水市某医院诊断检查。被告天水市某医院诊断为颈动脉狭窄，并积极建议住院手术治疗。住院第二天，行脑血管造影，确诊双侧颈动脉起始段狭窄。住院期间，宋某某因院方护理不当造成肺部感染。被告天水市某医院主张对宋某某行右侧颈动脉支架植入术。在宋某某肺部感染尚未治愈的情况下，为了迎合该院外聘的兰州专家陈某某的时间安排，在尚不具备手术条件的情况下，于2017年12月8日给宋某某行右侧颈动脉支架植入术。之后，被告天水市某医院的医师要求原告向被告陈某某支付4000元专家费，原告当时就给了被告4000元现金。被告收取的4000元明显系不当得利，应当向原告返还并支付利息。手术后，宋某某即出现颅内出血、重度肺部感染、低蛋白血症等症状，最终于2018年1月14日去世。患者近亲属认为，医疗机构存在过错，提起诉讼主张医疗损害赔偿，并退还4000元专家会诊费。

法院受理后启动司法鉴定，鉴定意见认为，宋某某的医疗后果为因实施右侧颈动脉支架植入术，术后并发颅内出血、重度肺部感染，抢救无效死亡；医院的诊疗行为无过错，不存在因果关系。

法院认为，本案的鉴定意见仅是鉴定人从医学领域对疾病发展的大规律进行分析后所作的结论，该结论为法院从法律上分析当事人的过错责任奠定了基础，但不能代替法官的判断。从本案的实际情况看，引起医疗损害后果事实上在排除第三人过错、医疗产品质量、医疗意外、患者自身特殊体质等原因外，一般只包含两个因素，即患者原有疾病与医疗过错。本案中，宋某某原有疾病为颈动脉狭窄，该疾病若经合理的治疗并不必然发生死亡的后果，且宋某某就诊时作为76岁高龄的老人，其患有高血压、冠心病，还做过冠脉支架植入手术，被告天水市某医院仍选择对宋某某行右侧颈动脉支架植入术的治疗行为，该手术极有可能引发颅内出血，故该治疗方案的选择并未充分考虑宋某某年龄较大及其身体客观存在的一些特殊情况，该院在治疗方案的选择上存在一定程

① 甘肃省天水市秦州区人民法院（2019）甘0502民初1324号民事判决书。

度的过错。同时，天水市某医院作为宋某某的治疗单位，邀请省人民医院陈某某协助手术但未增加其执业地点，存在瑕疵。

综上，虽然被告天水市某医院在诊疗行为上并无过错，但在选择合理诊疗方式上存在过错，故对原告主张由三被告连带赔偿原告亲属宋某某医疗费用127940.56元的诉讼请求，本院根据本案实际情况应确定由被告天水市某医院酌情给予原告50000元补偿。关于原告主张的由三被告连带返还原告专家费4000元及利息的诉讼请求，因被告陈某某收取该款项后未向原告出具任何收据，致使原告无法通过正常途径予以报销，应予返还。但陈某某系天水市某医院邀请的大夫，且陈某某完成的手术经鉴定并无过错，故该款应由被告天水市某医院予以返还。关于原告主张三被告连带赔偿原告精神抚慰金10万元的诉讼请求，因宋某某的死亡并非遭受非法侵害，故对原告主张的精神抚慰金不予支持。被告陈某某为宋某某进行诊疗行为，系职务行为，且并无过错，故不予承担赔偿及补偿责任。最终判决被告支付原告补偿款50000元，并返还原告专家费4000元；驳回原告其他诉讼请求。

评析

我国地域辽阔，经济发展存在地区差别。鉴于患者就医需求与优质医疗资源分布不均衡之间形成“剪刀叉”式的反向关系，为了满足基层患者的就医需求，尤其是对基层患者疑难杂症的诊治、疑难手术的开展，确实需要专家“下沉”，直接到基层提供医疗服务。然而，由于医疗执业地点和医疗费用的限制，很多基层医疗机构难以启动正常的专家会诊程序，于是专家“走穴”“开飞刀”现象应运而生。

合理不一定合法，专家“走穴”“开飞刀”现象虽然满足了部分基层患者的医疗需求，但这种行为毕竟违反法律规定，且医疗服务强调团队合作，尤其是在开展一些风险高的疑难复杂手术时，围手术期的护理和后续医疗非常重要，专家做完手术即离开，后续医疗护理工作如果跟不上，患者便会面临很大风险。因而“开飞刀”存在很大的医疗风险，这种风险甚至处于不可控的状态。因此，对“走穴”“开飞刀”现象，医疗界反对者众多。

从法律的角度来看，我国医疗执业采医疗机构执业制，非医师执业制。换言之，医师获得医师资格必须要注册一家医疗机构，以该医疗机构的名义提供医疗服务。即便是个体诊所，也应当先注册、备案，只有成立医疗机构，医师才能在该医疗机构以该医疗机构的名义为患者提供诊疗服务。因此，是医疗机构与患者订立医疗服务合同，发生医疗损害责任纠纷也只能起诉医疗机构。那么，医务人员未履行相关法律手续，私自接受其他医疗机构的聘请或者患者的邀请开展医疗活动，不符合法律规定，由此收取的医疗服务费、劳务费等，都属于不当得利。本案中，患者起诉后，法院正是基于将专家收受的劳务费认定为不当得利而作出判决的，这应当引起医疗界的重视。当下，为满足基层医疗机构开展诊疗服务，满足患者的就医需求，医疗机构及相关医师走两个程序，就可以避免这种尴尬局面：一是根据《医师外出会诊管理暂行规定》的要求，办理外出会诊手续；二是医师按照多点执业的要求，办理多点执业手续。

（二）医疗机构与医务人员是否能够作为共同被告

这个问题牵涉到医务人员所实施的医疗行为是否为职务行为，但不论是否为职务行为，只要医务人员是在执行医疗业务过程中实施医疗行为造成了患者损害，医疗机构与医务人员都不能成为共同被告。分为两种情况：第一，是医务人员完全依据职务要求履行职务行为，《民法典》第 1191 条、第 1218 条以及《民事诉讼法司法解释》第 56 条都有相关规定。所以如果医务人员是按照职务要求履行职务行为，过失造成了患者人身损害的后果，那么被告就是医疗机构。第二，如果是医务人员在执行医疗业务过程中，借职务之便行个人之私，造成了患者损害的，仍然应当认为系职务行为，那么被告仍然是医疗机构。比如，A 医生跟 B 患者有仇，A 医生在一次手术中故意使手术失败，导致 B 患者死亡，那么这时 A 医生可能涉嫌刑事犯罪而成为刑事犯罪被告人，同时也是刑事附带民事诉讼的被告。但是此时医疗机构不能完全脱离干系，医疗机构应当承担补充责任，即如果 A 医生无力履行附带民事诉讼的赔偿责任时，B 患者的近亲属可以另行起诉 A 医生所属的医疗机构要求承担补充的民事赔偿责任，但医务人员和医疗机构并不是同一案件的共同被告。此外，还存在第三种情况，即医务人员在工作之余对亲戚朋友实施医疗行为，给患者造成人身损害的后果，医疗机构及其医务人员谁是被告？或者二者是否可以成为共同被告？此时，被告只能是实施医疗行为的医务人员，他的行为与其所在的医疗机构无关，医疗机构不是被告。

四、侵犯患者知情同意权责任纠纷

《民法典》第1219条规定，医务人员侵犯患者知情同意权造成患者受害的，医疗机构应当承担侵权责任。这从立法上正式确立了侵犯患者知情同意权应当承担相应的侵权责任。《案由规定》的医疗损害责任纠纷案由下新增加了侵犯患者知情同意权责任纠纷的子案由，使得侵犯患者知情同意权责任纠纷可以有独立的案由在法院立案并进入审理。

（一）未尽告知义务的认定

医疗告知，是指作为医疗行为主体的医疗机构及其医务人员，在医疗活动中，将患者罹患疾病的病情、医疗措施、医疗风险（并发症）等有关诊疗信息向患者或者其近亲属如实告知的行为过程。[①]根据《民法典》第1219条的规定，医方的告知义务主要包括以下方面。

1. 病情

包括患者罹患疾病的名称、发展阶段、轻重程度、疾病预后、疾病危害程度等内容。

2. 医疗措施

即医方针对患者的病情所拟定采取的诊疗措施。应如实告知拟实施该诊疗措施的理由，该措施的性质、内容、预期的诊疗效果，实施该诊疗行为的时间、方式、医务人员，应当针对该诊疗措施所进行的准备以及预计花费的费用。

3. 医疗风险

即医疗行为可能伴随的风险、风险发生的概率以及结果预防的可能性等内容。既要告知根据目前的病情可以预见并能有效防范的风险，也要告知可以预见但不能防范的风险，还要告知患者鉴于目前技术水平的局限性，存在不可预见的未知风险。

4. 替代医疗方案

即告知患者除了拟采取的治疗措施之外，其他的有利于病情的诊疗方法。

---

① 刘鑫、张宝珠、陈特：《侵权责任法“医疗损害责任”条文深度解读与案例剖析》，人民军医出版社2010年版，第100页。

包括是否有其他的可替代诊疗措施，针对可替代措施告知上述第 2 点、第 3 点的内容，以及不采取可替代措施的理由。

其中，第 1 点和第 2 点内容为所有诊疗行为都必须有的告知义务，第 3 点和第 4 点内容则是在需要实施手术、特殊检查、特殊治疗时才履行的告知义务。所谓特殊检查、特殊治疗，根据《医疗机构管理条例实施细则》，是指具有下列情形之一的诊断、治疗活动：有一定危险性，可能产生不良后果的检查和治疗；由于患者体质特殊或者病情危笃，可能对患者产生不良后果和危险的检查和治疗；临床试验性检查和治疗；收费可能对患者造成较大经济负担的检查和治疗。

《北京司法指导意见》第 38 条第 1 款也规定：有下列情形之一，应认定医疗机构未尽到告知义务：(1) 对患者施行手术、特殊检查、特殊治疗，医务人员未告知医疗风险和替代医疗方案并取得患者或者其近亲属同意；(2) 医务人员未向患者告知，导致患者在使用医疗产品方面出现错误；(3) 医务人员未向患者告知，导致患者在进行功能恢复锻炼等方面出现错误；(4) 对患者施行其他可能产生严重不良后果的诊疗活动，未告知医疗风险。以上均属于医方告知义务的内容，医方没有就这些内容进行告知，即违反了告知义务。

需要注意的是，除上述与《民法典》第 1219 条有关的未尽告知义务的行为外，违反《民法典》第 1227 条规定的，也属于侵犯患者知情同意权责任纠纷的范畴。《民法典》第 1227 条是关于禁止过度检查的规定，即“医疗机构及其医务人员不得违反诊疗规范实施不必要的检查”。根据这条规定，医疗机构及其医务人员负有不得实施过度检查的义务，即医疗机构及其医务人员在医疗过程中不得违反诊疗规范实施不必要的检查。是否实施了过度检查，主要从两个方面进行判断：其一，是否违反诊疗规范。医务人员在整个医疗过程中，不得故意违反诊疗规范，实施不必要的检查（诊疗规范的有关内容详见本书第三章）。其二，检查是否必要。必要的检查是针对疾病的诊断而言，对于明确疾病诊断、判断疾病性质、了解疾病严重程度、评估疾病治疗进度等而言是必要的。如果患者的病情复杂，诊断上存在困难，为了排除其他可能的疾病，充分鉴别诊断，有可能实施了一些与最终确诊的疾病不相干的检查，这些检查项目仍然应当被认为是必需的。相反，如果某一项具体的检查不是出于这四个目的，而是出于患者的私人想法或者医疗机构医务人员的私利，就属于不必要的检查。因此，判断检查是否必要主要依据检查实施的目的。在认定上应当由专门的鉴定机构进行，认定的标准包括三个方面：（1）医疗机构及其医务人员违反诊疗规范；（2）对患者的疾病诊疗而言属于不必要的诊疗项目；（3）没有患方的要求或者其他需要做此检查的特殊情况。

（二）损害赔偿的范围

侵犯患者知情同意权造成患者受害的，应当承担相应的赔偿责任。对此，《北京司法指导意见》第 39 条第 1 款规定：未尽告知义务，损害患者生命权、健康权、身体权等人身及财产权利的，医疗机构应当承担侵权责任（具体情况可以参见本书第八章的相关规定）。

不过，如果医疗机构存在侵犯患者知情同意权的情况，但是未造成患者明显人身损害，或者医疗机构按照诊疗常规给患者实施了相应的特殊检查、特殊治疗或者手术，没有给患者造成额外的人身伤害，其赔偿责任如何承担呢？这是一个理论上和实务上的难题。本书主张，对此情形可象征性地给予一定的精神损害赔偿。

五、医疗产品责任纠纷的被告及责任承担

在医疗活动中，如药品、消毒产品、医疗器械等医疗物品的使用不当或者医疗产品本身质量不合格也会给患者造成损害。此时，患者应该起诉谁，是医疗用品的生产者、提供者还是医疗机构？他们之间的责任如何承担？如何诉讼才能最有效得到救济呢？

（一）责任承担的分歧

《民法典》颁布之前，无论是理论研究还是司法实务，人们对于因为药品、消毒产品、医疗器械的缺陷或者不合格血液所造成的患者损害，应该由谁来承担赔偿责任，观点不尽相同。有的学者认为，医院对于药品、消毒产品、医疗器械、血液本身的缺陷或者质量不合格没有过失，只要医院在使用时没有过错，就不应当承担对损害后果的赔偿责任。有的学者认为，医院和生产者应当对损害后果承担连带赔偿责任，患者有权对其中任意一方提出赔偿请求，只要

患者是在医疗机构里使用医疗用品造成损害的，医疗机构就应当承担对患者的损害赔偿责任。《民法典》第1223条的规定，将因为药品、消毒产品、医疗器械的缺陷或者输入不合格血液所造成的损害统一定性为缺陷医疗产品责任，患者及其近亲属既可以向医疗用品的生产者、血液提供者主张权利，也可以直接向给其提供医疗服务中使用了该医疗用品的医疗机构主张权利。

（二）共同被告间责任的承担

在产品侵权责任中，生产者和销售者之间的责任是不真正连带责任，不论受害人向法院起诉生产者还是起诉销售者，只要生产或者销售的产品有缺陷，造成了损害，就应当由被起诉的被告承担责任。如果起诉的是销售者，而产品缺陷又是生产者造成的，那么，销售者在承担了侵权责任之后，可以向生产者求偿。

1. 医疗用品损害的责任主体

一是医疗机构，医疗机构直接将医疗用品应用于患者身上，造成损害的，医疗机构当然是责任主体，应当承担过错责任。如果医疗机构不能指明缺陷医疗用品的生产者，也不能指明缺陷用品的供货者的，应当承担无过错责任。二是医疗用品生产者，其制造了有缺陷的医疗用品，并且造成了患者的损害，应当承担责任。三是医疗用品的销售者，按照《民法典》第1202条、第1203条、第1205条和《产品质量法》的相关规定，销售者对于缺陷产品造成损害具有过失的，不论其是否为缺陷产品的生产者，都应当承担侵权责任。如果销售者不能指明缺陷产品的生产者，也不能指明缺陷产品的供货者，则销售者应当承担无过错责任。

2. 赔偿责任的最终承担者

在要求损害赔偿时，患者可以选择向医疗用品的生产者、销售者或者医疗机构求偿。根据《民法典》第1223条的规定，患者向法院起诉要求医疗机构承担赔偿责任，是可以得到法院支持的。因为医疗机构作为医疗用品的临床应用者和医疗服务的提供者，应当对医疗用品缺陷所造成的损害承担责任。但是医疗机构承担赔偿责任的前提是对损害结果具有过错，只有在不能指明缺陷产品的生产者或者提供者时，才承担无过错责任。也就是说，如果医疗机构承担了对患者的损害赔偿责任，但是医疗机构对于医疗用品的该种缺陷没有过错，那么可以就其承担的赔偿责任向医疗用品的生产者或者提供者追偿，由其弥补损失。

需要注意的是，如果患者因医疗用品损害向医疗机构要求损害赔偿，即患者仅起诉医疗机构的，人民法院可以追加生产者或销售者作为共同被告。

（三）几个特殊的问题

1. 患者仅起诉医疗机构，不同意起诉其他责任主体怎么办

患者仅起诉医疗机构，不同意起诉其他责任主体时，对于因药品、消毒产品、医疗器械的缺陷及输入不合格的血液造成患者损害的侵权案件，患者仅起诉医疗机构，不同意起诉其他责任主体时，根据《北京司法指导意见》第 4 条和第 5 条的规定，医疗机构可以向人民法院申请追加其他责任主体为案件的共同被告。在必要时，人民法院依职权追加有责任的当事人。

2. 患者仅起诉医疗机构而法院判决医疗机构承担赔偿责任，但医疗机构没有过错的，医疗机构如何追偿

此种情况分为几种情形：（1）医疗用品生产企业正常经营；（2）医疗用品生产企业经营困难或倒闭；（3）医疗用品生产企业注册地在国外。

医疗机构向患者承担了损害赔偿后，因自身对患者的损害没有过错的，依据《民法典》第 1223 条的规定，医疗机构有权向负有责任的生产者追偿。在最终责任承担者存在且有能力承担责任的情况下，医疗机构自然能够得到追偿。而当医疗产品的生产者完全没有承担赔偿的能力或因倒闭（“齐二药”就是这样的典型生产企业）等其他原因不复存在时，产品的流通企业也是侵权损害的责任主体，医疗机构可以向其进行追偿。但是，如果医疗产品的流通企业也没有能力承担赔偿责任，医疗机构就需面对追偿不能的风险。另外，对于造成损害的医疗产品的生产企业的注册地在国外的，医疗机构仍然有权利向医疗用品生产企业追偿。但在涉外诉讼的情况下，法律的适用比较复杂。由于损害结果发生在我国国内，根据属地管辖原则，对此类案件我国法院具有管辖权。

3. 患者仅起诉医疗机构，不同意起诉其他责任主体时，该适用什么归责原则

根据《民法典》第 1205 条和第 1223 条的规定，缺陷医疗用品造成损害的

责任认定适用无过错责任原则，即因药品、消毒产品、医疗器械的缺陷，或者输入不合格的血液对患者造成损害的，医疗机构均应承担民事责任。而医疗机构既不是医疗产品的生产者，也不是医疗产品的销售者。因此，患者仅起诉医疗机构，不同意起诉其他责任主体时，对医疗机构责任的认定不能笼统地采用无过错的归责原则。本书认为有两种情况：第一，在医疗机构不能指明缺陷医疗产品的生产者或者提供者时，适用无过错的归责原则，即法院可以判决医疗机构承担全部的赔偿责任；第二，医疗机构对损害的发生没有过错的，法院可以判决医疗机构承担赔偿责任，但法院应该在判决中指明，医疗机构承担的不是最终的赔偿责任，医疗机构可以就其承担的赔偿责任另行向医疗用品的生产者或者销售者追偿。

4. 医药企业既有患者的损害赔偿义务，又有行政机关处以罚款的行政处罚，而医药企业无力承担两方面的费用面临破产，如何处理

根据《民法典》第 187 条的规定，医药企业因同一行为承担侵权责任或行政责任，财产不足以支付的，应当先承担侵权责任。

从救济患者的角度出发，医药企业对患者的损害赔偿义务优先于行政机关罚款的行政处罚。从法理上讲，医药企业对患者的民事赔偿与受到的行政罚款处罚并不矛盾。行政机关的罚款是对医药行业进行行政管理的需要，是其行政管理职能的具体体现。但在医药企业对患者具有民事赔偿义务时，优先对患者进行损害赔偿，符合《民法典》第 187 条规定所体现的保护权利受损害方，最大限度救济被侵权人的精神。

【法条链接】

《民法典》

第一百七十七条 二人以上依法承担按份责任，能够确定责任大小的，各自承担相应的责任；难以确定责任大小的，平均承担责任。

第一百七十八条 二人以上依法承担连带责任的，权利人有权请求部分或者全部连带责任人承担责任。

连带责任人的责任份额根据各自责任大小确定；难以确定责任大小的，平均承担责任。实际承担责任超过自己责任份额的连带责任人，有权向其他连带

责任人追偿。

连带责任，由法律规定或者当事人约定。

第一百八十七条 民事主体因同一行为应当承担民事责任、行政责任和刑事责任的，承担行政责任或者刑事责任不影响承担民事责任；民事主体的财产不足以支付的，优先用于承担民事责任。

第一千一百六十八条 二人以上共同实施侵权行为，造成他人损害的，应当承担连带责任。

第一千一百六十九条 教唆、帮助他人实施侵权行为的，应当与行为人承担连带责任。

教唆、帮助无民事行为能力人、限制民事行为能力人实施侵权行为的，应当承担侵权责任；该无民事行为能力人、限制民事行为能力人的监护人未尽到监护职责的，应当承担相应的责任。

第一千一百七十条 二人以上实施危及他人人身、财产安全的行为，其中一人或者数人的行为造成他人损害，能够确定具体侵权人的，由侵权人承担责任；不能确定具体侵权人的，行为人承担连带责任。

第一千一百七十一条 二人以上分别实施侵权行为造成同一损害，每个人的侵权行为都足以造成全部损害的，行为人承担连带责任。

第一千一百七十二条 二人以上分别实施侵权行为造成同一损害，能够确定责任大小的，各自承担相应的责任；难以确定责任大小的，平均承担责任。

第一千一百九十一条 用人单位的工作人员因执行工作任务造成他人损害的，由用人单位承担侵权责任。用人单位承担侵权责任后，可以向有故意或者重大过失的工作人员追偿。

劳务派遣期间，被派遣的工作人员因执行工作任务造成他人损害的，由接受劳务派遣的用工单位承担侵权责任；劳务派遣单位有过错的，承担相应的责任。

第一千二百零二条 因产品存在缺陷造成他人损害的，生产者应当承担侵权责任。

第一千二百零三条 因产品存在缺陷造成他人损害的，被侵权人可以向产品的生产者请求赔偿，也可以向产品的销售者请求赔偿。

产品缺陷由生产者造成的，销售者赔偿后，有权向生产者追偿。因销售者的过错使产品存在缺陷的，生产者赔偿后，有权向销售者追偿。

第一千二百二十三条 因药品、消毒产品、医疗器械的缺陷，或者输入不合格的血液造成患者损害的，患者可以向药品上市许可持有人、生产者、血液提供机构请求赔偿，也可以向医疗机构请求赔偿。患者向医疗机构请求赔偿的，医疗机构赔偿后，有权向负有责任的药品上市许可持有人、生产者、血液提供机构追偿。

《人身损害赔偿解释》

第二条 赔偿权利人起诉部分共同侵权人的，人民法院应当追加其他共同侵权人作为共同被告。赔偿权利人在诉讼中放弃对部分共同侵权人的诉讼请求的，其他共同侵权人对被放弃诉讼请求的被告应当承担的赔偿份额不承担连带责任。责任范围难以确定的，推定各共同侵权人承担同等责任。

人民法院应当将放弃诉讼请求的法律后果告知赔偿权利人，并将放弃诉讼请求的情况在法律文书中叙明。

《医疗损害司法解释》

第二条 患者因同一伤病在多个医疗机构接受诊疗受到损害，起诉部分或者全部就诊的医疗机构的，应予受理。

患者起诉部分就诊的医疗机构后，当事人依法申请追加其他就诊的医疗机构为共同被告或者第三人的，应予准许。必要时，人民法院可以依法追加相关当事人参加诉讼。

第三条 患者因缺陷医疗产品受到损害，起诉部分或者全部医疗产品的生产者、销售者、药品上市许可持有人和医疗机构的，应予受理。

患者仅起诉医疗产品的生产者、销售者、药品上市许可持有人、医疗机构中部分主体，当事人依法申请追加其他主体为共同被告或者第三人的，应予准许。必要时，人民法院可以依法追加相关当事人参加诉讼。

患者因输入不合格的血液受到损害提起侵权诉讼的，参照适用前两款规定。

《北京司法指导意见》

3. 患者一方因发生医疗损害而起诉要求医疗机构承担侵权责任的，以其就诊的医疗机构为被告。

患者一方认为损害是由两个以上的医疗机构造成的，可以两个以上的医疗机构为共同被告。

4. 因药品、消毒药剂、医疗器械的缺陷造成患者损害的，患者一方可以依据《侵权责任法》第43条及第59条的规定同时起诉产品生产者、产品销售者以及医疗机构要求赔偿。

患者一方仅起诉部分责任主体，人民法院可以依被诉责任主体的申请追加未被起诉的其他责任主体为案件的当事人。必要时，人民法院也可以依职权追加当事人。

5. 因输入不合格的血液造成患者损害的，患者一方可以依据《侵权责任法》第59条的规定起诉血液提供机构及医疗机构要求赔偿。

患者一方仅起诉血液提供机构或者仅起诉医疗机构的，人民法院可以依血液提供机构或医疗机构的申请追加未被起诉的另一方为案件的当事人。必要时，人民法院也可以依职权追加当事人。

【案例4-03】如何确定不当出生之诉的原告[①]

文女士怀孕后至某市医院进行孕妇产前保健，5次B超检查中4次为“胎儿肢体显示不满意”或“胎儿结构无法完整显示”，文女士认为，在胎儿情况如此存疑的情况下，诊治医生却对此极为麻木和不负责任，竟然每次都是随手在《妇幼保健服务手册》上注明“B超显示正常”，而没有按照《母婴保健法》第17条的规定，即“经产前检查，医师发现或者怀疑胎儿异常的，应当对孕妇进行产前诊断”去办。更让文女士夫妇气愤的是，面对B超显示“胎儿肢体显示不满意”或“胎儿结构无法完整显示”的异常情况，诊治医生虽然有4次机会采取进一步的检查手段，实施产前诊断进行确诊，但医生每次都没有尽到执业医生所应负的特殊注意义务。因此，文女士夫妇认为，诊治医生的治疗行为在主观上存在疏忽或懈怠。根据《母婴保健法》的规定，医院和孕产妇的权利义务关系相当明确，医院没有尽到其应尽的职责，导致残疾胎儿得以生产，给文女士夫妇造成严重的精神和经济负担，理应承担相应的赔偿责任。但

① 梅贤明：《生下肢残儿，医院该不该赔偿》，载《人民法院报》2004年11月16日。

该医院认为，医院不存在主观上的过错，行为没有违法，与女婴残缺左上肢没有因果关系，显然不属于医疗事故。根据《条例》第49条第2款的规定："不属于医疗事故的，医疗机构不承担赔偿责任。"

后文女士就其所生孩子肢体残缺起诉某市医院，一审法院以某市医院的行为与所生孩子残疾没有因果关系为由驳回诉讼请求，二审法院则改判予以支持，判决某市医院赔偿患者一方精神抚慰金、医疗费、残疾人生活补助费、残疾用具费等合计55万元。

评析

首先，该医院存在违反法定义务的行为，根据《母婴保健法》第17条的规定："经产前检查，医师发现或者怀疑胎儿异常的，应当对孕妇进行产前诊断。"然而，该医院未按《母婴保健法》的有关规定，对孕妇进行产前诊断，没有尽到法定义务。其次，有侵害结果的发生。对文女士夫妇而言，其遭受的具体损害是，未能与其他正常人一样，生出一个肢体健全的婴儿。再次，该医院的行为与损害结果之间有因果关系。正是由于该医院在发现或者怀疑胎儿异常后没有作进一步的产前诊断，提出终止妊娠的医学意见，最终导致肢体残缺女婴的出生。最后，该医院主观上有过错。作为具有胎儿保健专业知识的医院，医生应当知道胎儿出现异常不作进一步产前诊断，可能导致出生的婴儿肢体残缺，却没有预见到，或者其已经预见到这个结果，但轻信能够避免。该医院的行为符合侵权责任构成四要件，应承担民事侵权赔偿责任。

在本案的原告方面，根据我国《民法典》第13条的规定：自然人从出生时起到死亡时止，具有民事权利能力，依法享有民事权利，承担民事义务。并且法律规定，未成年人由其近亲属代理进行诉讼行为，而近亲属中的第一顺位为父母、子女。根据上述规定，胎儿出生后死亡或残疾的，在这种情况下，由于胎儿出生后曾经是活体，可以称其为婴儿，即其已经是一个独立的人，具有民事权利能力。因此，胎儿出生后再死亡的或残疾的，受害人是该婴儿的近亲属，主要就是该婴儿的父母。也就是说，此时婴儿的父母有权作为原告提起诉讼。

从该案件看，不当出生儿具有民事权利，并且其近亲属就是其父母，所以原告是新生儿的父母，并且在一审和二审中，法院都肯定了以本案不当出生儿的父母为原告。而且，在司法实践中法院也受理此类案件，并支持由于医疗机构没有尽到注意义务从而导致残疾或不健全的胎儿出生损害其父母权益的诉讼请求。

【案例 4-04】刘女士诉深圳北京两医院案①

67 岁的周女士因心脏病，于 2002 年 12 月 15 日入住深圳某医院心脏外科，经诊断，需做心脏换瓣膜手术+冠状动脉搭桥术。手术于 2003 年 1 月 4 日 7 时 35 分开始，由北京某医院外科专家孟某主刀；5 日凌晨宣布手术失败，病人死于手术台。2003 年 7 月 18 日，周女士的女儿刘女士起诉深圳某医院、北京某医院医疗纠纷案在深圳福田区人民法院开庭，刘女士请求两医疗机构赔偿人身伤害及精神损失共 45.5 万多元。

庭审中主要有两个争议焦点：

1. 孟某在深圳某医院主刀是“走穴”还是职务行为？原告在起诉状中称，病人到深圳某医院施行手术，但病人及其家属并未委托北京某医院的医生为其施行手术，而深圳某医院医师私下请北京某医院的医生孟某为病人主刀手术，孟某的行为实属“走穴”。被告方则认为，孟某是经过深圳某医院的电话邀请，并经北京某医院同意后才到深圳某医院为周女士施行手术，应视为职务行为。

2. 诊疗过程是否有过错？原告方认为，深圳某医院在对手术事先准备不足，对可能出现的情况估计不足的前提下，贸然进行手术是导致患者死亡的根本原因。被告方则认为，患者死亡是自身病情重、所患疾病特殊所致。深圳某医院的代理律师在庭审质证过程中称：病人体弱多病，为慎重起见，经家属同意，才决定邀请全国知名医生孟某亲自实施手术，法医检验报告并未能证明患者的死是被告过错所致。

评析

这是一起典型的关于共同被告的医疗侵权诉讼案件。在本案中所涉及的焦点问题有：“走穴”医生能否成为适格的被告，医生所在医院能否成为共同被告以及共同被告间责任如何划分。

---

① 刘鑫、孙东东、陈特：《医疗损害赔偿诉讼实务》，中国法制出版社 2012 年版，第 113 页。

在医疗侵权案件中，医生个人不是适格的被告。[①]《民法典》第 1191 条第 1 款规定，用人单位的工作人员因执行工作任务造成他人损害的，由用人单位承担侵权责任。根据《民事诉讼法司法解释》第 56 条的规定，法人或者其他组织的工作人员因职务行为或者其他组织的法定代表人、负责人以及工作人员，在执行职务中致人损害的，由该法人或者其他组织承担民事责任。上述人员实施与职务行为无关的行为致人损害的，应当由行为人承担赔偿责任。在我国，医院与医生之间是事业单位法人与工作人员的关系，医生合法的执业行为属于其职务行为，发生的后果应由雇用医生的医院承担责任，医生个人不对外承担民事责任。

在医疗行业，为了使医疗资源能够最大限度地合理利用，医生的“走穴”现象十分普遍。合法的“走穴”需要邀请医院与受邀医院之间完成合法的手续，也在法律的允许范围之内。在目前案件的审理中，患者及其家属往往会将邀请医院、“走穴”的医生及其所在的医院列为共同被告并要求其承担连带责任。本案中，孟某个人未经合法的手续而私自进行“走穴”发生侵权损害，深圳某医院承担责任理所当然，而实际的医疗服务合同存在于患者和邀请医院之间，北京某医院是否承担连带责任目前值得商榷。

本书认为，在医生合法“走穴”引起的医疗侵权纠纷案件中，已取得医生执业资格的医生不应成为民事赔偿的被告，而应当由邀请医院承担侵权损害的赔偿。而在医生非法“走穴”引起的医疗侵权纠纷案件中，患者将邀请医院作为医生非法“走穴”引起的医疗侵权案件的被告，不无争议。实际案件中，患者将邀请医院与“走穴”医生所在医院诉为共同被告，因“走穴”医生所在医院疏于对其医生的管理，存在过失，法院也会判决“走穴”医生所在的医院与邀请医院共同承担连带民事赔偿责任，根据各自过失的大小来确定责任如何分担。不能确定责任大小的，推定责任平均分担。患者可以要求其中任一被告承担全部的赔偿，该被告全部赔偿后，其可向其他被告追偿其应承担的份额。对于此种判决的法律依据是否充分，目前尚存争议。

---

① 个体开业和非法行医的医生除外。

【案例 4-05】齐齐哈尔第二制药有限公司亮菌甲素注射液致患者死亡案①

2006 年 5 月 3 日，广东省食品药品监督管理局报告，发现部分患者使用齐齐哈尔第二制药有限公司（以下简称“齐二药”）生产的“亮菌甲素注射液”后，出现严重不良反应。2006 年 5 月 11 日，国家食品药品监督管理局发出紧急通知，在全国范围内停止销售和使用“齐二药”生产的所有药品，同时要求各地药监部门在本辖区范围内就地查封、扣押。经调查，“齐二药”生产的“亮菌甲素注射液”为假药，其生产环节存在明显漏洞。为保证民众用药安全，国家食品药品监督管理局决定停止销售和使用该厂生产的所有药品。

2006 年 4 月底，患者甲因为肝病到广州某医院就诊。出于病情需要，4 月底至 5 月上旬的 12 天时间里，某医院共给他注射了 24 支“齐二药”生产的“亮菌甲素注射液”。在此治疗过程中，受害人的凝血酶、总胆红素的数值急剧上升，各种体征发生变化，出现肾衰竭、神志不清等症状并不断加重。院方在得知病变的不妥情况下，停用了该注射液，并就这一问题向上级主管部门进行了通告。2006 年 7 月 18 日，甲因为肾衰竭而终告不治。甲的近亲属与其他 9 名受害者的近亲属一同向法院起诉，认为被告方——“齐二药”、某蘅源公司、某保品公司和广州某医院应当承担连带赔偿责任。

经调查，“齐二药”生产的“亮菌甲素注射液”有严重的质量问题，患者正是因为使用了“亮菌甲素注射液”而出现了急性肾衰竭并导致死亡。广州某医院称其在发现患者可能因注射“亮菌甲素注射液”而出现肾衰竭症状时，及时地停止了临床应用该药物，并及时向上级主管部门通报了这一情况。在患者出现急性肾衰竭的病情之后，医院无偿对其进行了及时的治疗，已经履行了相应的义务，不应当再承担赔偿责任。

2008 年 12 月 10 日，广州市中级人民法院终审宣判。法院认为，假药生产商“齐二药”应当赔偿 10 名受害人近亲属经济损失合计人民币 350 余万元，而用药的广州某医院和两家药品销售商则要承担连带赔偿责任。

---

① 蔡彦敏：《“齐二药”假药案民事审判之反思》，载《法学评论》2010 年第 4 期，第 124-137 页。

评析

本案的争议焦点是，广州某医院是否应当对患者的死亡后果承担责任。

根据《侵权责任法》的规定，医疗产品责任是无过错责任。医院承担赔偿责任的条件是：患者在医院所购买的药品存在缺陷，该药品的缺陷导致了患者受到人身损害的后果。本案中，患者在广州某医院注射了属于假药的“亮菌甲素注射液”，因为该药品的缺陷，患者出现了急性肾衰竭的病情，并最终死亡的人身损害后果。从构成要件上分析，广州某医院应当承担患者死亡的人身损害赔偿责任。

医院的理由是，其对于药品的质量把关不存在过错，并且在发现药品可能存在缺陷时采取了及时的补救措施，停止继续使用该药物，及时上报上级机关，并承担了患者肾衰竭的治疗费用，已经尽到了自己的义务，不应当再承担赔偿责任。医疗产品责任采无过错责任原则，虽然医院对于药品的缺陷没有过错，但是这并不能成为医院的免责事由。至于医院在事件发生之后的补救措施，则是履行了其跟踪观察义务。根据《民法典》第1206条的规定，药品投入流通后发现存在缺陷的，医疗机构应当及时采取警示、召回等补救措施。未及时采取补救措施或者补救措施不力造成损害扩大的，应当承担侵权责任。如果广州某医院在事件发生之后，没有及时停止使用该种药物并且上报上级机关，根据《民法典》的规定，还应当对其怠于履行义务行为承担侵权责任。广州某医院依据法院判决承担了对患者的损害赔偿责任之后，还可以就其受到的损失向假药的生产厂家“齐二药”进行追偿，要求其弥补自己受到的损失。

第二节　法律溯及力与诉讼时效

【原理阐释】

一、法的溯及力

法的溯及力问题背后是一个价值取向问题，由于法不溯及既往原则具有限制国家权力、保护公民权利的价值取向，作为法的溯及力的基本原则的地位不可动摇；例外溯及是法不溯及既往原则的有益补充。法的溯及力问题的产生，主要原因是法的变动。法律作为调整社会关系的手段，会随着社会的发展变动而变化。任何一部法律都是一定社会条件下的产物，有着自身的社会基础，当社会和环境发生变化，原有的基础不存在了，法律就会出现滞后，无法调整现实社会出现的新情况。这时，立法者需要通过法律的变动和修改废旧立新，来使法律适应变化了的社会生活。当然，变动后的法律绝不是立法者凭空想象出来的，同样源于变换了的现实基础。《民法典时效司法解释》对《民法典》的溯及力作出了规定。①

出现法的溯及力问题，概括起来有以下三种情形。

1. 新法取代旧法

新法取代旧法而生效，就会出现新法对于旧法失效前效力范围内的法律事实是否适用的问题。旧法效力范围内的法律事实在旧法失效后依然未决，这在司法实践中司空见惯。这时，就会产生是用新法还是用旧法来解决未决法律事实的问题。如果适用新法，则产生新法的溯及适用的问题，即新法有溯及力。《民法典》实施之后，原《侵权责任法》《条例》关于医疗损害、医疗事故损害赔偿的规定将不再适用。

2. 新法将某一类社会关系纳入法律调整

一部新法或法律修正案中一个新的条文，往往将以前不属于法律调整范围内的事项纳入法律规制的范围。原《侵权责任法》医疗损害责任一章中引入了医疗损害的概念，此前患者只有在发生医疗事故自己受到损害的情况下才能起诉医院请求赔偿，适用《民法典》后，在医疗事故以外，患者在诊疗活动中受到其他损害同样可以请求医院赔偿。此外，原《侵权责任法》首次以法律规范的形式对知情同意侵权行为及患者隐私侵权行为的赔偿责任作了原则性规定，对医疗用品缺陷及输入不合格血液导致患者损害则规定医疗机构应承担赔偿责任，《民法典》替代了原《侵权责任法》，延续了这一规定。

3. 新旧法同时存在

在医疗侵权的纠纷案件中，在原《侵权责任法》实施前，有关医疗侵权的

---

① 《民法典时效司法解释》（法释〔2020〕15 号，2021 年 1 月 1 日起施行）。

案件所依据的法律是:《民法通则》关于人身损害的条款以及《条例》的相关规定。原《侵权责任法》与《条例》的作用和职能是不同的。原《侵权责任法》是由全国人大常委会颁布实施的基本法律，其中关于医疗损害责任的规定着重于对被侵害的权利的保护与救济。而《条例》是国务院颁布实施的行政法规，着重于医疗事故的行政处理与监督，属于行政法规的范畴。

二、诉讼时效

关于实施时效，长期以来适用《民法通则》的规定。2020 年发布的《民法典》对实施时效有了新的规定，且变化比较大。2020 年修改后的《民事诉讼时效司法解释》(法释〔2020〕17 号)① 和 2022 年最高人民法院发布的《民法典总则编司法解释》(法释〔2022〕6 号)② 对诉讼时效相关问题作出进一步解释。

诉讼时效是指民事权利受到侵害的权利人在法定的时效期间内不行使权利，当时效期间届满时，即丧失了请求人民法院依诉讼程序强制义务人履行义务的权利的制度。在超过诉讼时效期间后，当事人起诉的权利并没有消灭，但其胜诉的权利已经丧失，人民法院对其不再予以保护。

诉讼时效包括三种，即普通时效、特殊时效和最长时效。普通时效，是指因违约行为或侵权行为产生的损害赔偿请求权的时效期间，一般为三年。特殊时效适用于某些特殊案件，由法律作出特殊规定。比如，《民法典》第 594 条规定，因国际货物买卖合同和技术进出口合同争议提起诉讼或者申请仲裁的时效期间为四年。再如，有关选民资格案件的诉讼时效，《民事诉讼法》第 188 条规定，公民不服选举委员会对选民资格的申诉所作的处理决定，可以在选举日的五日以前向选区所在地基层人民法院起诉。关于医疗侵权损害赔偿案件的诉讼时效应适用《民法典》第 188 条规定的三年诉讼时效。以上普通时效和特殊时效的起算点是知道或者应当知道权利被侵害之时。最长时效为二十年，其

---

① 2008 年 8 月 11 日最高人民法院审判委员会第 1450 次会议通过，根据 2020 年 12 月 23 日最高人民法院审判委员会第 1823 次会议通过的《最高人民法院关于修改〈最高人民法院关于在民事审判工作中适用《中华人民共和国工会法》若干问题的解释〉等二十七件民事类司法解释的决定》修正，自 2021 年 1 月 1 日起施行。

② 2021 年 12 月 30 日最高人民法院审判委员会第 1861 次会议通过，自 2022 年 3 月 1 日起施行。

起算点是权利被侵害之时。

如前所述，我国关于违约之诉的诉讼时效期间和侵权之诉的诉讼时效期间规定是不同的，在医疗损害发生违约责任和侵权责任竞合的情况下，患者应当注意区分两类诉讼理由在时效上的差异。

三、诉讼时效中断

《民法典》第 195 条对诉讼时效中断的规定有四种情况。

1. 权利人向义务人提出履行请求

在医疗纠纷中，患方无论以口头方式还是书面形式，无论向医疗机构提出还是向其他有关部门提出，只要明确提出要求医疗机构赔偿，都应当视为患方提出了赔偿要求。不过，为了更好地保护权利，患方最好以书面文件的形式来表达自己的请求。

2. 义务人同意履行义务

医院如果同意赔偿，那么诉讼时效也可以中断。

3. 权利人提起诉讼或者申请仲裁

4. 与提起诉讼或者申请仲裁具有同等效力的其他情形

诉讼时效中断的事由发生后，已经过的时效期间归于无效，中断事由存续期间，时效不进行，中断事由终止时，诉讼时效重新开始计算。需要注意的是，诉讼时效中断没有次数的限制。

四、诉讼时效中止

（一）诉讼时效中止的概念

诉讼时效中止是指在诉讼时效期间的最后 6 个月内，因法定事由而使权利人不能行使请求权的，诉讼时效期间的计算暂时停止。从时效中止的原因消除之日起，诉讼时效期间继续计算。依诉讼时效的中止，其已经过的期间仍然有效，待阻碍时效进行的法定障碍消除后，时效期间继续进行。

（二）发生诉讼时效中止的法定事由

《民法典》第194条对诉讼时效中止的规定有五种情况。在医疗损害赔偿诉讼中，发生诉讼时效中止的法定事由主要有三种情况。

1. 不可抗力

指的是不能预见、不能避免且不能克服的客观情况。包括自然灾害和非出于权利人意思的事件，如瘟疫、暴乱等。

2. 法定代理人未确定或丧失民事行为能力等

《民法典》第194条规定，在诉讼时效期间的最后六个月内，无民事行为能力人或者限制民事行为能力人没有法定代理人，或者法定代理人死亡、丧失民事行为能力、丧失代理权，不能行使请求权的，诉讼时效中止。

3. 权利人被义务人或者其他人控制

比如，没有近亲属的无民事行为能力人的精神障碍患者在精神病医院住院期间，发生了医疗损害事件，直到其康复出院，再开始主张权利，提起诉讼。

【实务问题及难点】

一、关于《民法典》医疗损害责任章的溯及力

医疗损害赔偿案件适用的法律，涉及《条例》《民法通则》《侵权责任法》《民法典》，有两个重要的时间节点：《侵权责任法》实施和《民法典》实施。

（一）《侵权责任法》实施

《侵权法适用通知》涉及法的溯及力的内容主要有两条规定：第一，《侵权责任法》施行后发生的侵权行为引起的民事纠纷案件，适用侵权责任法的规定。《侵权责任法》施行前发生的侵权行为引起的民事纠纷案件，适用当时的法律规定。第二，侵权行为发生在《侵权责任法》施行前，但损害后果出现在《侵权责任法》施行后的民事纠纷案件，适用《侵权责任法》的规定。

根据上述规定，对于医疗行为和损害后果均发生在《侵权责任法》施行前

的医疗侵权案件，《侵权责任法》自然无法产生溯及力，只能适用当时的法律及司法解释。以下分析需适用《侵权责任法》的两种情形。

1. 侵权行为发生在《侵权责任法》施行后

根据《侵权法适用通知》第1条的规定，在《侵权责任法》施行后发生的医疗侵权纠纷案件适用《侵权责任法》关于医疗损害责任的规定。从法理上看，《条例》与《侵权责任法》相冲突的规定自然不再适用。为了避免法律条文本身之间的矛盾与冲突，各级立法部门及最高人民法院应当及时对其他有关的法律法规、司法解释进行清理，与《侵权责任法》相冲突的法律条文应被清理掉，与《侵权责任法》基本原则不违背的法律条文予以保留，并通过制定司法解释明确《侵权责任法》没有详细规定的条文。

2. 侵权行为发生在《侵权责任法》施行前，损害结果发生在《侵权责任法》实施后

根据《侵权法适用通知》第2条的规定，医疗行为发生在《侵权责任法》施行前，但损害后果出现在《侵权责任法》施行后的医疗侵权纠纷案件，适用《侵权责任法》。

在《侵权责任法》实施之后，各地法院受理的涉及医疗侵权纠纷的案件明显增多，究其原因，就是遭受医疗损害的患者根据《侵权法适用通知》有关溯及力的规定以求在诉讼中能够适用《侵权责任法》所致。

（二）《民法典》实施

《民法典时效司法解释》对《民法典》的适用作出了明确而具体的规定，医疗损害赔偿案件适用《民法典》的情况很明确。《民法典》施行后的法律事实引起的民事纠纷案件，适用《民法典》的规定。对于《民法典》施行前发生的法律事实引起的民事纠纷案件的法律适用，除非法律、司法解释另有规定，否则分为六种情况分别适用法律：(1)《民法典》施行前的法律事实引起的民事纠纷案件，适用当时的法律、司法解释的规定；(2)《民法典》施行前的法律事实持续至《民法典》施行后，该法律事实引起的民事纠纷案件，适用《民法典》的规定；(3)《民法典》施行前的法律事实引起的民事纠纷案件，虽有当时的法律、司法解释规定，但是适用《民法典》的规定更有利于保护民事主体合法权益，更有利于维护社会和经济秩序，更有利于弘扬社会主义核心价

值观的，适用《民法典》；(4)《民法典》施行前的法律事实引起的民事纠纷案件，当时的法律、司法解释没有规定而《民法典》有规定的，可以适用《民法典》的规定，但是明显减损当事人合法权益、增加当事人法定义务或者背离当事人合理预期的除外；(5)《民法典》施行前的法律事实引起的民事纠纷案件，当时的法律、司法解释仅有原则性规定而《民法典》有具体规定的，适用当时的法律、司法解释的规定，但是可以依据《民法典》的具体规定进行裁判说理；(6)《民法典》施行前已经终审的案件，当事人申请再审或者按照审判监督程序决定再审的，不适用《民法典》的规定。

二、医疗侵权纠纷诉讼时效期间的起算点

关于医疗侵权纠纷诉讼时效期间的起算点问题，我国《民法典》对于人身损害赔偿的诉讼时效期间均作出了规定，对由医疗行为不当引起的人身损害赔偿应该适用，但因没有对相关法律的明确解释，在司法实务中如何理解和准确界定“权利人知道或者应当知道其民事权利被侵害之日”存在难以操作和准确把握的问题。由于医患关系的特殊性，这些规定存在不能有效保护患者利益的情况。

《民法典》第188条第2款规定：诉讼时效期间自权利人知道或者应当知道权利受到损害以及义务人之日起计算。在医疗侵权纠纷中，诉讼时效期间的起算时间尤其重要。是依“知道或者应当知道权利被侵害”，还是依“明知有损害及赔偿义务人”，在理解和掌握上一般不至于成为问题，因为患者会直接体会到医疗活动给自己造成的身体痛苦，也知道赔偿义务人就是给其造成损害的医生或医院。一般而言，患者受到医疗损害会马上与医方进行交涉。因此，应从患者向医方第一次交涉的时间起计算诉讼时效期间，此后的三年中如果患者方未向医方请求损害赔偿，则患者方的胜诉权因时效经过而消灭。

本书认为，在侵权赔偿案件中的“知道”或“应当知道”应包含两个方面的内容：其一，知道被侵害的事实；其二，知道被谁侵害。诉讼时效期间的起算应当满足以上两项，人民法院应当以以上两项标准来判断此案的诉讼时效期间是否超过。首先，对于知道被侵害的判断应当从主客观两个方面进行分析。被侵害之日是一种客观存在的侵权事实的发生时间，但权利人是否知道这

一时间点应结合患者及案件的实际情况分析。我们知道，医疗侵权发生之后，其损害后果未必在短期内显现，而是具有一定的隐蔽性和潜伏性，有的长达几年甚至几十年，要求一个普通人在损害后果尚未显现的情况下就主张权利是不符合常理的。其次，即使损害后果业已发生并为权利人所知晓，亦不能简单地将损害发生日作为诉讼时效的起算点，因为医学知识是相对专业的，不是非专业的普通人所能掌握的，医疗损害案件中损害后果是否为医疗活动所致，医疗行为与发生的损害后果是否具有因果关系并不能为普通患者所迅速感知，只有知道被谁侵害才能确定侵权人从而进行进一步权利的主张，权利人的权利被侵害后不知道被谁所害，则诉讼时效期间应自查清侵权人之日起计算。

在某些特殊情况下，如患者对医疗损害发生的时间并不清楚，而是做了医学检查之后，检查结果提示有损害的发生，损害结果发生的时间如何计算呢？如前所述，医疗活动是一项专业性极强的科学活动，其专业知识不被一般的普通患者所掌握，所以损害后果客观产生之日并不能作为诉讼时效的起算点。只有在通过医学检查后，发现了损害后果的产生并确定医疗行为与损害后果的产生有着直接的因果关系时，才能开始诉讼时效期间的计算。

三、发生后遗症的诉讼时效问题

在医疗损害赔偿诉讼时效上，值得研究的是患者发生后遗症①的情形。其实，除了后遗症，患者损害结果的最后确认也值得研究。患者在医疗过错中出现了问题，后续一直在实施补救性治疗，经过一段时间后病情稳定（或痊愈，或好转，或恶化，或死亡），此时损害结果固定。关于这个问题，我国法律规定，诉讼时效期间从知道或者应当知道权利被侵害时起计算。人身损害赔偿的诉讼时效期间，伤害明显的，从受伤害之日起算；伤害当时未被发现，后经检查确诊并能证明是由原侵害引起的，从伤害确认之日起算。例如，手术中将纱布、手术器械等医疗用品遗留在患者体内对患者造成损害的案件，诉讼时效是从患者知道其体内被遗留了纱布或手术器械之日起计算。值得注意的是，患者

---

①　后遗症，是指在病情基本好转后遗留下来的某种组织、器官的缺损或者功能上的障碍。

知道损害的后果，并不等于知道其权利受到了损害。诉讼时效期间是从权利人知道或者应当知道权利被侵害时起计算，而不是自权利人知道或者应当知道损害后果时起计算。作为不具备任何医学专业知识的普通人，不可能在损害后果发生后立即能判断出此损害后果是由原医疗活动所致，因此在发生后遗症的情况下，只有在此种损害被确认为与原医疗活动有直接的因果关系后，才能认定患者知道或应当知道自己的权利受到了侵害。在此类医疗侵权的案件中，医疗机构以患者出现后遗症的时间超过三年的诉讼时效为由抗辩，法院应不予采纳。

另外，患者在医疗机构接受医疗服务发生在《民法典》实施之前，但损害结果、并发症等不良后果发生在《民法典》实施之后，或者是在《民法典》实施之后确认，根据《民法典时效司法解释》第 24 条规定，应当适用《民法典》的规定。①

四、《民法典》等相关法律的溯及力争议的实质问题

涉及医疗损害赔偿的法律变化比较大，前后经历了《条例》《民法通则》《侵权责任法》《民法典》，所以存在法律的溯及力争议。表面上看，法律的溯及力争议是应当适用《民法典》《侵权责任法》《民法通则》，还是《条例》，实质上是适用什么赔偿标准的问题。

2010 年 7 月 1 日《侵权责任法》实施，其中第七章关于医疗损害责任的规定同时生效。而在《侵权责任法》实施前，我国处理医疗损害纠纷案件的审判实践中，存在分别适用《条例》与《民法通则》《人身损害赔偿解释》的“二元化”现象，从而导致了医疗损害赔偿案件适用法律的不同。

由于传统医疗体制的影响，医疗纠纷处理的行政色彩浓重，2002 年 4 月 4 日颁布的《条例》是医疗事故处理的法律依据。然而，由于《条例》本身属于行政法规的局限，在处理医疗事故民事赔偿方面显露出诸多弊端。在《条例》生效后，最高人民法院发布了司法解释，将医疗损害案件分为医疗事故损害赔偿案件和非医疗事故损害赔偿案件，由于非医疗事故损害赔偿案件在赔偿

① 《民法典时效司法解释》第 24 条规定：侵权行为发生在民法典施行前，但是损害后果出现在民法典施行后的民事纠纷案件，适用民法典的规定。

标准方面明显高于医疗事故损害赔偿案件，导致前者的受案量也明显高于后者。此外，最高人民法院发布的《人身损害赔偿解释》自 2004 年 5 月 1 日起施行。该解释适用于所有的人身损害赔偿案件，而非医疗事故损害赔偿案件自然也属其中。与《条例》相比，该解释中确定的赔偿标准远远高于《条例》规定的赔偿标准。在审判实践中，无论是否因医疗事故受到损害，患者都会以一般的医疗损害赔偿纠纷向法院起诉，而医院通常会提出不是一般医疗损害赔偿纠纷的抗辩，证明损害是由医疗事故造成的来降低赔偿数额。这样给法律适用造成混乱，也违背了立法的初衷。

本书认为，2010 年 7 月 1 日《侵权责任法》已经实施，由于《侵权责任法》专门规定了医疗损害责任一章，根据我国《立法法》对法的效力的规定，《条例》中与《侵权责任法》相冲突的条款应该自动失效。《民法通则》及《人身损害赔偿解释》与《侵权责任法》相比，是一般法相比于特别法，《侵权责任法》优先适用。针对侵权行为发生在 2010 年 7 月 1 日之后以及侵权行为发生在 2010 年 7 月 1 日之前而损害后果发生在 2010 年 7 月 1 日之后的医疗损害案件，应适用《侵权责任法》关于医疗损害责任的规定。从 2021 年 1 月 1 日开始，《民法典》实施之后，医疗损害赔偿案件原则上适用《民法典》，除非有其他特殊情况存在，需要适用其他的法律。

【法条链接】

《民法典》

第十三条　自然人从出生时起到死亡时止，具有民事权利能力，依法享有民事权利，承担民事义务。

第一百八十八条　向人民法院请求保护民事权利的诉讼时效期间为三年。法律另有规定的，依照其规定。

诉讼时效期间自权利人知道或者应当知道权利受到损害以及义务人之日起计算。法律另有规定的，依照其规定。但是，自权利受到损害之日起超过二十年的，人民法院不予保护，有特殊情况的，人民法院可以根据权利人的申请决定延长。

第一百八十九条　当事人约定同一债务分期履行的，诉讼时效期间自最后一期履行期限届满之日起计算。

第一百九十条 无民事行为能力人或者限制民事行为能力人对其法定代理人的请求权的诉讼时效期间，自该法定代理终止之日起计算。

第一百九十一条 未成年人遭受性侵害的损害赔偿请求权的诉讼时效期间，自受害人年满十八周岁之日起计算。

第一百九十二条 诉讼时效期间届满的，义务人可以提出不履行义务的抗辩。

诉讼时效期间届满后，义务人同意履行的，不得以诉讼时效期间届满为由抗辩；义务人已经自愿履行的，不得请求返还。

第一百九十三条 人民法院不得主动适用诉讼时效的规定。

第一百九十四条 在诉讼时效期间的最后六个月内，因下列障碍，不能行使请求权的，诉讼时效中止：

（一）不可抗力；

（二）无民事行为能力人或者限制民事行为能力人没有法定代理人，或者法定代理人死亡、丧失民事行为能力、丧失代理权；

（三）继承开始后未确定继承人或者遗产管理人；

（四）权利人被义务人或者其他人控制；

（五）其他导致权利人不能行使请求权的障碍。

自中止时效的原因消除之日起满六个月，诉讼时效期间届满。

第一百九十五条 有下列情形之一的，诉讼时效中断，从中断、有关程序终结时起，诉讼时效期间重新计算：

（一）权利人向义务人提出履行请求；

（二）义务人同意履行义务；

（三）权利人提起诉讼或者申请仲裁；

（四）与提起诉讼或者申请仲裁具有同等效力的其他情形。

第一百九十六条 下列请求权不适用诉讼时效的规定：

（一）请求停止侵害、排除妨碍、消除危险；

（二）不动产物权和登记的动产物权的权利人请求返还财产；

（三）请求支付抚养费、赡养费或者扶养费；

（四）依法不适用诉讼时效的其他请求权。

第一百九十七条 诉讼时效的期间、计算方法以及中止、中断的事由由法律规定，当事人约定无效。

当事人对诉讼时效利益的预先放弃无效。

第一百九十八条 法律对仲裁时效有规定的，依照其规定；没有规定的，适用诉讼时效的规定。

第一百九十九条 法律规定或者当事人约定的撤销权、解除权等权利的存续期间，除法律另有规定外，自权利人知道或者应当知道权利产生之日起计算，不适用有关诉讼时效中止、中断和延长的规定。存续期间届满，撤销权、解除权等权利消灭。

第九百九十五条 人格权受到侵害的，受害人有权依照本法和其他法律的规定请求行为人承担民事责任。受害人的停止侵害、排除妨碍、消除危险、消除影响、恢复名誉、赔礼道歉请求权，不适用诉讼时效的规定。

《民法典时效司法解释》

第一条 民法典施行后的法律事实引起的民事纠纷案件，适用民法典的规定。

民法典施行前的法律事实引起的民事纠纷案件，适用当时的法律、司法解释的规定，但是法律、司法解释另有规定的除外。

民法典施行前的法律事实持续至民法典施行后，该法律事实引起的民事纠纷案件，适用民法典的规定，但是法律、司法解释另有规定的除外。

第二条 民法典施行前的法律事实引起的民事纠纷案件，当时的法律、司法解释有规定，适用当时的法律、司法解释的规定，但是适用民法典的规定更有利于保护民事主体合法权益，更有利于维护社会和经济秩序，更有利于弘扬社会主义核心价值观的除外。

第三条 民法典施行前的法律事实引起的民事纠纷案件，当时的法律、司法解释没有规定而民法典有规定的，可以适用民法典的规定，但是明显减损当事人合法权益、增加当事人法定义务或者背离当事人合理预期的除外。

第四条 民法典施行前的法律事实引起的民事纠纷案件，当时的法律、司法解释仅有原则性规定而民法典有具体规定的，适用当时的法律、司法解释的规定，但是可以依据民法典具体规定进行裁判说理。

第五条 民法典施行前已经终审的案件，当事人申请再审或者按照审判监督程序决定再审的，不适用民法典的规定。

第二十四条 侵权行为发生在民法典施行前，但是损害后果出现在民法典施行后的民事纠纷案件，适用民法典的规定。

第二十八条第二款 本规定施行后，人民法院尚未审结的一审、二审案件适用本规定。

《民事诉讼时效司法解释》

第二条 当事人未提出诉讼时效抗辩，人民法院不应对诉讼时效问题进行释明。

第三条 当事人在一审期间未提出诉讼时效抗辩，在二审期间提出的，人民法院不予支持，但其基于新的证据能够证明对方当事人的请求权已过诉讼时效期间的情形除外。

当事人未按照前款规定提出诉讼时效抗辩，以诉讼时效期间届满为由申请再审或者提出再审抗辩的，人民法院不予支持。

第六条 返还不当得利请求权的诉讼时效期间，从当事人一方知道或者应当知道不当得利事实及对方当事人之日起计算。

第八条 具有下列情形之一的，应当认定为民法典第一百九十五条规定的"权利人向义务人提出履行请求"，产生诉讼时效中断的效力：

（一）当事人一方直接向对方当事人送交主张权利文书，对方当事人在文书上签名、盖章、按指印或者虽未签名、盖章、按指印但能够以其他方式证明该文书到达对方当事人的；

（二）当事人一方以发送信件或者数据电文方式主张权利，信件或者数据电文到达或者应当到达对方当事人的；

（三）当事人一方为金融机构，依照法律规定或者当事人约定从对方当事人账户中扣收欠款本息的；

（四）当事人一方下落不明，对方当事人在国家级或者下落不明的当事人一方住所地的省级有影响的媒体上刊登具有主张权利内容的公告的，但法律和司法解释另有特别规定的，适用其规定。

前款第（一）项情形中，对方当事人为法人或者其他组织的，签收人可以是其法定代表人、主要负责人、负责收发信件的部门或者被授权主体；对方当事人为自然人的，签收人可以是自然人本人、同住的具有完全行为能力的亲属或者被授权主体。

第九条　权利人对同一债权中的部分债权主张权利，诉讼时效中断的效力及于剩余债权，但权利人明确表示放弃剩余债权的情形除外。

第十条　当事人一方向人民法院提交起诉状或者口头起诉的，诉讼时效从提交起诉状或者口头起诉之日起中断。

第十二条　权利人向人民调解委员会以及其他依法有权解决相关民事纠纷的国家机关、事业单位、社会团体等社会组织提出保护相应民事权利的请求，诉讼时效从提出请求之日起中断。

第十三条　权利人向公安机关、人民检察院、人民法院报案或者控告，请求保护其民事权利的，诉讼时效从其报案或者控告之日起中断。

上述机关决定不立案、撤销案件、不起诉的，诉讼时效期间从权利人知道或者应当知道不立案、撤销案件或者不起诉之日起重新计算；刑事案件进入审理阶段，诉讼时效期间从刑事裁判文书生效之日起重新计算。

《民法典总则编司法解释》

第三十五条　民法典第一百八十八条第一款规定的三年诉讼时效期间，可以适用民法典有关诉讼时效中止、中断的规定，不适用延长的规定。该条第二款规定的二十年期间不适用中止、中断的规定。

第三十六条　无民事行为能力人或者限制民事行为能力人的权利受到损害的，诉讼时效期间自其法定代理人知道或者应当知道权利受到损害以及义务人之日起计算，但是法律另有规定的除外。

第三十七条　无民事行为能力人、限制民事行为能力人的权利受到原法定代理人损害，且在取得、恢复完全民事行为能力或者在原法定代理终止并确定新的法定代理人后，相应民事主体才知道或者应当知道权利受到损害的，有关请求权诉讼时效期间的计算适用民法典第一百八十八条第二款、本解释第三十六条的规定。

第三十八条　诉讼时效依据民法典第一百九十五条的规定中断后，在新的诉讼时效期间内，再次出现第一百九十五条规定的中断事由，可以认定为诉讼时效再次中断。

权利人向义务人的代理人、财产代管人或者遗产管理人等提出履行请求的，可以认定为民法典第一百九十五条规定的诉讼时效中断。

《北京司法指导意见》

42.《侵权责任法》施行后发生的医疗行为引起的医疗损害赔偿纠纷案件，适用《侵权责任法》及其他法律、司法解释和本指导意见的规定。《侵权责任法》施行前发生的医疗行为引起的医疗损害赔偿纠纷案件，适用当时的法律、司法解释及《北京市高级人民法院关于审理医疗损害赔偿纠纷案件若干问题的意见（试行）》（京高法发〔2005〕157号）的规定。

医疗行为发生在《侵权责任法》施行前，但损害结果出现在《侵权责任法》施行后，以及医疗行为和损害结果均发生在《侵权责任法》施行后的医疗损害赔偿纠纷案件，适用《侵权责任法》及其他法律、司法解释以及本指导意见的规定。

【案例4-06】许某诉某大学附属医院的诉讼时效问题①

1997年1月3日，原告许某在某大学附属某医院（以下简称某医院）妇产科出生，出生之后第三天出现口周青紫，哭闹不安，在给予吸氧后好转，后又出现青紫并呼吸急促症状，某医院将其转入南京医科大学附属医院急救并脱险。之后，随着许某渐渐长大，许某与同龄小朋友相比略显迟钝，其父母起先认为许某可能是体质较差，发育较迟所致，故并未在意。3岁时，许某仍无法与他人进行交流。

2000年4月14日，许某经南京铁道医学院第一附属医院诊断为双耳感音神经性耳聋（左耳中度，右耳极度），因无法查明病因，故无法确定治疗方案。直到2007年，许父带领许某来到江苏省人民医院医治，该院医师诊断之后，疑为小儿出生时诊疗护理不当所致，建议许某监护人去出生医院调取相关医疗记录，以便了解原始病症特征以确定进一步治疗方案。

2007年6月，许父到某医院调取许某及其母的原始病案，某医院起先以许某并非在某医院出生为由予以拒绝，为证明许某确系在某医院出生，许某之父无奈返回淮安取来某医院签发的许某出生证明。再次来到某医院之后，某医院宣称：医院存档的病案资料记录名字与小孩母亲名字不符（音同字不同），不

---

① 刘鑫、孙东东、陈特：《医疗损害赔偿诉讼实务》，中国法制出版社2012年版，第122-124页。

能确认二人为同一人，故仍然不能查询病案资料。许父无奈又回到原籍到当地派出所开具了曾用名证明。第三次找到某医院，某医院再次拒绝提供病案资料，称病案资料系医院内部资料，病人及家属无权查看。

许父无奈，将这一情况三次投诉到某医院所在区卫生行政管理局，某区卫生行政管理局同意就此事进行协调，但始终如石沉大海般没有回复。最后，在许父一再催问下，该局答复：卫生局对某医院没有管理职能，建议许父向某医院自行索要。2007 年 11 月，许父委托代理人具状将某医院诉至某医院所在区人民法院。

经过近一年的审理，2008 年 9 月 25 日，法院终于作出一审判决，在该判决中就诉讼时效问题该院作出如下认定：根据《民法通则》的相关规定，人身受到伤害的诉讼时效期间为 1 年，从知道或者应当知道权利被侵害时起算。诉讼时效起算的时间根据相关法律法规规定，起算标准为“权利人知道或者应当知道民事权利被侵害之日”。许某虽在 2000 年就已被确诊为双耳感音神经性耳聋，但作为不懂得专业知识的患者，要想知道自己的权利被侵害，不仅需要一定时间来完成主观上的认知判断，还需要客观证据的支持。本案的诉讼时效应当自 2007 年 6 月左右许某的父亲去某医院复印病历时起算，据此，原告许某起诉之日诉讼时效并未届满。

评析

本案对于诉讼时效的认定是正确的。首先，许某一直四处求医咨询，没有任何机构的证明来证实原告受到伤害的原因，直到庭审前也不知道具体的原因。其次，某医院应该向原告提供有关病案资料，在 2007 年许父向某医院索要病案资料遭拒之前，从未意识到某医院为侵权人。最后，许某年幼，监护人系普通工人，无医疗常识，欲使其在发现损害时迅速确定致害原因是根本不可能的。

原告提供证据显示，虽其在 3 岁时就知道耳聋的事实，但这属于只发现了损害结果，其没有认识到损害结果是由医院的侵害造成的，更不知道自己的权利受到了医院的侵害。本案的诉讼时效应当自 2007 年 6 月左右许某的父亲去某医院复印病历时起算，据此，原告许某起诉之日诉讼时效并未届满。所以，即使事隔近十年才起诉也并没有超过诉讼时效。

【案例 4-07】周某诉某医院输血致丙肝感染案①

2005 年 3 月，周某因臀部受伤，住进某医院施行手术治疗并输血，后病愈出院。2010 年 8 月，周某在单位组织的体检中，发现感染丙肝，并经多家医疗单位检查。随后，周某提起损害赔偿请求，同时到医院进行丙肝抗病毒治疗，一个疗程（年）必然发生的治疗费需 7 万余元，周某遂于 2010 年 8 月起诉要求被告某医院支付各项医疗费 20 万元及赔偿精神损害抚慰金 8 万元。

被告某医院认为，周某没有提供其感染丙肝系由于 2005 年住院手术输血所致的直接证据，且周某在输血后到诉讼时历经 5 年之久，已经超过了医疗侵权案件的诉讼时效期间，并且期间原告存在大量的从其他途径感染丙肝的可能性，故请求驳回原告诉讼请求。

2010 年 10 月，某法院经审理作出一审判决，判决被告某医院支付原告周某医疗费等各项费用 164463.56 元，精神损害抚慰金 2 万元。某法院认为，依据《侵权责任法》关于医疗损害责任的规定，被告医院在给原告输血时，违反了原卫生部《采供血机构和血液管理办法》的规定，在原告住院病历中对献血员的情况没有任何记载，被告也未举出原告丙肝是由其他途径传染的证据，故被告对原告感染的丙肝应承担全部责任。原告因染上丙肝，在精神上遭受损害，被告应当赔偿原告精神损害抚慰金，但原告所提金额过高，应予适当调整，遂作出上述一审判决。

评析

在以往处理医疗损害侵权纠纷的审判实践中，适用的法律、法规主要是《民法通则》和《人身损害赔偿解释》以及《条例》。在《侵权责任法》颁布实施后，如何在医疗损害侵权纠纷案件中准确适用该法，已成为审判此类案件的关键。

本案中，被告某医院提出周某诉讼已超过了诉讼时效的抗辩，法院并没有采纳。根据《民法通则》第 136 条的规定，医疗损害赔偿的诉讼时效期间为一年。而本案中，输血行为至诉讼时已间隔五年之久，是否已经超过了一年的诉

① 刘鑫、孙东东、陈特：《医疗损害赔偿诉讼实务》，中国法制出版社 2012 年版，第 124-125 页。

讼时效期间呢？本书认为，周某在通过医院检查后，发现了丙肝的产生并确定输血行为与丙肝的产生与有着直接的因果关系时，才能开始诉讼时效期间的起算。因此，到周某起诉时并没有超过一年的诉讼时效。根据《侵权法适用通知》第2条的规定，虽然输血行为发生在2005年，但周某发现丙肝在2010年7月1日以后，法院审理本案适用《侵权责任法》完全符合法律的规定。

【案例4-08】本案应该适用《侵权责任法》还是《民法典》①

2020年6月30日23时，刘某与朋友饮酒后嗜睡被送往长春某医院急诊内科治疗。诊断为酒精中毒，医院给予血常规、肾功能、肝功能等检查，并进行醒酒、抑酸等对症治疗。由于患者意识不清，医生建议推入抢救室进一步监护治疗，但陪同的朋友拒绝。医生嘱家属患者呕吐时侧卧，病变时告知医生。当天23时27分，医护人员发现刘某呕吐、面色发绀，将刘某推入抢救室进行抢救。2020年7月1日1时16分刘某因心肺复苏后乏氧性脑病、乳酸酸菌中毒、吸入性肺炎、消化道出血、肝功能异常、高尿酸血症、血脂异常入长春某医院住院治疗。2020年7月17日死亡。死者近亲属认为被告长春某医院未尽到注意义务，对患者死亡应当承担赔偿责任，遂向法院提起诉讼，并提交了自行委托鉴定机构作出的认定被告长春某医院有过错的鉴定意见。

一审法院认为，原告提交的其自行委托鉴定的鉴定意见认定长春某医院在刘某就诊期间对患者安全目标管理规定落实不到位，对刘某呕吐时将呕吐物吸入气管的风险评估不到位，对刘某护理不到位，致刘某在呕吐时将呕吐物吸入气管发现不及时导致刘某因窒息发生缺氧缺血性脑病，最后因病情加重而死亡。该鉴定意见中对“安全目标管理规定”未予说明，原告亦未提供证据，同时在病历、鉴定意见书及双方陈述中均确认长春某医院已明确说明呕吐物吸入气管的风险，并要求将刘某留在抢救室观察，但陪同人员不同意，其后发生危急状况时不予配合治疗，不能证明长春某医院的诊疗行为存在过错。依据《民事证据规定》第40条第1款第3项及第4款，鉴定依据明显不足，重新鉴定的，原鉴定意见不得作为认定案件事实的根据的规定，该鉴定意见法院不予支

① 长春经济技术开发区人民法院（2021）吉0191民初122号民事判决书；吉林省长春市中级人民法院（2021）吉01民终2339号民事判决书。

持。同时，原告拒绝尸检，导致无法认定刘某确切死亡原因，而主张依据长春某医院提供的死亡原因，但该原因是长春某医院通过相关诊疗资料及经验而得出，原告采用长春某医院的结论却不采用长春某医院的结论过程和依据，法院不予支持。

根据被告申请，委托鉴定机构对刘某的死亡原因、刘某的诊疗过程是否存在过错、过错与刘某死亡是否存在因果关系及责任程度进行鉴定。该司法鉴定中心出具退案说明称“阅贵院提供的送鉴材料，没有关于刘某死亡的尸检报告，所以刘某确切死亡原因无法判定。死亡原因无法判定，故医方过错与刘某死亡是否存在因果关系也无法作出确切结论”。

一审法院判决认为，因刘某家属拒绝尸检，导致无法认定刘某死亡原因及长春某医院诊疗行为与刘某死亡之间的因果关系，原告应当承担举证不能的后果。另外，本案事实发生在 2020 年 7 月，但依据《民法典时效司法解释》第 2 条，适用民法典的规定更有利于保护民事主体合法权益，更有利于维护社会和经济秩序，更有利于弘扬社会主义核心价值观，本案应适用相关规定。依照《民法典》第 1224 条，《民法典时效司法解释》第 2 条，《民事诉讼法》第 64 条、第 65 条，《民事证据规定》第 40 条之规定，判决驳回原告的诉讼请求。

二审法院认为，一审法院没有采纳原告自行委托的鉴定意见并无不当。但《民法典时效司法解释》第 1 条第 2 款规定：“民法典施行前的法律事实引起的民事纠纷案件，适用当时的法律、司法解释的规定，但是法律、司法解释另有规定的除外。”本案事实发生在《民法典》施行前，应当适用当时的法律、司法解释的规定。一审法院适用《民法典》的规定不当，本院予以纠正。同时维持一审判决结论。

评析

本案中，一审法院援引《民法典时效司法解释》第 2 条“适用民法典的规定更有利于保护民事主体合法权益，更有利于维护社会和经济秩序，更有利于弘扬社会主义核心价值观”，本案应适用相关规定，在判决中适用《民法典》，看似没有问题，但是二审予以纠正。主要原因在于，对《民法典时效司法解释》第 2 条规定的“适用民法典的规定更有利于保护民事主体合法权益，更有利于维护社会和经济秩序，更有利于弘扬社会主义核心价值观”是应当作抽象理解，还是作具体理解的问题。如果作抽象理解，《民法典》的制定和出台，就是在维护社会和经济秩序、弘扬社会主义价值观的背景下的立法，那么，在《民法典》实施后几乎所有民事案件的裁判都应当适用《民法典》，这显然不合适。二审法院之所以纠正，虽然裁判理由中没有说明，但实际上法院主张对《民法典时效司法解释》第2条应当作具体理解，即有明确的“适用民法典的规定更有利于保护民事主体合法权益，更有利于维护社会和经济秩序，更有利于弘扬社会主义核心价值观”的理由和依据，否则应当适用事件发生时的法律和司法解释。

第五章

医疗侵权诉讼的举证责任分配

法院对医疗损害赔偿案件判决应当以事实为依据，以法律为准绳，在查清案件事实的基础上正确适用法律。在民事诉讼中，法官居中审案、裁判，非因特殊情况一般不会主动调取证据。那么法官如何通过庭审来查明案件事实呢？这就需要双方当事人向法庭提供证据。医疗侵权讼涉及侵权责任构成的基本要件的证明，涉及纷繁复杂的各个环节事实证明，还涉及科学证据的查证与解释，哪些证据应当由什么角色的当事人来向法庭提交，是举证责任分配制度的核心内容。本章结合医疗损害赔偿案件的特点，就医疗损害赔偿案件中的举证责任分配问题进行讨论。

第一节　医疗损害责任的归责原则体系与举证责任原则

【原理阐释】

一、举证责任分配的基本法理

一般认为，举证责任有两层含义，即行为意义上的举证责任和结果意义上的举证责任。行为意义上的举证责任简称行为责任，是指当事人对主张的事实提供证据加以证明的责任；结果意义上的举证责任简称结果责任，是指在案件事实经证明处于真伪不明时不利诉讼后果由哪一方当事人承担。举证责任在根本上要解决的是在案件事实真伪不明、法院又不能拒绝裁判时如何分配不利后果，因此举证责任的本质是结果责任。在分配上，行为责任是纯粹的诉讼法上的问题。为便于查明案件事实，行为责任是当事人双方均需要承担的法律义务，法院可以要求当事人就相关事实提供证据。但结果责任则不同，结果责任决定着不利诉讼结果的归属，只能分配于一方。通常所说的举证责任的分配，指的就是结果责任的分配。结果责任分配给哪一方当事人，哪一方当事人的行为责任实际上就要比对方重一些。

由于结果责任具有极其重要的实体法意义，直接关系到实体法的立法目的能否在诉讼中实现，由此实体法必然对举证责任给予关注。正因如此，“举证责任本质上是个‘两栖’问题，它横跨民事实体法和民事诉讼法两大法域……从本质上说，在双方当事人之间分配举证责任，是民事实体法与民事诉讼法在诉讼中的适用问题”。[①]换句话说，举证责任是民事诉讼法与民法的结合问题。

举证责任分配的基本规则是“谁主张，谁举证”。《民事诉讼法》第 67 条

---

①　李浩：《民事举证责任分配的法哲学思考》，载《政法论坛》1996 年第 1 期。

第1款规定："当事人对自己提出的主张，有责任提供证据。"这是对"谁主张，谁举证"的规定。例外规则是举证责任倒置。所谓举证责任倒置，是指一方当事人提出的主张不由其提供证据加以证明，而是由对方当事人承担举证责任。[①]通俗地说，也即谁主张，谁就对对方承担举证责任。在具体适用上，举证责任倒置作为例外规则，应优先于"谁主张，谁举证"适用。同时，就具体案件而言，在主张事实为事实构成情况下（主张单一事实除外），举证责任倒置在其内容上通常不应当是全部倒置，而只能是部分倒置。实践中存在所谓举证责任倒置即相关主张所涉及的事实要件全部倒置的认识，这显然是不正确的。由于举证责任倒置属于例外规则，且对于当事人利害甚大，一般而言，对可适用举证责任倒置的情况应尽可能在立法上作出明确的规定，仅在个别的情况下可由法官通过自由裁量加以确定。[②]

二、《民法典》医疗损害责任章确立的医疗损害责任的归责原则体系

关于医疗损害责任的归责原则，主要体现在《民法典》第1218条、第1222条、第1223条的规定当中。第1218条体现的是一般医疗损害责任的过错责任原则；第1222条体现的是法律规定的三种情形之下的过错推定原则；第1223条规定的则是医疗用品损害责任适用严格责任原则。第1218条所规定的过错责任原则和第1222条所规定的附条件的过错推定原则，在本书第三章有较为详细的论述，这里主要论述第1223条规定的是医疗产品损害责任。

关于医疗产品损害责任的归责原则，我国相关专家学者的观点和争论比较多。梁慧星教授认为，医疗产品缺陷致损，虽然构成侵权，但应该适用产品质量法的规定。[③]在梁慧星教授主持起草的《中国民法典草案建议稿附理由（侵权行为编·继承编）》中，第1588条第2款规定：因血液制品、药品和医疗器

① 最高人民法院《民事诉讼法》培训班：《民事诉讼法讲座》，法律出版社1991年版，第114页。

② 单国军：《民事举证责任倒置研究——兼谈民事举证责任的"正置"》，载《法律适用》2002年第2期。

③ 梁慧星：《医疗损害赔偿案件的法律适用问题》，载《人民法院报》2005年7月6日。

械等有缺陷致患者遭受损害的，适用本法第十六章第四节产品责任的规定。[①]杨立新教授认为，医疗产品损害责任，应当适用产品侵权责任的一般原则，即无过错责任原则。[②]此外，还有学者认为，生产者的产品责任是过错责任，而不是无过错责任。[③]药品、消毒产品、医疗器械等医疗产品造成患者的损害，是否应采用无过错责任，值得进一步讨论。

本书仍然要强调，《民法典》第1223条规定的是医疗用品责任，而非医疗产品责任，因为在我国的法律上，产品有其特殊的含义和要求。根据我国《产品质量法》的定义[④]，产品具有两个属性：一是非天然物，天然存在的，没有人力干预的物不是产品；二是流通性，经过加工制造后的产出品必须进入流通领域，才能成为产品。药品、消毒产品、医疗器械都必须由有资质的生产厂家生产，并经过严格的检查审批程序才能上市流通，销售者也要经过严格的资格审查。毫无疑问，药品、消毒产品和医疗器械属于产品，而血液及与血液密切相关的血液用品是否属于产品，则长时间争论不休。血液及与血液密切相关的血液用品则不同，它是社会公众无偿捐献的血液由血站负责统一收集、检验，并提供给医疗机构使用。血站以外的任何机构或个人都无权采集用于输血治疗的血液，血液不得买卖。因此，血液的采集、制备和使用过程均不具有销售的目的，因而它不属于《产品质量法》中的产品。《民法典》第1223条将药品、消毒产品、医疗器械与血液和与血液密切相关的血液用品作区别对待，作为两项分别表述。据此可以认为《民法典》将药品、消毒产品、医疗器械定性为医疗产品，而将血液和与血液密切相关的血液用品定性为非医疗产品。因此，本书将此四者统称为医疗用品而非医疗产品。

既然《民法典》第1223条将药品、消毒产品、医疗器械与血液和与血液密切相关的血液用品作区别对待，作为两项分别表述，且对药品、消毒产品、医疗器械导致患者损害承担责任的前提是医疗产品有“缺陷”；而输入血液和与血液密切相关的血液用品引起患者人身损害承担责任的前提是医疗用品“不

---

① 梁慧星：《中国民法典草案建议稿附理由（侵权行为编·继承编）》，法律出版社2004年版，第66页。

② 杨立新：《中国医疗损害责任制度改革》，载《法学研究》2009年第4期。

③ 王成：《论医疗损害侵权行为归责原则的配置》，载《证据科学》2009年第17卷第3期。

④ 《产品质量法》（中华人民共和国主席令第22号，2018年12月29日修正）第2条第2款规定：本法所称产品是指经过加工、制作，用于销售的产品。

合格”，因而，这四类医疗用品的归责原则是不同的。药品、消毒产品、医疗器械系严格意义上的产品，适用产品责任即无过错责任；血液和与血液密切相关的血液用品感染侵权责任的归责原则采取过错责任原则。当然，《北京司法指导意见》第 34 条规定：无过错输血感染造成不良后果的，人民法院可以适用公平分担损失的原则，确定由医疗机构和血液提供机构给予患者一定的补偿。因此，血液和与血液密切相关的血液用品感染侵权责任的归责原则一般为过错责任原则，以公平原则为例外。

【实务问题及难点】

在《侵权责任法》颁布之前，关于医疗损害责任的举证责任，法院在司法实践中更倾向于选择举证责任倒置，这有利于保护受害患者的合法权益。但如果举证责任倒置的范围过于宽泛，便会加重医疗机构举证的负担，医疗机构会采取相应的措施来规避举证的风险，如过度医疗、消极医疗，不利于医学的发展，最终损害的将是全体患者甚至是全体国民。本书认为，原《侵权责任法》的实施已经改变这一状况，《民法典》延续了这一规定。以下具体阐述《民法典》医疗损害责任章对医疗损害责任的举证责任的分配及证明标准。这里，本书将对医疗损害责任包含的医疗技术损害责任、医疗伦理损害责任、医疗产品损害责任三大类[①]的分类方式予以论述。

一、关于医疗技术损害责任案件举证责任的具体配置

医疗技术损害责任即过去我们常说的医疗事故损害赔偿责任，由于《民法典》抛弃了医疗事故的概念，转而使用医疗损害的概念，因此在医疗损害侵权责任的分类上，将因医疗技术过失造成患者人身损害后果的侵权类型界定为医疗技术损害责任。

《民法典》第 1218 条是对一般医疗损害责任的规定，第 1218 条规定由患

---

① 杨立新教授借鉴国外经验，将医疗损害责任分为医疗技术损害责任、医疗伦理损害责任及医疗产品损害责任。这种分类逻辑顺畅，结构明确，符合我国实际情况。相关内容参见杨立新：《侵权责任法》，法律出版社 2010 年版，第七章“医疗损害责任”。

者承担举证责任。根据《民法典》第 1218 条的规定，患者在诊疗活动中受到损害，医疗机构或者其医务人员有过错的，由医疗机构承担赔偿责任。这一条确定了医疗损害赔偿的归责原则是过错责任原则，过错责任原则的举证责任分配应当是“谁主张，谁举证”，也就是说患者一方对于违法行为、医疗过错、损害后果、因果关系都负有举证责任。换言之，对于医疗产品损害之外的一般的医疗损害赔偿纠纷案件，除了根据《民法典》第 1222 条的规定情形推定医疗机构有过错之外，医疗机构是否有医疗过错，以及医疗行为与损害后果之间是否有因果关系，均应由患者一方举证。基于医疗行为极强的专业性，患者一方完成上述举证责任的方法往往是通过申请相关鉴定，因此《民法典》实施后申请鉴定的义务由医疗机构转移到了患者一方。但是，在医疗损害赔偿纠纷案件中，大量的医学资料都由医疗机构掌握，鉴定过程中也需要以这些医学资料作为检材，所以医疗机构同样负有提交医学资料的义务。

关于《民法典》第 1221 条关于医疗机构“未尽到与当时的医疗水平相应的诊疗义务”的规定，是“医疗过错”内容的具体化。根据“谁主张，谁举证”的原则，一般而言医疗机构“未尽到与当时的医疗水平相应的诊疗义务”应当由患者一方承担举证责任。除非出现了例外情形，例外的情形是《民法典》第 1222 条规定的过错推定的归责方法。给患者造成损害，具备第 1222 条规定的情形的，直接推定医疗机构存在过错。在第 1222 条的情形下，患者一方还需要举证存在因果关系，对此，患者一方可以通过申请相关鉴定完成举证责任。此外，对于第 1222 条规定的三种情形，患者负有举证责任，法院也应该依职权调查取证。[①]对此，《北京司法指导意见》第 9 条第 2 款明确规定，《民法典》第 1222 条的三种过错推定情形，人民法院在必要时应依职权调查取证。

---

① 在《侵权责任法》和《民法典》颁布之后，笔者查阅了目前公开发表的关于《侵权责任法》及《民法典》解读的相关著作及文章。关于《侵权责任法》第 58 条和《民法典》第 1222 条规定的三种情形，绝大多数人认为，患者对法律规定的这三种情形负有举证责任。但是，王利明教授发表演讲认为，关于《侵权责任法》第 58 条规定的三种情形，是实行过错推定的基础事实，这个基础事实的存在通常是要受害人来证明的，但是《侵权责任法》并没有规定一定要患者证明，原因就是立法者认为这不仅仅是患者的证明责任，法院也应当依职权去查证，如违反了诊疗规范，这个事实法院完全可以去调查，不能都让患者去提供，法院如果能够确确实实查证出来的话，那完全就可以直接推定医疗机构的过错。参见王利明：《侵权责任法的中国特色解读》，载《法学杂志》2010 年第 2 期，第 1-6 页。笔者同意王利明教授的观点。此外，学界对《民法典》第 1222 条以及其他诸多条文的不同认识，也说明实践中迫切需要最高人民法院针对医疗损害责任制定进一步的司法解释。

因此，患方主张适用过错推定，一般情况下患方应当针对《民法典》第1222条的三种情形进行举证，如果患者一方当事人因能力所限举证确有困难，可以向人民法院申请，由法院依职权进行调查取证。人民法院调查取证，既可以依职权到医疗机构查阅相关的病历材料、文件档案资料，也可以到其他机关调取相关证据，还可以找相关证人调查取证。如果医患双方在申请鉴定上有争议而难以启动鉴定程序，法院也可以依职权启动鉴定程序。

二、关于医疗伦理损害责任案件举证责任的具体配置

关于医疗伦理损害责任，应当包含侵犯患者知情权，侵犯患者同意权，因未经患者同意公开其病历资料而侵犯患者个人信息权，侵犯患者个人隐私权，过度医疗而侵犯患者财产权、生命健康权五种情形。关于医疗伦理损害责任的归责原则，《民法典》第1219条、第1226条、第1227条的规定体现的是过错原则。但杨立新教授认为，关于医疗伦理损害责任，如果医疗机构没尽到告知义务或保密义务，造成患者损害的，受害患者只需要证明医疗机构的违法行为、损害事实及因果关系要件，不需要另行证明医疗机构存在医疗过失，法官可以直接推定医疗机构存在医疗过失，即在该情况下，实行过错推定原则。实行过错推定后，医疗机构若认为自己的行为没有过错，应由其提供证据证明，即此时实行完全的举证责任倒置。①

本书认为，杨立新教授的上述解读在理论上具有科学性，但是这种解释比较超前，超出了《民法典》第1219条、第1226条、第1227条自身。从第1219条、第1226条和第1227条的条文内容来看，该条规定的仍然是过错责任原则。

1. 侵犯患者知情权、同意权的医疗损害赔偿的举证责任分配

《民法典》第1219条规定，医务人员在诊疗活动中应当向患者说明病情和医疗措施。需要实施手术、特殊检查、特殊治疗的，医务人员应当及时向患者具体说明医疗风险、替代医疗方案等情况，并取得其明确同意；不能或者不宜向患者说明的，应当向患者的近亲属说明，并取得其明确同意。医务人员未尽

① 杨立新：《〈中华人民共和国侵权责任法〉条文释解与司法适用》，人民法院出版社2010年版，第383页。

到前款义务，造成患者损害的，医疗机构应当承担赔偿责任。从上述条文的内容来看，并没有关于过错推定的规定。此外，对患者的告知义务，本身就是医疗卫生法律、行政法规、规章以及其他有关诊疗规范的重要内容。违反告知义务，就是违反上述法律及诊疗规范，同时也是医疗机构的一种医疗过错。因此，《民法典》第1219条的规定与第1218条及第1222条第1项的规定存在重叠的部分。由此，我们可以看出，《民法典》第1219条规定的医疗过错的情形是可以被第1218条或第1222条第1项包括的，《民法典》对医疗机构的告知义务及违反告知义务的损害赔偿责任单独规定，只不过是为了特别强调医疗机构的告知义务。《北京司法指导意见》第8条规定：对于医疗产品损害以外的医疗损害赔偿纠纷案件，患者一方认为医疗机构有医疗过错，以及医疗行为与损害结果之间存在因果关系，应当承担相应的举证责任。医疗机构是否履行了向患者一方说明病情、医疗措施、医疗风险、替代医疗方案等情况的义务，由医疗机构承担举证责任。人民法院应当根据病历记载、知情同意书等证据进行综合认定。这不仅规定了侵犯患者知情权、同意权的医疗损害赔偿的举证责任仍然在患者一方，即实行“谁主张，谁举证”，同时也规定了法院认定医疗机构未尽到告知义务的要求，即应当“根据病历记载、知情同意书等证据进行综合认定”。

当然，对于《民法典》侵犯患者知情权、同意权的医疗损害赔偿的举证责任分配，也并非任何情况下都由患者举证全部法律事实，有两种情况由医疗机构承担举证责任：（1）对于医务人员履行了向患者一方说明病情、医疗措施、医疗风险、替代医疗方案的义务，应当由医疗机构承担举证责任；（2）对于第1220条规定的患者生命垂危、无法取得患者一方意见的情形，应当由医疗机构承担举证责任。

【案例5-01】法院阐释医疗损害构成要件举证责任的案件①

2009年6月6日，孙某某之夫顾某因经常进食呛咳、梗阻，随即前往上海某医院就诊。同年9月27日于上海市某医院经抢救无效死亡。孙某某认为，

① 上海市黄浦区人民法院（2020）沪0101民初14400号民事判决书；上海市第二中级人民法院（2022）沪02民终903号民事判决书。

被告医院的医疗行为存在过错，构成医疗侵权，遂起诉至法院要求赔偿。

经孙某某等人申请，一审法院委托上海市医学会对上海某医院在医疗过程中是否存在医疗过错，该过错是否构成医疗损害；若构成医疗损害，其人身损害等级和医疗过错的原因力大小进行鉴定。上海市医学会于2021年6月18日出具沪医损鉴（2021）057-1号医疗损害鉴定意见书，鉴定意见：本例不属于对患者人身的医疗损害；上海某医院在医疗活动中存在病史记录不详细、沟通不足的医疗不足，但与患者顾某死亡的人身损害结果无因果关系。

一审法院认为，患者在诊疗活动中受到损害，医疗机构及其医务人员有过错的，由医疗机构承担赔偿责任。对双方之间的医患之争，法院委托上海市医学会组织有关专家进行了鉴定，鉴定程序合法，论证分析充分，且符合客观事实，法院予以采信。根据鉴定意见书，本案不属于对患者人身的医疗损害，上海某医院在医疗活动中虽有不足，但与患者顾某死亡的人身损害结果无因果关系，故孙某某等二人要求上海某医院赔偿损失及赔礼道歉的请求，于法无据，法院不予支持。

二审法院认为，当事人对自己提出的诉讼请求所依据的事实或者反驳对方诉讼请求所依据的事实有责任提供证据加以证明。没有证据或者证据不足以证明当事人的事实主张的，由负有举证责任的当事人承担不利后果。在医疗损害责任纠纷当中，患者应当对行为违法性及因果关系进行举证。法院判断医疗机构的医疗行为是否存在过错以及该过错是否与损害后果之间存在因果关系，除一般常理认知外，鉴于其高度专业性，一般需由具备丰富专业知识及临床经验丰富的医学专家予以判断。就本案医疗纠纷，一审法院委托上海市医学会进行鉴定，该鉴定程序合法，检材客观，鉴定意见分析客观、说理充分，一审法院对鉴定意见予以采信是正确的。本案中，现鉴定意见认为本例不属于对患者人身的医疗损害，上海某医院在医疗活动中存在病史记录不详细、沟通不足的医疗不足，但与患者顾某死亡的人身损害结果无因果关系，故孙某某等二人在无相反证据足以反驳鉴定意见的情况下，本院应予以采纳并作为认定依据。由此，孙某某等二人的主张，本院难以采信。另，经本院审查，一审法院审理程序并无不当。综上，孙某某等二人之上诉请求缺乏事实和法律依据，应予驳回。一审判决认定事实清楚，适用法律正确，应予维持。

评析

根据我国法律规定，人民法院裁判案件，应当以事实为根据，以法律为准绳。这是人民法院对相关诉讼案件经过审理后作出具有法律拘束力裁判的基本原则。然而，过去法院在作出裁判时，往往只注重裁判的结果，不注重对裁判结果作出的理由和依据进行说明，导致当事人看不懂法院的判决，甚至由此形成当事人上诉、不断申诉的现象。近年来，司法审判方式的改革，对法院的裁判文书要求增加说理，充分展现法官裁判的思维、理由和依据，并取得了一定效果。很多裁判文书的裁判理由，甚至成了法学界研究的重要内容，也成了其他类似判决可以借鉴的依据。还有学者专门整理了法官的裁判要旨。裁判要旨一般体现为对案件裁判规则的归纳，而裁判规则是指法官在具体案件的裁判过程中对法律进行解释的结果，是成文法规范的具体化。裁判要旨体现了法官在裁判具体案件中对法律适用、裁判方法、司法理念等方面的问题的判断，这些判断在裁判当时应当具有创造性，且对今后类似问题的处理具有普遍的指导意义。

本案涉及医疗损害赔偿，这是一种专业性非常强的诉讼案件，其中的医疗过错、因果关系是裁判的关键，法院在作出裁判时应当如何认定这些法律事实呢？法官在该判决书中作出了很好的归纳和阐释：在医疗损害责任纠纷当中，患者应当对行为违法性及因果关系进行举证。法院在判断医疗机构的医疗行为是否存在过错以及该过错是否与损害后果之间存在因果关系，除一般常理认知外，鉴于其高度专业性，一般需由具备丰富专业知识及临床经验的医学专家予以判断。在此基础上，法院对本案的鉴定情况及鉴定意见的合法性、相关性、客观性进行了说明，最后才作出判决。有理有据，使人信服。

2. 侵犯患者隐私权的举证责任分配

患者个人信息包括患者的身份信息、家庭信息、身体信息和疾病诊疗信息。患者个人信息集中记载于医疗机构的病历和其他相关医疗文件中。医疗机构及其医务人员有为患者个人信息保密的义务，未经患者同意，违反相关法律规定，将患者提供给医疗机构及其医务人员的个人信息非法向他人提供的行为，即属于泄露患者个人信息的行为，侵犯了患者的隐私权。为此，《民法典》第 1226 条规定，医疗机构及其医务人员应当对患者的隐私保密。泄露患者隐私或者未经患者同意公开其病历资料，造成患者损害的，应当承担侵权责任。

从民法的角度来看，隐私权属于人格权的一种，人格权是一种绝对权，义务主体是不确定的，即除了权利主体之外的任何人都是义务主体，都不得侵犯权利人依法享有的该项权利，权利人无须借助于其他任何人的行为就可以实现的权利。正因为患者病历中的客观部分（资讯部分）涉及患者的隐私内容，患者对这些隐私内容享有进行支配的具体人格权——隐私权。因此，未经患者本人同意和许可，患者病历中的客观部分不得随意公开，即使医疗机构使用属于医疗机构享有所有权的主观病历，也应当注意对病历中的客观部分保密，不得随意将患者的资讯向患者之外的第三方公开。国家卫生和计划生育委员会、国家中医药管理局于2013年11月20日发布的《关于印发〈医疗机构病历管理规定（2013年版）〉的通知》中第6条规定：医疗机构及其医务人员应当严格保护患者隐私，禁止以非医疗、教学、研究目的泄露患者的病历资料。在第四章“病历的借阅与复制”中，对于医务人员医疗、教学、科研需要如何查阅病历作了详细且严格的规定。因科研、教学需要查阅病历的，需经患者就诊的医疗机构有关部门同意后方可查阅。查阅后应当立即归还。不得泄露患者隐私。对于患者之外的其他人查阅病历提出了“患者同意”的严格限制。患者的代理人、近亲属，死亡患者近亲属或其代理人，保险机构、公检法机关工作人员申请复印病历时需要提交法律文件并需要履行法律手续。这也体现了对患者病历中隐私的保护。

不过，因泄露患者个人信息而侵犯患者隐私权的医疗损害诉讼的举证责任分配，应当采用“谁主张，谁举证”的原则，因为侵犯患者个人隐私权的行为与医疗机构外公民隐私权被侵犯的行为无异，普通的侵犯隐私权的行为采用过错责任原则，由受害人承担过错举证责任；而发生在医疗服务过程中的侵犯患者隐私权的行为则要实施举证倒置。这有失法律的公正，也缺乏法律依据，在《民法典》第1226条中并没有这样的表述。《北京司法指导意见》第40条规定：医疗机构及其医务人员泄露患者隐私或者未经患者同意公开其病历资料，造成患者损害的，患者有权依据《侵权责任法》第15条、第22条的规定要求医疗机构承担停止侵害、赔偿精神损害等侵权责任。这里其实已经明确表态，在医疗机构的执业过程中发生的泄露患者个人信息侵犯患者隐私权的行为，与普通的侵犯公民隐私权的纠纷同等对待，并没有什么特殊之处。不过，在未经患者同意公开患者的病历资料方面，有过错推定的情形。

首先，医疗机构及其医务人员存在泄露患者隐私的行为，或者存在未经患者同意公开其病历资料的行为。当然，对于未经患者同意公开其病历资料的证明，患方只需要证明其病历资料被他人知悉或者掌握的事实，其所主张的未经患者本人同意，需要由医疗机构来进行反证，即提供证据来证明医疗机构公开患者的病历资料是经过患者同意的，医疗机构必须拿出患者同意公开其病历资料的证据。从这个角度来看，倒确实像举证责任倒置。

其次，从侵权责任构成上来看，侵犯患者隐私权或者未经患者同意就公开了患者的病历资料，必须是医疗机构出于故意或者过失。如医疗机构及其医务人员将患者的隐私等个人信息出卖给其他机构，或者违反法律规定提供给其他机构，行为人主观上对于患者隐私信息的泄露是明知的、故意追求的结果，则医疗机构及其医务人员就存在故意或者过失。

再次，医疗机构泄露患者的隐私，或者未经患者同意公开了其病历资料，必须给患者造成损害后果。如果医疗机构及其医务人员虽然泄露患者的隐私，或者未经患者同意公开了其病历资料，但是没有造成损害后果，也不承担责任。这里所讲的损害后果，不能局限于患者身体方面的损害，而应当包括患者肉体上的损害、精神上的伤害和财产上的损失。这可以从《民法典》侵权责任编第二章中多处使用“损害”一词解读出来。

最后，患者所遭受的损害结果和具有违法性的医疗行为之间的因果关系成立。如果患者所遭受的损害是因患者自身疾病，或者因医疗事故本身所造成的，与侵犯患者隐私，或者未经患者同意公开病历资料的行为无关，侵权责任也不能认定。

还需要强调的是，泄露患者隐私及公开患者病历资料的法律责任，立法中规定的是侵权责任，与《民法典》第1218条至第1224条规定用到的“赔偿责任”的表述是不同的。《民法典》第179条规定，民事责任的承担方式包括11种，在人格权被侵害所应承担的责任方式中，除赔偿损失外，尚有停止侵害，排除妨碍，消除危险，返还财产，恢复原状，赔礼道歉，消除影响、恢复名誉等。因此，对于侵犯患者隐私权的行为，应当视损害后果的轻重来选择适用不同的责任承担方式。

3. 因过度医疗侵犯患者财产权、生命健康权的举证责任分配

过度医疗包括过度检查、过度治疗和过度康复三个方面。《民法典》第

1227条仅仅对过度检查进行规制是不够全面的。目前引起患者医疗费用的上涨，增加患方的就医负担不仅仅是过度检查的问题，还有过度治疗、过度康复的问题，甚至过度治疗的危害比过度检查的危害还要大。因为，过度检查仅仅是做了不必要的检查，增加了患者的经济负担。但是，由于任何治疗（无论是药物，还是手术）都存在不同程度的副作用，因而过度治疗除了增加患者的经济负担之外，还可能危害患者的健康。

因过度医疗是医疗机构及其医务人员置患者的个人利益和医疗执业伦理道德于不顾，片面追求小团体甚至是医务人员个人利益的行为，侵犯了患者的财产权益和患者的生命健康权利，因而应当受到法律的追究。《北京司法指导意见》第6条规定：医疗机构及其医务人员违反诊疗规范对患者实施不必要的检查，导致患者支出不必要的检查费用，患者一方有权要求医疗机构退还。造成其他损害后果的，患者一方有权要求医疗机构承担相应的侵权责任。明确了医疗机构实施过度医疗的侵权责任。

不过，因过度医疗侵犯患者财产权、生命健康权的诉讼，与一般的侵犯公民财产权、人身权的诉讼无异，一般的侵犯公民财产权、人身权的诉讼的举证责任分配采用“谁主张，谁举证”原则，因此，因过度医疗侵犯患者财产权、生命健康权的诉讼的举证责任分配也应当采用“谁主张，谁举证”之原则，而不能使用举证责任倒置由医疗机构举证。

三、关于医疗产品损害责任案件举证责任的具体配置

医疗产品损害责任实行的是无过错责任，因此患者只需对医疗损害、产品缺陷及其因果关系举证，而不必证明医疗机构或医疗产品生产者的过错。医疗机构对《民法典》及《产品质量法》规定的免责事由负有举证责任。

在举证责任分配上，药品、消毒产品、医疗器械与血液四类医疗用品引起患者人身损害的构成要件，虽然在形式上有相似之处，但是在具体医疗用品侵权纠纷上，则有具体的表现形式。药品、消毒产品、医疗器械需要举证的要素是产品缺陷、损害结果、因果关系；而血液和与血液密切相关的血液用品感染侵权责任需要举证的要素是血液不合格、损害结果、因果关系。除了举证的内容上有所区别，在具体举证的要求上也有所不同。为此，《北京司法指导意见》

第10条规定：医疗产品损害赔偿纠纷案件，由患者一方对产品缺陷、损害结果、因果关系承担举证责任。因输入的血液是否合格引发的损害赔偿纠纷案件，由患者一方对血液不合格、损害结果、因果关系承担举证责任。

在责任主体的认定上，医疗用品引起患者人身损害的责任主体，是比较多样而复杂的，可以涉及药品、消毒产品、医疗器械的生产者、销售者，销售者还可能不止一个，也可能涉及具体将医疗产品用到患者身上的医疗机构，那么应当由谁来承担责任呢？《民法典》第1223条以方便患者起诉为出发点，规定受害的患者或其近亲属，可以就生产者、销售者和医疗机构进行选择起诉。《北京司法指导意见》第32条规定：对于医疗产品损害赔偿纠纷案件，患者一方同时起诉缺陷产品的生产者、销售者和医疗机构时，如果患者一方的赔偿请求得到支持，人民法院可以判决缺陷产品的生产者、销售者和医疗机构对患者一方承担连带赔偿责任。不负最终责任的当事人在承担了赔偿责任之后，可以依法向承担最终责任的其他当事人进行追偿。血液和与血液密切相关的血液用品感染侵权责任的责任主体与前述三类医疗产品类似，患者可以选择起诉血站、医疗机构。为此，《北京司法指导意见》第33条规定：因输入的血液是否合格引发的损害赔偿纠纷案件，患者一方同时起诉血液提供机构和医疗机构时，如果患者一方的赔偿请求得到支持，人民法院可以判决血液提供机构和医疗机构对患者一方承担连带赔偿责任。不负最终责任的当事人在承担了赔偿责任之后，可以依法向承担最终责任的其他当事人进行追偿。

综上所述，本书认为，《民法典》上述条文的规定构建了我国医疗损害责任的归责原则体系。该归责原则体系由过错责任原则、过错推定原则和无过错责任原则构成，过错责任原则调整一般医疗损害责任，过错推定原则调整法律明文规定的三种情形下的医疗损害责任，无过错责任原则调整医疗产品损害责任。

从上述归责原则的规定也可以看出，虽然《民法典》对医疗损害赔偿纠纷案件的一般举证责任分配规则并未作出明确规定，但是在医疗损害赔偿纠纷的举证责任方面，从原《侵权责任法》到《民法典》采取的一般都是由患者承担举证责任的立法态度。正因如此，原《侵权责任法》虽未以立法规定明确否定2001年《民事证据规定》有关医疗侵权举证责任倒置的规定，但是，在《侵权责任法》实施后，医疗侵权案件不应当再适用《民事证据规定》规定的医疗过错推定与医疗因果关系推定，2019 年修改《民事证据规定》也将这一条删除。

四、医疗损害责任归责原则的变化对司法实践的影响

本书预测，《民法典》生效后，医疗损害责任的举证责任分配问题将给司法实践带来巨大的冲击。按照《民法典》第 1218 条、第 1221 条的规定，医疗损害责任采用过错责任原则，且在举证责任上明确为“谁主张，谁举证”。这与《民法典》实施前审判实践中的一贯做法，即医疗损害赔偿纠纷案件实行举证责任倒置，由医院方证明自己没有过错、行为与结果之间没有因果关系，明显不同。这将会导致很多问题，尤其是在鉴定的提出问题上，如鉴定费谁预交的问题。目前，审理医疗损害赔偿纠纷案件的法官在讨论这个问题时，均感觉有点进退两难。如果严格按照《民法典》的规定，不但对司法实践长期以来形成的处理模式冲击太大，而且对患者要求太苛刻，毕竟这是一种专业责任，患者举证不太可能，不符合实际情况，大多数案件需要由患者先预交鉴定费申请鉴定。这样可能有部分患者因经济困难而无法预交鉴定费，这是法院可能遇到的难题。但是，如果仍然按照以前的处理模式，又与《民法典》的规定明显冲突。举证责任如何取舍，成了现下法官们争论的焦点之一。

对此，本书认为，医疗鉴定的启动与举证责任密切相关，患者承担举证责任的，应该由患者申请鉴定并预交鉴定费。属于法院调查取证的，法院有权依职权委托鉴定，由双方当事人共同预交鉴定费。为了避免患者在特殊情况下仅因交不起鉴定费等困难而无法获得救济，人民法院应当保留最终的委托鉴定决定权。

【法条链接】

《民事诉讼法》

第六十六条 证据包括：

（一）当事人的陈述；

（二）书证；

（三）物证；

（四）视听资料；

（五）电子数据；

（六）证人证言；

（七）鉴定意见；

（八）勘验笔录。

证据必须查证属实，才能作为认定事实的根据。

第六十七条 当事人对自己提出的主张，有责任提供证据。

当事人及其诉讼代理人因客观原因不能自行收集的证据，或者人民法院认为审理案件需要的证据，人民法院应当调查收集。

人民法院应当按照法定程序，全面地、客观地审查核实证据。

第六十八条 当事人对自己提出的主张应当及时提供证据。

人民法院根据当事人的主张和案件审理情况，确定当事人应当提供的证据及其期限。当事人在该期限内提供证据确有困难的，可以向人民法院申请延长期限，人民法院根据当事人的申请适当延长。当事人逾期提供证据的，人民法院应当责令其说明理由；拒不说明理由或者理由不成立的，人民法院根据不同情形可以不予采纳该证据，或者采纳该证据但予以训诫、罚款。

《民事诉讼法司法解释》

第九十条 当事人对自己提出的诉讼请求所依据的事实或者反驳对方诉讼请求所依据的事实，应当提供证据加以证明，但法律另有规定的除外。

在作出判决前，当事人未能提供证据或者证据不足以证明其事实主张的，由负有举证证明责任的当事人承担不利的后果。

第九十一条 人民法院应当依照下列原则确定举证证明责任的承担，但法律另有规定的除外：

（一）主张法律关系存在的当事人，应当对产生该法律关系的基本事实承担举证证明责任；

（二）主张法律关系变更、消灭或者权利受到妨害的当事人，应当对该法律关系变更、消灭或者权利受到妨害的基本事实承担举证证明责任。

第九十二条 一方当事人在法庭审理中，或者在起诉状、答辩状、代理词等书面材料中，对于己不利的事实明确表示承认的，另一方当事人无需举证证明。

对于涉及身份关系、国家利益、社会公共利益等应当由人民法院依职权调查的事实，不适用前款自认的规定。

自认的事实与查明的事实不符的，人民法院不予确认。

第九十三条 下列事实，当事人无须举证证明：

（一）自然规律以及定理、定律；

（二）众所周知的事实；

（三）根据法律规定推定的事实；

（四）根据已知的事实和日常生活经验法则推定出的另一事实；

（五）已为人民法院发生法律效力的裁判所确认的事实；

（六）已为仲裁机构生效裁决所确认的事实；

（七）已为有效公证文书所证明的事实。

前款第二项至第四项规定的事实，当事人有相反证据足以反驳的除外；第五项至第七项规定的事实，当事人有相反证据足以推翻的除外。

《民法典》

第一千二百一十八条 患者在诊疗活动中受到损害，医疗机构或者其医务人员有过错的，由医疗机构承担赔偿责任。

第一千二百一十九条 医务人员在诊疗活动中应当向患者说明病情和医疗措施。需要实施手术、特殊检查、特殊治疗的，医务人员应当及时向患者具体说明医疗风险、替代医疗方案等情况，并取得其明确同意；不能或者不宜向患者说明的，应当向患者的近亲属说明，并取得其明确同意。

医务人员未尽到前款义务，造成患者损害的，医疗机构应当承担赔偿责任。

第一千二百二十条 因抢救生命垂危的患者等紧急情况，不能取得患者或者其近亲属意见的，经医疗机构负责人或者授权的负责人批准，可以立即实施相应的医疗措施。

第一千二百二十一条 医务人员在诊疗活动中未尽到与当时的医疗水平相应的诊疗义务，造成患者损害的，医疗机构应当承担赔偿责任。

第一千二百二十二条 患者在诊疗活动中受到损害，有下列情形之一的，推定医疗机构有过错：

（一）违反法律、行政法规、规章以及其他有关诊疗规范的规定；

（二）隐匿或者拒绝提供与纠纷有关的病历资料；

（三）遗失、伪造、篡改或者违法销毁病历资料。

第一千二百二十三条　因药品、消毒产品、医疗器械的缺陷，或者输入不合格的血液造成患者损害的，患者可以向药品上市许可持有人、生产者、血液提供机构请求赔偿，也可以向医疗机构请求赔偿。患者向医疗机构请求赔偿的，医疗机构赔偿后，有权向负有责任的药品上市许可持有人、生产者、血液提供机构追偿。

《民事证据规定》

第一条　原告向人民法院起诉或者被告提出反诉，应当提供符合起诉条件的相应的证据。

第二条　人民法院应当向当事人说明举证的要求及法律后果，促使当事人在合理期限内积极、全面、正确、诚实地完成举证。

当事人因客观原因不能自行收集的证据，可申请人民法院调查收集。

第三条　在诉讼过程中，一方当事人陈述的于己不利的事实，或者对于己不利的事实明确表示承认的，另一方当事人无需举证证明。

在证据交换、询问、调查过程中，或者在起诉状、答辩状、代理词等书面材料中，当事人明确承认于己不利的事实的，适用前款规定。

第四条　一方当事人对于另一方当事人主张的于己不利的事实既不承认也不否认，经审判人员说明并询问后，其仍然不明确表示肯定或者否定的，视为对该事实的承认。

第五条　当事人委托诉讼代理人参加诉讼的，除授权委托书明确排除的事项外，诉讼代理人的自认视为当事人的自认。

当事人在场对诉讼代理人的自认明确否认的，不视为自认。

第六条　普通共同诉讼中，共同诉讼人中一人或者数人作出的自认，对作出自认的当事人发生效力。

必要共同诉讼中，共同诉讼人中一人或者数人作出自认而其他共同诉讼人予以否认的，不发生自认的效力。其他共同诉讼人既不承认也不否认，经审判人员说明并询问后仍然不明确表示意见的，视为全体共同诉讼人的自认。

第七条　一方当事人对于另一方当事人主张的于己不利的事实有所限制或者附加条件予以承认的，由人民法院综合案件情况决定是否构成自认。

第八条 《最高人民法院关于适用〈中华人民共和国民事诉讼法〉的解释》第九十六条第一款规定的事实，不适用有关自认的规定。

自认的事实与已经查明的事实不符的，人民法院不予确认。

第九条 有下列情形之一，当事人在法庭辩论终结前撤销自认的，人民法院应当准许：

（一）经对方当事人同意的；

（二）自认是在受胁迫或者重大误解情况下作出的。

人民法院准许当事人撤销自认的，应当作出口头或者书面裁定。

第十条 下列事实，当事人无须举证证明：

（一）自然规律以及定理、定律；

（二）众所周知的事实；

（三）根据法律规定推定的事实；

（四）根据已知的事实和日常生活经验法则推定出的另一事实；

（五）已为仲裁机构的生效裁决所确认的事实；

（六）已为人民法院发生法律效力的裁判所确认的基本事实；

（七）已为有效公证文书所证明的事实。

前款第二项至第五项事实，当事人有相反证据足以反驳的除外；第六项、第七项事实，当事人有相反证据足以推翻的除外。

第十一条 当事人向人民法院提供证据，应当提供原件或者原物。如需自己保存证据原件、原物或者提供原件、原物确有困难的，可以提供经人民法院核对无异的复制件或者复制品。

第十二条 以动产作为证据的，应当将原物提交人民法院。原物不宜搬移或者不宜保存的，当事人可以提供复制品、影像资料或者其他替代品。

人民法院在收到当事人提交的动产或者替代品后，应当及时通知双方当事人到人民法院或者保存现场查验。

第十三条 当事人以不动产作为证据的，应当向人民法院提供该不动产的影像资料。

人民法院认为有必要的，应当通知双方当事人到场进行查验。

第十四条 电子数据包括下列信息、电子文件：

（一）网页、博客、微博客等网络平台发布的信息；

（二）手机短信、电子邮件、即时通信、通讯群组等网络应用服务的通信信息；

（三）用户注册信息、身份认证信息、电子交易记录、通信记录、登录日志等信息；

（四）文档、图片、音频、视频、数字证书、计算机程序等电子文件；

（五）其他以数字化形式存储、处理、传输的能够证明案件事实的信息。

第十五条　当事人以视听资料作为证据的，应当提供存储该视听资料的原始载体。

当事人以电子数据作为证据的，应当提供原件。电子数据的制作者制作的与原件一致的副本，或者直接来源于电子数据的打印件或其他可以显示、识别的输出介质，视为电子数据的原件。

第十六条　当事人提供的公文书证系在中华人民共和国领域外形成的，该证据应当经所在国公证机关证明，或者履行中华人民共和国与该所在国订立的有关条约中规定的证明手续。

中华人民共和国领域外形成的涉及身份关系的证据，应当经所在国公证机关证明并经中华人民共和国驻该国使领馆认证，或者履行中华人民共和国与该所在国订立的有关条约中规定的证明手续。

当事人向人民法院提供的证据是在香港、澳门、台湾地区形成的，应当履行相关的证明手续。

第十七条　当事人向人民法院提供外文书证或者外文说明资料，应当附有中文译本。

《北京司法指导意见》

6. 医疗机构及其医务人员违反诊疗规范对患者实施不必要的检查，导致患者支出不必要的检查费用，患者一方有权要求医疗机构退还。造成其他损害后果的，患者一方有权要求医疗机构承担相应的侵权责任。

8. 对于医疗产品损害以外的医疗损害赔偿纠纷案件，患者一方认为医疗机构有医疗过错，以及医疗行为与损害结果之间存在因果关系，应当承担相应的举证责任。

医疗机构是否履行了向患者一方说明病情、医疗措施、医疗风险、替代医疗方案等情况的义务，由医疗机构承担举证责任。人民法院应当根据病历记载、知情同意书等证据进行综合认定。

9. 发生医疗损害，患者能够证明医疗机构有下列情形之一的，人民法院应推定医疗机构有过错：

(1) 违反法律、行政法规、规章以及其他有关诊疗规范的规定；

(2) 隐匿或者拒绝提供与纠纷有关的病历资料；

(3) 伪造、篡改或者销毁病历资料。

对于上述情形，人民法院在必要时应依职权调查取证。

10. 医疗产品损害赔偿纠纷案件，由患者一方对产品缺陷、损害结果、因果关系承担举证责任。

因输入的血液是否合格引发的损害赔偿纠纷案件，由患者一方对血液不合格、损害结果、因果关系承担举证责任。

32. 对于医疗产品损害赔偿纠纷案件，患者一方同时起诉缺陷产品的生产者、销售者和医疗机构时，如果患者一方的赔偿请求得到支持，人民法院可以判决缺陷产品的生产者、销售者和医疗机构对患者一方承担连带赔偿责任。不负最终责任的当事人在承担了赔偿责任之后，可以依法向承担最终责任的其他当事人进行追偿。

33. 因输入的血液是否合格引发的损害赔偿纠纷案件，患者一方同时起诉血液提供机构和医疗机构时，如果患者一方的赔偿请求得到支持，人民法院可以判决血液提供机构和医疗机构对患者一方承担连带赔偿责任。不负最终责任的当事人在承担了赔偿责任之后，可以依法向承担最终责任的其他当事人进行追偿。

34. 无过错输血感染造成不良后果的，人民法院可以适用公平分担损失的原则，确定由医疗机构和血液提供机构给予患者一定的补偿。

【案例 5-02】因医疗机构病历缺陷实施过错推定案①

患者张某因先天性心脏病于 2001 年 5 月 12 日入住某医院，该院诊断“先天性心脏病、法洛氏四联症”。5 月 13 日，该院为张某行“体外循环下法四矫

① 刘鑫、孙东东、陈特：《医疗损害赔偿诉讼实务》，中国法制出版社 2012 年版，第 140-141 页。

治术”，6月1日，张某突然意识不清，呼吸骤停，某医院给予呼吸机辅助呼吸。此后张某呈深昏迷，有高热，阵发性抽搐。7月4日，某医院为张某行颅脑CT检查示脑萎缩。予神经营养及高压氧等治疗，张某意识无明显好转，仍有阵发性抽搐。此后，张某又辗转至其他三家医院进行治疗，最终诊断为缺血缺氧性脑损伤后遗症、癫痫、部分运动型发作、症状性先天性心脏病、法洛四联症术后、脑萎缩、假性球麻痹。2007年9月，张某将某医院诉至法院，要求某医院承担赔偿责任。诉讼中，某医院申请进行医疗事故技术鉴定，但由于病历存在涂改、增添内容等现象，某医学会医疗事故技术鉴定工作办公室将委托鉴定函件及相关材料退还，并复函一审法院：本案例鉴定无法按程序继续进行。

原审法院经审理认为，《条例》第9条明确规定：严禁涂改、伪造、隐匿、销毁或者抢夺病历资料。某医院违反这一规定，涂改、增添病历，应当认定其具有医疗过失行为，构成医疗事故。

最高人民法院于2001年12月21日发布的《民事证据规定》第4条第1款第8项规定：因医疗行为引起的侵权诉讼，由医疗机构就医疗行为与损害结果之间不存在因果关系及不存在医疗过错承担举证责任。某医院虽申请医疗事故技术鉴定，但其提供的病历部分材料内容不是原件，医学会医疗事故技术鉴定工作办公室决定不予受理，致使法院对案件争议的事实无法通过鉴定结论予以认定。依据过错推定原则，法院认定某医院对其医疗行为与张某损害后果之间是否存在因果关系，医疗行为是否存在医疗过错承担举证不能的法律后果，承担败诉责任，某医院需承担张某合理的经济损失。据此，一审法院判决某医院赔偿张某护理费、交通费、住宿费、住院伙食补助费、营养费、残疾赔偿金、残疾辅助器具费、康复费、后续治疗费，共计人民币217.6万元。原审判决后，双方当事人均不服，遂向二审法院提起上诉。二审法院经审理维持原判。

评析

病历是医疗机构对患者病情进行检查、确诊、治疗过程的完整记录，作为原始资料是医院、患者在双方发生纠纷时据以确认责任的有利证据。判决依据2001年12月21日发布的《民事证据规定》第4条第1款第8项之规定：因医疗行为引起的侵权诉讼，由医疗机构就医疗行为与损害结果之间不存在因果关系及不存在医疗过错承担举证责任。该规定于2019年修改，现取消对医疗侵权的举证责任，但是根据《民法典》第 1222 条的规定，就举证责任来说仍由某医院承担。诉讼中，经法院审查，某医院持有的病历记录有涂改、变动，由于其提供鉴定的资料并非原始记录，张某之法定代理人不予认可，使相关鉴定无法继续进行，造成张某的伤害原因不能查明，相应举证不能的法律后果应由负有举证责任的某医院承担。因此，两审法院确定某医院应该承担全部赔偿责任，未违反当时的法律规定。但是，值得讨论的是，本案涉及巨额赔偿，在鉴定无法进行的情况下，法院是否可以委托有关部门对病历瑕疵部分进行评估？不管怎么说，这样的判例，凸显了“举证责任倒置”给医疗机构带来的不利后果。

第二节　医疗损害赔偿案件举证责任的演变

【原理阐释】

一、医疗损害诉讼举证责任的发展阶段

举证责任倒置，是指在医疗损害侵权诉讼中，由医方承担医疗行为是否存在过错以及与损害后果之间因果关系的举证责任。以 2001 年发布的《民事证据规定》和原《侵权责任法》为界，我国医疗损害侵权诉讼中举证责任的分配可以分为如下三个阶段。①

（一）谁主张，谁举证

在 2002 年 4 月 1 日以前，医疗损害赔偿责任采用侵权责任的一般归责原则——过错责任原则。根据《民事诉讼法》第 67 条第 1 款的规定“当事人对自己提出的主张，有责任提供证据”，即“谁主张，谁举证”的原则。如果患

① 刘鑫、郑谢畅：《医疗侵权赔偿案件举证责任分配的变与不变》，载《中华医学信息导报》2020 年第 11 期，第 8 版。

方以侵权为由起诉医方，就需要对侵权行为的四个构成要件承担举证责任，即医方实施了侵权行为，医方的医疗行为存在过错，患方受到了损害，医方的医疗行为与患方的损害后果之间存在因果关系。医疗侵权诉讼的一个重要特点就是，医患双方信息的不对称性，而那时有两个重要的制度又影响和制约着患方的举证：一是医疗机构把持着病历，不允许患方查阅，在患方看不到自己诊治经过的病历的情况下，患方如何能够通过其他渠道收集证据来证明医疗行为的过错呢？这几乎是不可能的。二是司法鉴定制度也在制约患方的举证能力。在司法鉴定体制上，虽然在那个时代，在医疗事故技术鉴定委员会之外也存在法医鉴定机构，但是那时医疗事故技术鉴定与法医鉴定泾渭分明，法医鉴定仅仅局限于作传统法医学鉴定项目，鲜有涉及医疗问题的鉴定，只是到了 20 世纪 90 年代末期，才有个别法医鉴定机构开始涉足医疗过错及因果关系鉴定，且争议声音极大，认可法医鉴定的法院非常少。而医疗事故技术鉴定委员会又是在地方卫生行政机关的掌控之下开展工作，鉴定不属于医疗事故的案件非常多，鉴定为医疗事故的案件少之又少。这也在制约患方的举证能力。因此，在民事诉讼中通行的“谁主张，谁举证”原则造成了医疗侵权诉讼中，患方的举证责任被过分加重。在司法实践中，法院往往不会受理医疗损害赔偿案件，即使受理也是按照《办法》来审理，最终判决患方胜诉的案件很少。

（二）无条件的双项倒置

为了改变这种举证责任过度倾斜的状况，最高人民法院于 2001 年出台的《民事证据规定》① 第 4 条第 1 款第 8 项规定：因医疗行为引起的侵权诉讼，由医疗机构就医疗行为与损害结果之间不存在因果关系及不存在医疗过错承担举证责任。尤其是其后国务院公布的《条例》第 28 条，强制性地要求医疗机构在医疗事故技术鉴定中负有提交病历资料的义务，如果医方拒绝提交病历将面临鉴定结果对其不利的结局。这一时期的医疗侵权诉讼实行举证责任“无条件的双项倒置”的原则。所谓“无条件”，即只要是医疗侵权诉讼，就实行举证

---

① 2001 年 12 月 6 日最高人民法院审判委员会第 1201 次会议通过，根据 2019 年 10 月 14 日最高人民法院审判委员会第 1777 次会议《关于修改〈关于民事诉讼证据的若干规定〉的决定》修正。删除了原来医疗侵权赔偿案件举证责任倒置的规定，所以也有人据此提出了现在的医疗损害赔偿不再实行举证责任倒置。

责任倒置。由医方承担证明医疗行为无过错以及医疗行为与损害后果之间不存在因果关系的举证责任，患方只需证明存在医疗关系以及损害后果。所谓“双项倒置”，是指过错与因果关系的举证责任同时倒置。医方既需要证明医疗行为不存在过错，也需要证明过错与损害后果之间没有因果关系。在实务中，存在医疗关系可以通过收费凭证、门诊病历、挂号单据、处方等很容易地得到证明。损害后果的认定也很简单，医疗行为永远都存有副作用。因此，患方的举证责任非常简单，而医方承担了绝大部分的举证责任。上述规定，减轻了患者寻求医疗损害赔偿的负担，但在实践中也产生了一定的不良后果，如滥诉现象增多。更重要的是，由于对医方举证责任的过分加大，导致了医方为避免败诉以保存证据为理由而进行过度诊疗或称防御性诊疗。这在事实上将风险转嫁给了患者。

（三）附条件的单项倒置

为了消除医疗损害赔偿纠纷案件中的举证责任倒置带来的不利因素，《侵权责任法》（与《民法典》医疗损害责任章的内容基本相同）在制定过程中就力图解决这一难题。在《侵权责任法（草案）》征求意见过程中，大体有三种意见：有的认为，医疗损害责任一般应当适用过错责任原则。医疗行为不同于一般的民事行为，其本身往往具有侵害性，即在治疗疾病的同时亦会给患者造成一定的损害后果。如果对医疗损害责任一般适用无过错责任或者过错推定责任，将会给医疗机构带来过重的负担，影响正常的医疗活动。有的认为，医学是一门探索性、经验性的学科，并受到患者体质特异的局限，简单地采用过错推定，会加重医务人员的责任，可能阻碍医学的发展，最终对患者是不利的。还有的认为，《民事证据规定》中的举证责任倒置规则应当在侵权责任法中继续保留，实行举证责任倒置更符合医疗侵权案件的特殊性。如果不规定举证责任倒置，对患者来说，打医疗官司实在太难。医学文书基本掌握在医疗机构手中，只要医疗机构在证据上采取一些对患者不利的措施，患者将毫无办法。有人提出，在举证责任分配方面，可采用“谁主张，谁举证”以及特定条件下的举证责任转移方式。在一般情况下，应当由患者就医疗机构存在过错承担初步的举证责任。在实践中，该举证责任可以通过提交相关证据或者专业鉴定的方式完成。如果医疗机构有隐匿或者销毁患者病历资料等情形，则可以推定医疗机构有过错，举证责任转移至医疗机构。[①]

根据原《侵权责任法》第七章的规定，医疗损害侵权诉讼实行“附条件的单项倒置”。所谓“附条件”，是指原《侵权责任法》第58条（《民法典》第1222条的内容与此基本一致）规定的三种情形，即：（1）违反法律、行政法规、规章以及其他有关诊疗规范的规定；（2）隐匿或者拒绝提供与纠纷有关的病历资料；（3）伪造、篡改或者销毁病历资料。在这三种情形下，推定医疗机构有过错，医疗机构承担证明自己的医疗行为不存在过错的举证责任。通俗地讲，患方要承担“三个半”要件的举证责任。“三个”即患方要证明医疗关系的存在，发生了损害后果，医疗行为与损害后果之间存在因果关系。“半个”即患方需要证明医方存在《民法典》第1222条规定的三种情形，在完成了这一初步证明之后，举证责任方能转移到医方，由其证明即使在这三种情形下，其医疗行为也不存在过错，否则就要承担不利的法律后果，这也就是医方所需要承担的“半个”要件的举证责任。所谓“单项”，是指举证责任倒置只存在于医疗行为存在过错这一个要件中，而对于医疗行为与损害后果之间的因果关系，不实行举证责任倒置，无条件地由患方承担。

二、过去医疗损害赔偿案件采用举证责任倒置的原因

在原《侵权责任法》生效之前，与医疗损害赔偿责任相关的归责原则及举证责任分配主要体现在：（1）《条例》第2条，该条体现了过错责任原则；（2）最高人民法院于2001年12月21日发布的《民事证据规定》第4条第1款第8项，规定由医疗机构就医疗行为与损害结果之间不存在因果关系及不存在医疗过错承担举证责任，该条款规定了举证责任倒置，体现了过错推定原则。

《民事证据规定》的上述规定，开始了对医疗侵权诉讼实行过错推定与因果关系推定，从而开创了我国司法实践对医疗过错和医疗损害因果关系实行举证责任倒置的先河。按照这一规定，患者提起医疗损害赔偿诉讼时，在就医疗侵权构成要件的证明方面，仅需就存在合法医患关系和发生损害后果承担举证责任，而由医疗机构就其没有医疗过错和医疗行为与损害结果之间不存在因果

---

① 王胜明：《中华人民共和国侵权责任法解读》，中国法制出版社2010年版，第271页。

关系承担举证责任。

最高人民法院之所以对医疗过错和医疗损害因果关系实行举证责任倒置，主要是基于以下三点：首先，患方的医学知识非常有限，并且在治疗过程中也处于被动服从的地位。医疗机构则通过检查、化验等诊疗手段掌握和了解患者的生理、病理状况，制订治疗方案，熟悉治疗过程。例如，患者因手术治疗过错遭受损害的，其在手术过程中一直处于麻醉的状态，对医疗过程是不可能知道的。因此，依据公平和诚实信用原则，应当由医疗机构承担举证责任。其次，按照举证责任的实质分配标准，举证责任应当由距离证据最近或者控制证据的一方当事人承担。诊疗过程中的检查、化验、病程记录都由医疗机构实施、制作或掌握，由此医疗机构控制了证据源。且医方理解这些专业性资料的内容，而患方要理解这些资料还需聘请专业人员予以解读。所以不管是事实上还是知识水平上，医方都是距离证据最近的一方，故由医方承担举证责任符合举证责任分配的实质标准。最后，对因果关系和医疗过失的认定，涉及医学领域中的专门问题，一般都要通过鉴定才能认定。因此，在这样的情形下，医疗机构需要做的，不过是申请鉴定、启动鉴定程序，并没有过分加重医方的负担。①

三、医疗损害案件不再采用“一刀切”举证责任分配的理由

最高人民法院在2001年12月21日发布的《民事证据规定》第4条第1款第8项规定：因医疗行为引起的侵权诉讼，由医疗机构就医疗行为与损害结果之间不存在因果关系及不存在医疗过错承担举证责任。当时的背景是，《条例》尚未出台，医疗纠纷处理适用《办法》。但是医疗机构对病历的管理非常严密，患者别说复制病历了，连查阅病历都不可能。对患者而言，患者若想知道在医疗机构住院过程中形成的病历长什么样，只有医师查房时带上了病历，才能从侧面窥视一眼。当时的民事诉讼法规定，当事人起诉采“谁主张，谁举证”的原则。患者不懂医，又看不到、拿不到病历，如何来举证证明医疗行为存在过错，以及有过错的医疗行为与患者的损害后果存在因果关系呢？所以，如果患

① 宋春雨：《关于民事诉讼证据的若干规定的理解与适用》，载《人民司法》2002年第2期。

者提起民事诉讼，基本上注定败诉。在这样的背景下，恰逢最高人民法院制定《民事证据规定》，其中涉及举证责任分配，所以在第4条集中规定了八种举证责任倒置的情形。

但是，2002年4月4日国务院发布了修改后的《条例》，其中第10条规定：患者有权复印或者复制其门诊病历、住院志、体温单、医嘱单、化验单（检验报告）、医学影像检查资料、特殊检查同意书、手术同意书、手术及麻醉记录单、病理资料、护理记录以及国务院卫生行政部门规定的其他病历资料。患者依照前款规定要求复印或者复制病历资料的，医疗机构应当提供复印或者复制服务并在复印或者复制的病历资料上加盖证明印记。复印或者复制病历资料时，应当有患者在场。医疗机构应患者的要求，为其复印或者复制病历资料，可以按照规定收取工本费。具体收费标准由省、自治区、直辖市人民政府价格主管部门会同同级卫生行政部门规定。该条虽然规定患者只能查阅和复制客观病历，主观病历仍然不能查阅和复制，但是已经前进了很大一步。该条规定就此确定了患者的病历知情权。随后，2002年8月2日原卫生部、国家中医药管理局联合发布的《医疗机构病历管理规定》（卫医发〔2002〕193号），将患者查阅、复制病历的要求进行了细化，使其具有实操性。针对患者不能查阅、不能复制的主观病历，《条例》第16条规定：发生医疗事故争议时，死亡病例讨论记录、疑难病例讨论记录、上级医师查房记录、会诊意见、病程记录应当在医患双方在场的情况下封存和启封。封存的病历资料可以是复印件，由医疗机构保管。通过病历封存的方式，对患者不能查阅的病历予以固定，医务人员无法接触、无法修改，一旦进入鉴定、诉讼，能保证病历的真实性，保障医疗鉴定和诉讼能够顺利进行。也就是说，2019年最高人民法院制定的《民事证据规定》消除了对医疗损害赔偿案件施行举证责任倒置的原因。

此外，在医疗侵权诉讼中，医疗侵权构成的四个要件即侵害行为、损害后果、因果关系、医疗过错中，侵害行为和损害后果可以通过病历中的记载查明，损害后果还可以通过法医鉴定确认，但是医疗过错和因果关系的认定极为困难，不是掌握医疗知识的一方凭借自己的知识优势就可以轻易解决的，与人类对医学科学的探索、研究和认识的程度密切相关。实话实说，将医疗过错和因果关系的举证责任分配给谁，谁都举证困难，在这样的情况下，否定“谁主张，谁举证”而采用举证责任倒置，将会导致诉讼的增加。毕竟医疗卫生事业是一项惠及百姓、关系全民健康的民生工程，需要国家扶持，带有很强的福利色彩。如果不加区别地实施举证责任倒置，必将严重损害医疗卫生事业。当然，将医疗过错和因果关系的举证责任分配给患方，对患方也不公平。对于这种困境，只能通过整体上提高医疗技术水平，引入社会保险、商业保险分担机制等方法来解决，但这不是一朝一夕就能够实现的。当下该问题的解决，只能折中。所以，最高人民法院在制定《医疗损害司法解释》时作了折中处理。

【实务问题及难点】

一、医疗损害司法解释对患方举证能力不足的弥补

医疗损害赔偿案件施行何种举证责任，长期以来一直争议不断，即便是《医疗损害司法解释》的制定，也对举证责任如何分配反复推敲。2002年举证责任倒置的规定，虽然缓和了患者举证责任，也在一定时期内起到其应有的作用，但在执行过程中也出现了一些其他后果，无助于医学发展进步，不利于从根本上维护患者看病就医的权利。[①]但是，在诉讼方面，患者举证能力的天然弱势也不容忽视。如何弥补患者举证能力不足与采取何种举证责任分配的办法成了医疗损害诉讼的难题。最后出台的《医疗损害司法解释》很好地解决了这个问题，即采用鉴定申请替代的方式来弥补患者举证能力的不足。

可以看出，原《侵权责任法》改变了之前“无条件的双项倒置”的情形，将医方的举证责任部分转移给患方，同时仍实行“附条件的单项倒置”，以解决患方与医方在信息上的不对称。再到《医疗损害司法解释》采取鉴定申请替代的方式来弥补患者举证能力不足的做法，这是对医患双方举证责任的重新分配，达到了相对平衡的效果。

关于医疗损害赔偿案件中具体举证的分配及要求，本书将在本书第五章予以系统论述。

---

① 罗书臻：《为构建和谐医患关系推进健康中国建设提供司法保障——最高人民法院研究室负责人就〈最高人民法院关于审理医疗损害责任纠纷案件适用法律若干问题的解释〉答记者问》，载《人民法院报》2017年12月14日，第3版。

二、医疗损害赔偿诉讼举证责任的实务操作

虽然医疗侵权赔偿案件中的医疗过错和因果关系的举证责任规定存在上述演变过程，但无论在哪个举证责任规定的阶段，司法实践中法院未必严格按照相关规定办理。这里主要涉及医疗侵权案件的事实认定上的另外两个证据——病历和鉴定。

病历记载的信息内容有助于还原医疗行为实施的经过。病历由医务人员撰写、医疗机构保管。2001 年发布的《民事证据规定》之所以规定医疗侵权案件实行举证责任倒置，主要是在 2002 年 8 月 31 日以前患者无法查阅和复制病历，难以完成证明责任。后续的法律、法规及司法解释，对患者查阅病历、复制病例的权利作了比较充分的规定，尤其是原《侵权责任法》第 58 条、第 61 条，《医疗纠纷预防和处理条例》第 16 条、第 47 条规定，医疗机构不能保障患者病历知情权的，对医疗机构进行处罚，并推定医疗行为存在过错，从而在医疗过错上实行举证责任倒置。

但是即便患者拿到了全部病历，也未必看得懂。将病历作为证据提交给法官，法官也未必看得明白。实际上，在案件裁判者心目中，是否存在医疗过错，医疗行为与损害后果之间是否存在因果关系，仍然处于真伪不明状态。所以需要借助其他人或者其他方法来对病历进行解读，于是就需要启动医疗损害鉴定。

因此，在医疗侵权诉讼中，无论在相关法律、法规、司法解释规定的举证责任分配的哪个阶段，在司法实践中，法官一般先让医疗机构提交病历，然后进一步启动医疗事故或者医疗损害技术鉴定。在鉴定申请问题上，不同法院针对不同案件可能会要求患者或医疗机构提出鉴定申请，如果双方当事人都不提出鉴定申请，法院往往会依据《民事诉讼法》赋予法官的调查取证的权力——当事人及其诉讼代理人因客观原因不能自行收集的证据，或者人民法院认为审理案件需要的证据，人民法院应当调查收集（《民事诉讼法》第 67 条第 2 款）；当事人未申请鉴定，人民法院对专门性问题认为需要鉴定的，应当委托具备资格的鉴定人进行鉴定（《民事诉讼法》第 79 条第 2 款）。《医疗损害司法解释》第 8 条第 2 款也规定：当事人未申请鉴定，人民法院对前款规定的专门性问题认为需要鉴定的，应当依职权委托鉴定。其实鉴定由谁申请并不是很重要的问

题，重要的是由谁来预交鉴定费，因为鉴定申请与预交鉴定费捆绑在一起。那么法院依职权启动的鉴定，鉴定费由谁预交，法院会根据举证责任分配或者案件的具体情况来确定。

所以，医疗侵权诉讼的医疗过错和因果关系的举证问题，就转化为鉴定申请问题。而且即便当事人不申请鉴定，法院也可以启动鉴定程序。只是如果鉴定完成后，鉴定对医疗过错、因果关系无法进行判断时，即医疗过错和因果关系处于真伪不明的状态时，法官无法就案件进行实体性裁判，只能转而采取程序性裁判，即负有举证责任的一方当事人承担最后的不利后果，这时才会涉及举证责任分配问题。由于《民事证据规定》直接删除了原来医疗侵权案件的举证责任分配的规定，并不是作出相反的规定。因此，在分配举证责任时，法院会按照《民法典》第1222条、《医疗损害司法解释》第4条规定来处理。医疗过错采用“附条件医疗过错举证倒置”。具体做法是，首先由患者就《民法典》第1222条规定的三种情况之一进行举证，完成举证后，法院可以推定医疗过错成立，医院如果认为自身没有过错，应当完成举证。如果患者无法完成《民法典》第1222条规定的三种情况中任一情况的举证，不发生举证责任倒置，案件的不利后果由患者承担。如果患者完成了举证，举证责任转移，由医疗机构举证证明不存在过错。如果医疗机构举证不能，则由医疗机构承担不利后果。当然，在讨论医疗过错是否存在举证问题之前，首先由原告就侵害行为、损害后果、因果关系进行举证，如果该三个要件中任一要件无法完成举证，或者有相反的证据否定其成立，都应当由原告承担不利后果。[①]

【法条链接】

《民事诉讼法》

第六十七条 当事人对自己提出的主张，有责任提供证据。

当事人及其诉讼代理人因客观原因不能自行收集的证据，或者人民法院认为审理案件需要的证据，人民法院应当调查收集。

人民法院应当按照法定程序，全面地、客观地审查核实证据。

---

① 刘鑫、郑谢畅：《医疗侵权赔偿案件举证责任分配的变与不变》，载《中华医学信息导报》2020年第11期，第8版。

第七十九条 当事人可以就查明事实的专门性问题向人民法院申请鉴定。当事人申请鉴定的，由双方当事人协商确定具备资格的鉴定人；协商不成的，由人民法院指定。

当事人未申请鉴定，人民法院对专门性问题认为需要鉴定的，应当委托具备资格的鉴定人进行鉴定。

《民法典》

第一千二百一十八条 患者在诊疗活动中受到损害，医疗机构或者其医务人员有过错的，由医疗机构承担赔偿责任。

第一千二百二十二条 患者在诊疗活动中受到损害，有下列情形之一的，推定医疗机构有过错：

（一）违反法律、行政法规、规章以及其他有关诊疗规范的规定；

（二）隐匿或者拒绝提供与纠纷有关的病历资料；

（三）遗失、伪造、篡改或者违法销毁病历资料。

第一千二百二十三条 因药品、消毒产品、医疗器械的缺陷，或者输入不合格的血液造成患者损害的，患者可以向药品上市许可持有人、生产者、血液提供机构请求赔偿，也可以向医疗机构请求赔偿。患者向医疗机构请求赔偿的，医疗机构赔偿后，有权向负有责任的药品上市许可持有人、生产者、血液提供机构追偿。

《医疗损害司法解释》

第四条 患者依据民法典第一千二百一十八条规定主张医疗机构承担赔偿责任的，应当提交到该医疗机构就诊、受到损害的证据。

患者无法提交医疗机构或者其医务人员有过错、诊疗行为与损害之间具有因果关系的证据，依法提出医疗损害鉴定申请的，人民法院应予准许。

医疗机构主张不承担责任的，应当就民法典第一千二百二十四条第一款规定情形等抗辩事由承担举证证明责任。

第七条 患者依据民法典第一千二百二十三条规定请求赔偿的，应当提交使用医疗产品或者输入血液、受到损害的证据。

患者无法提交使用医疗产品或者输入血液与损害之间具有因果关系的证据，依法申请鉴定的，人民法院应予准许。

医疗机构，医疗产品的生产者、销售者、药品上市许可持有人或者血液提供机构主张不承担责任的，应当对医疗产品不存在缺陷或者血液合格等抗辩事由承担举证证明责任。

第八条 当事人依法申请对医疗损害责任纠纷中的专门性问题进行鉴定的，人民法院应予准许。

当事人未申请鉴定，人民法院对前款规定的专门性问题认为需要鉴定的，应当依职权委托鉴定。

《浙江司法指导意见》

第七条 患者一方起诉请求医疗机构承担侵权责任的，应举证证明患者到该医疗机构就医（包括隐名就医）、就医后发生损害的事实，并提供医疗机构的医疗行为有过错的初步证据。医疗机构认为其医疗行为与损害后果之间不存在因果关系、没有过错的，应提供相应证据。

《北京司法指导意见》

8. 对于医疗产品损害以外的医疗损害赔偿纠纷案件，患者一方认为医疗机构有医疗过错，以及医疗行为与损害结果之间存在因果关系，应当承担相应的举证责任。

……

9. 发生医疗损害，患者能够证明医疗机构有下列情形之一的，人民法院应推定医疗机构有过错：

（1）违反法律、行政法规、规章以及其他有关诊疗规范的规定；

（2）隐匿或者拒绝提供与纠纷有关的病历资料；

（3）伪造、篡改或者销毁病历资料。

对于上述情形，人民法院在必要时应依职权调查取证。

10. 医疗产品损害赔偿纠纷案件，由患者一方对产品缺陷、损害结果、因果关系承担举证责任。

因输入的血液是否合格引发的损害赔偿纠纷案件，由患者一方对血液不合格、损害结果、因果关系承担举证责任。

18. 人民法院认为需要委托医疗损害鉴定的，一般应要求患者一方申请鉴定。患者一方申请鉴定的，患者一方和医疗机构均应当提交鉴定所需的病历资料。

【案例 5-03】某医院转抄医嘱病历失真致鉴定不能[①]

患者潘某因“发热四天、憋喘一天”于2007年4月13日到某医院急诊就诊。查体胸片显示右下肺感染伴右侧胸腔积液、呼吸衰竭并肝损害。某医院立即向其家属下达病重通知书，及时进行抗炎治疗，并行各种化验排查病因。因患者病情发展迅猛，于3天后死亡。

诉讼过程中，医院申请某市医学会医疗事故技术鉴定办公室进行医疗事故技术鉴定，但因病历中有部分医嘱单上的签名系护士在转抄医嘱时代为签写的，此外，还存在患者用药数量在医嘱单、护理记录、家属手中的缴费单据中记载不一致的情况，该医学会表示不予鉴定。据此，一审法院经审理认为，某医院虽然提交了病历等证据材料，也提出了书面鉴定申请，但原告方对病历资料的真实性予以否认。某医院不但承认誊写护理记录事实，对其他原告提出病历不真实的问题，亦没有令人信服的解释，故鉴定无法进行的责任应由某医院承担。最终，一审法院判决某医院赔偿患者一方各项损失共计64万元。一审判决后，某医院不服提起上诉，二审法院维持原判。

评析

2001年发布的《民事证据规定》第4条第1款第8项规定：因医疗行为引起的侵权诉讼，由医疗机构就医疗行为与损害结果之间不存在因果关系及不存在医疗过错承担举证责任。这就是著名的关于医疗损害赔偿纠纷案件实行“举证责任倒置”的规定。

本案就是法院适用“举证责任倒置”规则审理医疗损害赔偿纠纷案件的一个典型案例。本案判决后，有两个问题引起争议：一是医学会若不受理法院的鉴定委托，法院能否在没有鉴定结论的情况下直接判决？二是法院确定医院应该承担赔偿责任时，依据《民法通则》及其司法解释确定赔偿数额是否妥当？本书认为，在原《侵权责任法》颁布之前，依据原有的法律及司法解释，特别是2001年发布的《民事证据规定》的上述条款，本案的判决结果虽然对某医院有不公平的地方，但也未见违法之处。

---

① 刘鑫、孙东东、陈特：《医疗损害赔偿诉讼实务》，中国法制出版社2012年版，第13页。

需要提醒诉讼当事人注意的是，如果因为赖以开展医疗损害鉴定的证据——病历或者其他证据失真，导致难以认定医疗行为是否存在过错、医疗行为与损害后果之间是否存在因果关系，使得案件难以作出实体性裁判时，法院不能拒绝裁判，只能选择程序性裁判。程序性裁判正是从举证责任的分配来裁判的，即由对影响医疗损害鉴定意见难以作出的证据（病历、尸检等）失真应当承担责任的一方来承担不利的法律后果。程序性裁判是残酷的，最后只能作出有责任和无责任的裁判。

第三节　医疗损害赔偿纠纷案件举证责任的最新规定

最近几年，国家出台或者修改了与医疗损害赔偿案件诉讼中举证责任相关的法律和司法解释，这些法律和司法解释的变化对医疗损害赔偿案件的举证责任分配产生了比较大的影响，有必要对其进行专门介绍。

《民法典》医疗损害责任章对原《侵权责任法》第七章作了修改，尤其是《民法典》第1222条的修改，使得医疗损害案件在举证责任上有所不同。

最高人民法院于2019年12月25日发布了修改后的《民事证据规定》（法释〔2019〕19号），对民事诉讼的相关证据问题作了比较大的修改。①修改后的《民事证据规定》包括当事人举证、证据的调查收集和保全、举证时限与证据交换、质证、证据的审核认定、其他6章共100条，其中删除了争议比较大的第4条举证责任倒置的规定。

2017年3月27日由最高人民法院审判委员会第1713次会议通过，并于2017年12月13日公布，自次日起施行的《医疗损害司法解释》②，在《民法典》颁布之后作了第一次修改。

---

① 2001年12月6日最高人民法院审判委员会第1201次会议通过，根据2019年10月14日最高人民法院审判委员会第1777次会议《关于修改〈关于民事诉讼证据的若干规定〉的决定》修正。

② 根据2020年12月23日最高人民法院审判委员会第1823次会议通过的《最高人民法院关于修改〈最高人民法院关于在民事审判工作中适用《中华人民共和国工会法》若干问题的解释〉等二十七件民事类司法解释的决定》修正。

【实务问题及难点】

一、对案件基本事实的举证责任

按照我国诉讼法学界通说，举证责任是指当事人对自己提出的主张（既包括实体法上的主张，也包括程序法上的主张），有提供证据予以证明的责任。举证责任分为行为意义上的举证责任和结果意义上的举证责任。前者一般是指当事人在诉讼中提出主张后必须向法院提供证据的义务；后者是指当事人在提供证据以后，如果没有使法官对要件事实形成内心确信，就要承担败诉的不利后果。

举证责任的分配是审理医疗损害赔偿纠纷案件的重要问题。从《民法典》侵权责任编第六章的规定可以得知，医疗侵权案件的举证责任是以“谁主张，谁举证”为一般原则的。所谓“谁主张，谁举证”，即当事人对自己的主张所依据的事实提供证据，证明其主张真实，并在该事实真伪无法证明时负担不利诉讼后果的责任。我国《民事诉讼法》第 67 条第 1 款规定：当事人对自己提出的主张，有责任提供证据。对此予以了确认。以下将分析在医疗损害赔偿纠纷案件中，对案件基本事实的举证责任。

（一）患者的初步举证责任

民事诉讼中对举证责任的分配，通常遵循“谁主张，谁举证”的原则，由提出权利请求和事实主张的一方承担举证责任，根据该原则可以得知，在医疗损害赔偿纠纷诉讼中，患者应当承担初步举证责任。即患者对其损害赔偿请求权的成立，负有初步的举证责任。也就是说，原告应当首先证明其与医疗机构间存在医疗服务合同关系，接受过被告医疗机构的诊断、治疗，并因此受到损害。如果患者不能对上述问题提供证据予以证明，其请求权是不能得到人民法院支持的。

关于患者的初步举证责任的要求，在《医疗损害司法解释》中作了更为明确的规定。患者以医疗损害为由起诉医疗机构要求其承担赔偿责任，其应当按照侵权责任构成要件要求履行举证义务。该司法解释第 4 条第 1 款规定："患者依据民法典第一千二百一十八条规定主张医疗机构承担赔偿责任的，应当提交到该医疗机构就诊、受到损害的证据。"此即为证明原、被告双方存在医疗服务合同，被告医院对患者实施了医疗行为，即侵害行为，该要件的举证责任由患者承担。该司法解释第 4 条第 2 款规定：患者无法提交医疗机构或者其医务人员有过错、诊疗行为与损害之间具有因果关系的证据，依法提出医疗损害鉴定申请的，人民法院应予准许。这是证明医疗行为存在过错及与损害后果存在因果关系，该两项要件也由患者举证，但该两项要件专业性极强，患者难以完成，所以该款作出了变通性的指引规定，即患者举证有困难的，可以委托专业机构进行鉴定。因此，该两项要件的举证责任还是由患者承担。易言之，如果患者既无法举证，又不提出鉴定申请，即视为患者没有完成举证。反之，如果患者无法举证，但提出了鉴定申请，由于非患者的客观原因导致鉴定不能，或者鉴定得不出明确的结论，都视为患者完成了初步的举证。同理，《医疗损害司法解释》第 5 条规定，患者依据《民法典》第 1219 条规定主张医疗机构承担赔偿责任的，即起诉被告医疗机构侵害患者的知情同意权的，应当按照该司法解释第 4 条第 1 款规定提交证据。涉及医疗产品责任诉讼的患者初步举证要求，在该司法解释第 7 条作了规定，与此类似。

根据医疗损害侵权责任构成理论，还需要证明损害后果存在。一般而言，损害后果可以通过病历记载的内容显示，可以是因医疗行为发生纠纷的医疗机构的病历，也可以是患者后来到其他医疗机构就诊的病历，但后者须证明病历记载之损害与实施医疗行为的医疗机构之间存在因果关系。特殊情况下，还可以启动鉴定确认损害结果，但遵循"谁主张，谁举证"的原则，由患者举证。

对此，2016 年 11 月 21 日最高人民法院发布的《第八次全国法院民事商事审判工作会议（民事部分）纪要》（法〔2016〕399 号）第 11 条规定，患者一方请求医疗机构承担侵权责任，应证明与医疗机构之间存在医疗关系及受损害的事实。对于是否存在医疗关系，应综合挂号单、交费单、病历、出院证明以及其他能够证明存在医疗行为的证据加以认定。《北京司法指导意见》第 7 条第 1 款前半段规定，在医疗损害赔偿纠纷诉讼中，患者一方应当首先证明其与医疗机构之间存在医疗关系并发生医疗损害。另外，《浙江司法指导意见》第 7 条前半段也规定，患者一方起诉请求医疗机构承担侵权责任的，应举证证明患者到该医疗机构就医（包括隐名就医）、就医后发生损害的事实，并提供医疗机构的医疗行为有过错的初步证据。

【案例 5-04】患者未能证明损害后果被驳回起诉[①]

2020 年 3 月 3 日，原告相某因痔疮到被告李沧区某中西医诊所处就诊，被告为原告开具了“张氏痔光百草抑菌粉”治疗。同年 5 月 8 日，原告到某三甲医院就诊，初步诊断：混合痔术后；处理：建议忌食辛辣，清洁灌肠，泌尿科就诊。后相某先后在多家医院就诊，诊断肛门狭窄，肛裂，混合痔术后。另查明，2020 年 8 月 18 日，原告向九水路派出所报警称，被告伪造病历，想查看监控。再查明，2020 年 9 月 16 日，青岛市李沧区卫生健康局作出青李卫医罚〔2020〕043 号行政处罚决定书，因被告未按规定为 2020 年 3 月 3 日至 2020 年 7 月 15 日接诊的相某等患者填写病历资料，对被告给予警告及罚款人民币 1 万元整的行政处罚。同日，青岛市李沧区卫生健康局作出青李卫医罚〔2020〕044 号行政处罚决定书，因被告使用未取得药学专业技术职务任职资格的人员秦某某从事处方调剂工作，对被告给予罚款人民币 1000 元整的行政处罚。对上述行政处罚决定，被告均已履行完毕。相某认为李沧区某中西医诊所侵犯其合法权益，遂向法院起诉要求诊所赔偿其经济损失。

患者被一审法院驳回起诉后提出上诉认为，其诉讼请求是根据《民法典》第 1222 条第 1 项规定的医疗质量管理损害责任，不是《民法典》第 1218 条规定的医疗技术损害责任。医疗质量管理损害责任的构成要件，一是患者在诊疗活动中受到损害。二是医疗机构存在违反法律、行政法规、规章以及其他有关诊疗规范的规定；隐匿或者拒绝提供与纠纷有关的病历资料；遗失、伪造、篡改或者违法销毁病历资料的情形之一。三是适用推定过错归责原则。而医疗技术损害责任构成要件，一是患者在诊疗活动中受到损害；二是医疗机构或者其医务人员有过错；三是过错的诊疗行为与患者损害之间存在因果关系。诊疗行为是否有过错、过错的诊疗行为与患者损害之间是否存在因果关系，属于《民事诉讼法》规定的专门性问题，当事人可以申请鉴定；当事人未申请的，人民

---

① 山东省青岛市李沧区人民法院（2021）鲁 0213 民初 618 号民事判决书；山东省青岛市中级人民法院（2021）鲁 02 民终 6071 号民事判决书。

法院依职权委托鉴定。

二审法院认为，本案系医疗损害责任纠纷，本案的争议焦点问题为应否支持上诉人的诉讼请求。关于法律适用问题，《民法典时效司法解释》第1条第2款规定：民法典施行前的法律事实引起的民事纠纷案件，适用当时的法律、司法解释的规定，但是法律、司法解释另有规定的除外。因本案法律事实发生于《民法典》实施之前，本案应当适用当时的法律、司法解释的规定。不论是上诉人主张的医疗质量管理损害纠纷还是上诉人认为一审法院依据的医疗技术损害纠纷，均属于法律规定的医疗损害责任纠纷，一审法院按照医疗损害责任纠纷审理本案并无不当。医疗损害责任纠纷的前提是损害事实的存在，但上诉人提供的证据并不能证明其因被上诉人的治疗行为造成的损害事实的存在，损害事实不能明确，其主张推定被上诉人的医疗行为存在过错的基础不能成立，一审法院认为现有证据不能证明上诉人肛门狭窄、肛裂等系由被上诉人的诊疗行为造成，且上诉人明确表示对因果关系不申请鉴定，本案亦非侵权责任法规定的可推定被告存在过错的情形，上诉人的诉讼请求没有事实和法律依据，驳回上诉人的诉讼请求并无不当，上诉人可在证据充分后另行主张。遂驳回患者的上诉请求。

评析

关于医疗损害赔偿诉讼，在学理上确实有学者作出了各种有意义的分类，但是无论怎么分类，都属于《民法典》侵权责任编第六章规定的医疗损害责任。患者的诉讼请求要想得到法院的支持，必须要按照举证责任分配的要求完成相应的举证义务。在医疗损害赔偿诉讼中，损害结果是患者提起诉讼的重要法律事实，实行“谁主张，谁举证”的原则。但是，在本案中，原告不能完成损害事实的举证责任，即便其存在“肛门狭窄”“肛裂”等情况，也需要用医学证据予以证明。如果原告能证明其身体存在“肛门狭窄”“肛裂”等情况，还需要进一步证明该“损害结果”与医疗行为之间存在因果关系，进而考察是否存在医疗过错。然而，原告回避自己的举证义务，只是用医疗机构存在“违反医疗卫生法律、法规、规章”“伪造篡改病历”等情况，要求法院“推定医疗行为有过错”。问题在于，损害结果不确定，作出此推定没有任何实际的意义，且诉讼启动时，原告的举证责任在先，原告未完成举证义务，被告的举证义务不可能进行，后续的事实调查、事实认定也都不可能推进。

【案例 5-05】患者未能证明因果关系被驳回起诉①

2014 年 7 月 7 日，么某某以其丈夫刘某某的名义，在本溪市某医院行腰椎 CT 检查，提示“L5-S1 间盘突出伴椎管狭窄，请结合临床”。2014 年 7 月 17 日，么某某通过他人介绍到本溪市平山张喜某中医诊所就诊，张广某为么某某进行了腰部侧扳，其中扳动么某某右侧腰部一下，么某某称疼痛厉害，张广某让么某某活动一下后再侧卧，扳动么某某左侧腰部两下，么某某亦称疼痛厉害，张广某再未扳动么某某其他部位。之后，张广某采用中药熏蒸、电磁波等治疗方法为么某某治疗两个小时。治疗结束后，么某某离开本溪市平山张喜某中医诊所。2014 年 8 月 15 日，么某某以其丈夫刘某某名义到本钢总医院进行核磁共振检查，磁共振检查报告单的影像表现记载为：“腰椎曲度变直，椎体形态尚可。T2 加权见间盘信号减低。L5-S1 间盘向后脱出，压迫硬膜囊及马尾终丝，局部椎管狭窄。脊髓形态及信号未见明显异常。”该磁共振检查报告单的影像诊断为：“L5-S1 间盘脱出，压迫硬膜囊及马尾终丝，局部椎管狭窄。腰椎退行性病变。”建议入院治疗，后在某三甲医院手术治愈。另查，本溪市平山张喜某中医诊所系个人经营的个体工商户，营业执照上登记的经营者姓名为张喜某，但实际经营者为张广某，该诊所的医疗机构执业许可证记载的诊疗科目为中医科、针灸科专业，推拿科专业，康复医学专业。张广某医师职业范围为外科专业，注册执业地点为本溪市铁路医院。张广某在本溪市平山张喜某中医诊所开展诊疗活动，属于非卫生技术人员从事医疗卫生技术活动。再查，本案在一审审理过程中，么某某申请伤残等级、有无过错及过错程度、有无因果关系等鉴定，张广某申请有无因果关系鉴定，但五家司法鉴定机构均不予鉴定。就本案，后经释明，么某某和张广某均放弃申请鉴定。

辽宁省高级人民法院经审查认为，《医疗损害司法解释》第 4 条第 1 款规定：患者依据《侵权责任法》第 54 条规定主张医疗机构承担赔偿责任的，应

---

① 本溪市平山区人民法院（2014）平民一初字第 00552 号民事判决书；辽宁省本溪市中级人民法院（2016）辽 05 民终 1106 号民事裁定书；本溪市平山区人民法院（2016）辽 0502 民初 1997 号民事判决书；辽宁省本溪市中级人民法院（2018）辽 05 民终 1597 号民事判决书；辽宁省高级人民法院（2019）辽民申 2703 号民事裁定书。

当提交到该医疗机构就诊、受到损害的证据。本案中，么某某主张其所受损害结果应由张广某承担赔偿责任，故么某某应提供证据证明其所受损害结果与张广某实施的医疗行为之间存在因果关系。原审已查明么某某在接受张广某医疗行为之前已被本溪市第一人民医院诊断患有间盘突出伴椎管狭窄等病状，且其在接受张广某医疗行为后又间隔近1个月才进行核磁共振检查，之后至某三甲医院接受手术治疗。一审曾多次委托鉴定，但因不具备鉴定条件，多家鉴定机构均不予鉴定，后申请人与被申请人均放弃鉴定申请。故张广某的医疗行为与么某某接受手术治疗之间是否存在因果关系，无法判断。虽张广某存在超范围、超地点、超类别行医的过错，但该过错并不能作为认定张广某医疗行为与么某某主张的损害结果之间存在因果关系的依据。么某某未能充分举证证明张广某应对其主张的损害结果承担赔偿责任，故原审对么某某的诉讼请求未予支持，并无不当。驳回么某某的再审申请。

评析

医疗损害责任纠纷案件的举证责任分配一直是焦点，主要原因在于医疗侵权责任构成要件的专业属性，即便通晓医学知识，也未必能说清楚其中的医疗过错、因果关系等事实。在医疗侵权责任构成要件的举证责任上，最高人民法院的司法鉴定有过反复。在2001年出台的《民事证据规定》中就医疗过错和因果关系明确规定由医疗机构承担举证责任，后《侵权责任法》及《民法典》并没有采纳这一做法，而是调整为“附条件的医疗过错举证倒置”[①]；最高人民法院在2020年修改的《医疗损害司法解释》中对因果关系作了变通处理，即“患者无法提交医疗机构或者其医务人员有过错、诊疗行为与损害之间具有因果关系的证据，依法提出医疗损害鉴定申请的，人民法院应予准许”。换言之，医疗过错、因果关系的举证责任，原则上实行“谁主张，谁举证”，因而由患者进行举证；如果患者举证有困难，可以委托专门鉴定机构进行鉴定，患者提出鉴定申请并预交鉴定费用，即视为其履行举证责任。本案中，虽然启动了鉴定程序，但多家鉴定机构不予鉴定，最终原告放弃了鉴定，使得因果关系不能通过鉴定予以明确。此外，诉讼中确有一定的证据证明原告在被告处就医时已

---

① 刘鑫、郑谢畅：《医疗侵权赔偿案件举证责任分配的变与不变》，载《中华医学信息导报》2020年第11期，第8版。

经存在“间盘突出伴椎管狭窄等病状”，间接否定了被告医疗行为与原告主张的损害结果之间具有因果关系，最终法院驳回其诉讼请求。

（二）医疗机构的举证责任

在患者完成了初步举证之后，进一步的举证责任就转移到被告医疗机构。《医疗损害司法解释》也有相关规定。

在医疗损害赔偿诉讼中，《医疗损害司法解释》第 4 条第 3 款规定：“医疗机构主张不承担责任的，应当就民法典第一千二百二十四条第一款规定情形等抗辩事由承担举证证明责任。”这不是举证责任倒置，实际上是被告医疗机构对自己的主张承担举证义务。患者以医疗机构存在过错为由，要求医疗机构承担侵权责任。实务中，很多医疗机构都会提出，患者出现的不良后果并非医疗行为所在，而是其他原因，即《民法典》第 1224 条规定的三种免责情形。这是医疗机构提出的主张，当然要提供证据证明自己的主张，尤其是医疗机构面临《民法典》第 1222 条的指控时，更是会采用第 1224 条规定作无责抗辩。

在侵害患者知情同意权的诉讼中，医疗机构应当举证证明其已经尽到告知说明义务。《医疗损害司法解释》第 5 条第 2 款规定：医疗机构提交患者或者患者近亲属明确同意证据的，人民法院可以认定医疗机构尽到说明义务，但患者有相反证据足以反驳的除外。这是一种推定，即只要存在医疗机构提交患者或其近亲属明确同意的证据，法院就应当推定医疗机构尽到了告知说明义务。举证责任又转移给患者，患者如果认为医疗机构没有尽到告知说明义务，应当拿出证据来证明。

在医疗产品责任纠纷的诉讼中，《医疗损害司法解释》第 7 条第 3 款规定：医疗机构，医疗产品的生产者、销售者、药品上市许可持有人或者血液提供机构主张不承担责任的，应当对医疗产品不存在缺陷或者血液合格等抗辩事由承担举证证明责任。

在诉讼中，患者就医疗损害承担举证责任，并不是说医疗机构不用提交任何证据。从理论上说，举证责任的分配主要是就结果责任而言，行为责任是双方当事人都要承担的，法院可根据案件的审判情况要求当事人各方提供相应的证据。法院在审理医疗损害赔偿纠纷案件时，可以根据查明事实的需要要求医疗机构就相关事实提交证据。如要求医疗机构提交相关医学文献，或者要求医疗机构提供内部的诊疗管理规定。并且，提交病历资料通常也是医疗机构的行为责任。医疗机构不承担行为责任的，将承担不利的后果，其中不承担行为责任构成妨碍事实认定行为的，参照《民法典》第1222条的规定，将产生举证责任转移并由其承担举证不能的后果。

对此，《北京司法指导意见》第7条第1款后半段规定：医疗机构应当提交病历及相关资料说明相应的诊疗过程。也就是说，虽然目前的立法从实质上说已经取消了“举证责任倒置”的规定，但医疗机构在诉讼中仍然要承担一定的举证责任，这一点需要引起特别注意。

（三）关于证据形式的规定

《北京司法指导意见》第7条第2款规定，交费单、挂号单等诊疗凭证及病历、出院证明等证据可以用于证明医疗关系存在。患者一方提供不出上述证据，但有其他证据能证明医疗行为存在的，人民法院可以认定存在医疗关系。

二、对过错、因果关系要件的举证责任

（一）一般情形下过错、因果关系要件的举证责任承担

《民法典》第1223条规定了医疗产品责任，医疗产品责任是产品责任的一种。因此，医疗产品损害赔偿纠纷案件的举证责任不同于其他的医疗损害赔偿纠纷案件。

那么，对于医疗产品损害意外的医疗损害赔偿纠纷案件，由于《民法典》侵权责任编第六章的规定已经从实质上否定了《民事证据规定》关于医疗侵权举证责任的规定。因此，在医疗损害赔偿纠纷诉讼中，人民法院对于因《民法典》实施后的医疗行为引发的医疗损害赔偿纠纷案件，在一般情况下，不再适用过错推定与因果关系推定。也就是说，不再适用举证责任倒置的规定。因此，在一般情况下，对于医疗机构存在过错以及医疗机构的过错与患者的损害结果之间存在因果关系，患者需要承担相应的举证责任。

基于上述原因，《北京司法指导意见》第8条第1款规定：对于医疗产品损害以外的医疗损害赔偿纠纷案件，患者一方认为医疗机构有医疗过错，以及

医疗行为与损害结果之间存在因果关系，应当承担相应的举证责任。

值得注意的是，《浙江司法指导意见》对上述问题有不同的规定。该意见第7条规定：患者一方起诉请求医疗机构承担侵权责任的，应举证证明患者到该医疗机构就医（包括隐名就医）、就医后发生损害的事实，并提供医疗机构的医疗行为有过错的初步证据。医疗机构认为其医疗行为与损害后果之间不存在因果关系、没有过错的，应提供相应证据。

比较《北京司法指导意见》和《浙江司法指导意见》的上述规定，《浙江司法指导意见》虽未明确此类案件仍然适用举证责任倒置，但其赋予了医疗机构更重的举证责任。也就是说，在医疗侵权诉讼中，患者提供了医疗机构的医疗行为存在过错的初步证据后，医疗机构需要提供相应证据来反证不存在过错或者不存在因果关系。上述两地的不同规定，反映了不同的法院对于《民法典》实施后医疗侵权案件举证责任的不同认识。因此，最高人民法院有必要及时制定全国统一的司法解释。

（二）对医疗机构是否履行告知义务的举证责任

患者一方在诉讼中主张医疗机构存在诊疗过失和主张医疗机构未尽到告知义务，在举证责任方面应该适用不同的规则。这是因为从患者一方的角度看，其主张医疗机构未履行告知义务，相当于主张一种消极事实。而根据民事诉讼法的一般原理，一个基本的证明规则是“主张积极事实的人应承担证明责任，主张消极事实的人则不承担证明责任”。也就是说，当事人在诉讼中主张消极事实而在客观上无法积极证明的，其举证责任移转于他方当事人。因为消极事实为“无”而非“有”，在理论上不能提出“无”之证据，故而主张事实“无”之当事人无须举证；若他方当事人以“有”为抗辩者，则应视为积极事实之主张，而使之负举证责任，这种举证责任的转嫁在某种意义上可以被称为“举证责任之移转”。

实务上，《医疗损害司法解释》第5条第2款规定，医疗机构证明其已经尽到告知说明义务，可以通过提交患者或者患者近亲属明确同意证据来完成。只要医疗机构提交了患者或其近亲属明确同意实施手术、特殊检查、特殊治疗或者其他医疗活动的证明，人民法院即可以认定医疗机构尽到说明义务。

基于上述分析，《北京司法指导意见》第8条第2款规定：医疗机构是否履行了向患者一方说明病情、医疗措施、医疗风险、替代医疗方案等情况的义务，由医疗机构承担举证责任。人民法院应当根据病历记载、知情同意书等证据进行综合认定。

需要说明的是，《北京司法指导意见》第 8 条第 2 款的规定包含以下两层意思：一是医疗机构需要对其已经履行告知义务这一积极事实承担举证责任，这一点在前文已经阐述理由；二是人民法院判断医疗机构是否尽到告知义务，应当根据医疗机构提供的各种病历（包括但不限于知情同意书）及当事人陈述等证据进行综合认定。这样规定的理由是，根据《民法典》第 1219 条的规定，只有在需要对患者实施手术、特殊检查、特殊治疗时，医务人员才需要将病情、医疗措施、医疗风险、替代医疗方案等情况以书面形式告知患者或其近亲属。而在一般的诊疗活动中，医务人员只需以口头方式将病情和医疗措施告知患者。因此，在诉讼中，法院不能要求医疗机构对所有的告知事项均提交相应的知情同意书，而应当根据病历记载、知情同意书等多种证据进行综合认定。

三、《民法典》第 1222 条规定的过错推定情形的举证责任

当前，审判实践中的一个疑难问题是，适用《民法典》第 1222 条规定的相关事实如何证明。也就是说，在诉讼中，适用《民法典》第 1222 条规定推定医疗机构有过错时，由谁来证明医疗机构存在第 58 条规定的情形。

本书认为，由于医疗损害案件的举证责任以“谁主张，谁举证”为基本规则，《民法典》第 1222 条的规定仅属于特殊情况下的举证责任倒置。因此，对是否存在《民法典》第 1222 条规定的可适用推定的三种情形之一的，应由患者一方来证明。如证明存在相关情形，则适用过错推定，如不能证明存在上述情形，则仍应由患者就是否构成医疗损害承担举证责任。当然，在实践证明上，对有些事实患者并无很重的证明负担，如医疗机构有无销毁、隐匿或拒不提供与纠纷有关的病历资料的情况，在诉讼过程中可以自然体现出来，法院也可以直接来认定。

对于医疗机构有无违反诊疗规范的行为，如患者确能证明有此行为，即应当适用举证责任倒置。但由于诊疗规范具有专业性，患者往往难以知晓，也难以证明医疗机构在哪些方面违反了诊疗规范。就此，患者可以申请由专家证人

帮助证明。《民事诉讼法》第 82 条规定：当事人可以申请人民法院通知有专门知识的人出庭，就鉴定人作出的鉴定意见或者专业问题提出意见。《民事诉讼法司法解释》第 122 条规定："当事人可以依照民事诉讼法第八十二条的规定，在举证期限届满前申请一至二名具有专门知识的人出庭，代表当事人对鉴定意见进行质证，或者对案件事实所涉及的专业问题提出意见。具有专门知识的人在法庭上就专业问题提出的意见，视为当事人的陈述。人民法院准许当事人申请的，相关费用由提出申请的当事人负担。"以往专家证人在医疗损害赔偿诉讼中运用较少，且主要是由专家证人对鉴定结论进行质证。在《民法典》实施后，与该法第 1222 条相联系，专家证人可以有更广泛的适用，法院与医患当事人均应当借助专家证人辅助认定案件事实。通常，在所涉及的诊疗规范能被具有一般医学科学知识的人所知晓，且患者能够证明医疗机构违反该类诊疗规范时，法院对于医疗机构有无违反诊疗规范的行为较容易认定。但在涉及复杂诊疗规范，具有一般医学科学知识的人难以知晓时，或者患者难以证明医疗机构违反诊疗规范时，此时法院不应单独就医疗机构有无违反诊疗规范的行为单独委托鉴定，而应当认定适用过错推定的前提不能成立。这种情况下仍应当由患者承担举证责任，申请就有无诊疗过错和是否存在医疗损害因果关系进行鉴定，并通过鉴定来认定医疗机构有无过错。

基于上述分析，《北京司法指导意见》第 9 条规定：发生医疗损害，患者能够证明医疗机构有下列情形之一的，人民法院应推定医疗机构有过错：（1）违反法律、行政法规、规章以及其他有关诊疗规范的规定；（2）隐匿或者拒绝提供与纠纷有关的病历资料；（3）伪造、篡改或者销毁病历资料。对于上述情形，人民法院在必要时应依职权调查取证。需要注意的是，根据《北京司法指导意见》的本条规定，对于《民法典》第 1222 条规定的这三种情形，也就是对于实行过错推定的基础事实，在一般的情况下是需要受害人来证明的，但是在患者举证确有困难时，人民法院也应当依职权去查证。

考虑到患者举证以及人民法院调查取证的一个主要形式是申请医疗损害鉴定，因此与上述《北京司法指导意见》第 9 条相呼应，《北京司法指导意见》第 17 条规定：对医疗专门性问题，当事人双方有权申请进行医疗损害鉴定；第 19 条规定：当事人申请鉴定确有困难的，人民法院在必要时可依职权委托医疗损害鉴定。

四、《民法典》第1222条规定的过错推定的性质

《民法典》第1222条的规定属于推定没有争议，但其属于何种推定呢？理论和实务上存在不同的看法。关于这一问题存在几种观点：第一种观点认为，该条规定不是推定，而是“直接认定”，其效力是不可反驳的。直接认定意味着只要存在第1222条规定的三种情形中的任何一种，即可直接认定医疗机构存在过错。第二种观点认为，该条是推定，但是不可反驳、不可推翻的推定。不可反驳的推定几乎可以等同于实体法规则，等同于认定。第三种观点认为，该条就是拟制规定，即属于实体法规则。第四种观点认为，该条规定属于推定，且可以反驳。①

这里虽然总结了四种情形，但前三种情形的内容相似，即诉讼中法院可以直接认定医疗过错的存在，被告医院没有反驳的机会。也有人认为，不可推翻的推定不是真正的推定，实际上是立法者预先作出的“直接认定”而非“假定”，其法律效力等同于另一个技术概念“拟制”，在法律条文中表述为“视为”。所谓“视为”，是法律的直接认定，不允许被告推翻此项认定。的确，这四种观点，实际上涉及了四个非常类似但又有区别的法律概念：可推翻的推定、不可推翻的推定、法律拟制、认定。

本书只讨论《民法典》第1222条推定的性质，即可推翻的推定，还是不可推翻的推定。一方面，梁慧星教授提到：“全国人大法律委员会和全国人大常委会法制工作委员会认为，按照民法原理及《侵权责任法》的立法思想，违反有关诊疗规范，或者隐匿有关病历资料甚至伪造、篡改、销毁有关病历资料，这类行为本身即是过错。对这种情形，人民法院应当直接根据‘违反有关诊疗规范，或者有隐匿有关病历资料甚至伪造、篡改、销毁有关病历资料’的事实，认定被告医疗机构有过错，既不应要求原告证明被告有过错，也不得许可被告举证证明自己无过错。基于上述考虑，《侵权责任法》第58条‘推定医疗机构有过错’，属于不允许被告以相反的证据予以推翻的推定，而与通常所谓‘过错推定’不同。”② 如果将该条规定界定为不可推翻的推定，便面临一

① 纪格非：《〈民事诉讼证据规定〉中的推定问题》，载《证据科学》2020年第3期，第329-342页。
② 梁慧星：《论〈侵权责任法〉中的医疗损害责任》，载《法商研究》2010年第6期，第35-39页。

个现实，第1222条就变成了一条可以和第1221条互换的规则，即第1222条也能成为一个过错认定的标准。《民法典》第1222条第1项规定的过错是“违反法律、行政法规、规章以及其他有关诊疗规范的规定”，如果这成了认定医疗过错的标准，便与第1221条“未尽到与当时的医疗水平相当的诊疗义务”有着明显的不同，到底以哪一项为医疗过错的认定标准呢？另一方面，《医疗损害司法解释》第16条也是关于医疗过错认定的规定：对医疗机构或者其医务人员的过错，应当依据法律、行政法规、规章以及其他有关诊疗规范进行认定，可以综合考虑患者病情的紧急程度、患者的个体差异、当地的医疗水平、医疗机构与医务人员资质等因素。这里将医疗过错认定限定在“依据法律、行政法规、规章以及其他有关诊疗规范”，即是否违反。而后面的诸要素是“可以综合考虑”。这样比较的话，应当以第1222条第1项规定作为医疗过错的认定标准，而不是第1221条，这显然与立法本意不符。现实中，如果要找医务人员“违反法律、行政法规、规章以及其他有关诊疗规范”的情形很容易，只要医务人员没有按照法律、行政法规、规章以及其他有关诊疗规范来做，就是医疗过错吗？毕竟在法律法规层面，很多属于建议性规范而非强制性规范，而诊疗规范更是一个宽泛而找不到具体实物对应的概念。如果以此作为医疗过错认定标准，便会把医疗过错的认定泛化。

仔细阅读《医疗损害司法解释》第16条，应当理解为其采用综合评价原则来认定医疗过错，违反法律、行政法规、规章以及其他有关诊疗规范只是其一，还要考虑其他因素，即“可以”后面的内容。另外，法律、行政法规、规章与有关诊疗规范并列放在一起，是对法律、法规、诊疗规范的限制，并非任何法律法规的违反都会被认定为医疗过错，而是具有技术可操作性，具有诊疗规范行政的法律法规的违反才能被认定。否则，行政上的违法也被视为医疗过错的话，那行政责任和民事责任就混为一谈了。

《医疗损害司法解释》第6条第2款规定：“患者依法向人民法院申请医疗机构提交由其保管的与纠纷有关的病历资料等，医疗机构未在人民法院指定期限内提交的，人民法院可以依照民法典第一千二百二十二条第二项规定推定医疗机构有过错，但是因不可抗力等客观原因无法提交的除外。”显然，该规定针对第1222条第2项拒不提供病历的情形，淡化其与过错之间的联系。依据该法第6条规定，“拒绝提供与纠纷有关的病历资料”应当理解为“医疗机构未在人民法院指定期限内提交病历”，且表述为“可以依照”，这意味着人民法院可以不根据第1222条的规定推定医疗机构有过错。实际上，该第6条的规定就是强调第1222条的性质是法律推定，正因为其是法律推定，所以才具有可以适用的效力。如若当事人具有其他证据来证明过错，法律也不排斥。这意味着对医疗机构过错责任的推定并非有违法、违规行为就可以认定，其同样淡化了违法、违规与过错之间的联系。从该司法解释的规定来看，最高法院认为第1222条的性质就是法律推定，作为法律推定就应当允许当事人反驳。①

《民法典》第1222条第2项、第3项属于证明妨碍问题，该两项规定与第1项引起推定的机理不同。当存在妨害证明的行为时，可以推定行为人试图隐匿、毁坏的证据所能证明的事实是于行为人不利的。证明妨害乃指不负证明责任的一方当事人，基于故意或过失，以作为或不作为，妨害负证明责任的当事人之证明使其对要证事实之证明陷于不能，该妨害证明之人将被科以一定的不利益之法理。证明妨害规则在适用时，首先其证明对象要具有特定性，是对关键性事实的证明。其次是无法用其他证据证明的事实。在医疗损害赔偿诉讼中，虽然病历是很重要的证据，但并非唯一证据。如果没有病历，或病历不完整、有瑕疵，还可以用其他证据进行补充。而且病历还可能存在副本，如其他机构、其他人员因办理其他事务复制了病历。实际上，证明妨害规则的作用是帮助当事人克服证明中的障碍，但并不强制当事人使用这一法律推定的方法来证明案件事实。质言之，对证明妨害的推定，应当是选择性适用的推定。最后证明妨害规则不应以因果关系的证明为前提。占善刚建议，我国民事诉讼法关于证明妨害之制度设计应遵循以下三个方面的原则：（1）证明妨害不以文书证据为限，应适用于所有的证据方法。（2）证明妨害在适用上不以故意妨害为限，于过失妨害，亦应有适用的余地，在证明妨害之构成要件上，应强调妨害人的双重可归责性。（3）在证明妨害之效果上，应综合考虑妨害行为人的可归责程度，被妨害利用的证据在诉讼中的重要性、其他替代证据的有无等因素，采取直至证明责任减轻之不同制裁。②

本书认为，《民法典》第1222条的规定就是一般的过错推定，允许被告医

---

① 纪格非：《〈民事诉讼证据规定〉中的推定问题》，载《证据科学》2020年第3期，第329-342页。

② 占善刚：《证明妨害论——以德国法为中心的考察》，载《中国法学》2010年第3期，第100-110页。

疗机构作出反驳，从而达到举证责任倒置的效果，是对 2001 年发布的《民事证据规定》关于医疗侵权举证责任倒置规定的调整，是对医患双方“武器不平等”的平衡。对《民法典》第 1222 条的过度解读，将会打破这种已经建立的平衡，甚至成为鼓励患方过度诉讼的助推器。

【实务问题及难点】

一、对免责事由的举证责任

在医疗损害赔偿纠纷诉讼中，医疗机构主张减责、免责的，应当就存在减责、免责事由承担举证责任。举证责任所指向的事实真伪不明，是指就一项有实体权益后果的法律事实真伪不明，举证责任是指该法律事实真伪不明时不利实体后果的归属。因此，“一项事实主张，只会产生一个结果责任”。[①]而减责、免责权益属于抗辩权，是相对于请求权的权利，减责、免责事由相对于请求权基础事实的独立的抗辩法律事实。因此，在患者主张医疗损害事实时，医疗机构关于减责、免责事由的主张系抗辩性事实主张，产生独立的举证责任。医疗机构就减责、免责事由承担举证责任并非举证责任倒置，它与患者就构成医疗损害承担举证责任，是就各自的事实主张分别承担举证责任，均属于“谁主张，谁举证”的范畴。这与患者主张构成医疗损害，而医疗机构否认构成医疗损害的情况是不同的。在后一种情况下，只有一个争议的法律事实，即是否构成医疗损害，也只产生一个举证责任。患者就构成医疗损害的声明是事实主张，而医疗机构就不构成医疗损害的声明只是单纯反驳，即相对于对方的“有”反驳称“没有”，相对于对方的“是”反驳称“不是”，仍在是否构成医疗损害这同一争议事实范围内，并不涉及其他的法律事实。由于单纯反驳仅是诉讼对抗的体现，不构成事实主张，不产生举证责任，医疗机构针对患者构成医疗损害的主张否认构成医疗损害无须承担举证责任。

需要注意的是，在医疗机构主张减责、免责事由时（通常是患者主张构成

① 江伟：《证据法学》，法律出版社 1999 年版，第 83-84 页。

医疗损害，而医疗机构否认构成医疗损害，并称即使构成医疗损害，其也存在减责或免责事由），由于是否存在减责、免责事由通常也需要通过鉴定才能确定，医疗机构应就减责、免责事由申请鉴定并预交鉴定费。由于有无诊疗过错与有无医疗损害因果关系应当在同一鉴定中明确，故人民法院可以要求患者与医疗机构共同预交鉴定费。

基于上述分析，《北京司法指导意见》第 11 条规定：医疗损害赔偿纠纷案件，医疗机构对《侵权责任法》第 60 条规定的免责事由承担举证责任。

二、关于尸检问题

所谓尸检，是指运用病理解剖的有关知识，通过检查尸体的病变，以诊断疾病的方法。

对于有患者死亡的医疗争议，确定患者死因是认识事实真相的关键，而尸检则是查明患者死因的最直接的方法。这种方法对死因的判断比较直接，没有自由臆断的空间，一般不会出现错误，因而不会对争议事实的认知产生误导。尸检报告据其作出主体的不同而分为两种：病理解剖和法医学解剖。病理解剖一般由医疗机构实施，而法医学解剖则由专门的法医鉴定机构进行。病理解剖是由医疗机构进行的，因而其尸检报告的客观性、公正性受到质疑。而由法医所作的尸检报告则更具有客观性：在主体上，鉴定机构是独立的第三方；在鉴定技术上亦是十分专业的，故一般来说法医学解剖优于病理解剖。而尸检报告之所以能够深化对诉讼争议事实的客观认识，是因为通过尸检判断死因可以探求医疗行为的正确与否，从而有利于医疗事故技术鉴定或司法鉴定中对医方过错和因果关系的认定。总之，尸检报告能够将医疗事实更加明确、直白地表述出来。

根据审判实践，并参照其他高级法院关于医疗损害赔偿纠纷案件的指导性意见，就尸检问题有以下规定：《北京司法指导意见》第 16 条规定：患者就医后死亡，医患双方当事人不能确定死因或者对死因有异议，医疗机构未要求患者一方进行尸检，导致无法查明死亡原因，并致使无法认定医疗行为与损害结果之间是否存在因果关系或医疗机构有无过错的，医疗机构应承担不利的法律后果。医疗机构要求患者一方协助进行尸检，但因患者一方的原因未进行尸检，导致无法查明死亡原因，并致使无法认定医疗行为与损害结果之间是否存在因果关系或医疗机构有无过错的，患者一方应承担不利的法律后果。同时，《浙江司法指导意见》第 8 条也规定：患者就医后死亡，医疗机构认为死亡原因不明，要求患者一方协助进行尸检，但因患者一方的原因未行尸检，导致无法查明死亡原因，并致使无法认定医疗行为与损害结果之间是否存在因果关系或有无过错的，患者一方应承担不利的诉讼后果。该两个指导文件的规定均包含了四层意思：一是有必要进行尸体解剖的条件——医患双方当事人不能确定死因或者对死因有异议；二是患者死亡符合应当进行尸体解剖的法律条件的，医疗机构有提示患者一方进行尸检的义务；三是患者一方如果决定进行尸检，患者一方就有配合有关部门进行尸检的义务；四是有提示尸检义务的医疗机构未予向患方提示，有配合尸检义务的患者一方未予配合尸检，或者拒绝尸检的，造成患者死因无法认定，医患双方各自承担相应的不利法律后果。

【法条链接】

《民事诉讼法》

第六十七条　当事人对自己提出的主张，有责任提供证据。

当事人及其诉讼代理人因客观原因不能自行收集的证据，或者人民法院认为审理案件需要的证据，人民法院应当调查收集。

人民法院应当按照法定程序，全面地、客观地审查核实证据。

第六十八条　当事人对自己提出的主张应当及时提供证据。

人民法院根据当事人的主张和案件审理情况，确定当事人应当提供的证据及其期限。当事人在该期限内提供证据确有困难的，可以向人民法院申请延长期限，人民法院根据当事人的申请适当延长。当事人逾期提供证据的，人民法院应当责令其说明理由；拒不说明理由或者理由不成立的，人民法院根据不同情形可以不予采纳该证据，或者采纳该证据但予以训诫、罚款。

第七十九条　当事人可以就查明事实的专门性问题向人民法院申请鉴定。当事人申请鉴定的，由双方当事人协商确定具备资格的鉴定人；协商不成的，由人民法院指定。

当事人未申请鉴定，人民法院对专门性问题认为需要鉴定的，应当委托具备资格的鉴定人进行鉴定。

第八十二条 当事人可以申请人民法院通知有专门知识的人出庭，就鉴定人作出的鉴定意见或者专业问题提出意见。

《民法典》

第一千二百一十九条 医务人员在诊疗活动中应当向患者说明病情和医疗措施。需要实施手术、特殊检查、特殊治疗的，医务人员应当及时向患者具体说明医疗风险、替代医疗方案等情况，并取得其明确同意；不能或者不宜向患者说明的，应当向患者的近亲属说明，并取得其明确同意。

医务人员未尽到前款义务，造成患者损害的，医疗机构应当承担赔偿责任。

第一千二百二十二条 患者在诊疗活动中受到损害，有下列情形之一的，推定医疗机构有过错：

（一）违反法律、行政法规、规章以及其他有关诊疗规范的规定；

（二）隐匿或者拒绝提供与纠纷有关的病历资料；

（三）遗失、伪造、篡改或者违法销毁病历资料。

《民事诉讼法司法解释》

第一百二十二条 当事人可以依照民事诉讼法第八十二条的规定，在举证期限届满前申请一至二名具有专门知识的人出庭，代表当事人对鉴定意见进行质证，或者对案件事实所涉及的专业问题提出意见。

具有专门知识的人在法庭上就专业问题提出的意见，视为当事人的陈述。

人民法院准许当事人申请的，相关费用由提出申请的当事人负担。

《医疗损害司法解释》

第四条 患者依据民法典第一千二百一十八条规定主张医疗机构承担赔偿责任的，应当提交到该医疗机构就诊、受到损害的证据。

患者无法提交医疗机构或者其医务人员有过错、诊疗行为与损害之间具有因果关系的证据，依法提出医疗损害鉴定申请的，人民法院应予准许。

医疗机构主张不承担责任的，应当就民法典第一千二百二十四条第一款规定情形等抗辩事由承担举证证明责任。

第五条 患者依据民法典第一千二百一十九条规定主张医疗机构承担赔偿责任的，应当按照前条第一款规定提交证据。

实施手术、特殊检查、特殊治疗的，医疗机构应当承担说明义务并取得患者或者患者近亲属明确同意，但属于民法典第一千二百二十条规定情形的除外。医疗机构提交患者或者患者近亲属明确同意证据的，人民法院可以认定医疗机构尽到说明义务，但患者有相反证据足以反驳的除外。

第六条　民法典第一千二百二十二条规定的病历资料包括医疗机构保管的门诊病历、住院志、体温单、医嘱单、检验报告、医学影像检查资料、特殊检查（治疗）同意书、手术同意书、手术及麻醉记录、病理资料、护理记录、出院记录以及国务院卫生行政主管部门规定的其他病历资料。

患者依法向人民法院申请医疗机构提交由其保管的与纠纷有关的病历资料等，医疗机构未在人民法院指定期限内提交的，人民法院可以依照民法典第一千二百二十二条第二项规定推定医疗机构有过错，但是因不可抗力等客观原因无法提交的除外。

第七条　患者依据民法典第一千二百二十三条规定请求赔偿的，应当提交使用医疗产品或者输入血液、受到损害的证据。

患者无法提交使用医疗产品或者输入血液与损害之间具有因果关系的证据，依法申请鉴定的，人民法院应予准许。

医疗机构，医疗产品的生产者、销售者、药品上市许可持有人或者血液提供机构主张不承担责任的，应当对医疗产品不存在缺陷或者血液合格等抗辩事由承担举证证明责任。

《条例》

第十八条　患者死亡，医患双方当事人不能确定死因或者对死因有异议的，应当在患者死亡后48小时内进行尸检；具备尸体冻存条件的，可以延长至7日。尸检应当经死者近亲属同意并签字。

尸检应当由按照国家有关规定取得相应资格的机构和病理解剖专业技术人员进行。承担尸检任务的机构和病理解剖专业技术人员有进行尸检的义务。

医疗事故争议双方当事人可以请法医病理学人员参加尸检，也可以委派代表观察尸检过程。拒绝或者拖延尸检，超过规定时间，影响对死因判定的，由拒绝或者拖延的一方承担责任。

《医疗纠纷预防和处理条例》

第二十三条　发生医疗纠纷，医疗机构应当告知患者或者其近亲属下列事项：

（一）解决医疗纠纷的合法途径；

（二）有关病历资料、现场实物封存和启封的规定；

（三）有关病历资料查阅、复制的规定。

患者死亡的，还应当告知其近亲属有关尸检的规定。

第二十六条 患者死亡，医患双方对死因有异议的，应当在患者死亡后48小时内进行尸检；具备尸体冻存条件的，可以延长至7日。尸检应当经死者近亲属同意并签字，拒绝签字的，视为死者近亲属不同意进行尸检。不同意或者拖延尸检，超过规定时间，影响对死因判定的，由不同意或者拖延的一方承担责任。

尸检应当由按照国家有关规定取得相应资格的机构和专业技术人员进行。

医患双方可以委派代表观察尸检过程。

第二十七条 患者在医疗机构内死亡的，尸体应当立即移放太平间或者指定的场所，死者尸体存放时间一般不得超过14日。逾期不处理的尸体，由医疗机构在向所在地县级人民政府卫生主管部门和公安机关报告后，按照规定处理。

第四十九条 尸检机构出具虚假尸检报告的，由县级以上人民政府卫生、司法行政部门依据职责没收违法所得，并处5万元以上10万元以下罚款，对该尸检机构和有关尸检专业技术人员责令暂停3个月以上1年以下尸检业务，对直接负责的主管人员和其他直接责任人员给予或者责令给予降低岗位等级或者撤职的处分；情节严重的，撤销该尸检机构和有关尸检专业技术人员的尸检资格，对直接负责的主管人员和其他直接责任人员给予或者责令给予开除的处分；构成犯罪的，依法追究刑事责任。

《第八次全国法院民事商事审判工作会议（民事部分）纪要》

11. 患者一方请求医疗机构承担侵权责任，应证明与医疗机构之间存在医疗关系及受损害的事实。对于是否存在医疗关系，应综合挂号单、交费单、病历、出院证明以及其他能够证明存在医疗行为的证据加以认定。

《浙江司法指导意见》

第七条 患者一方起诉请求医疗机构承担侵权责任的，应举证证明患者到该医疗机构就医（包括隐名就医）、就医后发生损害的事实，并提供医疗机构的医疗行为有过错的初步证据。医疗机构认为其医疗行为与损害后果之间不存在因果关系、没有过错的，应提供相应证据。

第八条 患者就医后死亡，医疗机构认为死亡原因不明，要求患者一方协助进行尸检，但因患者一方的原因未行尸检，导致无法查明死亡原因，并致使无法认定医疗行为与损害结果之间是否存在因果关系或有无过错的，患者一方应承担不利的诉讼后果。

《北京司法指导意见》

7. 在医疗损害赔偿纠纷诉讼中，患者一方应当首先证明其与医疗机构之间存在医疗关系并发生医疗损害。医疗机构应当提交病历及相关资料说明相应的诊疗过程。

交费单、挂号单等诊疗凭证及病历、出院证明等证据可以用于证明医疗关系存在。患者一方提供不出上述证据，但有其他证据能证明医疗行为存在的，人民法院可以认定存在医疗关系。

8. 对于医疗产品损害以外的医疗损害赔偿纠纷案件，患者一方认为医疗机构有医疗过错，以及医疗行为与损害结果之间存在因果关系，应当承担相应的举证责任。

医疗机构是否履行了向患者一方说明病情、医疗措施、医疗风险、替代医疗方案等情况的义务，由医疗机构承担举证责任。人民法院应当根据病历记载、知情同意书等证据进行综合认定。

9. 发生医疗损害，患者能够证明医疗机构有下列情形之一的，人民法院应推定医疗机构有过错：

（1）违反法律、行政法规、规章以及其他有关诊疗规范的规定；

（2）隐匿或者拒绝提供与纠纷有关的病历资料；

（3）伪造、篡改或者销毁病历资料。

对于上述情形，人民法院在必要时应依职权调查取证。

10. 医疗产品损害赔偿纠纷案件，由患者一方对产品缺陷、损害结果、因果关系承担举证责任。

因输入的血液是否合格引发的损害赔偿纠纷案件，由患者一方对血液不合格、损害结果、因果关系承担举证责任。

11. 医疗损害赔偿纠纷案件，医疗机构对《侵权责任法》第60条规定的免责事由承担举证责任。

16. 患者就医后死亡，医患双方当事人不能确定死因或者对死因有异议，医疗机构未要求患者一方进行尸检，导致无法查明死亡原因，并致使无法认定医疗行为与损害结果之间是否存在因果关系或医疗机构有无过错的，医疗机构应承担不利的法律后果。

医疗机构要求患者一方协助进行尸检，但因患者一方的原因未进行尸检，导致无法查明死亡原因，并致使无法认定医疗行为与损害结果之间是否存在因果关系或医疗机构有无过错的，患者一方应承担不利的法律后果。

17. 对下列医疗专门性问题，当事人双方有权申请进行医疗损害鉴定：

(1) 医疗机构的诊疗行为有无过错；

(2) 医疗机构是否尽到告知义务；

(3) 医疗机构是否违反诊疗规范实施不必要的检查；

(4) 医疗过错行为与损害结果之间是否存在因果关系；

(5) 医疗过错行为在损害结果中的责任程度；

(6) 人体损伤残疾程度；

(7) 其他专门性问题。

19. 当事人申请鉴定确有困难的，人民法院在必要时可依职权委托医疗损害鉴定。

【案例 5-06】医疗机构未告知患方尸检，无须承担责任案[①]

2006 年 3 月 16 日 6 时 15 分，原告吴某某的丈夫徐某某（1929 年 10 月 24 日出生）因胸闷、心悸、抽搐 3 小时送至萧山某医院急诊，当时查体：神志模糊，颈软……肢体不自主抖动。经过抢救，神志转清，当天上午转入萧山某医院 ICU。入院诊断为：(1) 慢性阻塞性肺病（COPD）、慢性肺源性心脏病、Ⅱ型呼吸衰竭；(2) 冠状动脉粥样硬化性心脏病、心律失常（房颤）、心肺功能失代偿期；(3) 脑梗死后遗症、继发癫痫；(4) 心肺复苏。医院处理为，头孢唑肟针 3.0 静滴每 12 小时一次，可乐必妥针 0.5 静滴每日一次，及流质鼻饲、机械通气、静脉营养支持等综合治疗。由于徐某某病情严重，萧山某医院当天就向家属发出病危通知。3 月 18 日，徐某某头颅 CT 显示其右侧颞顶枕叶区软化

---

① 浙江省高级人民法院（2009）浙民终字第 98 号二审民事判决书；中华人民共和国最高人民法院（2016）最高法民申 820 号民事裁定书。

灶、脑萎缩，皮层下硬化性脑病。3 月 19 日，徐某某从 ICU 转至呼吸科继续治疗，予半流质饮食，吸氧，头孢唑肟针 1.5 静滴每 12 小时一次，可乐必妥针 0.5 静滴每日一次等综合治疗。3 月 20 日，徐某某痰培养提示白色念珠菌（++）。4 月 13 日，徐某某病情恶化，诊断Ⅱ型呼吸衰竭、呼酸合并代碱、低钠低氯血症，再次转入 ICU 继续治疗，转科过程中医护人员携带使用简易呼吸囊，途中徐某某出现呼吸停止状态（15 时 40 分），心电监护曾呈直线改变，经气管插管、机械通气、胸外按压、药物等综合治疗，徐某某自主心率恢复，但仍无意识。由于徐某某病情恶化，萧山某医院第三次向家属发出病危通知。4 月 14 日上午，徐某某开始出现心率减慢、血压下降，至 11 时宣布死亡。4 月 17 日，徐某某的遗体被火化。吴某某等向浙江省杭州市中级人民法院起诉。

一审法院在审理过程中，根据萧山某医院的申请，于 2007 年 7 月 25 日委托杭州市医学会进行医疗事故技术鉴定。2008 年 1 月 25 日，杭州市医学会作出杭州医鉴〔2008〕12 号《医疗事故技术鉴定书》认为，徐某某系慢性阻塞性肺疾病急性加重期、Ⅱ型呼吸衰竭、肺心病、冠心病、心律失常、心功能不全、脑梗死后的重症病人，萧山某医院根据临床常规使用头孢唑肟后又更换及联合使用美罗培南、万古霉素、氟康唑等抗生素符合用药原则，不存在用药失当或过失的行为。萧山某医院在徐某某转 ICU 过程中，对可能发生的意外已经有所准备，抢救措施符合医疗常规，虽然萧山某医院在病历记载及病情告知上存在一定不足，但与徐某某死亡无因果关系。本病例不属于医疗事故。

法院经审理认为，无证据证明萧山某医院在诊疗过程中存在过错或者存在的不足与徐某某的死亡有因果关系。另，尸体解剖不属于萧山某医院的医疗行为，属于医疗争议发生后的处理程序，不论萧山某医院是否要求吴某某等进行尸体解剖，均不属于医疗过错。至于吴某某等提供的某鉴定中心作出的司法鉴定文书，该鉴定系吴某某等单方委托，依据的鉴定资料不全，鉴定人员的资质不详，不符合证据的“三性”要求，故该鉴定书不具有证明力。综上，吴某某等要求萧山某医院承担医疗过错损害赔偿的主张依据不足，不予支持。判决：驳回原告起诉。

原告不服，遂向浙江省高级人民法院提出上诉。二审法院认可一审法院的裁判理由。另，针对尸体解剖，法院认为，《条例》第 18 条第 1 款规定：患者死亡，医患双方当事人不能确定死因或者对死因有异议的，应当在患者死亡后48小时内进行尸检；具备尸体冻存条件的，可以延长至7日。尸检应当经死者近亲属同意并签字。因此，是否做尸检（遗体解剖）应当征得死者近亲属同意并签字。此外，尸检并不属于医疗行为，萧山某医院是否征求死者近亲属同意进行尸检，与本案中申请医疗事故鉴定不具有关联性。遂维持一审判决。

原告被驳回起诉后向最高人民法院申诉。

最高人民法院经审理认为，《民事证据规定》第4条第1款第8项规定：因医疗行为引起的侵权诉讼，由医疗机构就医疗行为与损害结果之间不存在因果关系及不存在医疗过错承担举证责任。第25条规定：当事人申请鉴定，应当在举证期限内提出。本案中，萧山某医院作为就医疗行为与损害结果之间不存在因果关系及不存在承担举证责任的一方，在一审举证期限内向杭州市中级人民法院提出鉴定申请。杭州市医学会及参与的人员均具备相关的资格，程序合法，结论有明确的依据。对前述结论，吴某某等没有足以反驳的相反证据和理由。根据《民事证据规定》第71条关于“人民法院委托鉴定部门作出的鉴定结论，当事人没有足以反驳的相反证据和理由的，可以认定其证明力”之规定，原审法院认定，萧山某医院的医疗行为与徐某某的死亡之间不存在因果关系，并无不当。最终驳回原告再审申请。

评析

本案发生在2006年，当时适用2001年发布的《民事证据规定》，其中规定了医疗侵权赔偿案件由医疗机构就医疗行为没有过错及与损害后果没有因果关系承担举证责任，所以法院在裁判中，提到了举证责任倒置的要求。在法律适用上，涉及《条例》和《民法通则》。

本例患者死亡后没有做尸体解剖，这对于死亡原因的判断以及后续的医疗鉴定产生了很大影响。原告主张系被告医院没有告知事件事项，主张判令被告承担相应的责任。但三级法院在裁判中都认为，尸体解剖并非医疗行为，《条例》也没有要求医疗机构告知该事项，所以没有支持原告主张。但是，2018年10月1日实施的《医疗纠纷预防和处理条例》第23条明确规定，患者死亡后发生医疗纠纷的，医疗机构应当告知患者近亲属尸体解剖事项。这里提醒各方注意。

本案裁判的重要依据是医学会的鉴定意见。法院认为杭州市医学会及参与的人员均具备相关的资格，程序合法，结论有明确的依据。因此，采纳医学会的鉴定意见作为定案依据并无不当。

【案例 5-07】医疗机构未告知患方尸检，承担责任案[①]

患者韩某在 2009 年 3 月 24 日，因左大腿疼痛 5 个月到某医院就诊，当日收住入院。初步诊断：左股骨干占位骨瘤。2009 年 3 月 30 日，某医院为韩某进行导航下左股骨病灶切除术，异体骨植骨术。2009 年 4 月 7 日韩某出院。出院诊断：左股骨干骨样骨瘤。出院建议：（1）术后 3 个月复查；（2）不适随诊；（3）休息 1 个月。2009 年 4 月 7 日，诊断证明书建议：（1）扶双拐，患肢免负重，2 个月后门诊复查；（2）不适随诊；（3）全休 2 个月。出院后韩某左小腿、左脚肿胀，韩某的父母通过电话告知韩某的主管医生该情况，主管医生称不必担心。2009 年 4 月 18 日，韩某在家中小便后出现憋气，随即，意识丧失，晕倒在地，呼之不应，伴四肢发凉。随即，韩某的父母拨打了急救电话。急救中心对韩某进行多项抢救措施，但其仍在抢救现场死亡，急救中心给出的死因为猝死。

韩某死亡后，其父母认为某医院的治疗存在过错，将韩某遗体送至某医院处。某医院认为住院治疗已经结束，且不存在过错，未进行尸检。后韩某的父母将韩某的遗体火化。此后，韩某的父母以某医院违规使用药物导致韩某血栓，且忽视其术后腿部肿胀现象以及各项指标异常情况，延误了对韩某左下肢静脉血栓的诊断，最终导致韩某因静脉血栓脱落致肺栓塞猝死为由，将某医院诉至法院，要求某医院赔偿各项损失共计 100 余万元。诉讼中，经医疗损害责任过错鉴定，鉴定结论认定某医院虽然存在病历书写不规范等方面的不足，但整体医疗行为并无过错。另外，在诉讼中，某医院称在韩某父母将韩某遗体送至某医院处时，某医院的医生已询问其是否进行尸检，但其不予同意，某医院对此未提供证据。某医院还认为，韩某是从某医院处出院后死亡的，某医院没有提示其家属进行尸检的义务。

该案经法院审理认为，尽管某医院对部分药物使用情况的病历记录存在缺

① 刘鑫、孙东东、陈特：《医疗损害赔偿诉讼实务》，中国法制出版社 2012 年版，第 149-151 页。

陷，导致该部分药物用途不明确，但与韩某死亡无明确的因果关系，故对韩某父母提出的某医院的医疗过错造成韩某死亡的主张不予支持。考虑到韩某死亡时未进行尸检，导致其死因已无法查清，且韩某死亡给其父母造成了严重的痛苦。为尽量减少损失，法院判决某医院一次性给予原告16万元的经济补偿。一审判决后，患者一方不服一审判决提起上诉，二审法院经审理维持原判。

评析

本案法院判决某医院败诉的原因就在于某医院没有按照有关规定提示患者进行尸检，导致患者的死因不明，致使某医院无法充分证明不存在医疗过错或者其医疗过错与患者的死亡之间没有因果关系。

关于尸检，《医疗机构管理条例实施细则》第60条规定：医疗机构为死因不明者出具的《死亡医学证明书》，只作是否死亡的诊断，不作死亡原因的诊断。如有关方面要求进行死亡原因诊断的，医疗机构必须指派医生对尸体进行解剖和有关死因检查后方能作出死因诊断。《条例》第18条第1款规定：患者死亡，医患双方当事人不能确定死因或者对死因有异议的，应当在患者死亡后48小时内进行尸检；具备尸体冻存条件的，可以延长至7日。

一般认为，根据上述规定，在因患者死亡引发争议，甚至可能引发争议的情况下，医疗机构都有向患方提示进行尸检的义务。医疗机构提示患者进行尸检是其在特定情况下履行告知义务的一项内容，如果医疗机构没有尽到该义务，或者没有证据证明尽到了该义务，均应当被视为存在过错。

当然，在下列情况下，医疗机构可以免除自己的责任：其一，如果医疗机构已经向患方提示了进行尸检以及拒绝尸检的风险后，患方仍拒绝尸检，并自行处理尸体的，医疗机构则当然免除尸检的责任。这一点是不言而喻的。其二，如果医疗机构已经向患方提示了进行尸检以及拒绝尸检的风险后，患方无故对此问题不明确表态，并且不处理尸体，导致在此后的纠纷处理过程中，因尸体保存时间等客观因素造成无法进行尸检的，医疗机构也应当免责。因为在此种情况下，对于无法进行尸检的责任显然不在医疗机构。其三，在患者死亡后，医疗机构无法与其亲属取得联系，导致尸体由于存放时间过长，无法进行尸检的，或者按照有关规定，医疗机构自行处理尸体后，无法进行尸检的，也不应当由医疗机构承担责任。

第六章

医疗文书的证据问题

医疗文书（medical record）包括病历资料和其他记载医疗程序、医疗凭证、医疗内容等与医疗执业活动直接或者间接相关的文字资料，除了病历之外，还包括门诊登记、门诊患者就诊日志、护理值班记录、护理交班本、药物采购凭证、医疗物品入库出库单等。医疗文书是医疗纠纷诉讼中非常重要的证据之一。一方面，医疗文书记载了各个医疗环节，反映了医疗的全部技术细节，有利于再现医疗全过程。另一方面，医疗文书也是对医疗争议事件查明专门性问题进行医疗损害鉴定的重要依据。因而在医疗损害赔偿诉讼中，医疗文书往往成为医患双方争议的焦点，且由于其专业特点和往往由医方制作和保管的原因，患方对病历真实性、有效性的质疑令主审案件的法官难以明辨。所以，《民法典》中有涉及医疗文书的条文，国家卫健委也出台了多部涉及医疗文书的规范性文件，各地的司法审判指导文件中也用大量的条文来规制医疗文书审查问题。本章将对病历的医疗文书属性及相关实务难点问题进行讨论。

第一节 医疗文书的范围

【原理阐释】

长期以来，法律界对医疗纠纷处理涉及的医疗专业证据主要局限在病历文书上。事实上，除了人们熟悉的病历文书之外，还有大量的可以作为医疗损害技术鉴定和法庭裁判的医疗文书性证据。这些医疗文书资料同样是由医务人员或者在医疗机构从事与医疗执业活动相关联工作的人根据工作的内容和工作需要所做的形式要件符合相关规定并由医疗机构长期保管的文书资料。

一、病历

病历（medical record keeping，medical record）自古有之，在中国古代被称为“诊籍”“脉案”“医案”等。我国早在西周时期就有了关于医疗活动的记录制度。到了汉代淳于意便有了记录疾病治疗的病案，当时被称为“诊籍”。明代韩懋一举改变了秦汉无详细病案格式的情况，首创中医病案要求，提出六法兼施的要求。后来吴昆在韩懋的基础上将病历规定为七个方面。①可见，病历这种记载医疗信息的文件形式在我国有着悠久的历史传统，我们的先辈在古代就提出了书写的格式与规范的要求。

当然，现代医学上的病历，无论是从概念上还是内容、形式上，都已经发生了巨大的变化。何谓病历？狭义上的病历，是指医务人员在开展医疗活动过程中形成的文字、符号、图表、影像、切片等资料的总和，包括门（急）诊病历和住院病历。②广义的病历则是健康档案，健康档案是居民健康管理（疾病防治、健康保护、健康促进等）过程中规范、科学的记录。是以居民个人健康为

---

① 詹文涛：《中医医疗事故纠纷的防范与处理》，人民卫生出版社1990年版，第57-58页。

② 原卫生部2010年1月22日发布的《病历书写基本规范》第1条。

核心，贯穿整个生命过程，涵盖各种健康相关因素、实现多渠道信息动态收集，满足居民自我保健需要和健康管理的信息资源。[①]《民法典》第1225条第1款采用列举的方式对病历的内容进行了规定：医疗机构及其医务人员应当按照规定填写并妥善保管住院志、医嘱单、检验报告、手术及麻醉记录、病理资料、护理记录等病历资料。该条文将病历的范围通过不穷尽列举的方式予以规定，在“等”字之中涵盖了更为丰富的内容。《医疗损害司法解释》第6条列举病历文件时，也提到“国务院卫生行政主管部门规定的其他病历资料”。因此，应当以原卫生部2010年1月22日发布的《病历书写基本规范》规定的内容为限。

二、处方

处方，是指由注册的执业医师和执业助理医师（以下简称医师）在诊疗活动中为患者开具的、由取得药学专业技术职务任职资格的药学专业技术人员（以下简称药师）审核、调配、核对，并作为患者用药凭证的医疗文书。处方包括医疗机构病区用药医嘱单。[②]早在1982年4月7日原卫生部发布的《医院工作制度》中就明确规定了处方制度。处方是记载医师执行医疗业务活动中对患者病症治疗处理意见的文书性载体，一份完整的处方应当有医师对患者疾病的诊断和处理意见，还应当有药师的调配记录。狭义上的处方特指医师针对患者的病情开具的载有“处方”字样的文件，广义的处方还包括病历中的临时医嘱和长期医嘱。

2007年2月14日，原卫生部修改并发布了《处方管理办法》，对处方的开具、调剂、保管作了全新的规定，对处方的格式和内容作出了要求。

三、其他文件

（一）证明性医疗文书

包括住院证、出院证明书、病情证明、诊断证明、死亡证明、残疾证明、

① 原卫生部《健康档案基本数据集编制规范（2009年）》。

② 原卫生部2007年2月14日发布的《处方管理办法》第2条。

健康证明、出生证明、休假证明、陪护证明等。关于出生证明、死亡证明、疾病诊断证明，国家有专门的规范予以规制。

（二）程序性医疗文书

包括门诊、急诊患者就诊日志（患者就诊登记本）、病房记录、护士交班本、病房日志、门诊病人就诊登记本、住院病人登记本、放射科摄片登记本、病房巡视记录单、医护人员值班表等。护理病历包含在这类文书中。

（三）医疗物品变动性文书

包括取发血液登记本、医疗物品采购记录、医疗物品入库出库记录、病案借阅登记本、科室耗材领用登记本、太平间尸体出入库记录。

（四）医疗质量控制文件

包括医疗机构为了开展医疗质量控制和管理活动专门制作的各种程序性、检查性、评价性的文件，由于其内容涉及医疗活动，也属于这里所讲的医疗文书。

（五）医院感染控制文件

医疗机构为了加强对院内感染的控制和管理而实施一系列的院内感染控制、监管、评价活动，因而也形成一系列的文件，由于其内容涉及医疗活动，也属于这里所讲的医疗文书。

（六）医疗收费账单

包括“一日清”费用单、收费清单、财务报表、发票等。

【实务问题及难点】

一、病历规范书写与管理要求

国家卫健委发布的《病历书写基本规范》《医疗机构病历管理规定》《电

子病历应用管理规范（试行）》是当前规范病历书写与管理的重要规范性文件。根据《病历书写基本规范》第3条的规定：病历书写应当客观、真实、准确、及时、完整、规范。如果出现了病历书写错误，可以进行修改。正常修改病历有别于病历的伪造、篡改。该规范第7条规定：病历书写过程中出现错字时，应当用双线划在错字上，保留原记录清楚、可辨，并注明修改时间，修改人签名。不得采用刮、粘、涂等方法掩盖或去除原来的字迹。上级医务人员有审查修改下级医务人员书写的病历的责任。

病历的签名是病历的一项重要信息，也是病历的有效构成元素。该规范第8条规定：病历应当按照规定的内容书写，并由相应医务人员签名。实习医务人员、试用期医务人员书写的病历，应当经过本医疗机构注册的医务人员审阅、修改并签名。进修医务人员由医疗机构根据其胜任本专业工作实际情况认定后书写病历。近年来，由于医务人员工作繁重，有时不能及时书写病历并签名，所以出现了代签名的情况，甚至还出现了在患者知情同意书上代患者签名的情况。关于代签名，本书认为应当具体问题具体分析，不能一概将代签名病历认定为无效。

【案例6-01】麻醉知情同意书非患者所签，但未侵犯患者知情同意权案①

2012年4月11日，余某瑜因为颈部的小肿块到江门市某中医院就诊，被收入外科，初步诊断为脂肪瘤。4月12日，余某瑜在静脉麻醉、局部麻醉的情况下做了肿块切除手术。手术后，余某瑜被诊断为急性缺血缺氧脑病、急性大面积脑梗死，一直处于昏迷状态。2012年8月21日，余某瑜以医疗损害责任纠纷为由起诉该中医院。原告余某瑜家属认为，医院存在麻醉药物选择错误、麻醉操作失误，导致余某瑜在手术过程中出现急性缺血缺氧脑病后，又抢救不及时，措施不得力，导致脑缺氧长达半小时，最终导致她一直处于昏迷状态，请求法院判决赔偿陪护费、残疾赔偿金、生活费等。医院认为这是“麻醉意外”，是属于“在现有医学科学技术条件下，发生无法预料或者不能防范的不

① 广东省江门市中级人民法院（2015）江中法民一终字第126号民事判决书；广东省高级人民法院（2015）粤高法民一申字第1533号民事裁定书。

良后果”，中医院医疗措施符合诊疗规范，不存在过错，不应负任何责任。双方还因《麻醉同意书》上余某瑜签名的真伪各持己见。

法院经审理认为，虽然鉴定意见书认定《麻醉同意书》上“余某瑜”签名与样本不是同一人书写，但根据二审查明的事实，余某瑜就诊首日系由丈夫谭某和婆母陪同前往，次日即手术当日也由谭某陪伴，且《手术同意书》系由谭某签署，而《手术同意书》中已经明确余某瑜的病情、治疗（手术）方案、拟麻醉方式（选麻）和手术风险，其中手术风险的第1点即为“麻醉并发症（另附麻醉知情同意书）”，故余某瑜及其家属对手术必须施行麻醉和可能出现麻醉并发症等手术风险是明知并确认的，对于当次治疗还需进一步签署《麻醉同意书》业已知晓。从常理上说，余某瑜及其家属同意签署《手术同意书》却拒绝签署《麻醉同意书》的可能性较低。法院认为《麻醉同意书》系由陪同家属谭某代签可能性较大，不能仅以余某瑜没有在《麻醉同意书》上亲笔签名为由认定中医院未履行相应的告知义务，并无不当。退一步讲，《麻醉同意书》系《手术同意书》的附件，而《手术同意书》已载明了拟麻醉方式及手术风险，包括麻醉并发症，在谭某已代余某瑜签署了《手术同意书》的情况下，签署《麻醉同意书》只是对余某瑜行使自决权的进一步确认，故即便余某瑜并未签署《麻醉同意书》也不构成对接受手术的否认。

评析

医疗机构在实施外科手术时，由于手术和麻醉由不同医师承担，且手术风险和麻醉风险相互独立，因此患者在同意手术签署了“手术知情同意书”之后，麻醉医师也要向患者及其近亲属作麻醉方案、麻醉风险的告知，并签署《麻醉同意书》。但由于麻醉相关事项的告知是在手术告知之后实施的，一般而言，患者在同意手术之后，不可能选择不同意麻醉，且麻醉方案一般也没有选择的余地。因此，麻醉告知的说明，更多是为了保障患者的知情权。

本案中还有一个关键性争议问题，即麻醉告知书的签字并非患者所签，法院也认定这是麻醉告知文书的缺陷。但是，从“余某瑜就诊首日系由丈夫谭某和婆母陪同前往，次日即手术当日也由谭某陪伴，且《手术同意书》系由谭某签署，而《手术同意书》中已经明确余某瑜的病情、治疗（手术）方案、拟麻醉方式（选麻）和手术风险”行为和现象，足以表明患者及其近亲属对手术情况知情，同意实施相关的手术。即便麻醉告知书存在签字上的瑕疵，也并不影响患者知情同意权的保障。所以，法院最终没有支持患者知情同意权被侵犯的主张。

二、处方规范书写与管理要求

处方，是指由注册的执业医师和执业助理医师在诊疗活动中为患者开具的、由取得药学专业技术职务任职资格的药学专业技术人员审核、调配、核对，并作为患者用药凭证的医疗文书。处方包括医疗机构病区用药医嘱单。处方是医师开展医疗活动过程中针对患者病情所做专业处置开具的命令性文件。药师凭医师处方调剂处方药，护士凭医师处方执行医嘱。《处方管理办法》第8条规定，医师的处方权由其执业地点（医疗机构）授予，多点执业的医师，非主执业医疗机构的处方权由各备案的医疗机构授予。经注册的执业助理医师在医疗机构开具的处方，应当经所在执业地点执业医师签名或加盖专用签章后方有效。

三、疾病诊断证明的效力与开具要求

患者的疾病诊断证明，是为患者提供诊治服务的经治医师应有关部门的要求，针对患者的病症开具的具有一定法律效力的专业证明文件。比如，患者需要办理工伤待遇、保险理赔等，经办机构会向为患者提供医疗服务的医疗机构发出开具疾病诊断证明的申请，医疗机构指派经治医师对患者病情开具的反映患者客观诊治情况的专业证明文件。诊断证明非常重要，目前仅有《医师法》第24条规定，医师实施医疗、预防、保健措施，签署有关医学证明文件，必须亲自诊查、调查，并按照规定及时填写病历等医学文书，不得隐匿、伪造、篡改或者擅自销毁病历等医学文书及有关资料。医师不得出具虚假医学证明文件以及与自己执业范围无关或者与执业类别不相符的医学证明文件。国家卫生行政部门对患者疾病诊断证明没有发布具体的管理文件。

四、出生诊断证明的效力与开具要求

关于出生证明文件的管理，《母婴保健法》第23条规定：医疗保健机构和从事家庭接生的人员按照国务院卫生行政部门的规定，出具统一制发的新生儿出生医学证明；有产妇和婴儿死亡以及新生儿出生缺陷情况的，应当向卫生行政部门报告。国家卫生计生委、公安部《关于启用和规范管理新版〈出生医学证明〉的通知》（国卫妇幼发〔2013〕52号）规定《出生医学证明》首次签发要求：（1）在具有助产技术服务资质的医疗保健机构内出生的新生儿，由该机构负责签发。（2）在途中急产分娩并经具有助产技术服务资质的医疗保健机构处理的新生儿，由该机构负责签发。（3）具有《家庭接生员技术合格证书》的人员接生的新生儿，由新生儿出生地县（区）级卫生计生行政部门指定机构负责签发。领证人需提供新生儿父母签字的“亲子关系声明”和家庭接生员出具的接生情况证明，同时附家庭接生员考核合格证书复印件。（4）其他情形，由新生儿出生地县（区）级卫生计生行政部门指定机构负责签发。各省（区、市）卫生计生行政部门根据相关规定和本地实际，制定具体签发条件，并报国家卫生计生委妇幼健康服务司备案。有条件的地区可试行以亲子鉴定证明为条件的签发。

五、死亡证明的效力与开具要求

关于死亡证明的管理，国家卫生计生委、公安部、民政部2013年12月31日联合发布的《关于进一步规范人口死亡医学证明和信息登记管理工作的通知》（国卫规划发〔2013〕57号）规定，《死亡证》签发单位为负责救治或正常死亡调查的医疗卫生机构。《死亡证》签章后生效。医疗卫生机构和公安部门必须准确、完整、及时地填写《死亡证》四联（后三联一致）及《死亡调查记录》，严禁任何单位和个人伪造、私自涂改。

关于死亡证明的法律效力，《医疗机构管理条例实施细则》第60条规定：医疗机构为死因不明者出具的《死亡医学证明书》，只作是否死亡的诊断，不作死亡原因的诊断。如有关方面要求进行死亡原因诊断的，医疗机构必须指派医生对尸体进行解剖和有关死因检查后方能作出死因诊断。

【案例 6-02】死亡证明书引发的保险理赔纠纷①

2011 年 10 月 10 日，刘某作为投保人在某保险公司投综合意外伤害保险。原告诉称，2012 年 3 月 12 日，刘某饭后上厕所时不慎摔倒，被家人发现后经抢救无效死亡。某急救中心出具的诊断证明显示，“刘某于 2012 年 3 月 12 日死亡，根据患者家属及当时现场所见，考虑患者为摔到化粪池后发生死亡，因患者跌倒至死亡时间较短，未超过 1 小时，故当时病历记录为猝死，特此证明”。“……当时询问在场人员说患者有高血压病史，但当时病史陈述者非死者家属，后死者家属证实患者无高血压病，特此说明。”被告辩称，经公司核实，刘某系猝死，原始的 120 急救病历上记载刘某既往有高血压病史，按照医学定义猝死系疾病死亡。同时，刘某死亡后，家属向另一家保险公司报案，当时死者尚未火化，该保险公司向原告发出尸检通知书，建议进行尸检确定死亡原因，否则将承担不利后果，但原告不同意。之后，原告找医院出具了两份证明，并在急救病历与死亡医学证明书上增加“摔倒后”字样；找村委会修改《户口变动表》，将“心脏病原因死亡”改为“意外死亡”。一审法院经审理认为，根据权威书籍对猝死的定义，猝死是平时貌似健康的人，因潜在自然疾病突然发作或恶化而发生的急骤死亡，是自然死亡的一种特殊形式。本案刘某死亡原因系猝死，虽然根据原告的要求医疗等相关部门对原始证明均作了修改，并出具修改解释，但未能改变刘某的死亡系猝死的事实，因此刘某系疾病死亡，不在保险责任范围内，判决驳回原告诉讼请求。原告对判决结果不服，遂提起上诉。

二审法院经审理认为，双方签订的保险合同约定，保险公司承担保险责任的前提是发生意外伤害，疾病不属于理赔范围。本案刘某的死亡原因为猝死，结合原始死亡证明等资料与猝死的医学定义，足以证实刘某系突发急性疾病死亡。上诉人主张刘某系摔倒后猝死，属于意外伤害，并要求有关部门对死亡证明等资料进行改动，但根据 120 病历刘某死亡时并无外伤的记录，上诉人也未提供其他刘某摔伤的证据，且另一家保险公司通知上诉人进行尸体检验，并解

① 叶红：《“猝死”案件引发的思考——以一件真实判例为分析视角》，载《保险职业学院学报》2017 年第 2 期，第 83-86 页。

释不进行解剖的后果后，上诉人仍拒绝尸检，客观上导致不能确定被保险人的真正死亡原因。遂驳回上诉，维持原判。

评析

本案涉及的纠纷系人身意外伤害保险理赔纠纷，但引发该理赔纠纷的原因竟然是本案被保险人死亡时，“120”出诊人员所写的出诊病历及诊断证明的内容。“120”出具的原始病历记载被保险人“患有高血压”，患者死亡系“猝死”。保险公司受理理赔申请后，根据该病历记录作出了“不予理赔”的决定。后“120”出具证明否认原始记录的内容，并解释了原始记录内容不实产生的原因。本案的事实争议最终由法院给出了权威的说法。

但是，本案中反映出一个问题，即医院病历记载的病史或者推断性的内容，其真实性、权威性及法律效力如何认定。实践中，常常有保险公司、医保机构、人民法院依据病历中类似的记录作为案件处理依据，并由此引发患者与医疗机构之间的争议。本书认为，病历中的内容虽然系医务人员所写，但并非医务人员在调查、核实的基础上形成，病史部分基本上是在患者或陪诊人员叙述的基础上整理而来的。在一些特殊文件中，如出诊记录、死亡证明，由于医师没有机会实施医学检查，对有的情况仅作推断性记录。这些内容的真实性是难以保证的。因此，对病史等相关信息真实性的认定，在有关当事人没有争议时，病史等信息作为职业相关文件，其内容可以作为认定案件事实的根据。但是在有关各方存在争议时，不宜以病历作为唯一依据，而应当进一步调查，结合其他证据综合认定。

【法条链接】

《民法典》

第一千二百二十二条　患者在诊疗活动中受到损害，有下列情形之一的，推定医疗机构有过错：

（一）违反法律、行政法规、规章以及其他有关诊疗规范的规定；

（二）隐匿或者拒绝提供与纠纷有关的病历资料；

（三）遗失、伪造、篡改或者违法销毁病历资料。

第一千二百二十五条　医疗机构及其医务人员应当按照规定填写并妥善保管

住院志、医嘱单、检验报告、手术及麻醉记录、病理资料、护理记录等病历资料。

患者要求查阅、复制前款规定的病历资料的，医疗机构应当及时提供。

第一千二百二十六条 医疗机构及其医务人员应当对患者的隐私和个人信息保密。泄露患者的隐私和个人信息，或者未经患者同意公开其病历资料的，应当承担侵权责任。

《医师法》

第二十四条 医师实施医疗、预防、保健措施，签署有关医学证明文件，必须亲自诊查、调查，并按照规定及时填写病历等医学文书，不得隐匿、伪造、篡改或者擅自销毁病历等医学文书及有关资料。

医师不得出具虚假医学证明文件以及与自己执业范围无关或者与执业类别不相符的医学证明文件。

第五十六条 违反本法规定，医师在执业活动中有下列行为之一的，由县级以上人民政府卫生健康主管部门责令改正，给予警告，没收违法所得，并处一万元以上三万元以下的罚款；情节严重的，责令暂停六个月以上一年以下执业活动直至吊销医师执业证书：

（一）泄露患者隐私或者个人信息；

（二）出具虚假医学证明文件，或者未经亲自诊查、调查，签署诊断、治疗、流行病学等证明文件或者有关出生、死亡等证明文件；

（三）隐匿、伪造、篡改或者擅自销毁病历等医学文书及有关资料；

（四）未按照规定使用麻醉药品、医疗用毒性药品、精神药品、放射性药品等；

（五）利用职务之便，索要、非法收受财物或者牟取其他不正当利益，或者违反诊疗规范，对患者实施不必要的检查、治疗造成不良后果；

（六）开展禁止类医疗技术临床应用。

《传染病防治法》

第五十二条 医疗机构应当对传染病病人或者疑似传染病病人提供医疗救护、现场救援和接诊治疗，书写病历记录以及其他有关资料，并妥善保管。

医疗机构应当实行传染病预检、分诊制度；对传染病病人、疑似传染病病人，应当引导至相对隔离的分诊点进行初诊。医疗机构不具备相应救治能力的，应当将患者及其病历记录复印件一并转至具备相应救治能力的医疗机构。

具体办法由国务院卫生行政部门规定。

《母婴保健法》

第二十三条　医疗保健机构和从事家庭接生的人员按照国务院卫生行政部门的规定，出具统一制发的新生儿出生医学证明；有产妇和婴儿死亡以及新生儿出生缺陷情况的，应当向卫生行政部门报告。

《医疗损害司法解释》

第六条　民法典第一千二百二十二条规定的病历资料包括医疗机构保管的门诊病历、住院志、体温单、医嘱单、检验报告、医学影像检查资料、特殊检查（治疗）同意书、手术同意书、手术及麻醉记录、病理资料、护理记录、出院记录以及国务院卫生行政主管部门规定的其他病历资料。

患者依法向人民法院申请医疗机构提交由其保管的与纠纷有关的病历资料等，医疗机构未在人民法院指定期限内提交的，人民法院可以依照民法典第一千二百二十二条第二项规定推定医疗机构有过错，但是因不可抗力等客观原因无法提交的除外。

《医疗机构管理条例》

第三十一条　未经医师（士）亲自诊查病人，医疗机构不得出具疾病诊断书、健康证明书或者死亡证明书等证明文件；未经医师（士）、助产人员亲自接产，医疗机构不得出具出生证明书或者死产报告书。

《医疗机构管理条例实施细则》

第六十条　医疗机构为死因不明者出具的《死亡医学证明书》，只作是否死亡的诊断，不作死亡原因的诊断。如有关方面要求进行死亡原因诊断的，医疗机构必须指派医生对尸体进行解剖和有关死因检查后方能作出死因诊断。

《条例》

第八条　医疗机构应当按照国务院卫生行政部门规定的要求，书写并妥善保管病历资料。

因抢救急危患者，未能及时书写病历的，有关医务人员应当在抢救结束后6小时内据实补记，并加以注明。

第九条　严禁涂改、伪造、隐匿、销毁或者抢夺病历资料。

第十条　患者有权复印或者复制其门诊病历、住院志、体温单、医嘱单、化验单（检验报告）、医学影像检查资料、特殊检查同意书、手术同意书、手术及麻醉记录单、病理资料、护理记录以及国务院卫生行政部门规定的其他病历资料。

患者依照前款规定要求复印或者复制病历资料的，医疗机构应当提供复印或者复制服务并在复印或者复制的病历资料上加盖证明印记。复印或者复制病历资料时，应当有患者在场。

医疗机构应患者的要求，为其复印或者复制病历资料，可以按照规定收取工本费。具体收费标准由省、自治区、直辖市人民政府价格主管部门会同同级卫生行政部门规定。

第十六条 发生医疗事故争议时，死亡病例讨论记录、疑难病例讨论记录、上级医师查房记录、会诊意见、病程记录应当在医患双方在场的情况下封存和启封。封存的病历资料可以是复印件，由医疗机构保管。

第五十六条 医疗机构违反本条例的规定，有下列情形之一的，由卫生行政部门责令改正；情节严重的，对负有责任的主管人员和其他直接责任人员依法给予行政处分或者纪律处分：

（一）未如实告知患者病情、医疗措施和医疗风险的；

（二）没有正当理由，拒绝为患者提供复印或者复制病历资料服务的；

（三）未按照国务院卫生行政部门规定的要求书写和妥善保管病历资料的；

（四）未在规定时间内补记抢救工作病历内容的；

（五）未按照本条例的规定封存、保管和启封病历资料和实物的；

（六）未设置医疗服务质量监控部门或者配备专（兼）职人员的；

（七）未制定有关医疗事故防范和处理预案的；

（八）未在规定时间内向卫生行政部门报告重大医疗过失行为的；

（九）未按照本条例的规定向卫生行政部门报告医疗事故的；

（十）未按照规定进行尸检和保存、处理尸体的。

《医疗纠纷预防和处理条例》

第十五条 医疗机构及其医务人员应当按照国务院卫生主管部门的规定，填写并妥善保管病历资料。

因紧急抢救未能及时填写病历的，医务人员应当在抢救结束后6小时内据实补记，并加以注明。

任何单位和个人不得篡改、伪造、隐匿、毁灭或者抢夺病历资料。

第十六条 患者有权查阅、复制其门诊病历、住院志、体温单、医嘱单、化验单（检验报告）、医学影像检查资料、特殊检查同意书、手术同意书、手术及麻醉记录、病理资料、护理记录、医疗费用以及国务院卫生主管部门规定的其他属于病历的全部资料。

患者要求复制病历资料的，医疗机构应当提供复制服务，并在复制的病历资料上加盖证明印记。复制病历资料时，应当有患者或者其近亲属在场。医疗机构应患者的要求为其复制病历资料，可以收取工本费，收费标准应当公开。

患者死亡的，其近亲属可以依照本条例的规定，查阅、复制病历资料。

第四十五条 医疗机构篡改、伪造、隐匿、毁灭病历资料的，对直接负责的主管人员和其他直接责任人员，由县级以上人民政府卫生主管部门给予或者责令给予降低岗位等级或者撤职的处分，对有关医务人员责令暂停6个月以上1年以下执业活动；造成严重后果的，对直接负责的主管人员和其他直接责任人员给予或者责令给予开除的处分，对有关医务人员由原发证部门吊销执业证书；构成犯罪的，依法追究刑事责任。

第四十七条 医疗机构及其医务人员有下列情形之一的，由县级以上人民政府卫生主管部门责令改正，给予警告，并处1万元以上5万元以下罚款；情节严重的，对直接负责的主管人员和其他直接责任人员给予或者责令给予降低岗位等级或者撤职的处分，对有关医务人员可以责令暂停1个月以上6个月以下执业活动；构成犯罪的，依法追究刑事责任：

（一）未按规定制定和实施医疗质量安全管理制度；

（二）未按规定告知患者病情、医疗措施、医疗风险、替代医疗方案等；

（三）开展具有较高医疗风险的诊疗活动，未提前预备应对方案防范突发风险；

（四）未按规定填写、保管病历资料，或者未按规定补记抢救病历；

（五）拒绝为患者提供查阅、复制病历资料服务；

（六）未建立投诉接待制度、设置统一投诉管理部门或者配备专（兼）职人员；

（七）未按规定封存、保管、启封病历资料和现场实物；

（八）未按规定向卫生主管部门报告重大医疗纠纷；

（九）其他未履行本条例规定义务的情形。

第二节 病历的提供、查阅与封存

【原理阐释】

一、与病历相关的法律问题

（一）病历相关法律介绍

在医疗卫生管理法律法规中，都有与病历相关的规定。《民法典》医疗损害责任章第1222条对医院保管病历、伪造篡改病历、保障患者病历知情权进行规定；第1225条对医疗机构书写病历的义务和保障患者病历知情权进行规定；第1226条对患者病历、个人信息和隐私的保护进行规定。《民法典》人格权编第六章“隐私权和个人信息保护”，《个人信息保护法》涉及个人信息管理内容与病历管理密切相关。另外，在《医师法》《传染病防治法》《母婴保健法》中对病历内容也有相应的规定。在行政法规中也有大量涉及病历的规定，如《条例》《医疗纠纷预防和处理条例》《医疗机构管理条例》等。

（二）病历所有权

在民法上，所有权（ownership）涉及占有、使用、收益和处分四项权能。所有权是最重要的物权与财产权，它是交易发生的前提，也是交易追求的结果。民法上所讲的所有权，总是与具体的对象相关联。病历所有权，是指病历属于谁所有，即谁有权利占有、使用、收益和处分病历。我国法律上没有明确病历所有权的归属，只是确定了病历保管的权利。住院病历由医疗机构保管，门诊大病历由医疗机构保管，门诊病历手册由患者保管。一般来说，病历涉及信息、载体两部分。信息中有患者的健康信息，也有医师的主观分析。而且患者的健康信息是医师询问之后，通过思维加工，按照一定的规律和格式整理出来的。病历的信息部分，虽然是对患者健康的描述，但写作人员是医务人员，医务人员履行职务是代表医疗机构而为，所以著作权人应该是医疗机构。载体部分也比较复杂，除了传统的纸质载体之外，现在还有胶片、硬盘等现代存储设备。虽然由医疗机构购置，但患者就医缴纳的相关费用，医疗机构在做成本计算时应该加入诊疗费之中。所以，病历无论是信息还是载体，无论是确定所有权，还是进行部分划分，都十分困难。本书认为，病历的所有权应当为医患双方共同所有。鉴于病历的特殊性，医疗机构的专业特性，所以病历由医疗机构严格保管。

（三）病历信息的个人信息和隐私属性，敏感个人信息

根据《民法典》第1032条的规定：自然人享有隐私权。任何组织或者个人不得以刺探、侵扰、泄露、公开等方式侵害他人的隐私权。隐私是自然人的私人生活安宁和不愿为他人知晓的私密空间、私密活动、私密信息。由此可见，隐私权，是指公民享有的私人生活安宁与私人信息依法受到保护，不被他人非法侵扰、知悉、收集、利用和公开等的一种人格权。隐私权赋予权利人对私人生活的控制权，这种控制权包括防御他人窃取个人隐私与是否向他人公开隐私及公开范围的决定权。隐私权的常见类型包括个人生活自由权、情报秘密权、个人通讯秘密权、个人隐私利用权。隐私权是公民人格权的重要内容。

《个人信息保护法》第4条第1款规定：个人信息是以电子或者其他方式记录的与已识别或者可识别的自然人有关的各种信息，不包括匿名化处理后的信息。第28条规定：敏感个人信息是一旦泄露或者非法使用，容易导致自然人的人格尊严受到侵害或者人身、财产安全受到危害的个人信息，包括生物识别、宗教信仰、特定身份、医疗健康、金融账户、行踪轨迹等信息，以及不满十四周岁未成年人的个人信息。只有在具有特定的目的和充分的必要性，并采取严格保护措施的情形下，个人信息处理者方可处理敏感个人信息。

患者的病历是医务人员在为患者提供诊疗服务的过程中，将患者的一般信息、生理信息、疾病信息、诊断和处理信息予以记录的专业性文件。病历是典型公民个人信息处理的成果。[①]医疗机构及医务人员对患者个人信息的处理，以

① 《个人信息保护法》第4条第2款规定：个人信息的处理包括个人信息的收集、存储、使用、加工、传输、提供、公开、删除等。

应患者救治要求、为了患者的利益而实施的专业技术行为，是医疗行为实施的必然要求。可见患者病历中的信息属于公民个人信息，其中很多属于公民敏感个人信息，甚至属于患者的隐私。医务人员采集患者个人信息及制作病历，是医疗职务行为的要求，也是医务人员的法定义务。根据《个人信息保护法》第13条的规定，一般情况下，处理公民个人信息，应当得到信息所有者的同意，但为履行法定职责或者法定义务所必需时，无须取得个人同意。但医疗机构及医务人员有为患者个人信息及隐私保密的义务，未经患者同意，不得泄露患者的隐私和个人信息，或者未经患者同意不得公开其病历资料。[①]违法提供患者个人信息、隐私及病历资料，情节严重的，构成侵害公民个人信息罪。[②] 这些有关公民个人信息及隐私保护的法律、法规，应当引起医疗机构管理者及医务人员的高度重视，对患者病历及患者诊疗过程中涉及患者个人信息和隐私的情况，要严加保护、保密。

（四）医师拒证特权

与医务人员对患者个人信息和隐私保密有关的法律问题是医师拒证特权。医师拒证特权（physician privilege）是基于医患信任关系产生的，医师对患者个人信息和隐私保密的义务。在我国，医疗行业对患者个人信息、隐私的保密意识、保密制度、保密工作做得不是很好，尤其是对非司法需要的患者病历、患者医疗信息的查阅、了解不能严格把关。对于该项工作，无论是理论研究、法律制定还是实务调研，做得都不是很到位，这是医疗卫生立法需要加强

---

① 《民法典》第1226条规定：医疗机构及其医务人员应当对患者的隐私和个人信息保密。泄露患者的隐私和个人信息，或者未经患者同意公开其病历资料的，应当承担侵权责任。

② 关于侵害公民个人信息犯罪，在刑事立法上有过变化。2009年规定为特殊主体犯罪，罪名是非法提供公民个人信息罪；2015年改为一般主体犯罪，特殊主体属于从重处罚情节，罪名改为侵害公民个人罪。参见《刑法修正案（七）》在《刑法》第253条后增加一条，作为第253条之一：国家机关或者金融、电信、交通、教育、医疗等单位的工作人员，违反国家规定，将本单位在履行职责或者提供服务过程中获得的公民个人信息，出售或者非法提供给他人，情节严重的，处三年以下有期徒刑或者拘役，并处或者单处罚金。窃取或者以其他方法非法获取上述信息，情节严重的，依照前款的规定处罚。单位犯前两款罪的，对单位判处罚金，并对其直接负责的主管人员和其他直接责任人员，依照各该款的规定处罚。《刑法修正案（九）》将刑法第253条之一修改为："违反国家有关规定，向他人出售或者提供公民个人信息，情节严重的，处三年以下有期徒刑或者拘役，并处或者单处罚金；情节特别严重的，处三年以上七年以下有期徒刑，并处罚金。违反国家有关规定，将在履行职责或者提供服务过程中获得的公民个人信息，出售或者提供给他人的，依照前款的规定从重处罚。窃取或者以其他方法非法获取公民个人信息的，依照第一款的规定处罚……"

的方面。

在美国，普通法及联邦成文法没有关于医生与病人之间的保密特权的规定，美国联邦证据规则咨询委员会起草的《美国联邦证据规则》第一次将该特权（只包括心理医生与病人之间的保密特权）写入成文法，却几乎立刻引起非议。在某些案件中，医生对病人身体或精神状态作出的诊断对案件的处理结果至关重要，授权当事人隐藏这样的证据显然是不公平的，同时如果法庭必须听取当事人提供的对其有利的医生的证言，他就有权听到那些不利于当事人的声音。支持者却认为，这样一项特权的存在有利于维护医患间的信任关系，因为谁都不想让自己的病成为他人议论的话题，而医生有责任为他的病人保守秘密。最终咨询委员会的草案未获通过，但医生与病人之间的保密特权却为联邦与州法院判例承认。① 据考证，最早以成文法形式承认该项特权的是纽约州。1928 年，该州通过立法修改了长期以来形成的不承认医生与病人间享有保密特权的习惯做法，规定医生未经病人允许，不得公开病人秘密。②此后约有四分之三的州效仿了纽约州的做法通过了相似的立法，③ 其中有些工作值得我们借鉴。

二、患者的病历知情权

虽然关于病历所有权的争论从来没有停止过，但是由于病历的内容与患者密切相关，因此各国法律几乎都规定患者对其自身的病历享有知情权。在英国，《保健记录知情法》（Access to Health Records Act 1990）第 3 条规定：不考虑医疗机构的公、私性质，而且也不考虑是计算机处理的信息，还是指南性质的信息，患者对于自己的医疗信息享有一般的知情权。但在第 5 条则对这种知情权进行了限制：对于患者本人或者其他的个人可能在身体上或者精神上招致

---

① 最高法院坚持在“警告义务”裁决中的保密性，但拒绝了治疗师在法庭上作证的权利。最高法院认为，精神病社会工作者不能向法院发布关于他对一名警官的治疗记录，该警官在执行任务时开枪打死了一名嫌疑人。See Tarasoff v. Regents of University of California.

② New York Consolidated Laws, Civil Practice Law and Rules - CVP- Civil Practice Law & Rules Article 45 - (4501 - 4548) EVIDENCE. § 4504. Physician, dentist, podiatrist, chiropractor and nurse.

③ Jay A. Epstien, Physician-Hospital Conflict the Hospital Staff Privileges Controversy in New York, 60 Cornell L. Rev. 1075 (1975).

重大侵害的信息，或者与患者以外的个人相关，由患者以外的个人提供的，基于这一信息对于患者的病情能够加以识别的信息，对这些信息的知情权则加以严格限制。①

从2002年开始，我国确立了患者的病历知情权。《民法典》第1225条第2款也规定了患者的病历知情权：患者要求查阅、复制前款规定的病历资料的，医疗机构应当及时提供。《条例》第10条规定：患者有权复印或者复制其门诊病历、住院志、体温单、医嘱单、化验单（检验报告）、医学影像检查资料、特殊检查同意书、手术同意书、手术及麻醉记录单、病理资料、护理记录以及国务院卫生行政部门规定的其他病历资料。《医疗机构病历管理规定》第17条也规定：医疗机构应当受理下列人员和机构复制或者查阅病历资料的申请，并依规定提供病历复制或者查阅服务：（1）患者本人或者其委托代理人；（2）死亡患者法定继承人或者其代理人。并且在第18条规定了患者或其委托人、死亡患者近亲属及其委托人查阅、复制病历需要提交的证明文件。

患者病历知情权的主体是患者本人，在患者没有死亡的情况下，患者近亲属要求查看病历，一般而言必须要得到患者本人的同意，未经患者本人同意，即使是家庭关系非常好的夫妻之间，也不能查看对方的病历。患者病历知情权是其隐私权的延伸，病历中记载了患者本人大量的与疾病诊治相关的个人信息，对患者而言，往往是最私密的，因而属于隐私的范畴。患者病历知情权的内容，是患者对其自身的病历资料有权查阅和复印，对于其中不甚了解的医学专业内容，若患者提出疑惑时，医务人员还有解释和说明的义务。换句话说，医方对于患者病历知情权有提供保障的义务。医方保障患者实现其病历知情权的方式，不仅仅限于提供病历让患者查看、复印，必要时还应当进行说明和解释。

三、医疗机构病历提供义务

权利的实现是需要法律关系的相对方履行相应的义务来保障的。患者既然享有病历知情权，在医患法律关系中，医疗机构就应当履行保障患者病历知情

① ［日］植木哲：《医疗法律学》，冷罗生、陶芸、江涛译，法律出版社2006年版，第150页。

权得以实现的义务。这种保障义务中，除了医疗机构应当按照规范要求来书写病历和妥善保管病历之外，更重要的是医疗机构应当根据患者或其近亲属的要求提供病历，否则患者的病历知情权只能被束之高阁，是一件摆设而已。对此，我国《民法典》第1225条第2款作了相应规定。

一般情况下，患者就医的病历是由医疗机构保管的，因而医疗机构应当将自己保管的病历提供给患者。《医疗机构病历管理规定》对医疗机构如何保障患者及其近亲属查阅、复印病历进行了详细规定。医疗机构保管的病历，既包括正常诊疗活动中作为病历档案文件存档保存的病历，也包括发生医疗纠纷后，医患双方封存的病历。在医疗纠纷诉讼过程中，如果医疗机构有证据证明病历是由患者或其近亲属保管的，则发生举证责任转移，由患者或其近亲属提供病历。为此，《北京司法指导意见》第12条规定：在医疗损害赔偿纠纷诉讼中，当事人应提交由其保管的所有涉案病历资料。医疗机构提交的客观性病历资料与主观性病历资料均为证据材料。《浙江司法指导意见》第10条规定：当事人应当提交由其持有的所有涉案病历资料等证据材料；拒不提供的，应承担相应不利的诉讼后果。这就更进一步明确了医疗机构有提供其所保管病历的义务。如果医疗机构表示病历由患者一方持有，医疗机构应当举证予以证明。因此，关于病历提供义务，原则上由医疗机构承担，如果病历系由患方保管而应当由患方承担提供病历义务的，也应当先由医疗机构举证证明病历由患方保管。

【实务问题及难点】

一、病历提供义务的具体情形和要求

病历的提供与病历保管相一致，由谁保管病历，就由谁提供病历。一般而言，病历由医院保管，但有时病历却是由患方保管。在患方保管病历的情况下，就应当由患方提供病历。那么什么情况下会由患方保管病历呢？患方保管病历主要有以下几种情形。

1. 门诊病历手册

目前我国的医疗机构的病历分为门（急）诊病历和住院病历两类，门（急）诊病历又分为门诊大病历和门诊病历手册两种。一般门诊大病历由医疗机构保管，门诊病历手册由患者保管。因此，如果患者就医时使用的是门诊病历手册，患方就承担提供病历的义务。不过，实践中的问题是如果患方否认曾经持有门诊病历手册，或者患者主张其就医的过程中医师就没有给其书写病历，这种情况应当如何处理。原则上医方应当举证证明患者就医时使用门诊病历手册，医方可以用《门诊病人就诊登记本》上面记载的内容来证明，因此医师在接诊病人时应当认真填写《门诊病人就诊登记本》。医方也可以通过规范门诊病历制度来解决举证的问题。

2. 患方有特殊需要，将本来由医院保管的病历取走未归还

比如，患者需要到其他医院会诊、患者需要转院、患者需要到其他医院做特殊检查等，因特殊的原因患者持有病历并不归还医疗机构，此时患者就成了病历的保管者，一旦发生纠纷，患者就需要承担提供病历的义务。不过，由于一般情况下是医方保管病历，现在既然医院主张病历在患者手上，医院应当对其提出的这一主张进行举证，否则如果患方否认手上有病历，提供病历的义务仍然在医方。因此，医疗机构在病历管理过程中，遇有患者因特殊需要借阅病历的，原则上给患者提供复制件，无法提供复制件而需要提供病历原件的，需要办理相关手续并由患者签字，办理相关手续的文件应予妥善保管。

3. 医患双方约定由患方保管病历

这主要发生在病历封存之后，患方提出来要求保管病历封存件，因而患者承担提供病历的义务。不过，证明病历封存件在患者手上的举证责任在医方。因此，根据本书前述的建议，要求医患双方在实施病历封存的时候，尽可能要求有第三方见证人参与，同时要求制作“病历封存笔录”，笔录上载明病历封存件由谁保管。由于“病历封存笔录”要求一式三份，因而无论是医方还是患方保管，一旦发生争议，不保管病历的哪一方都可以用“病历封存笔录”证明病历封存件在对方手上。

4. 患方抢夺病历

在医疗纠纷形势激化的情况下，有时患方会采取过激行为抢夺并控制病历，此时患者应履行提供病历的义务。不过，医方必须举证证明曾经发生了患

方抢夺并占有病历的事件，举证责任才发生转移。为此，《北京司法指导意见》第 14 条规定：当事人遗失、涂改、抢夺病历，或以其他不正当手段改变病历资料的内容，导致医疗行为与损害结果之间的因果关系不明或有无过错无法认定的，应承担不利的法律后果。

二、患者病历知情权的范围

确立患者病历知情权是我国医事法律的一大进步。在 2002 年 9 月 1 日以前，患者对于自己的住院病历是无权查看的，更别说复印和解释说明了。我国法律首次规定患者的病历知情权是在 2002 年 9 月 1 日实施的《条例》第 10 条和原卫生部发布的《医疗机构病历管理规定》第 12 条至第 18 条。不过，2002 年有关患者病历知情权的规定是有限制的，患者查阅复印病历的内容仅限于客观病历部分，对主观病历无权复印，也无权查看。直到《侵权责任法》及《民法典》的出现，则将患者病历知情权的范围扩大到“前款规定的病历资料”——住院志、医嘱单、检验报告、手术及麻醉记录、病理资料、护理记录、医疗费用等病历资料。虽然有人说这里列举的还是客观病历，并没有主观病历，但是本书认为后面的“等”字包含了《病历书写基本规范》所规定的所有病历文件，既有客观病历，也有主观病历。2013 年修改后的《医疗机构病历管理规定》将患者查阅、复制病历的范围扩大到运行病历。该规定第 21 条规定：按照《病历书写基本规范》和《中医病历书写基本规范》要求，病历尚未完成，申请人要求复制病历时，可以对已完成病历先行复制，在医务人员按照规定完成病历后，再对新完成部分进行复制。2018 年 10 月 1 日实施的《医疗纠纷预防和处理条例》第 16 条第 1 款规定：患者有权查阅、复制其门诊病历、住院志、体温单、医嘱单、化验单（检验报告）、医学影像检查资料、特殊检查同意书、手术同意书、手术及麻醉记录、病理资料、护理记录、医疗费用以及国务院卫生主管部门规定的其他属于病历的全部资料。该条例直接将患者对病历的查阅、复制扩展到“全部病历”。这里的全部病历，从内容来看，包括主观病历、客观病历及医疗机构认为是病历的其他文件；从载体形式来看，包括纸质病历、计算机打印病历、电子病历；从就医环节来看，包括急诊病历、门诊病历、远程医疗病历、住院病历；从住院期间病历的形成阶段来看，包括环节病历、终末病历、归档病历。

目前仍有医疗机构严格限制患者查看、复印主观病历，因此只能封存主观病历。需要提醒医疗机构注意的是，实践中在诉讼或者鉴定阶段，由于无论是主观病历还是客观病历，都要将其提交给法院或者鉴定机构作为证据或者鉴定资料，因此审判人员、鉴定人员都会将这些所谓的主观病历提交给患方查阅。从这个角度来看，将病历分为主观病历和客观病历并不能解决任何问题。

三、“未按规定填写病历”的认定与处罚

“未按规定填写病历”是一个模糊不清的概念，本书说它模糊，一是“规定”的范围太宽泛，可以是国家立法规定，也可以是部门规章规定，还可以是规范性文件、技术规程的规定，甚至是医疗机构的规章制度规定；二是“填写病历”，是指病历的写与不写，还是写得不好，写得不符合要求。当然，医务人员未按规定写病历肯定是不妥的，但这种不妥的严重性有多大，应当如何纠正、如何处理呢？本书要说的是，对于这样模糊不清的“不规范的行为”，在行政立法中作出了严厉的行政处罚。《医疗纠纷预防和处理条例》第47条第4项规定，医疗机构及其医务人员未按规定填写、保管病历资料，或者未按规定补记抢救病历的，由县级以上人民政府卫生主管部门责令改正，给予警告，并处1万元以上5万元以下罚款；情节严重的，对直接负责的主管人员和其他直接责任人员给予或者责令给予降低岗位等级或者撤职的处分，对有关医务人员可以责令暂停1个月以上6个月以下执业活动；构成犯罪的，依法追究刑事责任。该条规定了三种处罚：一般情形处罚，责令改正—警告—罚款（1万元到5万元）；情节严重处罚（主管及责任人员降级、撤职，医务人员停业1个月到6个月）；更严重的追究刑事责任。

针对一般情形的处罚，“未按规定填写病历”，如医务人员写病历写错了标点符号，明显不符合语文语法，这是“未按规定填写病历”吗？当然是，因为《病历书写基本规范》第6条规定：病历书写应规范使用医学术语，文字工整，字迹清晰，表述准确，语句通顺，标点正确。该条采用的措辞是“应”，属于强制性规范，写病历的要求中明确提到“标点正确”。所以，我们说标点符号不正确，违反了语文语法，就是“未按规定填写病历”，那么如何处罚呢？根

据《医疗纠纷预防和处理条例》第 47 条规定，同时给予责令改正、警告、罚款至少 1 万元的行政处罚。合理吗？对吗？其他“未按规定填写病历”的情况还可以列举很多。比如，病历写错了，要修改。按照《病历书写基本规范》第 7 条第 1 款规定：病历书写过程中出现错字时，应当用双线划在错字上，保留原记录清楚、可辨，并注明修改时间，修改人签名。不得采用刮、粘、涂等方法掩盖或去除原来的字迹。结果医务人员在修改病历时，不是采用在错误内容上“划双线”，而是“划三线”，是不按规定吗？该条规定同样用了“应当”。更不可思议的是，各省级卫生行政部门在制定卫生执法处罚裁量基准文件时，对《医疗纠纷预防和处理条例》第 47 条作了量化。比如，北京市卫健委 2021 年 6 月 3 日发布的《北京市卫生健康行政处罚裁量细则（2021 版）》针对“未按规定填写病历”规定：职权编码 C2875700，裁量基准编码 C2875700A010，违法情节“发生的”，违法行为分类“一般”，行政处罚“警告，并处 1 万元以上（含）2 万元以下（不含）罚款”。[①]现实中有卫生执法监督部门对书写首次病程记录超过 8 小时处罚的案例。有关执法人员表述，即使因为抢救病人耽误记录，情有可原，但仍存在“未按规定填写病历”情形，应当给予处罚，但可以从轻。本书不认可这种观点。

近年来，针对《医疗纠纷预防和处理条例》第 47 条第 4 项规定，各地卫生行政部门对医疗机构及医务人员作出了很多罚款的行政处罚，非常有必要对该条规定进行思考并予以修改。实际上，尽管立法中的含义模糊且我们已经无法去揣摩立法者的准确想法，但是从前述本书对《病历书写基本规范》相关内容的规定来看，虽然其中用了大量的“应当”，但这就是原卫生部医政司发布的一个规范文件，发布该文件的目的在于“规范我国医疗机构病历书写行为，提高病历质量，保障医疗质量和医疗安全”。易言之，该文件是一份医疗质量、病历质量管理文件，其目的在于提高病历质量，更好地为患者的就诊服务。无论是《医疗纠纷预防和处理条例》的规定，还是各地的行政处罚裁量基准及卫生执法活动，都混淆了法律规范和质量管理规范的界限。根据行政处罚的比例原则，对行政相对人的处罚应当与其违法行为的危害大小相一致。对于不符合病历质量管理的行为作出不低于 1 万元罚款的处罚，严重超出了其危害程度。

---

① 北京市卫健委 2021 年 6 月 3 日发布的《北京市卫生健康委员会关于印发〈北京市卫生健康行政处罚裁量规则〉〈北京市卫生健康行政处罚裁量细则〉的通知》（京卫监督〔2021〕15 号）。

"未按规定填写病历"有不规范、有瑕疵、违规、违法等质的不同的等级区别，在每一个等级内还有轻微、轻度、中度、重度、严重等程度区别。对《医疗纠纷预防和处理条例》第47条第4项规定"未按规定填写病历"的理解应当上升到违反了国家的法律、行政法规，而不是技术标准、技术规范。因此，"未按规定填写病历"应当理解为"国家规定要填写病历，医务人员没有填写病历"的行为，同样，"未按规定管理病历"应当理解为"国家规定要管理病历，医疗机构没有管理病历"的行为。

【案例6-03】何晓某与原国家卫生和计划生育委员会行政诉讼案①

2017年8月16日，何晓某向四川省卫计委投诉四川省某医院违反《病历书写基本规范》第28条的规定，在患者何克某的整个医嘱中没有2012年1月31日的抢救医嘱。请求：四川省卫计委对四川省某医院2012年1月31日无患者何克某的抢救医嘱问题进行调查处理；依法依职责查处，认定违法事实，对查处结果作出书面答复并公开。

2017年10月25日，四川省卫计委作出答复："……在长期医嘱和临时医嘱中，仅未见急查床旁心电图和请心内科会诊的医嘱，但在患者的病历中有1月31日心电图报告和心内科会诊记录单。该院未下急查床旁心电图和请心内科会诊的医嘱属于病历书写瑕疵，对此，我委已下达监督意见书责成该院整改。"何晓某不服该回复，向原国家卫计委提出复议申请，其复议除前述两项外，还要求原国家卫计委和四川省卫计委应履行法定职责，认定医院违反国家卫生法律法规。

2017年10月31日，原国家卫计委收到何晓某提交的行政复议申请书。原国家卫计委作出复议决定认为，《病历书写基本规范》是为了规范医疗机构病历书写、提高病历质量的规范性文件。申请人向被申请人所提事项不属于针对违法行为的投诉，被申请人作出的信访回复仅具有解释说明的性质，未对申请人的权利义务产生实际影响。此外，被申请人为妥善化解医疗争议，已对申请人反映的问题进行了调查核实，并书面答复申请人。申请人提出的行政复议申

① 北京市高级人民法院（2018）京行终6359号行政判决书；北京市第一中级人民法院（2018）京01行初455号行政判决书。

请不符合《行政复议法实施条例》的受理条件，驳回申请人的行政复议申请。何晓某不服该行政复议决定，遂向北京市第一中级人民法院提起行政诉讼。

第一中级人民法院经审理认为，《病历书写基本规范》是原卫生部为规范医疗机构书写病历的行为颁布的技术规范。卫生行政管理机关对医疗机构病历书写不符合上述规范的行为进行查处，其目的是提高病历质量，保障医疗质量和安全。患者个人与该查处行为之间不具有法律上的利害关系，四川省卫计委作出的答复，系告知何晓某该委对其举报事项调查的情况，该答复对何晓某的权利、义务不产生实际影响，依法不属于行政复议范围，原国家卫计委据此所作出的被诉复议决定并无不当。对原国家卫计委作出被诉决定程序的合法性予以确认。判决驳回何晓某的诉讼请求。何晓某不服该一审判决，向北京市高级人民法院上诉。

北京市高级人民法院经审理认为，《行政诉讼法》第69条规定：原告申请被告履行法定职责或者给付义务理由不成立的，人民法院判决驳回原告的诉讼请求。《行政复议法实施条例》第28条第5项规定，申请人提出行政复议的，应当属于行政复议法规定的行政复议范围。本案中，何晓某向原国家卫计委提出复议申请。何晓某在一审庭审中明确表示，其复议请求的第1项、第2项都是要求原国家卫计委履行调查职责。因原国家卫计委并无直接调查何晓某所请求事项的法定职责，故何晓某的上述履责请求不成立，一审法院判决驳回其诉讼请求符合上述规定。另，何晓某向四川省卫计委举报四川省某医院违反《病历书写基本规范》，在患者何克某的整个医嘱中没有2012年1月31日的抢救医嘱。但《病历书写基本规范》是原卫生部为规范医疗机构书写病历的行为颁布的技术规范，卫生行政管理机关对医疗机构病历书写不符合上述规范的行为进行查处，与患者个人不具有法律上的利害关系。故四川省卫计委作出的答复，系告知何晓某该委对其举报事项调查的情况，该答复对何晓某的权利、义务不产生实际影响，依法不属于行政复议范围，原国家卫计委所作出的被诉复议决定并无不当。综上，二审法院判决驳回上诉，维持一审判决。

评析

这是一起很有意义的病历规范性争议案件，在患者近亲属针对病历的不规范情况进行投诉后，经历了省级卫生行政部门答复、国家卫生行政部门复议、中级人民法院一审、高级人民法院二审等程序。患者近亲属主张，医院的病历违反了《病历书写基本规范》有关医嘱记录的要求，医务人员实施了床旁心电图检查，邀请心内科会诊，但是医嘱没有记载，据此要求认定医院“违反国家卫生法律法规”。

本案的核心在于，病历属于什么性质的文件，制作病历所依据的《病历书写基本规范》属于什么性质的文件。对此，卫生行政部门和司法机关都给出了基本一致的意见：《病历书写基本规范》是原卫生部为规范医疗机构书写病历的行为颁布的技术规范。卫生行政管理机关对医疗机构病历书写不符合上述规范的行为进行查处，其目的是提高病历质量，保障医疗质量和安全。申言之，《病历书写基本规范》属于国家卫生行政部门颁布的开展医疗质量管理活动的规范性文件，该文件所规定的内容，属于管理性规范，并非效力性规范，其目的是统一医务人员书写病历的格式，提高病历内容的质量，从而更好地为医疗卫生工作服务。医务人员书写病历仅仅是其开展医疗活动的一个附随性文件，以达到固定医务人员医疗活动内容之作用。制作病历的核心目的在于服务医疗，服务患者。通过病历文件内容可以反映医疗活动实施情况，通过分析病历中记载的患者健康信息，有助于医务人员对患者病情进行判断。病历本质上不是法律文件，而是服务于医疗活动的健康档案，只有发生了法律纠纷，涉及法律事务时，病历才充当诉讼证据。

四、病历封存

为了保证病历的真实性，对病历等医疗文书进行封存是必要的。对病历进行封存，即法律上所讲的证据保全。虽然本章只涉及病历资料的保全，但实际上在医疗纠纷处理过程中还涉及可疑医疗物品的保全，有关医疗纠纷证据保全制度的系统内容，读者可以参考笔者过去的拙作。①

（一）证据保全的概念

证据保全即证据的固定和保管，是指为了防止特定证据的自然泯灭、人为

① 刘鑫、施蕾：《医疗纠纷证据保全制度研究》，载《证据科学》2009 年第 3 期；刘鑫：《医疗侵权纠纷处理机制重建——现行〈医疗事故处理条例〉评述》，中国人民公安大学出版社 2010 年版，第 283-311 页。

毁灭或者以后难以取得，因而在收集时、诉讼前或诉讼中用一定的形式将证据固定下来，加以妥善保管，以便诉讼中司法人员或者律师在分析、认定案件事实时使用。《民事诉讼法》第 84 条第 1 款规定：在证据可能灭失或者以后难以取得的情况下，当事人可以在诉讼过程中向人民法院申请保全证据，人民法院也可以主动采取保全措施。不过这是指在诉讼程序启动之后，而医疗纠纷从发生到诉讼往往有一段漫长的过程，因此医患双方不可能申请人民法院进行诉讼保全。《医疗事故处理条例》第 16 条、第 17 条分别对病历和可疑医疗物品的保全进行了规定，要求医患双方当事人自行实施证据保全。

证据保全的方法，在《民事证据规定》第 27 条第 2 款规定：根据当事人的申请和具体情况，人民法院可以采取查封、扣押、录音、录像、复制、鉴定、勘验等方法进行证据保全，并制作笔录。《条例》第 16 条、第 17 条主要规定了封存的方法。

证据保全是取证制度的重要环节，是收集证据工作不可分割的一部分。发现证据后应妥善保管，及时提取、固定，否则一旦被毁坏、灭失就达不到收集证据的目的，给今后诉讼中认定案件事实带来很大的麻烦。为了保证病历及可疑医疗物品证据封存得以顺利进行，双方当事人都有提示、实施、配合病历封存的义务，未尽义务的一方当事人因其未尽相关义务造成病历等证据材料丧失证据价值甚至影响案件处理的，应当承担不利的诉讼后果。为此，《浙江司法指导意见》第 11 条第 2 款规定：一方当事人无正当理由拒不同意、不配合共同封存或启封病历资料、现场实物等证据材料的，应承担相应不利的诉讼后果。

证据保全重要的是保证证据的真实性和证明力，因此所实施的证据保全方法要得当，尤其是医患双方当事人自行保全证据，更要注意保全的方法，否则一方反悔或者对保全证据的破坏，将使整个证据保全工作无效。

（二）病历等医疗文书保全的具体操作

1. 对法规中规定的病历封存的理解

关于病历的保全实际上就是指病历的封存，《条例》第 16 条对此予以专门规定：发生医疗事故争议时，死亡病例讨论记录、疑难病例讨论记录、上级医师查房记录、会诊意见、病程记录应当在医患双方在场的情况下封存和启封。

封存的病历资料可以是复印件，由医疗机构保管。根据法规的要求，病历的封存必须做到以下几点。

第一，医患双方共同封存，任何单独的一方进行封存均属于无效封存。无论是封存病历还是启封病历，都要求有医患双方共同参加。或者移交第三方纠纷处理部门后，由纠纷处理部门依照程序启封。

第二，封存的资料主要包括死亡病例讨论记录、疑难病例讨论记录、上级医师查房记录、会诊意见、病程记录五种思想性、意见性比较强的主观病历。当然，如果主观病历、客观病历难以分开（现实中常常如此），可以对全部病历进行封存。建议封存前医疗机构复印两份病历，由医患双方各自保存一份，同时制作病历文件封存清单，在清单及病历复印件上签字、盖章（骑缝章）。

第三，封存的对象可以是病历原件，也可以是复印件。从医疗机构管理来看，最好封存复印件，以利于患者今后的病情复查和就诊，也有利于医院的病历管理。

第四，对于保全的病历的保管，由医疗机构承担。因此，医疗机构应当指定专人负责此项工作。

2. 法规规定存在的问题

显然，病历封存制度是《条例》的一大特色，该制度能够有效保证争议的医疗事件病历资料的真实性，从而促进医疗纠纷的解决和处理，有利于保护医患双方的合法权益。但是由于国家卫生行政机关没有规定具体的病历保全的方法，且法规规定病历封存是医患双方自己进行，因而在实际操作中各家医疗机构完全凭感觉操作，既不规范，还漏洞百出，导致病历保全无效或者发生争议的事件时有发生。

主要问题包括：(1) 病历保全仅仅是医患双方参与，没有第三方见证，任何一方反悔、否认以及医疗机构对保全病历做手脚，都可能引发对封存病历的争议。(2) 病历封存的时间，是患者住院期间，还是患者出院、治疗终结之后，法规没有规定，实际上，有的纠纷发生在患者住院期间，病历资料并不完整，如抢救记录还来不及补记，且如果病人还在住院治疗，可能影响病人的治疗，病人在以后的治疗中还会产生新的病历资料。(3) 病历保管由医疗机构承担，加大了医疗机构的责任，如果医疗机构对封存病历“丢失”又否认曾经保全过病历怎么办？（4）具体的封存方法和封存期限没有规定。（5）除了医患双方之外，作为案件处理的第三方，如卫生行政官员、鉴定人员、法官，是否有权启封病历，没有规定。

3. 病历封存操作程序建议

鉴于《条例》对病历封存的规定存在诸多缺陷和问题，本书建议，医患双方进行病历封存时，应在程序上予以规范，以保证封存病历的证据效力。

（1）参加封存病历的人员。法规规定由医患双方共同封存，建议加入作为见证人的第三方参加。如果有卫生行政机关的工作人员在场，可以由其作为见证人，也可以邀请公证机关进行公证，还可以邀请两位中立的具有完全民事行为能力的公民担任见证人。当然，本书强调第三方见证，并不排除医患双方共同封存，只要满足后面的封存建议，封存病历仍然具有证据效力。

（2）制作“封存记录（笔录）”。“封存记录”是采用文字表述的方式对整个封存过程进行描述，以避免日后双方对封存病历发生争议时，缺乏认定的根据。病历启封也要制作“启封记录”。参加病历封存或者启封的当事人、见证人，都要在“封存记录”或者“启封记录”上签字或者盖章。[①]

【案例6-04】医疗机构私自将后续病历加入已封存病历属于篡改[②]

2011年6月26日，丁某因“颈部疼痛10年，加重，伴双上肢疼痛、麻木、乏力、头痛头昏、左下肢无力1周”，入住长沙某医院后诊断：C3/4、C4/5、C5/6椎间盘突出、变性。7月2日9时许，行颈椎前路减压植骨内固定术。当天22时17分，丁某诉咽喉部不适，呼吸困难，面色潮红。经抢救，至22时43分恢复自主心跳、无自主呼吸。丁某于2011年7月11日4时4分死亡。某司法鉴定中心鉴定结论为，丁某死亡原因符合颈椎前路减压植骨内固定术后脑出血及多器官功能衰竭。后患者家属向法院起诉。

一审法院审理过程中，长沙某医院与丁某家属曹某等分别申请进行医疗事

---

① 刘鑫、张宝珠、马潇：《医疗纠纷处理法律事务文书写作》，人民军医出版社2006年版，第92-108页。

② 湖南省长沙市中级人民法院（2013）长中民一终字第03446号民事判决书；湖南省高级人民法院（2014）湘高法民再终字第77号民事判决书；中华人民共和国最高人民法院（2016）最高法民再285号民事判决书。

故鉴定和医疗过错鉴定。在对鉴定资料进行质证时，曹某等认为双方于2011年7月22日在长沙某医院启封复印原封存的病历资料时，长沙某医院医疗安全办公室的工作人员加入了若干材料，致使发生纠纷，患方为此报警。现封存件中的长期医嘱单、临时医嘱单存在两个不同的版本，证明长沙某医院确实向原封存的病历中加插了材料，且加入了哪些材料无法辨别。据此认为全部病历资料均不能作为鉴定的依据。长沙某医院则认为，患者丁某死亡后，患方要求立即封存病历，长沙某医院当即告知对方可以封存，但封存的只是“运行中死亡病历”，即不是完善的病历。根据法律规定，患者死亡的，病历完善可以分情况在6小时和24小时之内完成。2011年7月22日，医患双方开启7月11日封存的病历时，长沙某医院只是将完善的病历放入了封存的病历中，并未对已经封存的病历进行修改，病历资料应当作为鉴定的依据。因首次封存病历资料时，双方没有制作病历资料清单，长沙某医院也无法确认2011年7月22日向封存件中加插了哪些资料、是否明确告知了患方。后经协商，双方同意以患方已经复印的病历资料作为鉴定材料。法院遂委托湘雅二医院司法鉴定中心进行鉴定。2013年3月1日，湘雅二医院司法鉴定中心致函法院称：“本次鉴定提交的鉴定材料中，无病程记录、出院记录及死亡记录等材料，无法反映整个诊疗过程，故无法评价医方的诊疗行为。”此后，双方就是否补充提交鉴定材料未能协商一致，故医疗过错鉴定程序被迫终结。

一审法院经审理认为，丁某死亡后，双方在封存病历资料时，均未列出清单保存，以至于无法分清哪些是原来封存的资料，哪些是新加入的资料，导致医疗过错鉴定程序被迫终结。双方在封存病历资料过程中都未尽到应有的谨慎注意义务，因而都应承担相应的过错责任。考虑到患者本身原发疾病的固有风险及医患关系中信息不对等等因素，酌情确定医患双方的过错比例为6∶4，作出相应责任判断，判决长沙某医院给付曹某等医疗损害赔偿款314098.87元。双方均对审判结果表示不服，提起上诉。

二审法院认为，客观、全面、规范、完整的病历资料是进行医疗过错鉴定（或者医疗事故鉴定）的最基本和最重要素材。而封存病历是为了及时保存现有病历资料，避免医疗机构伪造、修改、篡改病历资料。长沙某医院医疗安全办公室的工作人员往已经封存的病历中加插病历的行为，破坏了已封存病历的完整性、真实性和客观性，系篡改病历的行为，会导致鉴定机构对长沙某医院的医疗行为评价出现偏差，故应当推定长沙某医院医疗行为有过错。本案确系因为长沙某医院的加插病历行为导致鉴定结论无法作出，长沙某医院应当承担不利法律后果和全部法律责任。判决撤销一审判决。

医院不服二审判决，向湖南省高级人民法院申请再审。湖南省高级人民法院审查后决定提审本案，经审理判决医院承担70%的责任，长沙某医院给付曹某等医疗损害赔偿款363062元。

曹某等不服再审判决，向检察机关申诉。最高人民检察院向最高人民法院提出抗诉。

最高人民法院对原审查明的事实予以确认。同时认为，从本案已查明的事实来看，患者丁某于2011年7月11日死亡后，患者亲属与长沙某医院共同封存病历资料。7月22日，长沙某医院与患者亲属共同启封病历资料时，在未告知丁某亲属的情况下，长沙某医院工作人员往封存病历中加插材料。长沙某医院在一审中称不能确认加插材料的内容，二审中称所加插材料为死亡记录、死亡讨论记录等法律规定可以在患者死亡后补记的相关病历资料，但曹某等对此不予认可，长沙某医院亦未举证证明其加插材料的内容。本院认为，长沙某医院往已经封存的病历中加插材料的行为破坏了已封存病历的完整性、真实性和客观性，明显系故意篡改病历的行为，推定长沙某医院有过错，有事实和法律依据。关于丁某的死亡与长沙某医院的医疗行为是否存在因果关系以及长沙某医院的责任承担问题。通常情况下，医疗损害后果的发生往往与患者自身有直接或间接的关系，应该考虑医疗机构过错程度和诊疗行为在损害结果发生中的原因力大小确定损害赔偿比例。审判实践中，一般要根据鉴定结论认定的医疗过错行为在医疗损害后果中的责任程度来确定赔偿的比例。但就本案而言，长沙某医院的加插病历行为不仅扰乱了正常的病历管理秩序，而且行为性质恶劣，最终导致了鉴定结论无法作出、各方责任无法确定的严重后果。在本案中判令由长沙某医院承担不利法律后果和完全民事责任，不仅符合《卫生部关于医疗机构不配合医疗事故技术鉴定所应承担的责任的批复》（卫政法发〔2005〕28号）的规定精神，有利于医疗机构的规范管理，更能体现对患者家属的精神抚慰和合法权益的有力保护。长沙市中级人民法院二审判决认定本案确系因为长沙某医院的加插病历行为导致鉴定结论无法作出，长沙某医院应当承担不利法律后果和全部法律责任，并无不当，应予维持。湖南省高级人民法院再审判决，在因长沙某医院的加插病历行为导致鉴定结论无法作出、无法判断长沙某医院医疗过错对损害结果发生的原因力及参与度的情况下，以患者丁某本身患有高血压、颈椎病、肾结石等疾病及原发疾病的固有风险为由，判定长沙某医院承担70%的责任，适用法律确有不当，应予纠正。故判决撤销湖南省高级人民法院（2014）湘高法民再终字第77号民事判决；维持湖南省长沙市中级人民法院（2013）长中民一终字第03446号民事判决。

评析

任何文件存在书写不规范、修改不规范，甚至出现了涂改的情况并不一定影响其证据效力，只要能证明该不规范的情况、涂改的内容发生在事实争议之前，而不是之后，这样的不规范、涂改对认定案件事实就没有实质性影响。病历作为医疗执业活动过程中医务人员随手记录的文件，医务人员在记录的时候，不打草稿誊抄，难免有不规范之处，难免有错别字甚至谬误之处。因此，《病历书写基本规范》规定了病历修改的权限和要求。易言之，病历总是会有这样或那样的问题，以鸡蛋里挑骨头的方式去挑剔病历的毛病，肯定会发现病历的瑕疵和缺陷。关键是病历中的这些瑕疵、缺陷，尤其是改变病历内容的地方，到底发生在什么时候，如果能够确认发生在纠纷之前，并不影响病历的真实性；如果发生在纠纷之后，其真实性自然存疑。

有两个方法可以实现这一目的：一是对病历进行复制，并让患者持有该复制件，如果后来医疗机构的病历原件与患者手上的复制件有出入，自然以患者手上的病历复制件为准，不再有事实争议；二是对病历进行封存，切断病历与医务人员的联系，医务人员无法接触病历，更无法修改病历，这样病历的真实性同样有保证。然而，本案中，在病历封存之后，医疗机构自行启封病历，并将后续书写的病历插入封存病历之中，破坏了病历封存的行为，导致病历封存毫无意义。需要注意的是，在确定了这样的事实之后，法院认定医疗机构的这种做法属于“篡改病历”并不为过。

【案例 6-05】电子病历未“锁定”，医院承担 5 万元鉴定费①

2011 年 10 月 31 日，77 岁的王某因间断出现头晕、四肢乏力等症状到北京某医院就医。该院诊断为心律失常Ⅲ°、冠状动脉粥样硬化性心脏病等。经治疗一段时间后，患者开始出现咳嗽、咳黄痰伴暗红色血丝及喘息等症，由于治疗效果不明显，患者转至北京某某医院，半个月后，患者因病医治无效去世。王某家属认为北京某医院和北京某某医院对王某的治疗存在过错。随后，为保全证据，提出了封存病历要求。

由于北京某医院是原卫生部公布的第一批电子病历试点医疗机构之一，所以王某的住院诊疗过程均以电子病历形式体现。北京某医院为王某家属打印了电子病历系统中的病历，再加上电子病历之外的一些知情同意书、心电图等纸质病历材料，医患双方进行了病历“封存”。但此时，医方并未告知患者家属，该院对王某的诊疗过程运用的是电子病历系统。直到成诉后，北京某医院向法院提交病历材料时，患方才看清封存袋上写的是“封存全套病历（电子版加纸质版）”。庭审中，王某家属对北京某医院提交的电子病历提出质疑，认为该病历未按照原卫生部《电子病历基本规范》进行锁定；因病历未授予唯一标识号码，故不能确定记载内容与诊疗记录相对应；且电子病历签名非可靠的电子签名、电子病历存在违法修改等问题。

北京某医院解释称，因电子病历书写完后每日存档，因此不需要锁定，且已经封存与电子病历相同的纸质病历，病历号为唯一标识号码，电子签名真实可靠，医生登录电子病历系统有唯一用户名、密码，二线医生有权对一线医生的诊断、治疗进行指导并修改病历，因此电子病历真实可靠。

根据当事人的申请，法院决定就电子病历进行鉴定，鉴定意见认为涉案电子病历在数据生成后未发现伪造、篡改痕迹。该案自患方提出病历异议至鉴定意见出具、鉴定人出庭接受质询等历时近一年，产生鉴定费及鉴定人出庭费。随后，医疗司法鉴定结论认为，北京某医院未尽高度谨慎注意义务，对患者病

① 陈晓东、宋晓佩：《电子病历缺锁定流程，医院掏 5 万鉴定费》，载《医师报》2014 年 11 月 13 日。王某等与北京某医院等医疗损害责任纠纷案，北京市朝阳区人民法院（2013）朝民初字第 12569 号民事判决书。

情和既往史缺乏缜密的分析讨论和鉴别诊断，检查措施不完善，医疗过错与王某死亡后果之间存在一定因果关系；北京某某医院诊疗行为则无明显不当。

法院审理后判定，北京某医院在承担50%医疗损害赔偿的基础上，负担电子病历鉴定全部费用。北京某医院不服从法院关于鉴定费的分担，法院经复核，认为北京某医院未按照《电子病历基本规范》的规定锁定电子病历，以致引起患方质疑，从而导致了诉讼期间的鉴定，故该项鉴定费用应由北京某医院负担。

评析

《条例》实施10多年来，医疗机构对于纸质病历的封存已经很熟悉，但是对于电子病历的封存却很陌生，本案中甚至表现出一筹莫展的情况，并由此缴纳了巨额“学费”，值得警醒。

毫无疑问，带电子签名的电子病历其真实性是有保障的，但这种保障只有在技术人员通过技术手段进行“查看”“分析”之后，才能反映出来，而作为不掌握计算机技术的法律人员、普通人则不能通过肉眼观察而直接感知。因而，即便该电子病历具有真实性的保障措施，在当事人发生真实性争议后，也只能通过启动鉴定来解决争议。本案对电子病历真实性鉴定产生的费用，应当由对产生争议负责的一方来承担。在发生纠纷后，患方已经向医疗机构主张复制病历，这是患者的正当权利，但被医疗机构拒绝，由此埋下了患方质疑病历真实性的隐患。如果医疗机构依据相关法律规定，对病历予以封存、锁定，或者为患者复制病历，如果患者对病历真实性仍有质疑而启动鉴定，相关费用应当由患者承担。当然，不得不说的是，国家卫健委于2010年颁布的《电子病历基本规范（试行）》对电子病历封存、锁定的规定模糊，导致医疗机构不知如何操作。正是本案的出现，审理案件的法官给国家卫健委发出“司法建议”，国家卫健委才废止了《电子病历基本规范（试行）》，制定了《电子病历应用管理规范（试行）》。

【法条链接】

《民法典》

第一千二百二十五条 医疗机构及其医务人员应当按照规定填写并妥善保

管住院志、医嘱单、检验报告、手术及麻醉记录、病理资料、护理记录等病历资料。

患者要求查阅、复制前款规定的病历资料的，医疗机构应当及时提供。

《条例》

第十条　患者有权复印或者复制其门诊病历、住院志、体温单、医嘱单、化验单（检验报告）、医学影像检查资料、特殊检查同意书、手术同意书、手术及麻醉记录单、病理资料、护理记录以及国务院卫生行政部门规定的其他病历资料。

患者依照前款规定要求复印或者复制病历资料的，医疗机构应当提供复印或者复制服务并在复印或者复制的病历资料上加盖证明印记。复印或者复制病历资料时，应当有患者在场。

医疗机构应患者的要求，为其复印或者复制病历资料，可以按照规定收取工本费。具体收费标准由省、自治区、直辖市人民政府价格主管部门会同同级卫生行政部门规定。

第十六条　发生医疗事故争议时，死亡病例讨论记录、疑难病例讨论记录、上级医师查房记录、会诊意见、病程记录应当在医患双方在场的情况下封存和启封。封存的病历资料可以是复印件，由医疗机构保管。

第十七条　疑似输液、输血、注射、药物等引起不良后果的，医患双方应当共同对现场实物进行封存和启封，封存的现场实物由医疗机构保管；需要检验的，应当由双方共同指定的、依法具有检验资格的检验机构进行检验；双方无法共同指定时，由卫生行政部门指定。

疑似输血引起不良后果，需要对血液进行封存保留的，医疗机构应当通知提供该血液的采供血机构派员到场。

第二十八条　负责组织医疗事故技术鉴定工作的医学会应当自受理医疗事故技术鉴定之日起5日内通知医疗事故争议双方当事人提交进行医疗事故技术鉴定所需的材料。

当事人应当自收到医学会的通知之日起10日内提交有关医疗事故技术鉴定的材料、书面陈述及答辩。医疗机构提交的有关医疗事故技术鉴定的材料应当包括下列内容：

（一）住院患者的病程记录、死亡病例讨论记录、疑难病例讨论记录、会诊意见、上级医师查房记录等病历资料原件；

(二) 住院患者的住院志、体温单、医嘱单、化验单(检验报告)、医学影像检查资料、特殊检查同意书、手术同意书、手术及麻醉记录单、病理资料、护理记录等病历资料原件；

(三) 抢救急危患者，在规定时间内补记的病历资料原件；

(四) 封存保留的输液、注射用物品和血液、药物等实物，或者依法具有检验资格的检验机构对这些物品、实物作出的检验报告；

(五) 与医疗事故技术鉴定有关的其他材料。

在医疗机构建有病历档案的门诊、急诊患者，其病历资料由医疗机构提供；没有在医疗机构建立病历档案的，由患者提供。

医患双方应当依照本条例的规定提交相关材料。医疗机构无正当理由未依照本条例的规定如实提供相关材料，导致医疗事故技术鉴定不能进行的，应当承担责任。

《麻醉药品和精神药品管理条例》

第四十一条 医疗机构应当对麻醉药品和精神药品处方进行专册登记，加强管理。麻醉药品处方至少保存3年，精神药品处方至少保存2年。

《浙江司法指导意见》

第十条 当事人应当提交由其持有的所有涉案病历资料等证据材料；拒不提供的，应承担相应不利的诉讼后果。

第十一条第二款 一方当事人无正当理由拒不同意、不配合共同封存或启封病历资料、现场实物等证据材料的，应承担相应不利的诉讼后果。

《上海司法指导意见》

九、医学会接受法院的委托后，以及医学会鉴定中需要补充材料时，应列出鉴定所需材料的清单，人民法院根据医学会所提供的清单，通知当事人提供相应证据材料，经质证、认证后交医学会，医学会应出具《收取鉴定材料清单》(附件5)。

十一、因鉴定需要与医疗争议有关的第三方医疗机构的病历资料，医学会应及时通知法院，法院根据最高人民法院《关于民事诉讼证据的若干规定》告知相关当事人提供证据，或由当事人申请人民法院调查收集该证据。法院单独调取有困难的，可商情医学会协助。

《北京司法指导意见》

12. 在医疗损害赔偿纠纷诉讼中，当事人应提交由其保管的所有涉案病历资料。

医疗机构提交的客观性病历资料与主观性病历资料均为证据材料。

《医疗机构病历管理规定》

第十条　门（急）诊病历原则上由患者负责保管。医疗机构建有门（急）诊病历档案室或者已建立门（急）诊电子病历的，经患者或者其法定代理人同意，其门（急）诊病历可以由医疗机构负责保管。

住院病历由医疗机构负责保管。

第十一条　门（急）诊病历由患者保管的，医疗机构应当将检查检验结果及时交由患者保管。

第十二条　门（急）诊病历由医疗机构保管的，医疗机构应当在收到检查检验结果后24小时内，将检查检验结果归入或者录入门（急）诊病历，并在每次诊疗活动结束后首个工作日内将门（急）诊病历归档。

第十三条　患者住院期间，住院病历由所在病区统一保管。因医疗活动或者工作需要，须将住院病历带离病区时，应当由病区指定的专门人员负责携带和保管。

医疗机构应当在收到住院患者检查检验结果和相关资料后24小时内归入或者录入住院病历。

患者出院后，住院病历由病案管理部门或者专（兼）职人员统一保存、管理。

第十四条　医疗机构应当严格病历管理，任何人不得随意涂改病历，严禁伪造、隐匿、销毁、抢夺、窃取病历。

第十五条　除为患者提供诊疗服务的医务人员，以及经卫生计生行政部门、中医药管理部门或者医疗机构授权的负责病案管理、医疗管理的部门或者人员外，其他任何机构和个人不得擅自查阅患者病历。

第十六条　其他医疗机构及医务人员因科研、教学需要查阅、借阅病历的，应当向患者就诊医疗机构提出申请，经同意并办理相应手续后方可查阅、借阅。查阅后应当立即归还，借阅病历应当在3个工作日内归还。查阅的病历资料不得带离患者就诊医疗机构。

第十七条 医疗机构应当受理下列人员和机构复制或者查阅病历资料的申请，并依规定提供病历复制或者查阅服务：

（一）患者本人或者其委托代理人；

（二）死亡患者法定继承人或者其代理人。

第十八条 医疗机构应当指定部门或者专（兼）职人员负责受理复制病历资料的申请。受理申请时，应当要求申请人提供有关证明材料，并对申请材料的形式进行审核。

（一）申请人为患者本人的，应当提供其有效身份证明；

（二）申请人为患者代理人的，应当提供患者及其代理人的有效身份证明，以及代理人与患者代理关系的法定证明材料和授权委托书；

（三）申请人为死亡患者法定继承人的，应当提供患者死亡证明、死亡患者法定继承人的有效身份证明，死亡患者与法定继承人关系的法定证明材料；

（四）申请人为死亡患者法定继承人代理人的，应当提供患者死亡证明、死亡患者法定继承人及其代理人的有效身份证明，死亡患者与法定继承人关系的法定证明材料，代理人与法定继承人代理关系的法定证明材料及授权委托书。

第十九条 医疗机构可以为申请人复制门（急）诊病历和住院病历中的体温单、医嘱单、住院志（入院记录）、手术同意书、麻醉同意书、麻醉记录、手术记录、病重（病危）患者护理记录、出院记录、输血治疗知情同意书、特殊检查（特殊治疗）同意书、病理报告、检验报告等辅助检查报告单、医学影像检查资料等病历资料。

第二十条 公安、司法、人力资源社会保障、保险以及负责医疗事故技术鉴定的部门，因办理案件、依法实施专业技术鉴定、医疗保险审核或仲裁、商业保险审核等需要，提出审核、查阅或者复制病历资料要求的，经办人员提供以下证明材料后，医疗机构可以根据需要提供患者部分或全部病历：

（一）该行政机关、司法机关、保险或者负责医疗事故技术鉴定部门出具的调取病历的法定证明；

（二）经办人本人有效身份证明；

（三）经办人本人有效工作证明（需与该行政机关、司法机关、保险或者负责医疗事故技术鉴定部门一致）。

保险机构因商业保险审核等需要，提出审核、查阅或者复制病历资料要求的，还应当提供保险合同复印件、患者本人或者其代理人同意的法定证明材料；患者死亡的，应当提供保险合同复印件、死亡患者法定继承人或者其代理人同意的法定证明材料。合同或者法律另有规定的除外。

第二十一条　按照《病历书写基本规范》和《中医病历书写基本规范》要求，病历尚未完成，申请人要求复制病历时，可以对已完成病历先行复制，在医务人员按照规定完成病历后，再对新完成部分进行复制。

第二十二条　医疗机构受理复制病历资料申请后，由指定部门或者专（兼）职人员通知病案管理部门或专（兼）职人员，在规定时间内将需要复制的病历资料送至指定地点，并在申请人在场的情况下复制；复制的病历资料经申请人和医疗机构双方确认无误后，加盖医疗机构证明印记。

第二十三条　医疗机构复制病历资料，可以按照规定收取工本费。

第二十四条　依法需要封存病历时，应当在医疗机构或者其委托代理人、患者或者其代理人在场的情况下，对病历共同进行确认，签封病历复制件。

医疗机构申请封存病历时，医疗机构应当告知患者或者其代理人共同实施病历封存；但患者或者其代理人拒绝或者放弃实施病历封存的，医疗机构可以在公证机构公证的情况下，对病历进行确认，由公证机构签封病历复制件。

第二十五条　医疗机构负责封存病历复制件的保管。

第二十六条　封存后病历的原件可以继续记录和使用。

按照《病历书写基本规范》和《中医病历书写基本规范》要求，病历尚未完成，需要封存病历时，可以对已完成病历先行封存，当医师按照规定完成病历后，再对新完成部分进行封存。

第二十七条　开启封存病历应当在签封各方在场的情况下实施。

第二十八条　医疗机构可以采用符合档案管理要求的缩微技术等对纸质病历进行处理后保存。

第二十九条　门（急）诊病历由医疗机构保管的，保存时间自患者最后一次就诊之日起不少于 15 年；住院病历保存时间自患者最后一次住院出院之日起不少于 30 年。

第三十条　医疗机构变更名称时，所保管的病历应当由变更后医疗机构继续保管。

医疗机构撤销后，所保管的病历可以由省级卫生计生行政部门、中医药管理部门或者省级卫生计生行政部门、中医药管理部门指定的机构按照规定妥善保管。

《电子病历应用管理规范（试行）》

第九条 电子病历系统应当为操作人员提供专有的身份标识和识别手段，并设置相应权限。操作人员对本人身份标识的使用负责。

第十条 有条件的医疗机构电子病历系统可以使用电子签名进行身份认证，可靠的电子签名与手写签名或盖章具有同等的法律效力。

第十一条 电子病历系统应当采用权威可靠时间源。

第十三条 医疗机构应当为患者电子病历赋予唯一患者身份标识，以确保患者基本信息及其医疗记录的真实性、一致性、连续性、完整性。

第十四条 电子病历系统应当对操作人员进行身份识别，并保存历次操作印痕，标记操作时间和操作人员信息，并保证历次操作印痕、标记操作时间和操作人员信息可查询、可追溯。

第十五条 医务人员采用身份标识登录电子病历系统完成书写、审阅、修改等操作并予以确认后，系统应当显示医务人员姓名及完成时间。

第十六条 电子病历系统应当设置医务人员书写、审阅、修改的权限和时限。实习医务人员、试用期医务人员记录的病历，应当由具有本医疗机构执业资格的上级医务人员审阅、修改并予确认。上级医务人员审阅、修改、确认电子病历内容时，电子病历系统应当进行身份识别、保存历次操作痕迹、标记准确的操作时间和操作人信息。

第十七条 电子病历应当设置归档状态，医疗机构应当按照病历管理相关规定，在患者门（急）诊就诊结束或出院后，适时将电子病历转为归档状态。电子病历归档后原则上不得修改，特殊情况下确需修改的，经医疗机构医务部门批准后进行修改并保留修改痕迹。

第十八条 医疗机构因存档等需要可以将电子病历打印后与非电子化的资料合并形成病案保存。具备条件的医疗机构可以对知情同意书、植入材料条形码等非电子化的资料进行数字化采集后纳入电子病历系统管理，原件另行妥善保存。

第十九条 门（急）诊电子病历由医疗机构保管的，保存时间自患者最后一次就诊之日起不少于15年；住院电子病历保存时间自患者最后一次出院之日起不少于30年。

第二十条 电子病历系统应当设置病历查阅权限，并保证医务人员查阅病历的需要，能够及时提供并完整呈现该患者的电子病历资料。呈现的电子病历应当显示患者个人信息、诊疗记录、记录时间及记录人员、上级审核人员的姓名等。

第二十一条 医疗机构应当为申请人提供电子病历的复制服务。医疗机构可以提供电子版或打印版病历。复制的电子病历文档应当可供独立读取，打印的电子病历纸质版应当加盖医疗机构病历管理专用章。

第二十二条 有条件的医疗机构可以为患者提供医学影像检查图像、手术录像、介入操作录像等电子资料复制服务。

第二十三条 依法需要封存电子病历时，应当在医疗机构或者其委托代理人、患者或者其代理人双方共同在场的情况下，对电子病历共同进行确认，并进行复制后封存。封存的电子病历复制件可以是电子版；也可以对打印的纸质版进行复印，并加盖病案管理章后进行封存。

第二十四条 封存的电子病历复制件应当满足以下技术条件及要求：

（一）储存于独立可靠的存储介质，并由医患双方或双方代理人共同签封；

（二）可在原系统内读取，但不可修改；

（三）操作痕迹、操作时间、操作人员信息可查询、可追溯；

（四）其他有关法律、法规、规范性文件和省级卫生计生行政部门规定的条件及要求。

第二十五条 封存后电子病历的原件可以继续使用。电子病历尚未完成，需要封存时，可以对已完成的电子病历先行封存，当医务人员按照规定完成后，再对新完成部分进行封存。

《医疗机构管理条例实施细则》

第五十三条 医疗机构的门诊病历的保存期不得少于十五年；住院病历的保存期不得少于三十年。

《处方管理办法》

第五十条 处方由调剂处方药品的医疗机构妥善保存。普通处方、急诊处方、儿科处方保存期限为1年，医疗用毒性药品、第二类精神药品处方保存期限为2年，麻醉药品和第一类精神药品处方保存期限为3年。

处方保存期满后，经医疗机构主要负责人批准、登记备案，方可销毁。

【案例 6-06】某医院丢失患者病历引发纠纷[1]

某医院不慎将多次来该院就诊的患者郑女士的病历丢失，恰巧郑女士办理病退需要拿该病历到有关鉴定中心做病退鉴定，病历丢失使得其鉴定无法顺利进行。郑女士认为由于医院将自己的病历丢失，导致自己不能如期正式退休，在工资差额、医保个人账户、医药费等报销上损失较大，遂起诉至法院要求医院赔偿各项经济损失 5 万余元及精神损失费 2000 元。最终法院判决医院赔偿相关损失共计 3000 元。

评析

病历文书记录了医疗过程，是评价医疗质量的依据，是医院证明自己在诊疗活动中有无过错的重要依据，是医疗纠纷争议中非常重要的证据。医务人员是否按照国家卫生管理法律、法规、规章等执行医疗服务活动，是否对患者实施必要救治措施，医疗行为是否构成医疗事故等都可以通过病历得以再现。这类资料作为证据，往往直接决定医疗诉讼的成败。病历资料作为医疗活动信息的载体，在医疗损害赔偿纠纷中的意义重大。

《条例》第 8 条第 1 款规定：医疗机构应当按照国务院卫生行政部门规定的要求，书写并妥善保管病历资料。《侵权责任法》第 61 条规定：医疗机构及其医务人员应当按照规定填写并妥善保管住院志、医嘱单、检验报告、手术及麻醉记录、病理资料、护理记录、医疗费用等病历资料。患者要求查阅、复制前款规定的病历资料的，医疗机构应当提供。上述规定表明医疗机构是保管病历资料的主体，对患者的病历资料应当妥善保管。至于保管期限，我国《医疗机构管理条例实施细则》第 53 条规定：医疗机构的门诊病历的保存期不得少于十五年；住院病历的保存期不得少于三十年。由于病历是医患双方共同共有，病历的制作既是医疗机构开展诊疗活动和开展医学研究的需要，也是患方就诊、复查的需要，因此在患者需要的时候，医疗机构应当及时为患者提供病历，这是医疗机构的法定义务。在发生医疗纠纷后，无论是法庭上所需要的证据，还是医疗事故技术鉴定所需要的鉴定资料，医疗机构都应当提供病历。

---

① 刘鑫、孙东东、陈特：《医疗损害赔偿诉讼实务》，中国法制出版社 2012 年版，第 166-167 页。

医疗关系是一种特殊的合同关系，保管病历既是医疗机构的法定义务，也是医疗机构与患者之间约定俗成的合同义务。本案中，医院将患者郑女士的病历丢失，未尽到病历保管义务，违反合同约定，存在违约过错，应当承担违约损害赔偿责任。违约损害赔偿是当事人之间原本就存在特定的债权债务关系，即合同关系，因债务人违约给债权人造成财产损害而产生赔偿关系。就本案来说，即医疗机构与患者之间存在医疗服务合同关系，但医疗机构保管病历不善，违约给患者造成财产损害从而产生赔偿关系。但违约损害和侵权损害不同，不包括人身损害和精神损害，因此本案只对患者的财产损失予以赔偿，而精神损害赔偿则不予支持。

另外，《条例》第56条规定：医疗机构违反本条例的规定，有下列情形之一的，由卫生行政部门责令改正；情节严重的，对负有责任的主管人员和其他直接责任人员依法给予行政处分或者纪律处分：……（五）未按照本条例的规定封存、保管和启封病历资料和实物的……因此，本案中，患者还可以向卫生行政部门申请要求该医院对未妥善保管病历资料的行为承担行政责任。

【案例6-07】南京“天书病历”案①

2006年2月11日，吴女士因头部不适到某医院门诊就诊。吴女士陈述完病情后，接诊医生随后开出CT检查单，要求其先去检查。不久，诊疗医生拿到了吴女士的CT报告，一番观察判断后即开出处方交给了她，要她去交钱取药。吴女士带着医生开的药回到家后，发现医生书写的病历潦草得像“天书”似的，根本无法看懂。

交涉无果之下，吴女士将医院诉至法院，请求法院判令被告医院履行对原告的问诊、介绍病情及下医嘱的义务；重新书写病历；向原告赔偿已收取的CT费用161元。

同年7月5日，法院就此案作出一审判决。法院经审理认为，在调解上述医患纠纷中，通常依据法律、法规、行业内部管理规定、医学规范、医疗机构的内部管理制度等来确定医师的注意义务之具体内容，医师违反注意义务则构

① 刘鑫、孙东东、陈特：《医疗损害赔偿诉讼实务》，中国法制出版社2012年版，第167-169页。

成违约。原卫生部《病历书写基本规范》中，对于病历文字书写有原则性的要求。一般而言，医疗行政管理法规可以作为设定医师注意义务的依据，但由于行政管理法规与民法规制在调整的对象和目的以及价值评价上不同，所以两者又不尽一致。基于以上考虑，本案不应把行政管理法规中病历文字书写的原则性要求作为医师的注意义务，其理由是：文字书写好坏的判断主观性很强，民事法律已给医师在医疗行为中设定了高度的注意义务，如果再给这种危害较小的次要给付义务设定过于严格的标准，实际上是超出了民法价值判断而苛求医师。原告因头晕就诊，被告医院让原告进行CT检查是其履行诊疗义务的行为，不违反医疗原则，原告可以根据自身的情况决定是否接受CT检查，也可以要求被告做其他的检查，原告交费接受CT检查视为其同意。因此，被告不存在违约行为。

法院虽然没有支持原告的主张，但这并不等于法院认同医生书写“天书”病历。在本案判决文书中，法院就病历的书写有着特别的强调。判决书中写道：“门诊病历是门诊诊治过程的简要记录，它为患者转诊、继续治疗及将来治疗提供病史及治疗资料，病历是重要的医疗文件。毫无疑问，医师书写的病历文字应当清晰，字体尽量端正，尽可能使绝大多数人都能清楚地辨认。被告医院尽管未违反医师的注意义务，但存在着对原告的诊断过程过于简单，病历文字书写过于潦草，与患者缺乏必要的沟通等问题，这也正是引发本次纠纷的直接原因。”

法院认为原告要求被告重新书写病历的诉讼请求不属于民法调整的范围，应通过医疗行政手段解决，故驳回了原告的诉讼请求。

评析

病历资料是医患之间沟通交流的工具，是医疗服务合同中医方的约定义务。在医疗过程中，医患双方在相关信息掌握上处于不平等地位，患者知情权应充分保障。患者知情权，是指患者在医疗机构就诊的过程中，有了解自己的病情、医师将要采取的治疗措施以及可能面临的风险的权利。在有关病历的患者权利上，隐私权与知情权相伴相随，病历记载了患者有关疾病诊疗的一切信息，是患者了解其病情，还原整个医疗行为的重要凭据，也是患者继续医疗，尤其是复查和转诊时的重要资料。患者对病历资料的知情权应得到保障。

本案虽然从判决结果上看是患方败诉，但是法院的判决值得商榷。法院是以“原告要求被告重新书写病历的诉讼请求不属于民法调整的范围”为驳回患方起诉的理由，应该认为是没有道理的。因为医疗行为是医疗服务合同，医方在给患方提供医疗服务的同时，应当规范书写病历和保管病历，因此规范书写病历是医方的合同义务之一。另外，病历写得是否清楚对患者今后的复查和就诊还会产生影响，患方在医疗过程中享有病情知情权，这是患方的合同权利，与患方的该项权利相比，医方有规范书写病历的义务。因此，本书认为这应当属于民法调整的范围。

原卫生部2010年3月1日实施的《病历书写基本规范》第6条规定：病历书写应规范使用医学术语，文字工整，字迹清晰，表述准确，语句通顺，标点正确。《侵权责任法》第61条第1款中关于病历的书写要求按规定“填写”。因此，文书的格式、书写内容的顺序、表述方式、文件排列顺序等，都应当符合规范的要求。本案中，“天书病历”在一定程度上侵犯了患者的知情权，但病历书写不规范属于卫生行政管理内容，患者可寻求卫生行政手段解决。法院认为，重新书写病历的诉讼请求不属于民事诉讼受案范围，因此给予驳回。法院虽然未支持原告主张，但并不意味着认同“天书病历”，判决书中专门强调“医师书写的病历文字应当清晰，字体尽量端正，尽可能使绝大多数人都能清楚地辨认”，足见规范书写病历的重要性。

第三节 病历的证据学审查

【原理阐释】

一、病历的证据价值

医学文书属于书证，是我国诉讼法上所规定的法定证据的一种。[①] 不仅我

① 刘鑫、刘爱民：《病历规范化书写与举证》，华夏出版社2002年版，第64-65页。

国如此，在其他国家也一样。在美国的证据法体系中，病历中的病史部分很容易被质疑为传闻证据。不过，根据传闻规则的商业记录例外情况或公共文件例外情况，医院记录由于其高度的可靠性，在不考虑医患特权的情况下，可以作为证据。病历中涉及医师的诊疗部分，如果条目记录了医生的诊断、实验室报告、处方药、护士或护理人员的医嘱，或患者个人知道或认可的其他事项，只要基于科学设备上获得的公认可靠的证据，并且条目中包含的任何意见都是从合理的基础上充分得出的，则条目是可接受的。此外，如果信息是患者或其代表所做陈述的记录，则存在双重传闻问题，第一级传闻必须满足传闻规则的某些例外情况，才能成为医院记录的合格部分。[①]《美国联邦证据规则》第 803 条作为传闻证据规则的例外，具有证据效力，不受传闻证据规则的限制。[②]美国各州的法律中都有相应的规定，比如明尼苏达州《作为证据的工作记录》(Minn. ST § 600. 02. Business Records as evidence)，承认医院记录是对传闻规则的一个例外，该法案允许把日常工作过程中所作的某些记录当作证据。[③]

传统的证据理论认为，证据具有客观性、关联性、合法性，[④]有人将其称为“三性说”。但是近年来有学者提出了证据学“新三性说”，即相关性、可采信（证据能力）和证明力。[⑤] 不过，由于“三性说”历史悠久，使用时间长，影响面广，在我国立法和司法实践中仍然被大量使用，包括新近出台的一些司法解释都在使用。

病历的真实性审查就是对病历记载的内容是否真实，是否是当时记载的文字符号信息进行判断的专门活动。而病历完整性的审查是对提交给法庭或者鉴定机构的病历资料是产生医疗争议事件所涉及的患者医疗病历的全部还是其中一部分进行判断的专门活动。涉及谁来审查、怎么审查的问题，长期以来争论不休。一般来说，当事人对病历资料及其他进行医疗损害鉴定所需的材料的真

---

① Robert E. Powell, Admissibilty of Hospital Records into Evidence, 21 Md. L. Rev. 22 (1961).

② Federal Rules of Evidence Rule 803. Exceptions to the Rule Against Hearsay: ... (4) Statement Made for Medical Diagnosis or Treatment. A statement that: (A) is made for — and is reasonably pertinent to — medical diagnosis or treatment; and (B) describes medical history; past or present symptoms or sensations; their inception; or their general cause. Available: https://www.law.cornell.edu/rules/fre/rule_803.

③ Minnesota Statutes: 600.02 Business Records As Evidence. Available: https://www.revisor.mn.gov/statutes/cite/600.02.

④ 樊崇义：《证据法学》，法律出版社 2003 年版，第 132-135 页。

⑤ 张保生：《证据法学》，中国政法大学出版社 2009 年版，第 20 页。

实性、完整性有异议时，应当由人民法院先行组织双方当事人举证、质证。人民法院应根据举证、质证的具体情况进行审查。经审查，病历资料存在瑕疵的，人民法院应通过咨询专家、委托文件检验、病历评估或由鉴定专家作初步判断来认定瑕疵病历是否对鉴定有实质性影响。如果没有实质性影响，则仍可继续进行鉴定，但瑕疵病历部分不能作为鉴定依据；如果有实质性影响，造成鉴定无法客观进行的，则应终止鉴定。这条规定明确了病历真实性、完整性审查的主体、程序、方法等事项。

二、病历的客观性

从病历的功能和书写要求来看，病历应当具有客观性。只有具备客观性的病历，才是具有科学价值、医疗价值和法律价值的档案资料。《病历书写基本规范》第3条规定：病历书写应当客观、真实、准确、及时、完整、规范。这是病历书写的基本原则。这里所要求的“客观”和“真实”，就是要求病历的内容要客观、真实。也就是说，客观真实地反映患者对病情的陈述，客观真实地反映医师对病人身体情况的检查，客观真实地反映医师对患者病情的分析和判断，客观真实地反映医护人员对患者的治疗和处置。伪造、篡改、不完整的病历资料，由于其内容上已经不具有客观性和真实性，因而既不能作为患者疾病诊断和治疗的依据，今后患者复查和再就诊都无法再使用这份失真的病历，也不能作为医学科学的基础研究资料，这对患者、医疗机构乃至医学事业都是损失。此外，一旦发生纠纷，由于病历丧失了真实性，这份病历就无法再现医疗过程，不能作为处理医疗纠纷的证据。

不过，病历的客观性是相对的。病历包含患者的病史，包括主诉、现病史、既往史、个人史、婚育史、月经史、家族史等，医师不可能通过自己的医学知识或者医学手段获得这些内容。病史是医师记载的患者的发病经过与诊治经过，是医师根据患者或者其他人的叙述而在入院记录或者病程记录中用文字予以表达的内容。从内容的来源上看，它是由患方陈述而来的，如果患方如实陈述，病历中记载的病史才可能真实；如果患方陈述失真，病历中记载的病史也就不真实。在美国法上，关于医院病历中的病史部分，是明确当作传闻证据来对待的，不过其证据效力上属于传闻证据规则的例外，当能够证明记录人员的身份及其消息来源时，病史就可以作为证据具有可采性。[①]这里讲的病历中病史部分的真实性，主要强调的是医师将患者及相关知情人陈述的内容如实反映到病历载体上，成为可阅读的文字符号。如果患方否认病史的真实性，诉讼中如何处理呢？

时间上符合规范，在内容上也前后一致的病史记录，一般而言应当确认其真实性。尤其是病历记录已经成为医师诊断和治疗患者疾病的有机组成部分，否认病史将会动摇医师既已发生的诊断和治疗。换句话说，认定病史不真实，就可能会认定医师未尽医疗注意义务，可能涉及医疗侵权责任的承担，此时患方否定病历中病史的真实性，直接涉及患方据此获利而医师因此而承担责任，因而需要患方说明理由并举证加以证明。如果病史的内容与医师诊断、治疗意见无关，仅涉及其他案件事实认定，此时患方否定病历中病史的真实性，患方因此获利而医师并不因此而承担责任，因而需要患方说明理由并需要举证加以证明，或者由医师对病史的真实性做补充说明。

时间上不符合规范或者在内容上前后不一致的病史记录，无论该病史是否与医师的诊断有关联，也无论医师是否应当因此承担责任，一般而言应当推定其真实性，转而应当由医方对病史记录的真实性进行说明和举证。这样做，也符合《民法典》第1222条第1项规定，即医方违反法律、行政法规、规章以及其他有关诊疗规范的规定，可以推定医疗行为存在过错。因而发生举证责任的转移，转由医方承担举证责任。

至于病历中检查部分、诊断部分、治疗部分的真实性，应当根据疾病的诊断治疗特点、病历书写的规律等综合判断，注意与其他证据材料相互印证，从而准备判断病历的真实性。

三、病历的相关性

证据学上的相关性也被称为关联性，是指证据材料与案件事实存在某种关联，并因此对证明案情具有实际意义。病历文书作为证据使用，必须要具备关联性，没有关联性的证据不能作为定案的依据。

---

① Wadena v. Bush, 232 N. W. 2d 753 (Minn. 1975).

证据的关联性是多方面的，有内容联系、时间联系、空间联系、因果联系、偶然联系和必然联系、直接联系和间接联系、肯定联系和否定联系等。病历与案件待证事实之间的关联性也是多方面的，主要视具体待证事项而定。一般而言，由于病历属于书证，即用病历文件上的文字、符号、图标、影像等按照一定的顺序和规律有机组成并呈现的信息去映现待证事实，因而本书这里所讲的关联主要是时间关联、内容关联。时间关联要求提供作为证据使用的病历必须是与本次医疗纠纷争议的医疗事实在时间上具有密切联系，包括病历内容反映的病症出现的时间、就医的时间、检查的时间、治疗的时间、出院的时间，也包括病历记载的时间、病历复印的时间、病历封存的时间、病历提交作为证据或者鉴定资料的时间。内容上的关联性，要求病历是医疗纠纷争议的医疗行为指向的具体患者对象的病历，而不能是其他患者的病历，要求病历记载的内容与本次医疗纠纷争议事件所涉及的医疗行为、损害后果、因果关系等的认定密切相关。

四、病历的合法性

病历的合法性包含两个方面的内容：一是病历制作的主体、程序和形式要件合法；二是病历内容的具体载体的获得手段合法。前者是指医疗机构及其医务人员对病历制作的合法，后者是指患方获得病历原件或者复制件的手段合法。

1. 病历制作的合法性

病历是医务人员执行医疗业务活动时制作的业务文件，与医务人员的执业资格和执业过程有着密不可分的关系。病历制作的合法性包括制作主体的合法性、制作程序的合法性、制作形式的合法性三方面的内容。

医疗行为的实施主体是获得医学专业资格的专业技术人员，包括医师、护士、医技人员、药师等。与此相对应，不同的医学文书制作的主体也必须是具有相应执业资格的医务人员。病历制作的主体是取得医师执业资格的医师，护理文书制作的主体是获得护士执业资格的护士。另外，对于未取得医师执业资格的实习医师、见习医师书写病历，必须要由具有执业资格的带习老师签字。病历书写主体不合法，会直接影响病历的证据效力。

我国《医师法》第24条规定，医师签署有关医学证明文件，必须亲自诊查、调查，并按照规定及时填写医学文书。这项规定就是要求医务人员在书写病历、填写医学证明文件时，应当以其实施的医疗行为作为客观依据，不可主观杜撰，不可凭空猜测。因此，医务人员书写病历，必须是在其实施了相应的医疗行为之后，对自己的医疗行为客观、真实的描记。即使是病历的客观部分，也是在对患者的病情进行客观分析的基础上将分析意见、诊断意见、治疗建议予以记录。作为病历记录程序方面合法性的要求，还有书写的时间规定，不同的病历文件记录的时间，在《病历书写基本规范》中有详尽的要求。比如，因抢救重危患者来不及书写病历的，应当在抢救完毕后6小时内据实补记；首次病程记录应当在患者入院后8小时内完成；入院记录应当在患者入院后24小时内完成。病历书写的程序不合法，会直接影响病历的证据效力。

病历制作的形式合法性要求，就是要求病历的格式、项目和内容要符合规范性文件的要求，这种形式上的要求集中体现在《病历书写基本规范》和其他与病历书写相关的行政文件中。不过，内容方面不规范，一般而言并不影响病历的证据效力，只有医疗争议事件所涉及的内容在病历没有记录时，才会涉及证据问题，不过是缺乏证据证明医疗行为的实施情况，而不是病历的证据效力问题。

2. 证据取得手段的合法性

证据取得手段的合法性是一个非常复杂的问题，且民事诉讼和刑事诉讼的要求是不一样的。因为讨论证据的合法性，实质上就是讨论非法证据排除问题——非法取得的证据能够成为定案的依据。有人认为，证据“三性说”是指刑事诉讼中的证据，民事诉讼中的证据只有“两性”（客观性、关联性），没有合法性。[①]因为在民事诉讼中，原、被告双方都有证据调查权，甚至双方都可以申请法院调查或调取证据，所以当事人双方权利平等，诉讼攻防“武器”对等，非法证据排除法则没有现实基础。至于当事人在收集证据的过程中因采取非法手段获取证据而侵害他人权利时，则按照其行为性质根据相关法律规定承担相应法律责任。但是刑事诉讼则不一样，控方往往是公安机关、检察机关，而被告人则是属于法律地位明显要弱的自然人或者法人，通过制定和适用证据

① 陈界融：《证据法应当关注的几个理论问题》，载《证据科学》2009年第2期。

合法性规则，将国家公权力机关违法收集的证据排除在外，一方面保证公权力机关依法行为，树立法律权威；另一方面防止私权受到公权力侵害。公安、检察等公权力机关具有搜查、扣押、传唤、拘留、逮捕等强大权力，而被告人甚至辩护人并没有太多的措施予以制衡，即诉讼双方攻防“武器”不对等，通过刑事证据非法排除法则，即能实现规范公权力机关行为内容，保障人权的立法目的。在行政诉讼中也有类似于刑事诉讼的诉讼地位不平等、攻防“武器”不对等的问题。在诉讼开始后，作为被告的行政机关自行收集的证据，仍为证据排除法则排除，以保持行政诉讼中当事人“武器对等”，以利于司法公正。因此，取得病历的手段是否合法对其证据效力的影响，应当依不同的诉讼类型加以判断。不过，即使是强调证据取得要合法的刑事诉讼，在 2010 年 5 月 30 日最高人民法院、最高人民检察院、公安部、国家安全部、司法部发布的《关于办理刑事案件排除非法证据若干问题的规定》，其中规定的非法证据主要是“采用刑讯逼供等非法手段取得的犯罪嫌疑人、被告人供述和采用暴力、威胁等非法手段取得的证人证言、被害人陈述”。目前我国刑事诉讼法上的非法证据排除规则并不健全。

在医疗侵权诉讼中，患方采用非法手段取得的病历资料，包括病历资料复印件、复制件，是否具有证据效力呢？本书认为，无论是患方暴力抢夺获得的病历，还是采用秘密手段窃取的病历，或者是私下找熟人复制而获得的病历，只要病历的内容是医院制作的，或者病历复制件与原件一致，就应当认定病历的证据价值，而不存在非法证据排除问题。当然，对于患方抢夺病历、偷窃病历的行为，由于其行为具有违法性，违反了我国刑法、治安管理处罚法或者其他行政法规，相关国家机关可以追究其相应的法律责任。

【实务问题及难点】

一、病历真实性、完整性审查

病历的真实性审查就是对病历记载的内容是否真实，是否是当时记载的文字符号信息进行判断的专门活动。而病历完整性的审查是对提交给法庭或者鉴定机构的病历资料是产生医疗争议事件所涉及的患者医疗病历的全部还是其中一部分进行判断的专门活动。涉及谁来审查、怎么审查的问题，长期以来争论不休。为此，《北京司法指导意见》第 13 条规定：当事人对病历资料及其他进行医疗损害鉴定所需的材料的真实性、完整性有异议的，应当由人民法院先行组织双方当事人举证、质证。人民法院应根据举证、质证的具体情况进行审查。经审查，病历资料存在瑕疵的，人民法院应通过咨询专家、委托文件检验、病历评估或由鉴定专家作初步判断来认定瑕疵病历是否对鉴定有实质性影响。如果没有实质性影响，则仍可继续进行鉴定，但瑕疵病历部分不能作为鉴定依据；如果有实质性影响，造成鉴定无法客观进行的，则应终止鉴定。这条规定，明确了病历真实性、完整性审查的主体、程序、方法等事项。

（一）对病历真实性、完整性提出异议的要求

在医疗损害赔偿案件的鉴定和诉讼过程中，病历都是非常重要的证据，因而发生当事人对对方提交的病历材料提出异议的情况也最多。虽然对病历的真实性、完整性等提出异议是当事人的权利，但是当事人在提出异议的同时也应当履行相应的义务。

一方当事人对于病历保管者提交的病历的真实性、完整性提出异议，该当事人就应当对其提出的异议说明理由或者举出证据予以证明，而不能笼统地、泛泛地质疑或者否定病历的真实性。为什么要由异议提出者进行说明或者举证呢？因为对病历的真实性提出异议，实际上应当视为当事人提出的一种新主张，按照“谁主张，谁举证”的原则，理应由异议提出者进行说明和举证证明。在最高人民法院 2008 年修改的《民事证据规定》第 70 条也有相关的规定，要求对书证提出异议的当事人用证据加以证明，法院不能采纳没有证据的异议，而应当确认书证的证明力。就是从当事人提出异议的主张方面对其作出举证义务的要求，符合“谁主张，谁举证”的基本举证责任分配原则。

为此，《北京司法指导意见》第 15 条规定：一方当事人对对方保存或控制的病历的真实性、完整性有异议的，应当明确提出异议内容，并说明理由。当事人提出合理质疑的，由保存或控制病历的另一方当事人进行解释证明。《浙江司法指导意见》第 11 条第 1 款规定：当事人对病历资料及其他鉴定所需证据材料的真实性、完整性有异议的，应当明确提出异议内容，并说明理由。这

些规定都明确了当事人对病历的真实性、完整性提出异议的要求，就是要对其提出异议进行理由说明，既包括解释其质疑的合理性，也包括提供相关的证据加以佐证。

（二）病历真实性、完整性审查的主体

由谁来审查病历的真实性和完整性呢？由于病历属于证据，一旦确认负有保管病历义务的当事人提交的病历真实、完整，那么该病历资料即可以作为定案的依据。因此，病历真实性、完整性的审查，直接关系到案件最终的裁判和处理。本书认为，病历真实性、完整性的审查，应当由享有案件或者争议事件裁判职权的主体来实施。具体来说，如果是诉讼案件，就应当由审理该案件的法官来判断；如果是仲裁案件，就应当由处理仲裁案件的仲裁员进行判断；如果是卫生行政案件，则应当由处理该卫生行政案件或者事件的医政工作人员来进行判断，而不可以越俎代庖将处理案件的主体与审查病历证据效力的主体分离。因此，在医疗损害赔偿诉讼中，当事人对病历的真实性、完整性提出质疑的，审查主体就是人民法院。对此，《北京司法指导意见》第 13 条第 1 款有明确规定，《江苏司法指导意见》第 3 条第 1 款，《浙江司法指导意见》第 15 条也有类似规定。

因为对病历的真实性、完整性的审查和判断，属于证据材料进行证据可采性的审查和确定，直接关系到对争议医疗纠纷事件中具体事实和事项的认定，因而属于案件或者事件处理的有机环节之一，不可能也不应当由他人代为行使。这里涉及案件处理权力的行使和责任承担问题。如果由其他没有案件处理权力的机关或者人员来认定病历的真实性、完整性，其认定的结果不可能对案件处理者产生约束力。试想，如果法官采信了由他人审查判断确认具有真实性、完整性的病历作为证据对案件作出错误的裁判，应当由法官还是由其他人来承担错判案件的法律责任呢？

实践中最常见的就是委托医学会进行医疗损害鉴定时，患方对提交鉴定的病历文书的真实性、完整性提出了质疑，这时应该怎么办？由于鉴定机构实施的是对争议事项进行专业技术判断，不是审判活动，最终的鉴定结果由处理案件的法官来审查、确认、采信。另外，提交给医学会进行医疗损害鉴定的病历材料，既是医疗损害鉴定的依据，也是医疗损害赔偿案件处理中的证据。另

外，实施鉴定活动的人员是具体技术领域的专家，他们懂技术而不懂法律，对病历真实性、完整性的审查实际上是法律活动而非技术活动。因此，鉴定所依据的病历材料的审查，仍然应当由处理案件的法官来进行。

实践中有当事人向卫生行政机关申请对某具体患者的病历真实性、完整性进行审查。如果是患者向卫生行政机关投诉，要求处理医疗事故争议事件，卫生行政机关有责任去审查争议事件中涉及的患者病历。患者单独提出要审查病历的真实性、完整性，显然不属于卫生行政机关的行政职能范围，这种审查也没有任何行政执法意义。实践中也有法院将某具体患者的病历交由卫生行政机关审查其真实性、完整性，但卫生行政机关不能受理，即使受理了也无法处理。

（三）病历真实性、完整性审查的程序

在医疗损害赔偿诉讼中，既然病历真实性、完整性的审查属于诉讼活动的一部分，审查的主体是法官，那么具体的审查程序也就必须要按照庭审证据审查的方式来进行。

法官在接到当事人提交的对病历真实性、完整性有异议的申请后，应当依照诉讼法对证据材料审查的方式进行质证审查。即通知双方当事人到庭，在法官的主持下由双方当事人对病历的真实性、完整性进行质证。未经质证的证据不能提交给鉴定机构进行鉴定，已经提交给医学会的未经质证的病历，如果医患双方在鉴定会上认可病历的真实性、完整性，可以据此进行鉴定，如果任何一方对提交进行鉴定的病历乃至其他证据材料有异议的，都应当由法官主持听证确认之后，鉴定机构才可以实施鉴定。即使是鉴定过程中需要补充病历资料或者其他鉴定资料的，也应当通知法院补充，待法官补充并经双方当事人质证之后，才可以提交给鉴定机构进行鉴定。鉴定过程中因鉴定需要进行调查取证的，也应当由法官进行。如果涉及医学专业性问题，法官独立进行调查有困难需要医学专家协助的，法官可以通知鉴定机构派医学专家协助调查取证，鉴定机构应当协助。对此，《北京司法指导意见》第 13 条第 1 款有明确规定，《江苏司法指导意见》第 3 条第 1 款、第 7 条，《浙江司法指导意见》第 15 条也有类似规定。

鉴定机构无权对委托人提交的用于鉴定的病历资料的真实性、完整性进行确认，也无权自行接受双方当事人提交的未经法庭质证的鉴定材料，更无权执

行调取新的鉴定材料或者其他证据材料。实践中有的法院要求双方当事人直接将鉴定所需材料交给鉴定机构的做法，也有鉴定机构自行到医疗机构调取病历、放射影像资料或者其他证据材料的做法，还出现过鉴定机构在鉴定过程中单方面接受一方当事人补充的鉴定材料的情况。这些做法都是错误的，违反了诉讼法的规定。如果存在这种情况，鉴定结论不利的一方当事人对鉴定结论提出质疑要求重新鉴定的，法院应当启动重新鉴定程序。如果是因为法官违反法律规定，则多支出的鉴定费由法院承担。如果是由于鉴定机构违法造成的，鉴定机构应当退还鉴定费并赔偿当事人相应的损失。

（四）病历真实性、完整性审查的方法

病历的真实性、完整性审查，既是一个法律问题，也是一个医学问题。单纯从法律角度或者从医学角度进行审查，都可能出现差错，从而有失公允。因此，法官对病历的真实性、完整性审查，应当采用合法的科学的方法。具体要求如下。

首先，应当要求提出质疑的当事人提出书面的质疑意见。当事人应当针对病历中具体的文件、具体的内容进行质疑，而不是笼统地、泛泛地对整个病历进行质疑。对于当事人的质疑点，当事人应当说明质疑的理由和依据，必要时还应当要求当事人举证证明。

其次，组织双方当事人对病历资料的真实性、合法性进行质证。质疑病历真实性的一方当事人的意见只是一家之言，其意见和主张是否可靠，应当听取对方当事人的意见。所以唯有主持双方当事人听证，在双方当事人的主张与反驳的辩论中，明确双方争论的焦点，查明双方论辩的依据。当然，由于是病历真实性审查听证会，在质证过程中，法官也可以邀请病历管理专家和相关临床专家出席听证会，以便法官进一步审查病历的真实性。质证应包括以下内容：（1）应当对病历的形式和格式进行质证。主要看病历的形式和格式是否符合《病历书写基本规范》的要求，病历书写的主体是否合法，病历书写的时间是否符合法定时限等。（2）应当对病历中的内容进行质证。注意病历内容是否前后一致，是否符合疾病发生、发展、演变的规律。有时，接诊病人的初期，可能症状不典型，或者有的症状、体征没有表现出来，因而难以作出正确诊断，这是正常的医学现象，也符合疾病发展规律。有时医护人员之间的记录有差

异，尤其是抢救部分，医师下口头医嘱，护士做实时记录，抢救完毕之后医师对抢救经过进行回忆性补记，在时间上可能存在一些偏差。这些都属于正常现象。(3) 将病历与其他证据资料进行印证。病历作为关键证据固然重要，但不是唯一证据，在诉讼中可能还存在其他证据。因此，在法庭质证和法官审核认定时，一定要注意与其他证据进行相互印证，排除矛盾和不一致的方面。

再次，从病历资料合法性上进行审查。在充分听取和了解双方当事人对病历真实性、完整性的辩论之后，审判人员可以结合与病历相关的法律、法规、规章对当事人提交的病历资料的合法性进行审查。包括病历制作的主体、病历制作的程序、病历制作的时间、病历制作的格式等。

最后，组织专家对病历内容进行论证。必要时，审判人员也可以邀请病历管理专家和相关临床专家对病历资料的内容进行审查、判定，或是委托专门鉴定机构对病历是否存在书写时间、伪造等方面的问题进行科学鉴定。

二、关于病史不实的修改问题

近年来，医疗机构在病历管理上面临一个新的问题，即患方要求医疗机构对病历中不实病史信息进行修改。申请修改的理由，或者主张当时陈述病史非患者本人或者知情亲属；或者记忆不准确，说错了；或者声称没有说过，医师误记等。现实中的情况常常是患者持医院的病历到有关单位去办理法律事务，办理单位以病历记载信息不支持该法律事务办理，患者才回到医院要求修改病历。常见的情况有保险理赔、残疾证办理、办理因病退休等。医院面对这样的问题，存在如下困惑：如果改了病历，将来有关部门追究医务人员伪造、篡改病历的责任怎么办？如果不修改病历，患者与医院发生纠纷，投诉。有的医院针对这样的情况甚至出台规定，要求医师在将病史书写完毕后，由患者或其近亲属签字，确认病史的真实性，承诺不再要求修改等。但患者拿着病历办理法律事务受挫时，仍然回到医院要求修改病历。

那么，患者有权要求修改病历吗？《民法典》人格权编第六章第 1037 条规定：自然人可以依法向信息处理者查阅或者复制其个人信息；发现信息有错误的，有权提出异议并请求及时采取更正等必要措施。自然人发现信息处理者违反法律、行政法规的规定或者双方的约定处理其个人信息的，有权请求信息处理者及时删除。《个人信息保护法》第46条规定：个人发现其个人信息不准确或者不完整的，有权请求个人信息处理者更正、补充。个人请求更正、补充其个人信息的，个人信息处理者应当对其个人信息予以核实，并及时更正、补充。《病历书写基本规范》有三个条文内容涉及修改。该法第7条规定：病历书写过程中出现错字时，应当用双线划在错字上，保留原记录清楚、可辨，并注明修改时间，修改人签名。不得采用刮、粘、涂等方法掩盖或去除原来的字迹。上级医务人员有审查修改下级医务人员书写的病历的责任。第8条规定：病历应当按照规定的内容书写，并由相应医务人员签名。实习医务人员、试用期医务人员书写的病历，应当经过本医疗机构注册的医务人员审阅、修改并签名。第33条规定：打印病历编辑过程中应当按照权限要求进行修改，已完成录入打印并签名的病历不得修改。《电子病历应用管理规范（试行）》第15条至第17条也对修改进行规定。这里的修改，既包括医务人员自己主动修改，上级医师发现问题要求医师修改或者上级医师自己修改，也包括患者发现问题要求医疗机构修改。

本书主张，患者病历的病史部分写错了，医疗机构应当修改，既是对患者负责，也是相关管理规范的要求，更是医务人员的法定义务。医疗机构拒绝修改，是担心患者作假，最后自己被连累。其实，这种担心是多余的。按照行政法上禁止不当联结原则，立法者在制定法律、执法者在执行法律时，只能考虑合乎事物本质的要素，而不应考虑与“权力作用目的”不相干的要素，亦即立法必须遵循“不当联结之禁止原则”。[①] 相关单位在履行职务时，也只应当在自己的职权范围内考虑问题，履行职责。医务人员在采集病史时，是根据患者或其近亲属或其他有关人员的陈述、介绍，医务人员没有去核实，甚至都不会去做基本的合理性审视。医师做病史记录要保持陈述者的原意，不得过度修饰、增减处理，仅作名词术语、书面化、精练化处理。患者就医时的陈述与后来要求修改时的陈述，哪一次是准确的，医师无法判断。拒绝修改，意味着医师认为第一次记录是准确的，患者要求修改别有用心。这显然毫无根据。

那么，修改会不会被医保管理部门、保险公司认定为欺诈骗保呢？只要医疗机构及医务人员按照规范要求进行修改，对于患者或其近亲属提出来的信息

---

① 欧爱民、谢雄军：《不当联结之禁止原则及其适用方案》，载《湖南师范大学社会科学学报》2008年第5期，第56-58页。

错误要求修改，需要申请者提出书面说明，医疗机构内部走相应的审批程序、存档备案，按照《病历书写基本规范》的要求规范修改，就不会有这样的风险。对于确实拿不准的患者修改要求，也可以走诉讼程序，让患者或其近亲属向人民法院起诉，由法官来作修改决定。

【案例 6-08】医院配合患者修改病史，反被患者以“篡改病历”起诉[①]

患者章先生（51 岁）因双侧肺大泡到某省医院住院治疗 6 天，入院记录主诉记载：“发现双侧肺大泡 9 年”，出院记录中入院时情况记载：“发现双侧肺大泡 9 年。”患者出院 1 个月后第一次申请复印出院记录、病理报告等内容 19 张；1 年后第二次复印出院记录 1 张；2 年后第三次复印出院记录等内容 44 张。

某省医院病历复印申请表及电子病历召回申请表显示，患者在第二次复印病历材料之后，其因法律纠纷要求将病史 5 年修改为 10 年，并出具外院胸部 CT 报告加以证明。之后某省医院申请修改电子病历，修改项目为：“将原有病历病史书写的 5 年部分，根据患者提供的既往外院胸部 CT 报告，予以修改为 9 年。”该电子病历召回申请表有医生的申请及科主任同意意见，并经过医务部审批及病案室相应人员签字确认。

患者起诉认为，因某省医院 2 年前的诊疗过错，导致其遭受损害，在某省医院档案室复印的两份出院记录记载的入院时的情况却不相同，且某省医院提供的病案资料中缺少其中一份出院记录，其存在前后病历部分内容不一致的事实，应认定某省医院存在篡改病历资料的行为，推定某省医院对其的损害存在过错，要求被告赔偿其各项经济损失共计 6 万余元。

诉讼期间，某省医院向法院申请由医学会进行医疗事故技术鉴定。医学会回复，《医疗事故技术鉴定书》已不适合作为民事纠纷赔偿依据，未予受理。之后，一审法院先后六次委托鉴定，鉴定机构均以超出本机构技术条件为由不予受理。

一审法院认为，由于本案未能进行司法鉴定，不能确认某省医院的治疗行为有无过错。虽然患者主张某省医院将主诉内容“发现双侧肺大泡 5 年”修改为“发现双侧肺大泡 9 年”，属于篡改病历资料，应当推定医疗机构有过错。

① 福建省福州市鼓楼区人民法院（2020）闽 0102 民初 5057 号民事判决书；福建省福州市中级人民法院（2021）闽 01 民终 6234 号民事判决书。

但某省医院针对主诉的修改是应患者的要求而为，并提供电子病历召回申请表、患者三次申请复印出院记录的申请表以及医生修改病历记录的病程记录为证。某省医院对主诉的修改，并非涂改、篡改病历，故对患者的主张不予支持，判决驳回患者的诉讼请求。

患者不服提起上诉，二审法院判决驳回上诉，维持原判。

评析

本案的意义在于，一是医疗机构对患者要求修改病历的请求应当如何处理；二是病历的修改和篡改如何区分。

无论是《民法典》还是《个人信息保护法》都规定个人发现相关单位处理自己的个人信息有误时，有权提出修改，有关单位应当执行。因此，患者认为医师撰写病历内容有误时，有权要求修改。但是这种请求应当如何操作则没有规定。本书认为，患者如果认为医疗机构在诊疗活动中发现病历信息有误，要求医务人员修改，应当提供证据进行证明，并对情况加以说明。医疗机构管理者认为患者所述属实，修改病历系患者真实意愿，应当作出修改病历的决定，并要求医务人员在规定的时间和地点进行修改，对患者提交的相关文件应当做好登记并存档。

关于病历伪造、篡改与正常修改的区别，主要从改变病历内容的医务人员的主观心态加以判断。医务人员是否具有伪造、篡改病历的意图，应当以客观事实加以证明，其中，患者要求修改病历的说明、提供的证据以及医疗机构审批文件等，都具有一定的证明作用。当然，在具体案件中，还需要根据案件的具体情况加以处理。

【案例 6-09】患方要求修改病历中患者姓名，法院查证属实后准许①

2015 年 9 月 20 日，周某在某县人民医院住院，2015 年 9 月 21 日，经剖宫产手术生育一女，因不符合生育政策，住院时周某冒用其亲戚徐某的身份信息。病历中所有签字均由周某签署为“徐某”。周某所生之女取名徐曼某并于 2015 年 9 月 25 日由某县妇幼保健院出具《出生医学证明》，载明徐曼某母亲为

① 山东省齐河县人民法院（2021）鲁 1425 民初 3912 号民事判决书。

徐某，父亲为周某1。2021年6月15日，周某与其丈夫徐某涛委托山东政法学院司法鉴定中心对徐某涛、周某是否为徐曼某的生物学父母亲进行鉴定，该鉴定机构确认徐某涛、周某为徐曼某的生物学父母。2021年7月14日，某县妇幼保健院出具《出生医学证明》，将徐曼某父母信息更正为周某与徐某涛。

法院认为，周某通过冒用徐某姓名的方式在某县人民医院住院，该医院为其提供了医疗服务，双方形成医疗服务合同关系，合同的双方应该为周某和某县人民医院，虽然某县人民医院病历中记载检查及手术的服务对象为徐某，但通过查明情况实际为周某，现周某要求予以更正，应予以准许。遂判决某县人民医院于本判决生效后七日内将病案号为0405866号的住院病历中的住院人由“徐某”更正为“周某”。

评析

本案医患双方的诉讼及法院裁判，为医患双方因病历内容真实性发生的争议给出了另一个解决途径。尤其在有的患者要求修改病历内容的争议案件中，医务人员担心患者要求修改病历的目的不单纯，可能涉及医保支付、工伤认定、保险理赔等，万一将来患者的行为被认定为“欺诈”“骗保”，应患者要求修改病历的医疗机构及医务人员是不是有法律风险呢？所以，有的医疗机构采取“一刀切”的做法，无论患者要求修改病历是出于什么动机，一律不予同意，由此引发纠纷。

本书认为，对于患者认为病历内容不实，要求医疗机构予以修改，如果难以判断患者的目的，或者如果认为应患者要求对病历进行修改存在法律风险，可以建议患者向医疗机构所在地的人民法院起诉，医疗机构配合诉讼的进行，向法院阐述相关情况，最后是否修改病历，由法院作出裁决，医疗机构只需要执行法院的裁决即可。

三、电子病历的证据效力

（一）电子病历及其特点

电子病历（electronic medical record，EMR），最初被称为计算机化病历（computerized medical record），后考虑到所用媒质均为电子材料、设备而被改称为电子病历，可与纸质病历相区别。①关于电子病历的概念，专家学者的定义比较多。按照美国病案研究所（Patient Record Institute）下的定义："一个医疗企业储存病人信息的场所，得到数字化电脑输入的支持，并与其他信息源合为一体。"《电子病历基本规范（试行）》（已失效）第3条规定：电子病历是指医务人员在医疗活动过程中，使用医疗机构信息系统生成的文字、符号、图表、图形、数据、影像等数字化信息，并能实现存储、管理、传输和重现的医疗记录，是病历的一种记录形式。并且在该条第2款指出：使用文字处理软件编辑、打印的病历文档，不属于本规范所称的电子病历。这样，电子病历就有了正式的身份。

根据电子病历的表现形式的不同，电子病历分为两类，即计算机打印病历（仍为纸质病历，有人称之为计算机管理化病历）和无纸化的电脑终端显示病历。总的来看，电子病历具有以下特点。

1. 信息数字化

现代计算机技术的发展，导致存储媒介、存储方式都发生了极大的变化，电子病历是在这种科技条件下产生的病历模式，因此电子病历的特点，首先体现在病历信息内容的数字化上。电子病历的相关信息内容，无论是文字、照片，还是检验数据和图谱，都是以数字符号的形式来存储的。

2. 内容多样化

纸质病历过去因其制作方式、方法和材料的局限性，病历的信息内容是极其有限的。随着现代电子技术的发展，多媒体制作、存储、展示的成本越来越低，能够反映患者疾病的多方面信息，都可以集成到病历中来。因此，电子病历中除了传统的病历首页、病史、诊断、医嘱、各种检查结果、护理记录及其他各种记录和治疗的结局，还包括各种检查、检验的图像资料，医师查房、会诊的音频、视频信息，而且历次记录可以进行累积和叠加。电子病历也不仅是个别人的病历，而是众多病人的病历聚合起来形成的数据库。目前它已成为自动化的病案，内容极其丰富，而且信息最新，还能提供可分析的数据。

3. 管理科技化

病历的制作和管理涉及制作主体和管理人员两个层面。电子病历的制作层

① 刘鑫：《医疗侵权纠纷处理机制重建——现行〈医疗事故处理条例〉评述》，中国人民公安大学出版社2010年版，第334页。

面包括病历文字部分的书写，文字与图像的组合，视频、音频的采集，都是以一定的硬件和软件为基础的，也都是在计算机信息平台上实现的。在制作过程上更加表现出科技特点。而电子病历的管理，包括入库、拷贝、建立索引、质量检查、统计分析等，都会借助当前的计算机技术来实现，因而变得更为方便而快捷，其工作效率得到了极大的提高。同时电子病历的网络化管理，能够充分实现患者诊疗的便捷，在远程会诊、信息共享上，更是具有独到的好处。

4. 修订即时化

由于电子病历的信息内容实质上是一些数字符号的组合反映，只要获得相应的权限，电子病历的相关内容在修改上就变得非常容易而简单，并且可以做到在终端显示上不留痕迹。这一特点可以使我们更容易获得一份比较规范、美观的病历，然而缺点却是病历的原始性、真实性容易遭受质疑。

（二）电子病历存在的法律问题

病历作为医疗损害赔偿案件处理的重要证据，电子病历是否具有证据效力，是长期以来存在争议的问题。2017 年 2 月 15 日原国家卫计委、国家中医局联合公布《电子病历应用管理规范（试行）》。

1. 电子病历制作和管理规范制定不到位

并不是有了原卫生部的《电子病历应用管理规范（试行）》，电子病历就有了法律上的证据地位，因为《电子病历应用管理规范（试行）》并没有明确规定电子病历制作、管理和保存的核心问题——电子签名、防篡改数据备份、服务器托管。这些问题不解决，电子病历的证据问题仍然悬而未决。因此，我们也可以说，这些问题在《电子病历应用管理规范（试行）》中没有规定，这是该规范制定的一大遗憾。由于没有这些规定，甚至可能会误导一些匆忙上马电子病历项目的医疗机构。

2. 电子病历证据资格遭受质疑

虽然国家卫生行政部门公布了《电子病历应用管理规范（试行）》，但电子病历并没有因此而成为诉讼中的定案证据。尤其是本书前面提到的，电子病历要成为证据必须要解决的三大问题，至今没有引起卫生行政机关和医疗机构足够的重视。因此，一旦使用电子病历的医疗机构涉及医疗纠纷，患方在对医疗机构的病历真实性、合法性提出质疑时，医疗机构往往无所适从，无法在法庭上行使抗辩权，而法官也很难采信这种存在致命缺陷的电子病历。

3. 电子病历的真实性难以充分保证

事实上，电子病历从其诞生的那一天开始就一直饱受争议。关于电子证据，我国目前有的法律明确规定了其证据能力。比如，《道路交通安全法》第114条规定：公安机关交通管理部门根据交通技术监控记录资料，可以对违法的机动车所有人或者管理人依法予以处罚；《民法典》第469条第2款、第3款规定：书面形式是合同书、信件、电报、电传、传真等可以有形地表现所载内容的形式。以电子数据交换、电子邮件等方式能够有形地表现所载内容，并可以随时调取查用的数据电文，视为书面形式。在国务院一些部门的规范性文件和地方性法规中，也有涉及电子证据资格的规定。

对电子证据资格认可的规定，主要集中在《电子签名法》之中，《电子签名法》第4条规定：能够有形地表现所载内容，并可以随时调取查用的数据电文，视为符合法律、法规要求的书面形式。第7条规定：数据电文不得仅因为其是以电子、光学、磁或者类似手段生成、发送、接收或者储存的而被拒绝作为证据使用。因此，电子证据不得因为其存储的形式不是纸质的，或者因为其是计算机打印件就简单认定为无效。

对于电子证据的证据资格的认定，在《电子签名法》中作出了明确规定。《电子签名法》第5条规定：符合下列条件的数据电文，视为满足法律、法规规定的原件形式要求：（1）能够有效地表现所载内容并可供随时调取查用；（2）能够可靠地保证自最终形成时起，内容保持完整、未被更改。但是，在数据电文上增加背书以及数据交换、储存和显示过程中发生的形式变化不影响数据电文的完整性。第6条规定：符合下列条件的数据电文，视为满足法律、法规规定的文件保存要求：（1）能够有效地表现所载内容并可供随时调取查用；（2）数据电文的格式与其生成、发送或者接收时的格式相同，或者格式不相同但是能够准确表现原来生成、发送或者接收的内容；（3）能够识别数据电文的发件人、收件人以及发送、接收的时间。

关于电子证据的真实性认定，在《电子签名法》第8条中也作了明确规定：审查数据电文作为证据的真实性，应当考虑以下因素：（1）生成、储存或者传递数据电文方法的可靠性；（2）保持内容完整性方法的可靠性；（3）用以鉴别发件人方法的可靠性；（4）其他相关因素。

目前我国已经建立的电子病历计算机管理系统，在生成、储存或者传递数据电文方法的可靠性和保持内容完整性方法的可靠性方面，都是有所欠缺的。其主要问题是，这些电子病历系统的服务器由医疗机构自行保管，计算机系统管理员也是医疗机构工作人员，虽然有计算机访问权限的设定，但是这种设定完全由医疗机构自行控制。

另外，在计算机的硬件设备上，对于用户多次访问和修改的历史记录和可修改性，也缺乏权威的认证保证。因此，目前我国医疗机构的电子病历的真实性在司法实践中往往遭受患方的质疑。

（三）电子病历因应法律的需要而采取的对策

1. 计算机打印病历

计算机打印病历在病历制作的前期属于电子病历，但不是《电子病历基本规范（试行）》所规定的严格意义上的电子病历，而且打印出来之后，就不属于电子病历了，而应当属于采用电脑制作的传统化的纸质病历。这种病历既然属于传统的纸质病历，因此只要它在形式上基本符合《病历书写基本规范》的要求，就应当认可其法律效力。

目前计算机打印病历存在的主要问题，是打印是否及时和是否有病历制作者、医务工作执行者的签名。因此，对于这样的病历，本书建议医疗机构采取以下措施来增强计算机打印病历的法律效力。

（1）及时打印。一般情况下，本书希望医疗机构在制作病历的过程中，写满一页及时打印一页，如病程记录、护理记录等，或者完成一份独立文件及时打印一份文件，如住院志、手术记录等。医疗机构不方便及时打印的，应当在患者出院，患者或其家属办理出院手续时，由医患双方共同打印病历，并由医患双方代表签名。

（2）及时签名。医疗机构及时打印出来的每一页病历，都应当由病历制作者、医务工作执行者逐项签名，并遵循《病历书写基本规范》第4条规定，采用蓝黑墨水、碳素墨水笔来签字。

2. 无纸化的电脑终端显示病历

对于无纸化的电脑终端显示病历，由于其病历内容显示方式与传统的病历内容显示明显不同，医疗机构具有保障电子病历真实性、完整性的义务。因此，在发生医疗纠纷时，医疗机构向法庭或者鉴定机构提交病历的同时，还需要对电子病历的真实性、完整性加以说明，并提出相关证据补强。医疗机构可以采取以下措施。

（1）计算机主机托管。由其他专业的、经过电子签名认证的机构对医疗机构的电子病历系统的主机进行管理，医疗机构与主机管理机构在病历制作和管理的访问方式和权限上相互独立，严格限制医疗机构对主机的访问权限，杜绝医疗机构对服务器的直接干预和后台接触。

（2）电子病历系统的计算机通过互联网由其他经过电子签名认证的机构管理。这种管理方式与第一种方式相似，不同之处在于它充分利用了互联网的功能，服务器由第三方保管，严格限制医疗机构对主机的访问权限，在杜绝医疗机构对服务器的直接干预和后台接触方面更具有可操作性，更具有说服力。

（3）用于电子病历制作和管理的计算机设备及技术，具有每次访问和修改的痕迹均完整记录的功能，并且不能被修改、删除。这主要是要求医疗机构用于电子病历的硬件设备要具有这些功能，比如索尼公司生产的具有 worm① 功能的磁带，就是专门为税务、海关、医院等数据存储具有法律意义的机构提供的专用存储设备。

四、瑕疵病历的审判对策

（一）瑕疵病历的效力判断

病历是由医务人员在工作过程中制作的，且制作的目的并不是诉讼，而是诊疗需要，因此不同的医务人员由于个人习惯、工作方式的不同，在制作病历时难免会存在这样或者那样的瑕疵。一份病历存在瑕疵是正常的，没有完美无缺的病历。存在瑕疵的病历才说明其是在医疗过程中由医务人员随手记录的，不存在瑕疵的病历则很可能是医疗机构在发生医疗纠纷后人为完善、加工甚至重新书写的。不过，由于病历既是一种技术档案资料，在涉及法律纠纷时又是极其重要的证据资料，尤其是医疗机构及其医务人员自己涉及法律纠纷时，病

① 一种存储形式。

历资料还是医疗机构及其医务人员的维权证据。因此，医务人员在制作病历的过程中，应当力克自己的不良习惯，尽力按照病历书写规范的要求来书写病历，从而减少病历的瑕疵，即使存在瑕疵，也不至于影响病历的内容和证据效力的认定。因而对于病历存在的瑕疵，医患双方、法律界人士都应当有正确的认识。

作为医疗机构，应当正确认识病历存在的瑕疵，不要过分强调病历的形式要件而对病历质量进行评估，对病历质量评估的结果采用行政、经济的手段来褒奖，这是当前我国病历质量控制和管理中存在的误区。正是病历质控方面的这个要求，才刺激和促使医疗机构事后修改、完善病历。其结果往往造成病历失真，丧失病历内容的客观性和真实性，失去病历应有的医学价值和法律价值。而作为法律界人士尤其是具体医疗损害赔偿案件的主审法官，对待病历质量应当持科学、公正、谨慎和实事求是的态度，对待病历中存在的瑕疵应当具体问题具体分析，不可盲目地将存在瑕疵的病历全盘否定，也不可将存在瑕疵的病历不加分析地取舍而全盘接纳。为此，《第八次全国法院民事商事审判工作会议（民事部分）纪要》第 12 条规定：对当事人所举证据材料，应根据法律、法规及司法解释的相关规定进行综合审查。因当事人采取伪造、篡改、涂改等方式改变病历资料内容，或者遗失、销毁、抢夺病历，致使医疗行为与损害后果之间的因果关系或医疗机构及其医务人员的过错无法认定的，改变或者遗失、销毁、抢夺病历资料一方当事人应承担相应的不利后果；制作方对病历资料内容存在的明显矛盾或错误不能作出合理解释的，应承担相应的不利后果；病历仅存在错别字、未按病历规范格式书写等形式瑕疵的，不影响对病历资料真实性的认定。

《浙江司法指导意见》第 12 条规定：涉案病历资料存在下列瑕疵的，人民法院应当区分情况做出处理：（1）当事人以伪造、篡改、销毁或其他不当方式改变病历资料的内容，致使无法认定医疗行为与损害后果之间是否存在因果关系及有无过错的，应承担相应不利的诉讼后果；（2）病历资料内容存在明显矛盾或错误，制作方不能做出合理解释的，应承担相应不利的诉讼后果；（3）病历书写仅存在错别字、未按病历规范格式书写等形式瑕疵的，不影响对病历资料真实性的认定。《北京司法指导意见》第 13 条第 2 款规定：经审查，病历资料存在瑕疵的，人民法院应通过咨询专家、委托文件检验、病历评估或由鉴定专家作初步判断来认定瑕疵病历是否对鉴定有实质性影响。如果没有实质性影响，则仍可继续进行鉴定，但瑕疵病历部分不能作为鉴定依据；如果有实质性影响，造成鉴定无法客观进行的，则应终止鉴定。第 14 条规定：当事人遗失、涂改、抢夺病历，或以其他不正当手段改变病历资料的内容，导致医疗行为与损害结果之间的因果关系不明或有无过错无法认定的，应承担不利的法律后果。

1. 正确对待正常修改与篡改、涂改

根据《病历书写基本规范》的要求，医务人员对自己书写的病历内容如果认为有误，可以进行修改；上级医务人员认为下级医务人员书写的病历内容有问题，也可以直接修改。因此，医务人员有对病历修改的权利，不可将病历的正常修改与涂改、篡改、伪造混为一谈。对于二者的区别，主要注意从修改的时机、修改的方式和修改的内容上予以把握。

（1）修改的时机。如果修改是在医疗过程中进行的，或者是在医疗争议事件发生之前进行的，就应当视为正常修改。如果发生在医疗争议事件发生之后，往往可以认定为篡改、伪造。由于《病历书写基本规范》第 7 条要求书写病历修改时间，因此确定病历修改时间并不困难。不过，如果患者认为记录的修改时间与病历内容变更的实际时间不符，患者应当举证证明。在没有证据证明的情况下，一般只能认定是正常修改。

（2）修改的方式。关于病历修改的方法在《病历书写基本规范》中有原则性要求，即病历修改应用双线划在错字上，保留原记录清楚、可辨，并注明修改时间，修改人签名。不得采用刮、粘、涂、贴、描等方法掩盖或去除原来的字迹。病历修改的核心要求就是要保持原记录清楚可辨，无论采用什么方法进行修改，如果令原来写错的内容无法辨认的，都应当视为涂改、篡改。

（3）修改的内容。主要看病历内容是否有“实质性”修改。对病历的关键性内容进行修改，往往可以认定为实质性修改，因而属于伪造、篡改。比如，将“患者术后出血 200ml”中的出血量修改为“100ml”，除非是经治医师在医疗行为发生后短时间内的修改可以认定为正常修改，否则应当认定为篡改。

2. 未封存病历真实性的认定

实践中，常常会有诉讼当事人以病历没有封存而对病历的真实性提出质疑，应如何对待？本书认为，病历的封存在医疗机构病历管理中不是必需的，医疗机构也没有病历封存的法定义务。根据《条例》第 10 条的规定，患者可以对客观病历要求复印，如果患者没有提出病历复印的要求，患方对此承担责任；如果患者提出复印病历的要求，而医疗机构不予配合或者拒绝复印的，医疗机构应当承担责任。对于法定不予复印的主观病历，《条例》第 16 条规定可以封存：发生医疗事故争议时，死亡病例讨论记录、疑难病例讨论记录、上级医师查房记录、会诊意见、病程记录应当在医患双方在场的情况下封存和启封。封存的病历资料可以是复印件，由医疗机构保管。显然病历封存要具备两个条件：第一，必须是患方与医疗机构发生了医疗纠纷，患方与其他医疗机构发生纠纷的不在此列；第二，必须是医患双方在场，共同进行封存。医疗机构单方面没有封存病历的义务，即使封存也没有效力。客观上，医疗机构有病历保管的义务，是否封存病历，应当由患方提出，但医疗机构应当向患方告知该项规定，或者在医疗场所明示该项规定。因此，没有封存的病历不影响病历的真实性，不能以病历没有封存而要求医疗机构承担证明病历真实性的举证责任。

3. 医方提交在封存病历之外的病历文件

在医疗损害赔偿案件中，常常会发生医方提交医患双方发生纠纷之初双方共同封存的病历之外的病历文件，患者对这部分文件的真实性、有效性不予认可，法官如何认定这部分病历的效力呢？这确实是非常难办的事情。不过，本着合法与实事求是的原则，如果医方能够解释清楚病历的来源，并能够提供证据予以证明，仍然应当认可病历的真实性和有效性。这样的情况常常发生在患者住院期间突然死亡，家属要求立即封存病历，结果医务人员还来不及补记抢救记录、病程记录，有的辅助检查报告单没有送达科室，因此在病历封存件中就没有这些资料。如果医患双方在封存病历的时候制作了“病历封存笔录”，记录了医务人员还来不及补记抢救记录、病程记录的情况，事后从补记病历的时间、辅助检查报告的时间等方面，可以判断这部分病历资料的真实性。

4. 电子病历及计算机打印病历的证据效力认定

电子病历及计算机打印病历是随着计算机技术发展和普及而出现的新生事物，给传统病历书写和管理带来很大挑战。《病历书写基本规范》第 4 条规定，住院病历书写应当使用蓝黑墨水、碳素墨水，门（急）诊病历和需复写的资料可以使用蓝或黑色油水的圆珠笔。显然电子病历及计算机打印病历是不符合要求的。然而，随着计算机技术的发展和普及，计算机使得医疗活动成本下降，计算机必然运用于医疗服务活动，不能因法规规定的滞后而阻碍先进办公设备的使用。其实除了病历可以打印之外，医疗辅助检查报告单、现代实验室成套化验、检测仪器出具的检验结果等，也多采用打印方式出具报告。本书认为，电子病历及计算机打印病历仅仅是病历制作的形式，如果最后提交的病历的真实性有保障，仍然可以认定其证明力。

（1）对于电子病历而言，如果医疗机构采用完全电脑化管理，实现医疗办公的无纸化，这样的病历书写系统必须有相应的防篡改功能，或者在发生诉讼时及时打印、封存相关资料，这样的电子病历仍然有效。否则在诉讼进行之后，医疗机构再提交电子病历，无论是硬盘、软盘、光盘还是磁带，由于医疗机构可以单方面任意修改，其真实性难以认定。

（2）计算机打印病历是目前很多医院经常采用的计算机管理病历的手段，只要医疗机构是实时打印，或者是在发生医疗纠纷时立即打印并封存的，都应当确认病历的真实性。不过，本书建议医疗机构对于病历中医护人员署名的地方应当有亲笔签字，而且应当用“蓝黑墨水、碳素墨水”签名，这样才能符合《病历书写基本规范》第 4 条的要求。

（二）瑕疵病历的司法救济

1. 文件检验

病历真实性的争议往往集中在是否由同一人书写、书写人与签名人是否为同一人、签名是否为本人所签、病历书写的时间是否相距很长等，这些争议可以通过文件检验的方法来明辨是非。至于病历书写是否为同一支笔所写，虽然在文件检验中很容易区别，但是由于没有任何的现实意义，因而不宜启动这样的鉴定。

病历文件鉴定中，最常见的是书写时间的鉴定，不过目前在司法鉴定领域对这一项目的鉴定还很困难，并不是所有的书写材料都能鉴定，即使能作出书写时间鉴定，也往往有严格的条件限制，且鉴定的结果多半属于相对时间。因此，对书写时间的鉴定应当理性分析，科学对待。

2. 病历评估

所谓的病历评估，是指病历管理专家与临床医学专家，结合病历相关法律、法规的规定，根据医学科学知识和临床经验，对病历的内容是否符合规范要求、是否真实可信、是否影响医疗行为重建等进行专业分析和技术判断的专门活动。目前尚没有任何机构开展这样的鉴定。但是随着《民法典》的实施，随着病历在医疗损害赔偿案件中意义和作用的增加，随着医患双方在病历上角力的突出，病历评估必将被纳入专门的医学鉴定机构的业务范围。对此，《北京司法指导意见》第 13 条第 2 款作了相应规定，并首次在司法文件上提出了病历评估的概念。

3. 法院慎重对待病历伪造篡改主张

从近年来各级人民法院审结的医疗损害赔偿案件来看，患者在诉讼中主张医疗机构伪造、篡改病历的不在少数。患者的诉讼策略是如果其主张得到法院认可，便可以启动《民法典》第 1222 条有关过错推定，从而增加胜诉的概率。但法院在认定病历的伪造、篡改上非常谨慎，即便有的案件认定了病历伪造、篡改，但对是否与患者的损害后果有关联也需要考虑，所以最终没有启动《民法典》第 1222 条的过错推定。

【法条链接】

《民法典》

第一千二百二十五条 医疗机构及其医务人员应当按照规定填写并妥善保管住院志、医嘱单、检验报告、手术及麻醉记录、病理资料、护理记录等病历资料。

患者要求查阅、复制前款规定的病历资料的，医疗机构应当及时提供。

《医师法》

第二十四条 医师实施医疗、预防、保健措施，签署有关医学证明文件，必须亲自诊查、调查，并按照规定及时填写病历等医学文书，不得隐匿、伪造、篡改或者擅自销毁病历等医学文书及有关资料。

医师不得出具虚假医学证明文件以及与自己执业范围无关或者与执业类别不相符的医学证明文件。

《电子签名法》

第四条　能够有形地表现所载内容，并可以随时调取查用的数据电文，视为符合法律、法规要求的书面形式。

第五条　符合下列条件的数据电文，视为满足法律、法规规定的原件形式要求：

（一）能够有效地表现所载内容并可供随时调取查用；

（二）能够可靠地保证自最终形成时起，内容保持完整、未被更改。但是，在数据电文上增加背书以及数据交换、储存和显示过程中发生的形式变化不影响数据电文的完整性。

第六条　符合下列条件的数据电文，视为满足法律、法规规定的文件保存要求：

（一）能够有效地表现所载内容并可供随时调取查用；

（二）数据电文的格式与其生成、发送或者接收时的格式相同，或者格式不相同但是能够准确表现原来生成、发送或者接收的内容；

（三）能够识别数据电文的发件人、收件人以及发送、接收的时间。

第七条　数据电文不得仅因为其是以电子、光学、磁或者类似手段生成、发送、接收或者储存的而被拒绝作为证据使用。

第八条　审查数据电文作为证据的真实性，应当考虑以下因素：

（一）生成、储存或者传递数据电文方法的可靠性；

（二）保持内容完整性方法的可靠性；

（三）用以鉴别发件人方法的可靠性；

（四）其他相关因素。

《医疗机构管理条例》

第三十一条　未经医师（士）亲自诊查病人，医疗机构不得出具疾病诊断书、健康证明书或者死亡证明书等证明文件；未经医师（士）、助产人员亲自接产，医疗机构不得出具出生证明书或者死产报告书。

《病历书写基本规范》

第三条　病历书写应当客观、真实、准确、及时、完整、规范。

第七条　病历书写过程中出现错字时，应当用双线划在错字上，保留原记录清楚、可辨，并注明修改时间，修改人签名。不得采用刮、粘、涂等方法掩盖或去除原来的字迹。

上级医务人员有审查修改下级医务人员书写的病历的责任。

《民事证据规定》

第八十五条 人民法院应当以证据能够证明的案件事实为根据依法作出裁判。

审判人员应当依照法定程序，全面、客观地审核证据，依据法律的规定，遵循法官职业道德，运用逻辑推理和日常生活经验，对证据有无证明力和证明力大小独立进行判断，并公开判断的理由和结果。

第九十一条 公文书证的制作者根据文书原件制作的载有部分或者全部内容的副本，与正本具有相同的证明力。

在国家机关存档的文件，其复制件、副本、节录本经档案部门或者制作原本的机关证明其内容与原本一致的，该复制件、副本、节录本具有与原本相同的证明力。

《第八次全国法院民事商事审判工作会议（民事部分）纪要》

11. 患者一方请求医疗机构承担侵权责任，应证明与医疗机构之间存在医疗关系及受损害的事实。对于是否存在医疗关系，应综合挂号单、交费单、病历、出院证明以及其他能够证明存在医疗行为的证据加以认定。

12. 对当事人所举证据材料，应根据法律、法规及司法解释的相关规定进行综合审查。因当事人采取伪造、篡改、涂改等方式改变病历资料内容，或者遗失、销毁、抢夺病历，致使医疗行为与损害后果之间的因果关系或医疗机构及其医务人员的过错无法认定的，改变或者遗失、销毁、抢夺病历资料一方当事人应承担相应的不利后果；制作方对病历资料内容存在的明显矛盾或错误不能作出合理解释的，应承担相应的不利后果；病历仅存在错别字、未按病历规范格式书写等形式瑕疵的，不影响对病历资料真实性的认定。

《浙江司法指导意见》

第十一条 当事人对病历资料及其他鉴定所需证据材料的真实性、完整性有异议的，应当明确提出异议内容，并说明理由。

一方当事人无正当理由拒不同意、不配合共同封存或启封病历资料、现场实物等证据材料的，应承担相应不利的诉讼后果。

第十二条 涉案病历资料存在下列瑕疵的，人民法院应当区分情况做出处理：

（一）当事人以伪造、篡改、销毁或其他不当方式改变病历资料的内容，致使无法认定医疗行为与损害后果之间是否存在因果关系及有无过错的，应承担相应不利的诉讼后果；

（二）病历资料内容存在明显矛盾或错误，制作方不能做出合理解释的，应承担相应不利的诉讼后果；

（三）病历书写仅存在错别字、未按病历规范格式书写等形式瑕疵的，不影响对病历资料真实性的认定。

第十五条　当事人对医疗损害鉴定所涉证据材料有异议的，人民法院应当先行组织举证、质证，并进行审查确认。

《江苏司法指导意见》

3. 人民法院在委托鉴定前，须对与提交鉴定有关的证据材料组织质证。当事人对人民法院移送的证据材料有异议，医学会认为确有必要的，可要求人民法院再次确认。

……

7. 鉴定过程中，医学会认为需要向双方当事人和其他相关单位、个人进行调查取证的，应当告知人民法院，由人民法院组织进行。人民法院需要医学会派员协助调查取证时，医学会应当指派专家协助。

《北京司法指导意见》

13. 当事人对病历资料及其他进行医疗损害鉴定所需的材料的真实性、完整性有异议的，应当由人民法院先行组织双方当事人举证、质证。人民法院应根据举证、质证的具体情况进行审查。

经审查，病历资料存在瑕疵的，人民法院应通过咨询专家、委托文件检验、病历评估或由鉴定专家作初步判断来认定瑕疵病历是否对鉴定有实质性影响。如果没有实质性影响，则仍可继续进行鉴定，但瑕疵病历部分不能作为鉴定依据；如果有实质性影响，造成鉴定无法客观进行的，则应终止鉴定。

14. 当事人遗失、涂改、抢夺病历，或以其他不正当手段改变病历资料的内容，导致医疗行为与损害结果之间的因果关系不明或有无过错无法认定的，应承担不利的法律后果。

15. 一方当事人对对方保存或控制的病历的真实性、完整性有异议的，应当明确提出异议内容，并说明理由。

当事人提出合理质疑的，由保存或控制病历的另一方当事人进行解释证明。

【案例 6-10】病历被篡改 68 处致使鉴定无法进行的案例①

1997 年 10 月 5 日，余某某把怀有双胞胎的妻子李某某送进某医院待产。第一胎顺利出生，可第二胎却没有了动静。据李某某回忆：医生将手伸入其产道对胎儿进行翻转，1 个小时后，第二名男婴娩出，比正常娩出时间迟了近半个小时。第二名男婴一出生便有窒息、抽搐现象，医院诊断其蛛网膜下腔出血，缺血缺氧，并伴有阴囊水肿、脑水肿。这些症状导致孩子落下脑瘫。

2001 年 6 月，余某某将该医院起诉至法院。司法部技术鉴定中心认定余某某的妻子及儿子 2 份仅 70 页的病历竟有 68 处被涂改。

随后，法院又先后委托司法部技术鉴定中心、北京市法庭科学技术鉴定研究所鉴定“医院在诊疗护理过程中有无过错”，但两部门都认为原始病历有 68 处涂改，真实性已受到质疑，继续鉴定无实际意义，因此均不予受理。法院又委托中华医学会对该案进行医疗事故鉴定，同样被退回。由于鉴定无法作出，致使该案的审理长期难以进行下去。

评析

医疗机构是病历的制作主体和保管主体，病历的封存一般发生在医患双方发生医疗纠纷或者患者提请医疗事故鉴定之后。病历封存后，其真实性当然有保障，但是封存前病历的真实性、完整性如何来保证？病历被涂改、真实性遭受质疑，无法继续鉴定时，法院应如何处理？这是本案引发的问题。

患者对病情有知情权，具体表现为可以对病历进行查阅和复印。但是过去法律并没有这些规定，因而常常有医院在发生医疗事故后以各种理由不将病历提供给患者及其家属的情况，患者提请医疗事故鉴定后病历才被封存。而病历在封存前，病历中不利于医院、医生的内容就有可能被涂改。本案中，70 页病历被涂改 68 处，正是该问题的凸显。医院涂改病历，致使医疗事故鉴定无法进行，并进一步导致法院无法认定责任，这对患者权利的保护

① 刘鑫、孙东东、陈特：《医疗损害赔偿诉讼实务》，中国法制出版社 2012 年版，第 188-189 页。

极为不利。

不过关于病历的涂改、篡改，需要与正常的修改相区别。毕竟病历是医务人员手工书写的，其在书写的过程中难免会出现一些错误或者不准确的内容，医师进行修改应当允许，在《病历书写基本规范》中也有规定。但是如果医师在修改病历时方法不规范，恐怕就难以认定是正常修改。

原卫生部《病历书写基本规范》第6条规定：病历书写应规范使用医学术语，文字工整，字迹清晰，表述准确，语句通顺，标点正确。第7条规定：病历书写过程中出现错字时，应当用双线划在错字上，保留原记录清楚、可辨，并注明修改时间，修改人签名。不得采用刮、粘、涂等方法掩盖或去除原来的字迹。上级医务人员有审查修改下级医务人员书写的病历的责任。《北京市高级人民法院关于审理医疗损害赔偿纠纷案件若干问题的意见（试行）》第9条第1款规定：当事人遗失、涂改、伪造、隐匿、销毁、抢夺病历，或以其他不正当手段改变病历资料的内容，导致医疗行为与损害后果之间的因果关系不明或有无过错无法认定的，应承担不利的诉讼后果。第3款规定：一方当事人对对方保存或控制的病历的真实性、完整性提出合理质疑的，由保存或控制病历的一方当事人承担举证责任。司法实践中，法院对此类病历篡改无法鉴定的案件通常认为，既然医院篡改了病历，就说明医院企图掩盖真相，如果医院不能举证证明自己没有出现医疗事故，那么鉴定机构则无须再进行医疗鉴定，应直接推定为医院存在医疗事故，一切后果都应由医院承担。法院应该本着这样的原则从速判决，有效地维护患者的权利。

《刑法》第305条规定：在刑事诉讼中，证人、鉴定人、记录人、翻译人对与案件有重要关系的情节，故意作虚假证明、鉴定、记录、翻译，意图陷害他人或者隐匿罪证的，处三年以下有期徒刑或者拘役；情节严重的，处三年以上七年以下有期徒刑。病历是具有法律效力的医疗文件，一旦发生医疗事故或医患纠纷，它就会成为关键物证。如果医生篡改用作刑事诉讼证据的病历，就构成伪证罪。如果病历用作民事诉讼的证据属于伪造证据，会被处以15日以下的拘禁，同时受到行政处罚。医生的上级领导唆使、要求医生篡改病历的，属于共同犯罪，相关责任人都要受到法律制裁。

有人提出医院应该采用“两联”病历，医生在记载病人病情、治疗情况时利用复写式病历，一式两份，一份由医院保管，另一份由病人或家属保管。如果发生医患纠纷，鉴定机构在核对两份病历后就可以清楚判断双方是否存在篡改病历的情况，然后再依此作出事故责任认定。这种方式虽然给医生增添了些许麻烦，却为发生医疗纠纷后对病历进行鉴定节约了大量的人力、物力。不过这种做法是否可行，需要进一步研究。

【案例 6-11】电子病历遭受患者质疑的案例①

2000 年 9 月初，患者辛某某体检时发现有些不适，于是来到北京某医院作进一步检查，被怀疑胰腺有问题。同年 10 月 10 日，医院对病人实施胰、十二指肠切除术。术中把病人的大部分胃、十二指肠、胆囊和胰腺四个器官切除，但术后病理报告明确显示不是癌症。其后，辛某某被转到其他医院治疗了一段时间，2000 年 11 月 17 日，再次入住被告医院。后因辛某某持续高温，全身感染无法控制，于 2001 年 1 月 11 日死亡。患方辛某某的家属认为，被告医院违反了诊疗护理规范和常规，主观上有疏忽大意的过错，客观上造成其父死亡的严重后果。遂以医疗侵权赔偿为由，要求被告医院赔偿经济损失 37 万余元，赔偿精神损失 15 万元。

该案在诉讼过程中，被告应法庭的要求提交了全套病历资料，但均系计算机打印件。原告对被告医疗机构呈交法庭的病历真实性提出了质疑：院方提供的证据中有打印的医嘱单、手术记录，它们都是用电子文本生成的；医嘱单上有明显的瑕疵，其中有的日期和时间顺序是倒置的，整个记录既没有医生，也没有护士的签字，这些文件均不符合病历所要求的规范要件，属于无效证据；电子病历是基于电子文本输入软件设计制造的，这些通用软件具有可修改性，曾经修改的日期、内容等经过覆盖，无法查询原始记录。因此，电子病历违反了卫生行政部门对病历的规定，也不符合法律对证据的基本要求。因而原告要求法庭认定医疗机构提交的病历为无效证据。

评析

本案涉及的“电子病历”实际上是计算机打印病历，并非《电子病历应用管理规范（试行）》所定义的电子病历。但即便如此，被告医疗机构向法庭提

① 刘鑫、孙东东、陈特：《医疗损害赔偿诉讼实务》，中国法制出版社 2012 年版，第 189-190 页。

交的病历，由于不符合《病历书写基本规范》的要求而遭受患方的质疑。近年来，在涉及医疗纠纷的诉讼中，医疗机构提交的计算机打印病历和电子病历被患方质疑的情况有增加的趋势。

的确，本案被告医疗机构提交的病历既非医务人员手写的纸质病历，也非符合电子证据要求的电子病历，而是内容上为电脑生成后打印在纸质载体上的信息文件。首先，这种病历存在难以进行医疗文书的归位和定性的问题，到底是医务人员亲自制作的，还是电脑批量生产自动产生的，是否反映本案所涉患者的情况，不得而知。其次，病历的生成时间难以确认，电脑上的信息内容可以随时输入，随时修改并且不留下难以查见的电子痕迹，一旦打印成文本，更是难以查见修改信息。最后，在病历的形式上，既然是纸质病历，就应当符合《病历书写基本规范》的要求，应该用蓝黑、碳素墨水书写，并有医务人员签名。其实本案医疗机构提交的病历文件存在的这些问题，并不是这一家医疗机构这一起医疗纠纷案件的问题，而是当前医疗机构普遍存在的问题，即使是《电子病历基本规范（试行）》于 2010 年 4 月 1 日实施，医疗机构也未必能摆脱这种困境。当务之急是医疗机构应当按照电子证据的要求来规范电子病历的管理，在规范不到位的情况下，应当采用本书前面提到的及时封存的方法来处理。

通过该案对电子病历的争议，突出暴露了医院电子化服务过程中的法律障碍，即电子病历中的电子签名无法得到确认和落实。而随着医院电子信息化的推进，类似的纷争会给医疗纠纷增添新的导火索。因此，电子病历及电子签名有待法律规范。

第七章

医疗损害技术鉴定

医疗损害鉴定是医疗损害赔偿诉讼的核心问题，医疗机构是否应当承担责任以及承担多大责任，都有赖于医疗损害鉴定的结论。然而，长期以来我国的医疗技术鉴定存在二元化的现象，《民法典》也没有对鉴定二元化现象进行规范，那么在司法实践中，人民法院将会如何启动医疗鉴定呢？这是本章要阐述的内容。

第一节　医疗损害鉴定的启动

【原理阐释】

一、医疗损害责任鉴定的重要性

伴随着过去50年科学技术的惊人进步，新的事实确认方式已经开始在社会各个领域（包括司法领域）挑战传统的实施认定法。随着越来越多对诉讼程序非常重要的事实与应用来发掘感官所不能及的世界辅助工具所揭示真相之间鸿沟的扩大，人类感官在事实认定中的重要性已经开始下降。[①]鉴定活动本质上是一种认识活动，是鉴定人根据自己的专门知识和经验对一系列的表面现象或者内含属性不明显的物品进行科学分析并揭示其内在规律与属性的活动。随着社会的进步和发展，科学证据、科学问题在诉讼中大量涌现，美国联邦法院研究委员会在1999年指出："经济学、统计学、技术以及自然和社会科学证据在日常的复杂诉讼中发挥着越来越重要的作用。"[②]为了实现审判所要求的查明事实、公正裁判的目标，寻求对这些涉及科学知识的证据或者现象进行科学解释，是现代法庭审判必须要履行的一道程序。无论是英美法系的专家证人制度，还是大陆法系的专门鉴定人制度，都是为了解决科学认识问题而设立的诉讼制度。

医疗纠纷是发生在医疗领域中的纠纷，由于医疗行为的专业技术性和医疗行为发生场所的特殊性，决定了医疗纠纷不同于其他纠纷。而从事医疗纠纷审判工作的审判人员，一般都是法律专业人士，不懂医；而参加医疗纠纷诉讼的律师和患方当事人，往往也是医学的外行，对医疗知识更是一无所知。对这种

---

① ［美］米尔建·达马斯卡：《漂移的证据法》，李学军等译，中国政法大学出版社2003年版，第200页。

② 刘静坤、邹明理：《新科学证据带来的挑战——复杂科学证据问题的解决方案》，载《贵州警官职业学院学报》2005年第2期。

具有极强专业特性的案件进行审判，如何才能够做到公正、公平，从而最大限度地保障医患双方的合法权益，推动我国医学事业的健康有序发展，使公民的健康权益得到切实保障呢？显然对于医疗行为是否存在过错的判断是关键。[①]由于医疗技术的专业性极强，医疗损害赔偿纠纷案件中的责任认定、责任划分等具有很强的专业性，法官一般都难以判定。因此，这种带有医学专业知识和经验的技术判断便属于我国诉讼法上所称的"专门性问题"，故这类案件往往需要依据《民事诉讼法》第79条之规定：当事人可以就查明事实的专门性问题向人民法院申请鉴定。当事人申请鉴定的，由双方当事人协商确定具备资格的鉴定人；协商不成的，由人民法院指定。当事人未申请鉴定，人民法院对专门性问题认为需要鉴定的，应当委托具备资格的鉴定人进行鉴定。审判人员借助具有专门知识的人员作出的具体鉴定和判断，才能客观、公正地裁判医疗纠纷争诉案件。因此，医疗事故技术鉴定在医疗纠纷案件的处理中就具有举足轻重的地位，甚至成了医疗纠纷处理的核心环节。《鉴定审查规定》（法〔2020〕202号）对鉴定委托项目、鉴定材料、鉴定机构、鉴定人、鉴定意见、鉴定活动监督等作出规定。

以下是最高人民法院的一份裁判文书中的原话，足见鉴定意见在医疗损害赔偿案件处理中的重要意义。

通常情况下，医疗损害后果的发生往往与患者自身有直接或间接的关系，应该考虑医疗机构过错程度和诊疗行为在损害结果发生中的原因力大小确定损害赔偿比例。审判实践中，一般要根据鉴定结论认定的医疗过错行为在医疗损害后果中的责任程度来确定赔偿的比例。[②]

综上所述，医疗损害赔偿纠纷案件的鉴定结论是审理此类案件的关键证据，是在医疗损害赔偿案件的处理中不可回避、不可或缺的一项程序。除非是非常直观的医疗过错，如将左上肢的手术做成了右上肢，这是不需要专业知识便可以判断的错误，不需要专门技术人员进行鉴定。但凡稍微有一点医学技术色彩的争议事实，法官都需要启动鉴定程序，借助"技术法官"之手来解决案件争议事实。

---

① 刘鑫：《医疗侵权纠纷处理机制重建——现行〈医疗事故处理条例〉评述》，中国人民公安大学出版社2010年版，第56页。

② 中华人民共和国最高人民法院（2016）最高法民再285号民事判决书。

二、医疗损害鉴定的双轨制

由于《侵权责任法》对医疗损害鉴定没有作出规定，而对于医疗损害责任制度中存在的三个双轨制问题，诉由及赔偿的双轨制依据，在《民法典》中已经得到解决。但是，医疗损害鉴定的双轨制因涉及鉴定体制改革等复杂问题还将在一段时间内存在。

医疗鉴定的双轨制，是指从事涉及医疗专门性问题的技术鉴定机构，既有医学会医疗事故技术鉴定办公室开展的医疗事故技术鉴定，也有社会法医鉴定机构开展的法医学医疗问题鉴定。法医学医疗问题鉴定是一种具有中国特色的医疗鉴定渠道，是现阶段存在一定程度的信任危机的产物。在2002年9月1日以前的“医疗事故技术鉴定委员会”鉴定的年代，民间将医疗事故技术鉴定说成“老子给儿子鉴定”；在2002年9月1日以后的“医学会医疗事故技术鉴定办公室”鉴定的年代，民间将医学会的医疗事故技术鉴定说成“叔叔给侄儿鉴定”。总而言之，自家人给自家人鉴定，自家人总会照顾、偏袒自家人，鉴定缺乏公正性。在这样的背景下，法医鉴定机构开始承担医疗鉴定的任务。并且在原《侵权责任法》及《民法典》实施之后，法医鉴定一枝独秀，而医学会的鉴定则有被边缘化的危险。但是，近年来，医学会的鉴定在回归，有的地方如上海、江苏，长期以来一直坚持医疗事故技术鉴定，在一些法医鉴定唱主角的地方开始出现医疗事故技术鉴定的回潮。其中的原因，一是法医鉴定退案率、拒鉴率比较高，医学会鉴定相对较低；二是医学会鉴定程序比较规范，时间有保障，有利于审判程序的正常推进；三是医学会鉴定费用固定，且比较低，可以减轻当事人的诉累。

经最高人民法院调研，医学会所组织的技术鉴定虽然存在鉴定专家不署名、不出庭等问题，但社会各界普遍反映，医学会的医疗事故技术鉴定有专业性、科学性、客观性的特点，且收费相对低廉。因此，最高人民法院对医疗损害鉴定二元化现象并没有否定，在其有关规范性文件中明确表述，人民法院适用《民法典》审理民事纠纷案件，根据当事人的申请或者依职权决定进行医疗损害鉴定的，按照《全国人民代表大会常务委员会关于司法鉴定管理问题的决定》《最高人民法院关于人民法院对外委托司法鉴定管理规定》及国家有关部门的规定组织鉴定。据最高人民法院民一庭的法官介绍，本条规定中的“国家有关部门的规定”就是指国务院、原卫生部关于医学会组织进行医疗损害责任技术鉴定的规定。根据上述最高人民法院和原卫生部的通知，对于医疗损害赔偿纠纷案件，在国家出台新的规定之前，在医疗损害赔偿纠纷诉讼中，医疗损害鉴定的双轨制仍然存在。

【案例7-01】经多次医学会鉴定与法医鉴定的医疗损害诉讼案件[①]

原告周某诉称，其既往有××史，2004年9月到某市中医院门诊检查，测得甲胎蛋白大于1000，CT检查为“肝硬化”，该院诊断设备不符合标准，错误作出“甲胎蛋白>1000”的结论，且对其甲胎蛋白偏高与活动性肝炎的关系告知不足，即要求其去上海做排除肝癌的诊疗；上海某医院在影像学等不能确诊的情况下，错误地将其诊断为肝癌；某市第一人民医院在影像学等不能确诊的情况下，不做病理检查排除肝癌可能，也错误诊断其为肝癌，且不执行术前签字同意制度，隐瞒不做肝移植也能治疗其疾病的其他保守治疗方案，不顾周某术前要求，强行错误实施肝移植手术。各被告的上述行为严重违反了诊疗规范及相关规定，构成共同侵权，与周某的损害后果存在因果关系，要求各被告作出连带赔偿。

南京某司法鉴定所认为医疗过程事实不能明确，委托要求无法完成，退回鉴定。苏州某司法鉴定所的结论为，未见医疗鉴定委员会对医方是否存在医疗过错的鉴定结论；针对被鉴定人接受肝移植后发生不良症状体征，目前江苏省《人体损伤致残程度鉴定标准》中尚无相关具体适用条款，不具备鉴定条件，因此退案。

北京某鉴定中心的司法鉴定意见书结论为，上海某医院对周某的诊疗行为存在误诊的医疗过错；周某没有实施肝移植的手术指征，某市第一人民医院过度实施肝移植手术的诊疗行为存在过错，该过错与周某目前的损害后果存在因果关系；某市中医院对周某的诊疗行为不存在过错。

---

① 本案系江苏省高级人民法院发回无锡市中级人民法院重审案件。江苏省无锡市中级人民法院（2012）锡民初字第0031号民事判决书；江苏省高级人民法院（2014）苏民终字第0254号民事判决书；中华人民共和国最高人民法院（2016）最高法民申664号民事裁定书。

上海市静安区医学会的医疗事故鉴定认定，某市第一人民医院在病历管理上存有瑕疵，致当事人持有合理怀疑，成为无法进行医疗过错鉴定的重要因素；其在实施肝移植手术前，未尽到充分的告知义务，亦未充分保障患者的知情权与选择权。

江苏省医学会医疗损害鉴定意见为，本病例临床诊断“原发性肝癌”成立。上海某医院在临床诊断“原发性肝癌”成立条件下，有行介入化疗指征，化疗方案及药物剂量符合治疗规范，有做肝移植手术指征。患方依据“肝移植术前告知书”上的日期是2005年4月21日，而手术日期是2005年4月20日，主张某市第一人民医院术前未告知，该“术前告知书”为术后补写。某市第一人民医院解释为笔误。具体事实鉴定会中无法确认，但医方至少存在病历书写不规范的过错。某市中医院无医疗过错行为。结论为，该患者肝癌符合临床诊断标准，有行介入治疗和肝移植指征，上海某医院和某市第一人民医院存在的过错，与患者目前状态无因果关系。

无锡市中级人民法院认为，法律保护医患双方的合法权益。医疗损害赔偿应以诊疗行为构成医疗事故或诊疗行为有过错，且过错与损害后果之间有因果关系为基础，即如果医疗机构在治疗患者疾病中存在不法行为与过错，并且造成患者损害后果，医疗机构应承担对患者损害的赔偿责任。反之，如果医疗机构的医疗行为中不存在违法行为，而是现代医学技术发展局限的固有风险造成的损害，或者是患者自身的原因导致的损害，那么就不应当判令医疗机构承担法律责任。本案原告周某需提供各被告应当承担医疗损害赔偿责任的证据。现省医学会医疗损害鉴定明确“周某‘肝癌’符合临床诊断标准，有行介入治疗和肝移植指征。某市中医院无诊疗过错行为，上海某医院和某市第一人民医院存在的过错，与周某目前状态无因果关系”。省医学会医疗过错鉴定并未违反法律、行政法规及相关政策的规定，鉴定程序合法。周某提出重新鉴定的申请，不符合启动重新鉴定的相关规定，本院不予采纳，该鉴定结论可以作为本案重要依据。驳回原告诉讼申请。原告不服，提起上诉。

最高人民法院认为，关于医学会的鉴定资格问题，根据国务院《条例》第20条关于“需要进行医疗事故技术鉴定的，由双方当事人共同委托负责医疗事故技术鉴定工作的医学会组织鉴定”的规定及第21条关于医疗事故的技术鉴定由中华医学会及设区的市级以上地方医学会组织实施的规定，以及《江苏医疗鉴定通知》第1条关于“医疗损害鉴定仍应委托医学会组织专家进行”及《江苏省医疗损害鉴定实施细则（试行）》第3条关于“人民法院委托的医疗损害鉴定，除具有法定回避情形外，医学会应当受理”的规定，一审法院委托江苏省医学会进行鉴定符合当地司法实践，且未违反相关法律法规的规定。医学会的鉴定人员主要由各临床医学专业的专家组成，相关法规和原卫生部规章对于医学会鉴定专家的资质有严格的条件限制，符合《民事诉讼法》关于鉴定人需具备相应资格的要求。一审法院在送鉴前已向周某释明，周某亦同意不将病历真实性作为鉴定内容，即江苏省医学会系在双方当事人认可病历真实性的前提下进行的鉴定。关于非鉴定人整理鉴定文书，由于江苏省医学会工作人员进行文字整理时并未修改鉴定专家的意见，故不存在程序违法的问题。根据《条例》第31条关于“鉴定结论以专家鉴定组成员的过半数通过”的规定，多人参加鉴定的，鉴定结论允许存在不同意见。在周某未能举出充分证据证明《医疗损害鉴定书》鉴定结论明显依据不足的情况下，二审判决采信医疗鉴定结论并无不当。故周某关于二审判决适用法律错误的主张不能成立，不接受周某的再审申请。

评析

本案经历了多次鉴定，既有医学会的鉴定，也有法医鉴定机构的鉴定；既有当地鉴定机构的鉴定，也有外地鉴定机构的鉴定。这反映了医疗损害赔偿案件的一大特点，即当事人对医疗过错及因果关系的争议，往往是以自己的主观认知为基础，只要鉴定意见与自己的认知不符，鉴定意见不能支持自己的主张，就可能会否定已有的鉴定，而启动新的鉴定，如此循环往复。面对多份鉴定意见，不能简单以鉴定主体是医学会还是法医来作出鉴定意见的采纳决定，医学会的鉴定意见和法医的鉴定意见都符合诉讼法有关专门问题鉴定的规定。法院如何采信鉴定意见不尽相同的多份鉴定，这是困扰当事人及法官的一个难题，法院也只能做到保障当事人质证权，必要时通知鉴定人出庭作证，引入专家辅助人参与质证。在此基础上，结合诉讼法及相关司法解释的规定，在对全部证据进行评价的基础上，根据证据之间的印证情况，最终作出鉴定意见采纳决定。

本案中，原告对提交鉴定的病历材料的真实性一直存在质疑。根据民事诉讼法及其司法解释的规定，对鉴定材料真实性的审查，应当由委托鉴定的人民法院来承担，法院在组织双方当事人质证的基础上，对鉴定材料的真实性进行认定。经过人民法院作出认定的鉴定材料，即便当事人仍然不认可，也不影响鉴定机构依据该鉴定材料实施鉴定活动，作出鉴定意见。

三、医疗损害技术鉴定

何谓医疗损害技术鉴定呢？医疗损害技术鉴定，是指人民法院在审理医疗侵权案件的过程中，为了解决争议诊疗行为是否存在过错、过错医疗行为与损害后果之间是否具有因果关系、医疗过错在损害后果发生中的参与程度以及后续治疗要求等认定，由人民法院委托专门鉴定机构组织具有相关临床医学专业学科知识和经验的专家所作的有针对性的技术分析、解释和报告活动。

鉴于医疗损害鉴定的重要性，在《医疗损害司法解释》中确定了当事人申请和法院依职权委托鉴定两种渠道。第 8 条规定：当事人依法申请对医疗损害责任纠纷中的专门性问题进行鉴定的，人民法院应予准许。当事人未申请鉴定，人民法院对前款规定的专门性问题认为需要鉴定的，应当依职权委托鉴定。《民事诉讼法》第 79 条也规定了法院可以依职权启动鉴定程序。民事诉讼活动是平等主体之间的纠纷争议司法解决机制，法院居中裁判，一般情况下尽量不参与案件的证据收集，只有在特殊情况下，当事人收集证据有困难时，应当事人申请，法院才依职权调取证据。但是在鉴定程序的启动上，无论是诉讼法，还是司法解释，都留下了法院自主启动医疗损害鉴定的余地。之所以要作这样的规定，一是医疗损害鉴定在处理医疗损害赔偿案件中具有重要意义；二是在医疗损害赔偿诉讼中，有时不是鉴定申请的问题，而是鉴定费用的垫付问题。患者愿意启动医疗损害鉴定，但无力垫付高额的鉴定费，医疗机构有能力垫付，但大多数情况下其没有申请鉴定的义务。所以法院为了顺利审理案件，不得不依职权自主决定委托鉴定。由于是法院决定委托，鉴定费的垫付由法院指定当事人预交。

关于鉴定机构的问题，《医疗损害司法解释》没有具体规定，第 9 条规定：当事人申请医疗损害鉴定的，由双方当事人协商确定鉴定人。当事人就鉴定人无法达成一致意见，人民法院提出确定鉴定人的方法，当事人同意的，按照该方法确定；当事人不同意的，由人民法院指定。鉴定人应当从具备相应鉴定能力、符合鉴定要求的专家中确定。《医疗损害司法解释》较《民事诉讼法》规定更为详细，贯彻当事人自主原则：首先，当事人协商确定鉴定机构；其次，协商不成，由人民法院提出确定鉴定机构的方法，当事人同意的，依该方法委托鉴定；最后，如果当事人不同意，才由人民法院指定鉴定机构。不过，在司法实践中，往往双方当事人对立严重，无论是直接确定鉴定机构，还是认可法院确定鉴定机构的方法，难以达成一致，所以最终是由法院指定鉴定机构。目前大多数法院的做法都是有一个鉴定机构名册，或者采用“摇号”的方式确定鉴定机构，或者法院“任意”指定鉴定机构。其实这种随机确定鉴定机构的方法并不理想，不符合择优原则、淘汰原则，使得鉴定机构滥竽充数。另外，对于医学会的鉴定和法医鉴定，《医疗损害司法解释》并没有作出选择，而是强调“从具备相应鉴定能力、符合鉴定要求的专家中确定”，具备“鉴定能力”和符合“鉴定要求”是法医看中的选项，至于是属于医学会的鉴定机构还是属于法医鉴定机构，在所不问。

国家卫生健康委于 2021 年 1 月 6 日发出《关于加强医疗损害鉴定管理工作的通知》[①]，以此通知为依据，中华医学会于 2021 年 2 月 25 日发布的《医学会医疗损害鉴定规则（试行）》（医会鉴定发〔2021〕33 号）关于医疗损害鉴定，目前缺乏权威的技术规范，所以各地医学会、鉴定行业协会出台了一些规范鉴定机构及鉴定人开展医疗损害技术鉴定的工作指导文件。[②]一些医学会出台了指导当地医学会鉴定机构开展医疗损害技术鉴定的技术文件。比如，《江苏省医学会医疗损害鉴定实施细则（试行）》（苏医会〔2010〕020 号）、《浙江省医学会医疗损害鉴定办法》（浙医会〔2010〕170 号）等，另有一些医学会制定了医疗事故技术鉴定的规范。

关于司法鉴定机构开展医疗损害技术鉴定，目前仅在《法医类司法鉴定执业分类规定》中有相关概念，并将医疗损害鉴定分别纳入法医病理、法医临床、法医精神病鉴定的大类之中。在该规定的第 12 条、第 21 条、第 30 条分别

---

① 《国家卫生健康委关于加强医疗损害鉴定管理工作的通知》（国卫医函〔2021〕1 号，2021 年 1 月 6 日）。

② 杨帆、王贵君：《医疗侵权案件地方指导文件鉴定规范研究》，载《证据科学》2015 年第 2 期，第 209-223 页。

对医疗损害鉴定下了三个不同的内涵界定。[①]这种分类的争议很大，且不能涵盖医疗损害专门问题所涉及的学科。比如，涉及口腔、公卫、中医、药学、护理、医技争议，应当归到哪一类呢？[②]

另外，司法行政部门及一些地方司法鉴定协会出台了指导当地司法鉴定机构开展医疗损害技术鉴定的技术文件。比如，司法部《医疗损害司法鉴定指南》（SF/T 0097—2021），北京司法鉴定业协会《关于办理医疗过失司法鉴定案件的若干意见》（京司鉴协发〔2009〕5号，2009年12月1日起施行），重庆市司法鉴定协会《重庆市医疗损害司法鉴定指引》（2016年7月1日起施行），四川省司法鉴定协会《四川省医疗侵权损害司法鉴定指南》（2015年10月1日起施行）等。

【实务问题及难点】

一、医疗损害鉴定的范围

一般认为，医疗损害鉴定大多包括三项内容：医疗机构的诊疗行为有无过错、医疗过错行为与损害结果之间是否存在因果关系、患者的人体损伤残疾程度。随着《民法典》的颁布与实施，不可避免地影响了医疗损害鉴定的范围。例如，《民法典》第1227条规定：医疗机构及其医务人员不得违反诊疗规范实施不必要的检查。那么，由于医学的复杂性，法院在无法判断医疗机构的检查是否真正必要的时候，就需要依据当事人的申请或依职权委托医疗损害鉴定。

---

① 《司法部关于印发〈法医类司法鉴定执业分类规定〉的通知》（司规〔2020〕3号，2020年5月14日发布并实施）。第12条：医疗损害鉴定。应用法医病理学鉴定理论知识、临床医学理论知识和诊疗规范等，对涉及病理诊断和（或）死亡后果等情形的医疗纠纷案件进行鉴定。判断诊疗行为有无过错；诊疗行为与死者死亡后果之间是否存在因果关系以及过错原因力大小等。第21条：医疗损害鉴定。应用法医临床学与临床医学相关学科的理论与技术，对医疗机构实施的诊疗行为有无过错、诊疗行为与患者损害后果之间是否存在因果关系及其原因力大小的鉴定，还包括对医疗机构是否尽到了说明义务、取得患者或者患者近亲属书面同意义务的鉴定（不涉及病理诊断或死亡原因鉴定）。第30条：医疗损害鉴定。对医疗机构实施的精神障碍诊疗行为有无过错、诊疗行为与损害后果间是否存在因果关系及原因力大小进行鉴定。

② 《医师法》规定了医师注册的类别。《关于医师执业注册中执业范围的暂行规定》将医师的类别分为临床、口腔、公卫、中医四大类。

最高人民法院的司法解释对鉴定范围作了比较清晰的归纳。《医疗损害司法解释》第 11 条第 2 款对医疗损害鉴定事项作出规定：(1) 实施诊疗行为有无过错；(2) 诊疗行为与损害后果之间是否存在因果关系以及原因力大小；(3) 医疗机构是否尽到了说明义务、取得患者或者患者近亲属明确同意的义务；(4) 医疗产品是否有缺陷、该缺陷与损害后果之间是否存在因果关系以及原因力的大小；(5) 患者损伤残疾程度；(6) 患者的护理期、休息期、营养期；(7) 其他专门性问题。这基本上涵盖了医疗损害诉讼涉及专门性问题的鉴定事项。需要说明的是，第 1 项、第 2 项、第 3 项属于医疗损害鉴定专有内容，第 5 项、第 6 项属于法医鉴定内容，第 4 项为产品质量鉴定，第 7 项为兜底项目。

各地的规范性意见也作出了回应。例如，《北京司法指导意见》第 17 条规定：对下列医疗专门性问题，当事人双方有权申请进行医疗损害鉴定：(1) 医疗机构的诊疗行为有无过错；(2) 医疗机构是否尽到告知义务；(3) 医疗机构是否违反诊疗规范实施不必要的检查；(4) 医疗过错行为与损害结果之间是否存在因果关系；(5) 医疗过错行为在损害结果中的责任程度；(6) 人体损伤残疾程度；(7) 其他专门性问题。

又如，《上海司法指导意见》第 3 条规定：医疗损害的鉴定，由受托鉴定机构对医疗行为有无过错、损害后果及因果关系、医疗过错行为在医疗损害后果中的原因力大小等进行鉴定，损害后果依据伤残等级标准确定。医疗损害赔偿中涉及三期（误工期、护理期、营养期）鉴定按照相关规定确定。《浙江司法指导意见》第 14 条规定：人民法院委托进行医疗损害鉴定，应要求鉴定机构在鉴定结论中对涉案医疗行为有无过错、医疗过失行为与损害后果之间是否存在因果关系、医疗过失行为在医疗损害后果中的责任程度，一并做出明确认定；患者构成伤残的，应同时做出伤残等级认定。

此外，《江苏医疗鉴定通知》第 2 条规定：人民法院委托医疗损害鉴定的，可根据案件审理需要，要求鉴定机构对涉案医疗行为有无过错、医疗过错行为与损害后果之间是否存在因果关系、医疗过错行为在医疗损害后果中的原因力大小及伤残等级作出明确认定。医疗损害鉴定结论未明确作出上述认定的，人民法院可以要求其作出补充鉴定或出具相应的意见。《江苏司法指导意见》第 9 条规定：医学会一般应在收到人民法院移送的鉴定材料后 45 日内出具医疗损害鉴定书。鉴定书应针对人民法院委托的事项详细分析说明，结论要具体、明确。(1) 医疗行为是否存在违反法律、行政法规、规章和诊疗护理规范的过错。但对该过错属于过失或者故意，可不予判定；(2) 医疗过错与患者的人身损害后果是否存在因果关系；(3) 患者人身损害后果及伤残等级；(4) 医疗过错行为对患者人身损害后果产生的作用。医疗损害涉及多种原因时，要对各种原因在产生损害后果的过程中原因力大小进行分析，并根据原因力的大小分别表述为：直接因素、主要因素、同等因素、次要因素及轻微因素及无因果关系。

在实践中，当事人申请鉴定的，应当明确鉴定的内容，即要鉴定什么内容。人民法院对当事人申请鉴定的内容不明确的，应当进行释明和补充，在此基础上对外委托鉴定机构进行鉴定。

二、医疗损害鉴定的申请和委托

按照《民法典》的规定，在医疗损害赔偿纠纷诉讼中，涉及医疗侵权责任构成要件的举证义务，原则上由患者承担举证责任，在例外情况下由医疗机构承担举证责任。也就是说，患者应当承担医疗损害侵权责任构成要件的举证责任，对于因专业技术难以举证的，应由患者申请鉴定。只有在患者举证或人民法院查证证明存在《民法典》第 1222 条规定的三种情形之一时，才由医疗机构就不存在医疗过错负责申请鉴定。此外，在医疗机构主张减责、免责的情况下，医疗机构应就是否存在减责、免责事由有申请鉴定的责任。在上述两种情况下，都存在患者一方同医疗机构就不同争议事实或同一争议事实的不同要件同时承担举证责任的问题，这时医患双方均有就相关事实或要件申请鉴定的责任。在实践中，这种情况下鉴定内容仍是一个完整的医疗损害鉴定，但法院可运用上述规定与法理要求双方当事人共同预交鉴定费用，以促进鉴定工作的顺利进行。

需要研究的问题是，如承担举证责任的一方不申请鉴定，法院是否能依职权委托鉴定。本书认为，在诉讼中，如果仅因一方当事人不申请鉴定即认定未履行举证义务而判决其败诉，难免有失公正，操作上亦有不便。因此，法院应积极采取措施促使当事人双方申请鉴定。此外，在当事人双方均不具备举证能力或均不便于举证的情况下，应直接依据《民事诉讼法》，由人民法院依职权委托鉴定。[①]对此，《民事诉讼法》第 79 条第 2 款、《民事诉讼法司法解释》第 121 条第 3 款、《医疗损害司法解释》第 8 条第 2 款均有规定。

综合上述分析，在医疗损害鉴定的申请与委托上，《北京司法指导意见》作出了详细规定。其中，第 17 条规定：对医疗专门性问题，当事人双方有权申请进行医疗损害鉴定。第 18 条规定：人民法院认为需要委托医疗损害鉴定的，一般应要求患者一方申请鉴定。患者一方申请鉴定的，患者一方和医疗机构均应当提交鉴定所需的病历资料。第 19 条规定：当事人申请鉴定确有困难的，人民法院在必要时可依职权委托医疗损害鉴定。

此外，《浙江司法指导意见》第 13 条规定：因涉及医药专业性问题，人民法院可以根据当事人的申请或依职权决定，委托医学会或其他司法鉴定机构进行医疗损害鉴定。当事人应当配合鉴定，无正当理由拒不配合的，应承担相应不利的诉讼后果。

三、医疗损害鉴定机构的选择

在医疗损害赔偿纠纷案件中，一方当事人（往往是患者一方）申请社会法医鉴定机构进行有关医疗损害责任鉴定，而另一方当事人申请进行医疗损害责任技术鉴定的，法院应该委托何种鉴定？

在最高人民法院的司法解释及各地的司法指导文件中，并没有倾向或者排斥某一类鉴定的规定。相反，人民法院的相关规范文件规定的是“有鉴定资格”“符合鉴定要求”的机构。二元化的医疗损害鉴定，有行业部门之间的纷争之嫌，但最高人民法院显然没有介入也不会介入这种纷争。最高人民法院的意见非常明确，从法律规定出发，从方便审判出发，从专门性问题查证的要求出发来解决鉴定机构的选择。专门性问题是非法律的专业技术问题，对这些问题的解决需要由掌握相关专业技术的专业人员，运用相关专业的理论、技术和

① 在医疗损害鉴定的启动方式上，最高人民法院的司法解释也未排除人民法院依职权委托鉴定。例如，最高人民法院发布的《侵权法适用通知》第 3 条规定：人民法院适用侵权责任法审理民事纠纷案件，根据当事人的申请或者依职权决定进行医疗损害鉴定的，按照《全国人民代表大会常务委员会关于司法鉴定管理问题的决定》《人民法院对外委托司法鉴定管理规定》及国家有关部门的规定组织鉴定。

方法，对争议的专门性问题进行科学分析，提出具有科学性的意见，供法庭审理案件采信。一方面，从鉴定问题、鉴定主体、鉴定方法、鉴定意见等层面诠释专门性问题的查证，本质上要检查科学性的原则，从科学的角度解决问题，因而应当坚持鉴定的同行评议原则。另一方面，要避免不科学、伪科学混入其中，要避免人为因素干扰专门性问题的查证。比如，事先授予不具备医疗损害鉴定能力的机构或者人员享有医疗损害鉴定资格，是典型的人为因素对专门性问题鉴定的干扰。

鉴定意见属于科学证据，强调具有科学性和公正性两重属性，且科学性的重要性强于公正性，科学性是鉴定专家必须具备的条件，公正性则可以通过制度设计来保障。专业的问题只能由同行专家进行评议。同行评议（peer review）是指某一或若干领域的专家采用一种评价标准，共同对涉及相关领域的一项事务进行评价的活动。“peer”是指具有相同资格及能力的人，“review”是指鉴定性、评价性的审查与检视。据考证，同行评议机制最早在学术出版领域出现，是出版社、期刊社对一些专业性强的刊物，邀请对该领域有较深造诣的专家审稿，提出审稿意见，决定稿件是否采用的机制。目前同行评议制度在科学研究、科学教育以及其他与专业知识密切相关的领域得以广泛应用。①

临床医学分科越来越细，目前已经分到了四级学科。医学界没有真正意义上的精通所有临床医学专业的“全科”专家，同样，也没有可以进行医疗损害鉴定全能鉴定的专家。医疗纠纷案件涉及什么学科，就应当由哪个学科的专家来进行鉴定。外行由于不懂具体案件所涉及学科的专业知识，不具有该学科的经验，其所作出的鉴定意见必然没有科学性，更谈不上公正性。专门性问题的鉴定必然要由该专业领域的专家来做。在即将出台的《医疗损害鉴定管理办法》中，应当明确规定医疗损害鉴定必须坚持同行评议的原则。②

在《民法典》实施后，对于医疗损害，把有资质的、列入鉴定机构名册的司法鉴定机构作为鉴定机构并无争议。需要研究的问题是，目前能否委托医学会所属的技术鉴定机构开展医疗损害鉴定。本书认为，就此问题既要比较医疗

---

① Melinda Baldwin. *Making "Nature": The History of a Scientific Journal* (University of Chicago Press, 2015).

② 刘鑫、陈伟、张宝珠：《民法典时代医疗活动实务指南》，国家行政管理出版社 2021 年版，第 272 页。

损害责任技术鉴定与医疗损害过错鉴定的内容异同与机制优劣，也要考虑审判实践的现实需要。①

从法院的审判实践看，由于医疗纠纷数量的上涨，在有些地方出现医疗损害鉴定资源相对紧张的问题。例如，在北京市法院系统，案件委托一些司法鉴定机构鉴定后需等待较长时间才能真正启动。为解决这一问题，考虑到医疗损害责任技术鉴定也有其优势，可由当事人自愿选择医疗损害责任技术鉴定机构开展医疗损害鉴定。《民事证据规定》第 32 条规定："人民法院准许鉴定申请的，应当组织双方当事人协商确定具备相应资格的鉴定人。当事人协商不成的，由人民法院指定。人民法院依职权委托鉴定的，可以在询问当事人的意见后，指定具备相应资格的鉴定人……"按照该规定，确定鉴定机构应优先由当事人协商选择。也就是说，基于上述规定，就医疗损害争议医患双方可协商选择医疗损害责任技术鉴定机构开展医疗损害鉴定。

基于上述分析，《北京司法指导意见》第 20 条规定：人民法院根据当事人的申请或者依职权决定进行医疗损害鉴定的，按照《全国人民代表大会常务委员会关于司法鉴定管理问题的决定》及国家有关部门的规定组织鉴定。第 21 条第 1 款规定：人民法院委托进行医疗损害责任过错鉴定的，应当根据北京市高级人民法院关于司法鉴定工作的相关规定，委托具有相应资质的鉴定机构组织鉴定。第 21 条第 2 款规定：在国家有关部门关于医疗损害鉴定的新规定颁布之前，人民法院也可以委托各区、县医学会或北京医学会组织进行医疗损害责任技术鉴定。

《北京司法指导意见》作出这样的规定主要有以下几层意思：第一，在案件审理中，如果一方当事人申请委托司法鉴定机构组织进行医疗损害责任过错鉴定，另一方当事人申请委托医学会组织进行医疗损害责任技术鉴定，人民法院应当委托司法鉴定机构组织进行医疗损害责任过错鉴定。理由是医学会目前组织医疗损害责任技术鉴定是依据原卫生部的通知，不能说完全没有依据，但多少有点底气不足。第二，双方当事人均同意委托进行医疗损害责任技术鉴定，人民法院也可以委托。如果委托医学会进行医疗损害责任技术鉴定，既可

① 关于两种鉴定的优缺点，理论和实务界论述得均十分详细，本书不再展开。有关详细论述可以参见刘鑫：《医疗侵权纠纷处理机制重建——现行〈医疗事故处理条例〉评述》，中国人民公安大学出版社 2010 年版，第 56 页及以下。

以委托区、县医学会，也可以直接委托市医学会组织进行医疗损害责任技术鉴定，技术鉴定和过错鉴定一样，一般情况下都只进行一次。第三，无论是进行医疗损害责任过错鉴定还是医疗损害责任技术鉴定，其鉴定结论的效力都是相同的，它们互相不成为对方的一种救济手段。如果鉴定结论有缺陷，当事人只能根据《民事证据规定》第 27 条的规定申请重新鉴定。①

【案例 7-02】脑瘫引起的医疗损害诉讼多次鉴定的案件②

原告辛某于 1995 年 5 月 17 日在被告某县中医院妇产科出生。原告吕玉某临产前多次在被告某县中医院做产前检查，均显示正常。1995 年 5 月 16 日 18 时许，原告吕玉某羊水早破进入临产状态，遂入住被告某县中医院待产。1995 年 5 月 17 日 7 时许，原告吕玉某宫口开全被送入产房接产。根据病例记载，当日 8 时许发现吕玉某枕横位难产。一直到当天 14 点 40 分，原告辛某才被用产钳夹出。在长达 7 个多小时的接生过程中，被告某县中医院在常规接产没有效果的情况下，既没有采取措施尽快结束分娩也没有转院，致使原告辛某被强行拉出时浑身青紫、没有呼吸，经抢救才活过来。2003 年 3 月，辛某在另一家医院就诊治疗时被怀疑其脑瘫可能与接生医院措施不当有关，故原告于 2003 年 6 月 25 日将被告某县中医院诉至法院。

一审期间，2004 年 3 月 26 日，某法院法医技术室作出的鉴定结论为，某县中医院在接生过程中处理不当是造成原告辛某患脑瘫的直接原因，原告辛某已构成一级伤残。2004 年 12 月 29 日，某市医学会作出了“不构成医疗技术事故”的鉴定结论。一审、二审均认定本案不属于医疗事故，医方无责，驳回患者诉讼请求。但甘肃省高级人民法院再审认为，某法院法医技术室的鉴定程序违法，不能作为有效证据；某市医学会作出的医疗事故鉴定，因 3 名鉴定人不具有《医疗事故技术鉴定暂行办法》第 6 条规定的鉴定人资格，鉴定主体不合

---

① 陈特：《北京市高级人民法院〈关于审理医疗损害赔偿纠纷案件若干问题的指导意见（试行）〉的理解与适用》，载北京市高级人民法院：《审判前沿》，总第 33 集，法律出版社 2011 年版，第 165 页。

② 本案系发回重审案件。甘肃省白银市中级人民法院（2018）甘 04 民初 21 号民事判决书；甘肃省高级人民法院（2020）甘民终 379 号民事判决书；中华人民共和国最高人民法院（2020）最高法民申 5651 号民事裁定书。

法，不能成为认定案件事实和处理本案的证据使用，遂发回重审。

本次审理过程中，某大学司法鉴定中心作出的鉴定结论为，某县中医院在吕玉某的诊疗过程中存在过错；某县中医院的诊疗过错系吕玉某之子出生后重度窒息、缺血缺氧性脑病损害后果的主要因素。甘肃某司法医学鉴定所作出的鉴定结论为，被鉴定人辛某之损伤评定为一级伤残；被鉴定人辛某的护理依赖程度评定为完全护理依赖。法院判决，被告某县中医院在对原告辛某接生过程中存在主要医疗过错，构成侵权，赔偿原告各项损失共计 1979398 元的 75% 即 1484549 元。

最高人民法院经审理认为，关于原判决适用法律是否错误的问题，首先，关于某法院法医技术室作出的《法医技术鉴定书》能否作为本案定案依据的问题。本案为医疗人身损害赔偿纠纷，根据《人民法院对外委托司法鉴定管理规定》第 10 条第 1 款的规定：人民法院司法鉴定机构依据尊重当事人选择和人民法院指定相结合的原则，组织诉讼双方当事人进行司法鉴定的对外委托。本案中，原一审审理期间，某法院法医技术室进行鉴定，某市医学会作出《医疗事故技术鉴定书》。本案再审发回重审后，经某县中医院申请，一审法院委托某大学司法鉴定中心就医疗过错及因果关系作出《司法鉴定意见》，甘肃某司法医学鉴定所对辛某的伤残等级及护理依赖的程度进行鉴定，并作出鉴定报告。双方虽对某大学司法鉴定中心鉴定意见和甘肃某司法医学鉴定所鉴定报告亦有异议，但均未再申请重新鉴定。某大学司法鉴定中心鉴定意见和甘肃某司法医学鉴定所鉴定报告程序合法，且与某法院法医技术室《法医技术鉴定书》结论并不矛盾。一审、二审判决依据最终形成的该两份司法鉴定作为认定事实依据，并不违反法律规定。其次，关于案涉残疾赔偿金、护理费的计算标准及诉讼期间误工费、护理费、精神损害赔偿金的认定问题。本案系再审裁定撤销原判决发回重审的案件。在重审过程中，辛某等人所提诉讼请求变更了原审诉讼请求。一审、二审法院综合考虑本案实际情况，按照辛某等人重审时提交的起诉状及附带材料确定相关赔偿标准，已充分保障了辛某等人的合法权益。因此，辛某等人与此相关的申请再审主张，本院不予支持。最终裁定驳回辛某等人的再审申请。

评析

本案从事件发生到法院作出最后判决，历经了十余年，经历了一审、二审，发回重审，最后由最高人民法院作出判决。裁判结果反反复复，经历了多次鉴定，鉴定意见也多种多样，所以即便最高人民法院作出了终审判决，本案仍然存在争议。

我国司法鉴定的发展经历相当曲折，无论相关机构提供的鉴定文书叫什么，无论鉴定机构隶属什么部门，也无论鉴定人是否属于公职人员，这些都不是判断鉴定意见是否可以作为定案依据的条件。司法鉴定并不是从鉴定主体来定义的，而是从鉴定解决的问题是不是诉讼案件涉及的专门性问题，鉴定是不是为诉讼活动服务来认定的。司法鉴定有别于其他生活领域、工作领域的普通鉴定。判断鉴定意见是否能成为定案依据，应当回归到"同行评议"的道路上来。所谓同行评议，从广义上说，是指某一或若干领域的专家共同对涉及上述领域的一项知识产品进行评价的活动。只有掌握评议对象所涉及学科的专门知识的人，运用该学科的专业知识、理论和技术，对某专门性问题进行技术分析，提出专业性意见，才符合同行评议的精神，这样的意见才具备科学性的形式要件。因此，在本案中，二审法院的判决对某法院法医技术室的鉴定意见以"程序不合法"为由，认定为不属于有效证据，显然该判决没有考虑到《全国人民代表大会常务委员会关于司法鉴定管理问题的决定》于 2005 年 2 月 28 日发布并于 2005 年 10 月 1 日开始施行的事实。某法院法医技术室作出鉴定结论的时间是 2004 年 3 月 26 日。此时人大的决定尚未颁布，人民法院设立司法鉴定机构并没有违反法律规定。因此，最高人民法院在判决书中并不支持。

四、鉴定费问题

在医疗损害实施中涉及专门性问题需要鉴定的，应当由原告还是被告提出呢？从司法实践的情况来看，其实问题并非鉴定申请的提出，而是由哪一方来垫付鉴定费。尤其是现在鉴定机构的社会化，无论是尸体解剖还是对残疾等级、医疗过错的判定，鉴定费用均比较高，当事人垫付鉴定费的负担比较重。比较医患双方的诉讼实力，医疗机构属于强势，虽然可以让医疗机构垫付，但是如果鉴定结论认为医疗行为没有过错，法院最终判决医疗机构没有责任，鉴定费由患方支付，医疗机构往往又拿不回垫付的鉴定费。因此，鉴定申请问题最终就演变为鉴定费垫付问题。

《民事证据规定》第31条规定：当事人申请鉴定，应当在人民法院指定期间内提出，并预交鉴定费用。逾期不提出申请或者不预交鉴定费用的，视为放弃申请。对需要鉴定的待证事实负有举证责任的当事人，在人民法院指定期间内无正当理由不提出鉴定申请或者不预交鉴定费用，或者拒不提供相关材料，致使待证事实无法查明的，应当承担举证不能的法律后果。这表明，申请鉴定和预交鉴定费原则上属于举证责任的内涵，通俗言之，谁承担举证责任，谁就应当申请鉴定并预交鉴定费。在医疗损害赔偿纠纷案件中，需要鉴定的基本内容是医疗过错和诊疗行为与损害后果之间的因果关系，这属于医疗损害的构成要件，一般均应由患者一方承担举证责任，也应当由患者申请鉴定和预交鉴定费。这是医疗损害举证责任规则调整后在实际中的一个重大变化，即从一般由医疗机构申请鉴定和预交鉴定费变换到一般由患者申请鉴定和预交鉴定费，这种变化需要患者一方适应。实践中，患者一方在提起医疗损害赔偿诉讼后，人民法院应向患者一方释明由其申请鉴定，患者一方不理解的，应当认真做解释说服工作，不能轻易认定患者一方拒不申请鉴定而直接让其承担不利后果。患者一方虽申请鉴定但无正当理由拒绝预交鉴定费的，人民法院也应向患者一方认真做解释说服工作，不能轻易因患者一方拒不预交鉴定费用而直接让其承担不利后果。

在患者一方无正当理由拒不申请鉴定或无正当理由拒不预交鉴定费时，人民法院可依《民事证据规定》驳回患者一方的诉讼请求。对于患者一方确实因经济困难无力预交鉴定费的，人民法院可协调由医疗机构预交鉴定费或与鉴定机构协调允许缓交鉴定费。在《民法典》实施后，人民法院应力争与相关主管部门协调建立医疗损害鉴定援助制度。

对此，《北京司法指导意见》作了有益的尝试。《北京司法指导意见》第24条规定：当事人一方申请进行医疗损害鉴定的，鉴定费由该当事人预交；人民法院依职权委托医疗损害鉴定的，鉴定费由双方当事人预交。

【法条链接】

《民事诉讼法》

第七十九条 当事人可以就查明事实的专门性问题向人民法院申请鉴定。当事人申请鉴定的，由双方当事人协商确定具备资格的鉴定人；协商不成的，由人民法院指定。

当事人未申请鉴定，人民法院对专门性问题认为需要鉴定的，应当委托具备资格的鉴定人进行鉴定。

第八十条　鉴定人有权了解进行鉴定所需要的案件材料，必要时可以询问当事人、证人。

鉴定人应当提出书面鉴定意见，在鉴定书上签名或者盖章。

第八十一条　当事人对鉴定意见有异议或者人民法院认为鉴定人有必要出庭的，鉴定人应当出庭作证。经人民法院通知，鉴定人拒不出庭作证的，鉴定意见不得作为认定事实的根据；支付鉴定费用的当事人可以要求返还鉴定费用。

第八十二条　当事人可以申请人民法院通知有专门知识的人出庭，就鉴定人作出的鉴定意见或者专业问题提出意见。

第八十三条　勘验物证或者现场，勘验人必须出示人民法院的证件，并邀请当地基层组织或者当事人所在单位派人参加。当事人或者当事人的成年家属应当到场，拒不到场的，不影响勘验的进行。

有关单位和个人根据人民法院的通知，有义务保护现场，协助勘验工作。

勘验人应当将勘验情况和结果制作笔录，由勘验人、当事人和被邀参加人签名或者盖章。

《民法典》

第一千二百二十一条　医务人员在诊疗活动中未尽到与当时的医疗水平相应的诊疗义务，造成患者损害的，医疗机构应当承担赔偿责任。

第一千二百二十七条　医疗机构及其医务人员不得违反诊疗规范实施不必要的检查。

《医师法》

第二十三条　医师在执业活动中履行下列义务：

（一）树立敬业精神，恪守职业道德，履行医师职责，尽职尽责救治患者，执行疫情防控等公共卫生措施；

（二）遵循临床诊疗指南，遵守临床技术操作规范和医学伦理规范等；

（三）尊重、关心、爱护患者，依法保护患者隐私和个人信息；

（四）努力钻研业务，更新知识，提高医学专业技术能力和水平，提升医疗卫生服务质量；

（五）宣传推广与岗位相适应的健康科普知识，对患者及公众进行健康教育和健康指导；

（六）法律、法规规定的其他义务。

第二十八条 医师应当使用经依法批准或者备案的药品、消毒药剂、医疗器械，采用合法、合规、科学的诊疗方法。

除按照规范用于诊断治疗外，不得使用麻醉药品、医疗用毒性药品、精神药品、放射性药品等。

第二十九条 医师应当坚持安全有效、经济合理的用药原则，遵循药品临床应用指导原则、临床诊疗指南和药品说明书等合理用药。

在尚无有效或者更好治疗手段等特殊情况下，医师取得患者明确知情同意后，可以采用药品说明书中未明确但具有循证医学证据的药品用法实施治疗。医疗机构应当建立管理制度，对医师处方、用药医嘱的适宜性进行审核，严格规范医师用药行为。

《医疗损害司法解释》

第八条 当事人依法申请对医疗损害责任纠纷中的专门性问题进行鉴定的，人民法院应予准许。

当事人未申请鉴定，人民法院对前款规定的专门性问题认为需要鉴定的，应当依职权委托鉴定。

第九条 当事人申请医疗损害鉴定的，由双方当事人协商确定鉴定人。

当事人就鉴定人无法达成一致意见，人民法院提出确定鉴定人的方法，当事人同意的，按照该方法确定；当事人不同意的，由人民法院指定。

鉴定人应当从具备相应鉴定能力、符合鉴定要求的专家中确定。

第十一条 委托鉴定书，应当有明确的鉴定事项和鉴定要求。鉴定人应当按照委托鉴定的事项和要求进行鉴定。

下列专门性问题可以作为申请医疗损害鉴定的事项：

（一）实施诊疗行为有无过错；

（二）诊疗行为与损害后果之间是否存在因果关系以及原因力大小；

（三）医疗机构是否尽到了说明义务、取得患者或者患者近亲属明确同意的义务；

（四）医疗产品是否有缺陷、该缺陷与损害后果之间是否存在因果关系以及原因力的大小；

（五）患者损伤残疾程度；

（六）患者的护理期、休息期、营养期；

（七）其他专门性问题。

鉴定要求包括鉴定人的资质、鉴定人的组成、鉴定程序、鉴定意见、鉴定期限等。

《民事诉讼法司法解释》

第一百二十一条　当事人申请鉴定，可以在举证期限届满前提出。申请鉴定的事项与待证事实无关联，或者对证明待证事实无意义的，人民法院不予准许。

人民法院准许当事人鉴定申请的，应当组织双方当事人协商确定具备相应资格的鉴定人。当事人协商不成的，由人民法院指定。

符合依职权调查收集证据条件的，人民法院应当依职权委托鉴定，在询问当事人的意见后，指定具备相应资格的鉴定人。

《民事证据规定》

第二十四条　人民法院调查收集可能需要鉴定的证据，应当遵守相关技术规范，确保证据不被污染。

第三十条　人民法院在审理案件过程中认为待证事实需要通过鉴定意见证明的，应当向当事人释明，并指定提出鉴定申请的期间。

符合《最高人民法院关于适用〈中华人民共和国民事诉讼法〉的解释》第九十六条第一款规定情形的，人民法院应当依职权委托鉴定。

第三十一条　当事人申请鉴定，应当在人民法院指定期间内提出，并预交鉴定费用。逾期不提出申请或者不预交鉴定费用的，视为放弃申请。

对需要鉴定的待证事实负有举证责任的当事人，在人民法院指定期间内无正当理由不提出鉴定申请或者不预交鉴定费用，或者拒不提供相关材料，致使待证事实无法查明的，应当承担举证不能的法律后果。

第三十二条　人民法院准许鉴定申请的，应当组织双方当事人协商确定具备相应资格的鉴定人。当事人协商不成的，由人民法院指定。

人民法院依职权委托鉴定的，可以在询问当事人的意见后，指定具备相应资格的鉴定人。

人民法院在确定鉴定人后应当出具委托书，委托书中应当载明鉴定事项、鉴定范围、鉴定目的和鉴定期限。

第三十三条 鉴定开始之前，人民法院应当要求鉴定人签署承诺书。承诺书中应当载明鉴定人保证客观、公正、诚实地进行鉴定，保证出庭作证，如作虚假鉴定应当承担法律责任等内容。

鉴定人故意作虚假鉴定的，人民法院应当责令其退还鉴定费用，并根据情节，依照民事诉讼法第一百一十一条的规定进行处罚。

《浙江司法指导意见》

第十三条 因涉及医药专业性问题，人民法院可以根据当事人的申请或依职权决定，委托医学会或其他司法鉴定机构进行医疗损害鉴定。当事人应当配合鉴定，无正当理由拒不配合的，应承担相应不利的诉讼后果。

第十四条 人民法院委托进行医疗损害鉴定，应要求鉴定机构在鉴定结论中对涉案医疗行为有无过错、医疗过失行为与损害后果之间是否存在因果关系、医疗过失行为在医疗损害后果中的责任程度，一并做出明确认定；患者构成伤残的，应同时做出伤残等级认定。

《江苏医疗鉴定通知》

二、人民法院委托医疗损害鉴定的，可根据案件审理需要，要求鉴定机构对涉案医疗行为有无过错、医疗过错行为与损害后果之间是否存在因果关系、医疗过错行为在医疗损害后果中的原因力大小及伤残等级作出明确认定。

医疗损害鉴定结论未明确作出上述认定的，人民法院可以要求其作出补充鉴定或出具相应的意见。

《江苏司法指导意见》

9. 医学会一般应在收到人民法院移送的鉴定材料后45日内出具医疗损害鉴定书。鉴定书应针对人民法院委托的事项详细分析说明，结论要具体、明确。

(1) 医疗行为是否存在违反法律、行政法规、规章和诊疗护理规范的过错。但对该过错属于过失或者故意，可不予判定；

(2) 医疗过错与患者的人身损害后果是否存在因果关系；

(3) 患者人身损害后果及伤残等级；

(4) 医疗过错行为对患者人身损害后果产生的作用。医疗损害涉及多种原因时，要对各种原因在产生损害后果的过程中原因力大小进行分析，并根据原因力的大小分别表述为：直接因素、主要因素、同等因素、次要因素及轻微因素及无因果关系。

《上海司法指导意见》

二、法院审理医疗纠纷民事案件中，当事人申请医疗损害鉴定的，除双方当事人协商一致以外，应由法院依职权委托医学会组织专家进行鉴定。

医学会认为无法鉴定，法院可依据《人民法院对外委托司法鉴定管理规定》另行委托具有资质的司法鉴定机构组织鉴定。

三、医疗损害的鉴定，由受托鉴定机构对医疗行为有无过错、损害后果及因果关系、医疗过错行为在医疗损害后果中的原因力大小等进行鉴定，损害后果依据伤残等级标准确定。医疗损害赔偿中涉及三期（误工期、护理期、营养期）鉴定按照相关规定确定。

《北京司法指导意见》

17. 对下列医疗专门性问题，当事人双方有权申请进行医疗损害鉴定：

（1）医疗机构的诊疗行为有无过错；

（2）医疗机构是否尽到告知义务；

（3）医疗机构是否违反诊疗规范实施不必要的检查；

（4）医疗过错行为与损害结果之间是否存在因果关系；

（5）医疗过错行为在损害结果中的责任程度；

（6）人体损伤残疾程度；

（7）其他专门性问题。

18. 人民法院认为需要委托医疗损害鉴定的，一般应要求患者一方申请鉴定。患者一方申请鉴定的，患者一方和医疗机构均应当提交鉴定所需的病历资料。

19. 当事人申请鉴定确有困难的，人民法院在必要时可依职权委托医疗损害鉴定。

21. 人民法院委托进行医疗损害责任过错鉴定的，应当根据北京市高级人民法院关于司法鉴定工作的相关规定，委托具有相应资质的鉴定机构组织鉴定。

在国家有关部门关于医疗损害鉴定的新规定颁布之前，人民法院也可以委托各区、县医学会或北京医学会组织进行医疗损害责任技术鉴定。

【案例 7-03】法医鉴定补充医学会鉴定案①

患者高某因肝硬化到某医院就诊，某医院对其行肝移植术。患者术后 13 个月发现移植肝肝癌，又一年后死亡。患者近亲属诉至法院，要求某医院赔偿各项损失共计 3657110.58 元。本案在诉讼中，先委托医疗事故技术鉴定，医学会鉴定分析意见为：(1) 本病例肝移植术前临床诊断正确，肝移植手术指征明确。术后病理诊断为结节性肝硬化，未见癌细胞。临床术后依据病理诊断实施的治疗方案符合医疗规范。(2) 患者术后 13 个月发现移植肝肝癌，可能原因为长期应用免疫抑制剂、机体免疫机能低下；不排除乙肝肝硬化患者术前已存在目前诊疗技术难以发现的微小癌性病灶。医方发现移植肝肝癌后，对患者进行了积极治疗，符合医疗规范。(3) 医方应加强对肝移植术后患者的随访，尤其是影像学方面的检查。鉴定结论为，高某病例不属于医疗事故。双方当事人对此鉴定结论予以认可。就上述鉴定结论的第三项，即“医方应加强对肝移植术后患者的随访，尤其是影像学方面的检查”的确切含义，双方当事人共同选定法医鉴定机构进行鉴定。经鉴定结论认为，某医院对高某肝移植术后虽进行了相关随访及复查，但肝移植术后 1 年期间未见进行影像学检查，提示随访及复查不到位，导致未能于早期及时发现移植肝占位病变。从后果来看，延误了对高某肝癌复发的早期诊断和有效治疗。对于患者高某死亡的后果，主要原因是患者本身的疾病；但对于延长寿命而言，随访及复查的过错是主要原因。据此鉴定结论，考虑到肝移植术后肝癌复发的预后差、5 年生存率低，法院确定某医院应承担赔偿责任的比例为 30%。据此，一审法院判决某医院赔偿患者近亲属医疗费、营养费、住院伙食补助费、护理费、死亡赔偿金、丧葬费、精神损害抚慰金共计 230460.85 元。一审判决后，医患双方均不服分别提起上诉，二审法院经审理维持原判。

评析

在《侵权责任法》实施前，在医疗损害赔偿的二元化机制下，相应诉讼机制也较为复杂。一经发生医疗损害，在起诉时，患者一方为其利益往往选择医疗事故以外的其他医疗损害赔偿案由，并要求进行医疗损害责任过错鉴定，而

---

① 刘鑫、孙东东、陈特：《医疗损害赔偿诉讼实务》，中国法制出版社 2012 年版，第 202-203 页。

医疗机构为自身利益则往往提出双方争议应属医疗事故损害赔偿争议，并要求进行医疗事故技术鉴定。协调解决的办法是赋予医疗机构提出不构成其他医疗损害的抗辩权。但如果经医疗事故技术鉴定不构成医疗事故，患者往往又会要求按一般医疗损害赔偿给予救济，由此在诉讼中改变案由和诉讼请求，并再进行医疗损害责任过错鉴定。也即要走两种救济渠道，通常要进行三次鉴定，导致案件审理周期冗长。例如在本案中，法院首先依据某医院的申请委托医学会组织进行医疗事故技术鉴定。虽然鉴定报告认为本病例不构成医疗事故，但该报告也指出“医方应加强对肝移植术后患者的随访，尤其是影像学方面的检查”。也就是说，某医院在对患者的随访尤其是影像学方面的检查方面存在不足。然而，法院仅依据该鉴定结论无法审结此案，所以法院在此种情形下还需再委托进行医疗损害责任过错鉴定。

在《侵权责任法》实施前，实践中存在大量的与本案例相似的因医疗事故技术鉴定存在不足而再次进行医疗损害责任过错鉴定的案件。对于这些案件，首先涉及医疗事故技术鉴定结论的效力问题。一种观点认为，对医疗事故技术鉴定结论应完全采信。本书认为，这是不正确的，医疗事故鉴定结论只是证据的一种形式，应经审查认定才能明确是否采信，这也涉及医疗事故技术鉴定和医疗损害责任过错鉴定的关系问题。从根本上说，二者都是鉴定，不存在效力高低的问题，但在医疗损害责任二元鉴定机制的情况下，可能存在以医疗损害责任过错鉴定弥补医疗事故技术鉴定不足的问题。正如上述案件中，医疗事故技术鉴定虽认为本病例不构成医疗事故，但又指出某医院的医疗行为存在一定的过错，其内容自相矛盾。这是医疗事故技术鉴定自身存在的问题，无法通过重新鉴定、补充鉴定解决，因为这份鉴定结论的内容本身是完整的。有鉴于此，立足于公平救济，一审法院许可患者一方在医疗事故技术鉴定之后另行申请医疗损害责任过错鉴定。应当说，一审法院在医疗事故技术鉴定后许可再进行医疗损害责任过错鉴定，是基于对医疗事故鉴定结论审查后发现鉴定结论存在矛盾的解决办法，而不是进行重复鉴定。还应当看到，在《侵权责任法》实施之后，由于医疗损害责任的二元化问题已成过去，民事赔偿意义上的医疗事故技术鉴定不复存在，取而代之的是与医疗损害责任过错责任相当接近的医疗损害责任技术鉴定。在实践中，一般不会再出现本案所涉及的两种鉴定的复杂关系，但仍然会涉及医学会鉴定与法医鉴定的问题。

第二节 医疗损害鉴定的若干疑难问题

【原理阐释】

一、《民法典》未规定医疗损害鉴定制度

在司法实践中，我国以往的医疗损害鉴定制度存在争议。按照《条例》规定的医学会进行的医疗事故技术鉴定，其所作出的鉴定结论是在医学会的主导下进行的，并不是法庭委托作出，不具有司法属性。而司法鉴定机构作出的医疗损害责任过错鉴定，医疗机构和医务人员都不相信，因为作鉴定的人是法医。在立法过程中，各方都呼吁立法机关在《民法典》中规定基本的医疗损害鉴定制度，但都被以“实体法不宜规定程序法的内容”等理由而予以拒绝，没有对医疗损害鉴定作出任何规定。因此，留下了医疗损害鉴定制度这个空白。《民法典》生效之后，究竟是由医学会进行鉴定，还是由司法鉴定机构进行鉴定，或者另行设立新的鉴定制度，从法律层面来看不得而知，其继续保持了医疗损害鉴定的混乱制度。

因此，在《民法典》实施后，许多专家学者都对医疗损害鉴定制度的构建提出了自己的设想。例如，杨立新教授认为，目前的医疗事故责任鉴定与医疗过错鉴定都存在较大的缺陷，不是合理的医疗损害鉴定制度。医疗损害鉴定的性质应当是司法鉴定，具体组织鉴定的不应当是医学研究机构，而是法院和法官。对此，最高人民法院、司法部、卫健委应当制定科学的、符合司法规律的医疗损害鉴定制度。对医疗损害医学司法鉴定结论，应当像对待其他司法鉴定一样，法官有权组织并进行司法审查，有权决定是不是进行重新鉴定，有权决定对鉴定结论是否采信，并且鉴定专家有义务出庭接受当事人的质询。如果有充分的根据，法官有权依据调查的事实或者根据更有权威的鉴定结论而否定先前的鉴定结论。只有这样，才能保证医疗损害责任认定的准确性和合法性，才

能充分保护患者的合法权益不受侵害。①

虽然原《侵权责任法》《民法典》对医疗损害鉴定没有规定，但《侵权法适用通知》对医疗损害鉴定作出了原则规定。该通知第3条规定：人民法院适用侵权责任法审理民事纠纷案件，根据当事人的申请或者依职权决定进行医疗损害鉴定的，按照《全国人民代表大会常务委员会关于司法鉴定管理问题的决定》《人民法院对外委托司法鉴定管理规定》及国家有关部门的规定组织鉴定。由于通知的内容过于简单，而最高人民法院关于医疗损害的专门司法解释至今尚未出台。因此，在实践中，各法院在审理医疗损害赔偿纠纷案件时也遇到了一些鉴定方面的疑难问题。

二、委托医学会鉴定机构进行鉴定有无法律依据

从以上分析可知，目前医疗损害鉴定仍然要施行双轨制，既可以委托社会上的法医鉴定机构进行鉴定，也可以委托医学会的鉴定机构进行鉴定。然而，选择医学会的鉴定机构进行医疗损害技术鉴定是否具有法律依据呢？这是司法实务中争论比较大的问题。的确，考察医学会现有的医疗事故技术鉴定机构，我们会发现，该机构设立的法律依据是《条例》和《医疗事故技术鉴定暂行办法》，按理说只能进行医疗事故技术鉴定，委托其对《民法典》规定的事项进行鉴定，似乎没有法律依据。但是，2021年1月6日国家卫健委发布的《关于加强医疗损害鉴定管理工作的通知》（国卫医函〔2021〕1号）明确了医学会可以开展医疗损害鉴定工作，并对鉴定专家库的设置以及鉴定收费等作了原则上的要求与规定。根据国家卫健委的通知，中华医学会制定了《医学会医疗损害鉴定规则（试行）》（医会鉴定发〔2021〕33号），明确了具体的鉴定程序，指导各级医学会开展医疗纠纷损害鉴定工作。比较司法行政部门的规定和国家卫生行政部门的规定，委托医学会的鉴定机构进行医疗损害技术鉴定没有法律障碍。此外，关于医学会开展医疗损害鉴定，本书认为还有以下理由。

第一，鉴定机构法定性强调是依法设立，并不在于是否要得到某一个具体法律的允许或者授权。在鉴定机构的法定性上，法医鉴定机构的设立，是依据

① 杨立新：《〈侵权责任法〉改革医疗损害责任制度的成功与不足》，载《中国人民大学学报》2010年第4期。

《全国人民代表大会常务委员会关于司法鉴定管理问题的决定》和司法部的《司法鉴定机构登记管理办法》设立的。这些规范性法律文件都没有具体规定法医鉴定机构的业务范围，更没有规定可以实施医疗过错、因果关系、参与度、后续治疗等方面的鉴定，那么法医鉴定机构开展医疗损害鉴定的法律依据何在？因此，本书认为，鉴定机构的法定性，是指由国家相关管理机构依法批准设立可以开展特定学科领域的鉴定机构的法律形式要件。

第二，鉴定机构的职能范围是相对的，只要是属于其专业领域范围，与其技术能力相一致的鉴定项目，受司法机关委托，均可以开展鉴定。其实，说到司法鉴定，我们往往只熟悉传统意义上的法医鉴定、可疑文件鉴定、痕迹鉴定等，但是在司法实践中，近年来大量的科学证据、科学问题呈现在法庭上，都需要判案法官委托相关领域的专家来出具专业判断意见，而很多领域甚至没有专门为司法服务的鉴定机构，法官根据《民事诉讼法》第 79 条的规定，同样可以委托进行鉴定。比如，给动物做亲子鉴定，只能由畜牧、兽医等领域的科学实验室来实施，目前没有专门的鉴定机构，实践中往往由法院直接委托所在地农科院鉴定，或者是先委托某个法医鉴定机构，再由该法医鉴定机构转委托农科院鉴定。鉴定机构的法定性管理要求鉴定人员职业化，其结果是实施鉴定的人终生职业便是鉴定。但是我们不要忘记鉴定的本质和初衷，鉴定是相关领域的专家所做的专业判断。术业有专攻，司法领域面临的科学问题林林总总，不是我们指定几个科技人员就能全部胜任的，而且鉴定人员职业化之后，他们不再从事科学研究，因而不会掌握即使是他们所熟悉的那个专业领域的新的科技成果，那么他们又如何来给法庭提供准确的科学分析判断呢？鉴定人职业化与鉴定结论的科学性是相矛盾的。

第三，最高人民法院 2010 年 6 月 30 日发布的有关规范文件都直接或者间接地认可了医学会的鉴定范围可以面向《侵权责任法》。值得一提的是，《浙江司法指导意见》第 13 条、《江苏司法指导意见》第 2 条、《上海司法指导意见》第 2 条、《北京司法指导意见》第 21 条都规定了法院可以委托医学会进行医疗损害技术鉴定。这些规定都是医学会开展医疗损害技术鉴定的法律依据。

三、医疗损害鉴定的救济程序——重新鉴定

重新鉴定问题是医疗侵权诉讼中比较突出的问题。在审判实践中，当事人

对鉴定结论不满意的，动辄要求重新鉴定。重复鉴定、多个鉴定结论相矛盾的情况，与重新鉴定标准不明确关系密切。对此，我们首先需要了解《民事证据规定》的有关规定。

《民事证据规定》第40条规定：当事人申请重新鉴定，存在下列情形之一的，人民法院应当准许：（1）鉴定人不具备相应资格的；（2）鉴定程序严重违法的；（3）鉴定意见明显依据不足的；（4）鉴定意见不能作为证据使用的其他情形。存在前款第1项至第3项情形的，鉴定人已经收取的鉴定费用应当退还。拒不退还的，依照本规定第81条第2款的规定处理。对鉴定意见的瑕疵，可以通过补正、补充鉴定或者补充质证、重新质证等方法解决的，人民法院不予准许重新鉴定的申请。重新鉴定的，原鉴定意见不得作为认定案件事实的根据。

对于法院委托的鉴定部门作出的鉴定结论，《民事证据规定》设置了比较严格的重新鉴定的条件，有证据证明鉴定结论存在鉴定机构或者鉴定人员不具备鉴定资格、鉴定程序严重违法、鉴定结论明显依据不足、鉴定结论经过质证后不能作为证据使用这四种情形之一的，若当事人申请重新鉴定，法院应予准许。对于主要内容没有问题但存在一些缺陷（如笔误等）的鉴定结论，只要能够通过补充鉴定、补充质证或者重新质证解决的，不应再重新鉴定。

在《侵权责任法》施行前，以往的医疗损害鉴定体制是二元化的鉴定体制，即医疗事故技术鉴定和医疗损害过错鉴定并行。在北京地区，医疗事故技术鉴定在一定程度上优先进行，只有经鉴定不构成事故时，患方才可申请医疗损害过错鉴定，实际上医疗损害过错鉴定只是患者一方的补充救济途径。

对于以往的医疗事故技术鉴定而言，再次鉴定正是首次鉴定的一个救济程序。此外，在必要时，中华医学会可以组织疑难、复杂并在全国有重大影响的医疗事故争议的技术鉴定工作。因此，医疗事故技术鉴定程序本身是一个较为完善的系统，如果当事人对医疗事故技术鉴定结论申请重新鉴定的，一般不应予以支持。但是在《侵权责任法》实施后，法院在诉讼中将不再委托医疗事故技术鉴定，医学会所组织的鉴定也改成医疗损害责任技术鉴定。对此，值得探讨的是，医疗损害责任技术鉴定是否还有必要分为初次鉴定和再次鉴定。本书认为，在诉讼中，同一种鉴定不应该反复进行，否则容易增加当事人的负担，也给法院造成困难。但同时，每一种鉴定应该有一个相应的救济程序。因此，为减轻当事人的负担，避免多次鉴定自相矛盾，医疗损害责任技术鉴定一般情况下只应进行一次。对此，《北京司法指导意见》第 21 条第 2 款也规定：在国家有关部门关于医疗损害鉴定的新规定颁布之前，人民法院也可以委托各区、县医学会或北京医学会组织进行医疗损害责任技术鉴定。也就是说，当事人对医疗损害责任技术鉴定结论不服的，不应该申请所谓的再次鉴定，而应该依据《民事证据规定》申请重新鉴定。同样，对于医疗损害责任过错鉴定而言，如果当事人对鉴定结论不服，其也应该获得一个救济机会，即当事人有权根据《民事证据规定》申请重新鉴定。

基于上述分析，考虑到原《侵权责任法》《民法典》实施所带来的变化，《北京司法指导意见》第 26 条规定，对有缺陷的医疗损害鉴定结论，可以通过补充鉴定、重新质证或者补充质证等方法解决的，不予重新鉴定。当事人有证据证明医疗损害鉴定结论符合司法解释有关重新鉴定规定的情形的，可以申请重新鉴定。当事人申请重新鉴定的，应当在人民法院指定的期限内提出。这里需要注意的是，为保障诉讼效率，对医疗损害鉴定结论（包括医疗损害责任技术鉴定结论和医疗损害责任过错鉴定结论），当事人有异议申请重新鉴定的，该条规定了严格的限制条件，能够通过补充鉴定等方式解决的，不予重新鉴定。

根据《北京司法指导意见》的规定，在北京地区，无论法院是委托进行医疗损害责任过错鉴定还是医疗损害责任技术鉴定，其鉴定结论的效力都是相同的，它们互相不成为对方的一种救济手段。如果鉴定结论有缺陷，当事人只能根据《民事证据规定》的规定申请重新鉴定。

此外，关于重新鉴定，其他地区的指导意见也作出了类似的规定。例如，《浙江司法指导意见》第 18 条规定：当事人对医疗损害鉴定结论不服申请重新鉴定的，人民法院应依据《民事证据规定》的规定，审查决定是否予以准许。又如，《上海司法指导意见》第 4 条规定：法院委托医学会进行医疗损害鉴定，由诉讼双方当事人协商选择区县医学会进行鉴定；双方当事人不能协商一致的，原则上由法院在医疗机构所在地以外区县医学会中确定。经区县医学会鉴定后，当事人仍有异议，经审查，法院认为符合重新鉴定条件的，可委托市医学会重新鉴定。一些案情复杂，当事人不同意在区县医学会鉴定的，法院可以委托市医学会进行鉴定。再如，《江苏司法指导意见》第 2 条规定：医疗损害鉴定一般应委托本行政区域内市医学会组织进行，当事人均同意委托其他司法鉴定机构进行鉴定的，应予准许。本地医学会存在回避等情形的，人民法院可委托本省其他市医学会组织鉴定，必要时经省高级人民法院司法技术部门同意后，商请省医学会组织鉴定。医疗损害需要重新鉴定的，由省医学会负责组织。

四、关于当事人自行委托鉴定的效力问题

所谓当事人自行委托鉴定，是指没有对方当事人及中立的有权处理该医疗纠纷的第三方机构参与，由当事人一方自行委托的鉴定机构实施的鉴定。有时是正规鉴定机构出具的鉴定意见，也可能是相关领域的专家或者号称“专家”的人出具的“审查意见”，后者实质上是“专家论证报告”“专家辅助人意见”。这样的行为既可以发生在诉讼启动前，也可以发生在诉讼过程中，还可以发生在诉讼结束后，当事人申诉为了启动再审程序，也会自行委托进行鉴定。

《民事证据规定》第 41 条规定：对于一方当事人就专门性问题自行委托有关机构或者人员出具的意见，另一方当事人有证据或者理由足以反驳并申请鉴定的，人民法院应予准许。《医疗损害司法解释》第 15 条规定：当事人自行委托鉴定人作出的医疗损害鉴定意见，其他当事人认可的，可予采信。当事人共同委托鉴定人作出的医疗损害鉴定意见，一方当事人不认可的，应当提出明确的异议内容和理由。经审查，有证据足以证明异议成立的，对鉴定意见不予采信；异议不成立的，应予采信。对于当事人自行委托得到的鉴定意见，在司法实践中不应简单否定，而应根据不同情况区别对待，其核心在于对方当事人对该鉴定意见的态度。当然，最高人民法院有关人员也解释，即便是对方当事人不认可的当事人自行委托的鉴定意见，也没有必要直接排除，而是将其作为证据材料对待予以审查。

对于当事人一方自行委托的鉴定结论，在审判实践中往往只要对方当事人申请重新鉴定的，法院即予以准许。事实上，当事人提交的其自行委托的鉴定结论，也是当事人提出的证据材料，不能简单地否定其效力，而应通过质证对其效力进行判断。如果另一方当事人只提出重新鉴定的申请，而没有相应的正当理由和证据反驳的，法院不应准许其申请；另一方当事人有证据反驳并申请

重新鉴定的，法院应当准许重新鉴定。

《上海司法指导意见》第 5 条规定，对于诉讼前的既有鉴定结论，如系一方当事人单方委托鉴定的，一般应由法院委托重新鉴定。法院委托的鉴定，如出现《民事证据规定》规定情形的，应当重新组织司法鉴定。

五、关于鉴定机构自行撤销鉴定意见的问题

鉴定机构自行撤销鉴定意见，是指鉴定机构在接受办案单位的委托实施鉴定活动并出具鉴定文书后，在未征得委托单位或者案件处理单位的同意，单方径直作出鉴定意见撤销的行为。在实践中表现为鉴定机构向有关部门发出“鉴定意见撤销通知”。鉴定机构自行撤销鉴定意见的现象是近年来司法领域出现的一种怪异现象，这种现象的发生，与当事人缠诉、扰乱鉴定机构秩序甚至威胁鉴定人的人身安全有关。①可见，鉴定机构自行撤销鉴定意见实属无奈之举。然而，纵有千万种理由，对于法律的严肃性、司法鉴定协议的严肃性，还是需要维护的。

一方面，鉴定机构及鉴定人既然选择了登记注册鉴定资格，专门从事为法庭提供鉴定意见的服务工作，在其选择之前就应当明白其工作的性质和风险，在享受权利的同时应当履行相应的义务。当前，当事人缠诉、扰乱有关单位秩序、威胁有关人员安全的现象确实存在，但并非仅限于鉴定机构，在政府部门、公检法机关同样存在，这是我国法治进程中出现的不和谐音符，随着社会进步，法制健全，这种现象会逐步消失。但是不能因为目前有这种现象，鉴定人就撤销鉴定，否则国家的司法功能如何实现，社会的公平正义如何维护？

另一方面，鉴定机构及鉴定人接受办案单位的鉴定委托，双方即签订了司法鉴定服务合同，即便是人民法院委托鉴定，双方签署的“鉴定委托书”也不是严格意义上的“合同”，而是一种类似行政合同的司法合同，有关各方当事人的权利义务受包括《民法典》及诉讼法在内的有关法律、法规的调整。鉴定机构在完成鉴定发放鉴定报告之后，又不经委托单位、办案单位同意，单方面

---

① 陈如超：《鉴定纠纷及其解决机制——基于民事司法鉴定的实践逻辑》，载《证据科学》2017 年第 2 期，第 225-249 页。

撤销鉴定，实际上是一种毁约行为，在民法上属于违约行为，鉴定机构及鉴定人要承担违约责任以及由此可能引起的其他法律责任。

《民事诉讼法》第114条规定，诉讼参与人或者其他人有伪造、毁灭重要证据，妨碍人民法院审理案件的，人民法院可以根据情节轻重予以罚款、拘留；构成犯罪的，依法追究刑事责任。人民法院对有前款规定的行为之一的单位，可以对其主要负责人或者直接责任人员予以罚款、拘留；构成犯罪的，依法追究刑事责任。司法实践中，人民法院对于司法鉴定机构单方面擅自撤销鉴定意见的行为，导致已经生效的判决面临“证据真空”，被当事人质疑、缠诉的现象，因而适用《民事诉讼法》第114条的规定对鉴定机构及鉴定人实施司法处罚。

《民事证据规定》第42条规定：鉴定意见被采信后，鉴定人无正当理由撤销鉴定意见的，人民法院应当责令其退还鉴定费用，并可以根据情节，依照民事诉讼法第111条[①]的规定对鉴定人进行处罚。当事人主张鉴定人负担由此增加的合理费用的，人民法院应予支持。人民法院采信鉴定意见后准许鉴定人撤销的，应当责令其退还鉴定费用。这对于杜绝鉴定机构及鉴定人擅自撤销鉴定意见的行为具有明显的震慑效果。

【法条链接】

《民事证据规定》

第三十五条　鉴定人应当在人民法院确定的期限内完成鉴定，并提交鉴定书。

鉴定人无正当理由未按期提交鉴定书的，当事人可以申请人民法院另行委托鉴定人进行鉴定。人民法院准许的，原鉴定人已经收取的鉴定费用应当退还；拒不退还的，依照本规定第八十一条第二款的规定处理。

第三十七条　人民法院收到鉴定书后，应当及时将副本送交当事人。

当事人对鉴定书的内容有异议的，应当在人民法院指定期间内以书面方式提出。

---

① 《民事诉讼法》于2021年12月24日修正，相关内容请参照现行有效《民事诉讼法》第114条。

对于当事人的异议，人民法院应当要求鉴定人作出解释、说明或者补充。人民法院认为有必要的，可以要求鉴定人对当事人未提出异议的内容进行解释、说明或者补充。

第四十条 当事人申请重新鉴定，存在下列情形之一的，人民法院应当准许：

（一）鉴定人不具备相应资格的；

（二）鉴定程序严重违法的；

（三）鉴定意见明显依据不足的；

（四）鉴定意见不能作为证据使用的其他情形。

存在前款第一项至第三项情形的，鉴定人已经收取的鉴定费用应当退还。拒不退还的，依照本规定第八十一条第二款的规定处理。

对鉴定意见的瑕疵，可以通过补正、补充鉴定或者补充质证、重新质证等方法解决的，人民法院不予准许重新鉴定的申请。

重新鉴定的，原鉴定意见不得作为认定案件事实的根据。

第四十一条 对于一方当事人就专门性问题自行委托有关机构或者人员出具的意见，另一方当事人有证据或者理由足以反驳并申请鉴定的，人民法院应予准许。

第四十二条 鉴定意见被采信后，鉴定人无正当理由撤销鉴定意见的，人民法院应当责令其退还鉴定费用，并可以根据情节，依照民事诉讼法第一百一十一条的规定对鉴定人进行处罚。当事人主张鉴定人负担由此增加的合理费用的，人民法院应予支持。

人民法院采信鉴定意见后准许鉴定人撤销的，应当责令其退还鉴定费用。

第四十三条 人民法院应当在勘验前将勘验的时间和地点通知当事人。当事人不参加的，不影响勘验进行。

当事人可以就勘验事项向人民法院进行解释和说明，可以请求人民法院注意勘验中的重要事项。

人民法院勘验物证或者现场，应当制作笔录，记录勘验的时间、地点、勘验人、在场人、勘验的经过、结果，由勘验人、在场人签名或者盖章。对于绘制的现场图应当注明绘制的时间、方位、测绘人姓名、身份等内容。

《医疗损害司法解释》

第十五条 当事人自行委托鉴定人作出的医疗损害鉴定意见，其他当事人认可的，可予采信。

当事人共同委托鉴定人作出的医疗损害鉴定意见，一方当事人不认可的，应当提出明确的异议内容和理由。经审查，有证据足以证明异议成立的，对鉴定意见不予采信；异议不成立的，应予采信。

《浙江司法指导意见》

第十八条 当事人对医疗损害鉴定结论不服申请重新鉴定的，人民法院应依据最高人民法院《关于民事诉讼证据的若干规定》第二十七条的规定，审查决定是否予以准许。

《江苏司法指导意见》

2. 医疗损害鉴定一般应委托本行政区域内市医学会组织进行，当事人均同意委托其他司法鉴定机构进行鉴定的，应予准许。

本地医学会存在回避等情形的，人民法院可委托本省其他市医学会组织鉴定，必要时经省高级人民法院司法技术部门同意后，商请省医学会组织鉴定。

医疗损害需要重新鉴定的，由省医学会负责组织。

《上海司法指导意见》

四、法院委托医学会进行医疗损害鉴定，由诉讼双方当事人协商选择区县医学会进行鉴定；双方当事人不能协商一致的，原则上由法院在医疗机构所在地以外区县医学会中确定。经区县医学会鉴定后，当事人仍有异议，经审查，法院认为符合重新鉴定条件的，可委托市医学会重新鉴定。

一些案情复杂，当事人不同意在区县医学会鉴定的，法院可以委托市医学会进行鉴定。

五、对于诉讼前的既有鉴定结论，如系一方当事人单方委托鉴定的，一般应由法院委托重新鉴定。

法院委托的鉴定，如出现最高人民法院《关于民事诉讼证据的若干规定》第二十七条规定情形的，应当重新组织司法鉴定。

《北京司法指导意见》

21. ……

在国家有关部门关于医疗损害鉴定的新规定颁布之前，人民法院也可以委托各区、县医学会或北京医学会组织进行医疗损害责任技术鉴定。

25. 人民法院审理医疗损害赔偿纠纷案件，对涉及人体损伤残疾程度鉴定标准的问题，应统一适用北京司法鉴定业协会制定的《人体损伤致残程度鉴定标准（试行）》。

26. 对有缺陷的医疗损害鉴定结论，可以通过补充鉴定、重新质证或者补充质证等方法解决的，不予重新鉴定。

当事人有证据证明医疗损害鉴定结论有《最高人民法院关于民事诉讼证据的若干规定》第27条第1款规定的情形之一的，可以申请重新鉴定。当事人申请重新鉴定的，应当在人民法院指定的期限内提出。

【案例7-04】医学会鉴定与法医鉴定意见不一致的案件①

患者相某因间断发热到被告某医院治疗，后因疾病恶化，治疗无效死亡。患者尸体病理解剖检查报告结论为，死者因单灶性慢性肺脓肿及胸膜动脉粥样硬化之胸主动脉壁，导致病变的胸主动脉自薄弱处破裂，引起大出血，血液溢入大气管，最终因窒息及失血性休克死亡。患者近亲属认为某医院在诊疗过程中存在过错，双方产生争议。本案在诉前即委托医疗事故技术鉴定，鉴定结论为，胸主动脉破裂难以预测，出血迅猛，死亡率高，一般情况下，即使及时抢救也难以挽救患者生命。某医院对患者相某实施医疗过程中无明显直接导致其死亡的过失，本例不构成医疗事故。诉讼中，法院依据患者一方的申请委托法大法庭科学技术鉴定研究所进行鉴定。鉴定结论为：（1）关于诊治问题，某医院虽初步明确了疾病性质，予以抗感染治疗，但对感染严重程度判断估计不足，抗炎力度及强度明显不够，一直未能有效地控制炎症；入院后辅助检查措施不到位，CT检查不及时。（2）关于治疗行为与死亡后果之间的因果关系，某医院的延误诊治行为促使相某的病情恶化，以致死亡发生，两者之间存在部分的因果关系。鉴定意见：某医院对相某的诊疗，抢救行为存在诊治延误、治疗力度不够等医疗过错，其诊治行为的过错与相某的死亡存在部分因果关系（参与度建议考虑D级，赔偿参考范围40%-70%）。据此，法院判决某医院赔偿相某近亲属丧葬费、死亡赔偿金、鉴定费、被扶养人生活费等各项损失共计23万余元。

---

① 刘鑫、孙东东、陈特：《医疗损害赔偿诉讼实务》，中国法制出版社2012年版，第212-213页。

评析

在本案中，医疗事故技术鉴定的结论为，某医院对患者相某实施医疗过程中无明显直接导致其死亡的过失，本例不构成医疗事故。该鉴定结论用语模糊，难以令人信服。依据该鉴定结论，并不能排除某医院存在不那么明显的导致患者死亡的过失，但其最终结论却是不构成医疗事故。如果本案的鉴定程序到此为止，依据《条例》的规定，不构成医疗事故的，医疗机构不承担赔偿责任。那么，患者一方将无法获得赔偿，本案恐怕难以案结事了。因此，本案中在医疗事故技术鉴定难以满足审判需要时，法院另行委托了医疗损害责任过错鉴定。

本书认为，受害人的损害必须给予救济。如果患者的生命或者身体健康因为医疗机构的过错行为受到了损害，致害人就应当对患者受到的损害承担赔偿责任。在有些情况下，虽然患者身体因医疗机构的过错行为受到了损害，但是经过鉴定医疗机构的行为不构成医疗事故的，当然不能作为医疗事故进行处理。但医疗机构仍应当对患者身体受到的损害承担医疗过失致人损害的民事赔偿责任。不能因为医疗机构的过错行为不构成医疗事故，就不对受害人的损害承担赔偿责任。公民的生命健康权是人的最基本的权利，尊重保护人的权利是我国宪法和法律确定的基本原则。不论什么性质的侵权行为，只要损害了公民的生命、健康，就应当给予经济赔偿，这既是我国法律给予受害人的最基本的救济方式，也是宪法中关于保护人的基本权利的具体体现。

早在《侵权责任法》颁布前，北京地区的部分区县医学会就已经对医疗事故技术鉴定进行了改革，将鉴定内容扩展，以满足审判实践的需要。其鉴定的内容为，本病例是否构成医疗事故；如不构成医疗事故，医疗机构是否存在其他医疗过错；如存在其他医疗过错，与患者的损害后果是否有因果关系；等等。从这种改革的方向可以看出，医学会组织的鉴定，无论是以前的医疗事故技术鉴定还是现在的医疗损害责任技术鉴定，与司法鉴定机构组织的医疗损害责任过错鉴定相比，二者的实质内容并无差异。对于所有这些鉴定来说，只要有完备的鉴定程序保证其科学性，是可以满足审判实践的需要的。

第三节 医疗损害鉴定意见的审查与应用

【原理阐释】

一、医疗损害鉴定意见的审查要求

对医疗损害鉴定意见的审查要求与其他鉴定意见审查要求一样，都是依据《民事诉讼法》《民事诉讼法司法解释》《民事证据规定》等法律文件，但医疗损害鉴定意见的审查还有其特殊性，还要依据《医疗损害司法解释》及医疗活动的专业要求，这是由医疗损害诉讼的专业特点所决定的。

对鉴定意见的审查包括形式上审查和实质性审查。形式上审查是对鉴定意见作合法性、证据资格、证据能力的审查，依据《民事证据规定》第36条的规定：人民法院对鉴定人出具的鉴定书，应当审查是否具有下列内容：(1) 委托法院的名称；(2) 委托鉴定的内容、要求；(3) 鉴定材料；(4) 鉴定所依据的原理、方法；(5) 对鉴定过程的说明；(6) 鉴定意见；(7) 承诺书。鉴定书应当由鉴定人签名或者盖章，并附鉴定人的相应资格证明。委托机构鉴定的，鉴定书应当由鉴定机构盖章，并由从事鉴定的人员签名。即审查鉴定文书中是否载明了这些项目，是否回答了这些问题。对鉴定意见的实质性审查，主要是审查鉴定意见的科学性、相关性。实质性审查结合了该法第36条的规定内容，根据医学理论知识、医疗活动规范及具体医疗损害案件的特点进行。《鉴定审查规定》为鉴定意见实质性审查提供了依据。《鉴定审查规定》从鉴定事项、鉴定材料、鉴定机构、鉴定人员、鉴定文书、鉴定监督六个方面予以规定。关于鉴定机构、鉴定人员、鉴定意见的审查，在其他文献里讨论得比较多，这里重点讨论以下三个问题。

（一）鉴定事项的审查

无论是启动鉴定，还是已经完成的鉴定，都需要审查鉴定涉及的项目是否属于查明案件事实的专门性问题。以下内容不认为是案件事实的专门性问题：（1）通过生活常识、经验法则可以推定的事实；（2）与待证事实无关联的问题；（3）对证明待证事实无意义的问题；（4）应当由当事人举证的非专门性问题；（5）通过法庭调查、勘验等方法可以查明的事实；（6）对当事人责任划分的认定；（7）法律适用问题；（8）测谎；（9）其他不适宜委托鉴定的情形。这里已经明确了对当事人责任划分的认定不属于鉴定事项，在医疗损害鉴定中经常涉及这样的问题。

一方面，鉴定的参与度、原因力的判断及等级划分，属于医疗过错与损害结果之间因果关系的定量表述，但常常被鉴定人、律师甚至有的审判人员等同于责任划分。如果鉴定文书上明确写的是责任，鉴定意见无效；裁判文书直接将其等同于责任划分，也会影响裁判的效力。

另一方面，鉴定事项所涉鉴定技术和方法的争议较大，应当先对其鉴定技术和方法的科学可靠性进行审查。所涉鉴定技术和方法没有科学可靠性的，不予委托鉴定。科学性是鉴定意见的根本属性，不具有科学性的鉴定意见不具备可采性。因此，可以组织相关专业领域的专家对鉴定技术、方法进行评价。在鉴定领域内，有技术性较强的鉴定项目，如 DNA 鉴定，也有经验性较强的鉴定项目，如损伤程度、伤残程度、精神状态、医疗过错等，这些都是依据鉴定人的主观认识和经验作出的判断。经验的个体差异性非常大，不同的人对同一事项的经验和判断不同，甚至相反。所以，在循证医学上对循证证据的效力分级，在 50 多个不同的标准中，均把专家意见排列在最后一级，可靠性很差。①因此，对医疗鉴定意见应当持审慎态度的内容太多。

（二）鉴定材料的审查

鉴定的依据是科学原理和技术经验，但鉴定意见的准确性取决于鉴定所依据的鉴定材料。鉴定人的业务能力再强，如果鉴定材料虚假或者不全，也会导

---

① 陈耀龙、李幼平、杜亮等：《医学研究中证据分级和推荐强度的演进》，载《中国循证医学杂志》2008 年第 2 期，第 127-133 页。

致鉴定意见不可靠。所以在审查鉴定意见的时候，要重点关注鉴定材料。这也要求人民法院在相关卷宗中要记载鉴定材料的目录、鉴定材料的状况、庭审质证情况、当事人对鉴定材料的态度。

《鉴定审查规定》对鉴定材料的审查提出了如下要求：(1) 严格审查鉴定材料是否符合鉴定要求，人民法院应当告知当事人不提供符合要求鉴定材料的法律后果；(2) 未经法庭质证的材料（包括补充材料），不得作为鉴定材料，当事人无法联系、公告送达或当事人放弃质证的，鉴定材料应当经合议庭确认；(3) 对当事人有争议的材料，应当由人民法院予以认定，不得直接交由鉴定机构、鉴定人选用。

《民事证据规定》第 31 条规定了负有举证义务的当事人应当提出鉴定申请，并提供鉴定所需鉴定材料，不提交鉴定材料致使待证事实无法查明的，应当承担举证不能的法律后果。《医疗损害司法解释》第 10 条规定：委托医疗损害鉴定的，当事人应当按照要求提交真实、完整、充分的鉴定材料。提交的鉴定材料不符合要求的，人民法院应当通知当事人更换或者补充相应材料。在委托鉴定前，人民法院应当组织当事人对鉴定材料进行质证。不过，对于鉴定材料的真实、完整、充分的理解，应当从相对的角度理解，而不是绝对的标准评价。如果是人民法院委托鉴定，鉴定材料由人民法院组织质证，对于双方当事人意见不一致的，由法院对鉴定材料作出评价。

（三）承诺书的签署

司法鉴定人在开展鉴定前，应当签署“承诺书”。《民事证据规定》第 33 条规定：鉴定开始之前，人民法院应当要求鉴定人签署承诺书。承诺书中应当载明鉴定人保证客观、公正、诚实地进行鉴定，保证出庭作证，如作虚假鉴定应当承担法律责任等内容。鉴定人故意作虚假鉴定的，人民法院应当责令其退还鉴定费用，并根据情节，依照民事诉讼法第 110 条[①]的规定进行处罚。在第 36 条对“鉴定文书”的内容规定中，也明确列出了“承诺书”。《鉴定审查规定》第 8 条规定：鉴定人拒绝签署承诺书的，人民法院应当要求更换鉴定人或另行委托鉴定机构。签署“承诺书”是鉴定开始的前提条件，“承诺书”是鉴

---

① 《民事诉讼法》于 2021 年 12 月 24 日修正，相关内容请参照现行有效《民事诉讼法》第 114 条。

定文书的有机组成部分，没有“承诺书”的鉴定文书无效。我们应对承诺书作如下审查。

第一，“承诺书”要在鉴定开始前签署，这是“承诺书”签署的时间要求。如果“承诺书”是在鉴定过程中签署，或事后补签，都会导致鉴定意见无效。

第二，由鉴定人签署，而不是鉴定机构签署，也不得由其他人代签。相当于鉴定人在鉴定开始前所作的“宣誓”“承诺”，保证客观公正鉴定，不作虚假鉴定。在鉴定人签字之后，鉴定机构应当盖章确认。

第三，“承诺书”要记载鉴定人承诺客观公正鉴定、不作虚假鉴定的内容。当然，《鉴定审查规定》附有“承诺书”的推荐格式，各鉴定机构也可以自行制作各具特色的“承诺书”，但不得漏掉关键性的承诺内容。

【案例 7-05】质疑鉴定材料病历造假的医疗损害赔偿案①

原告张某因外伤引起右侧腰部、腹部疼痛，于1993年3月9日到被告处就诊。经磁共振检查为“胸10-11节段髓外硬膜下占位病变”，当日被收住院治疗。原告是走进医院的，却在3月17日第一次手术后，病情逐渐恶化，直至7月10日第二次手术未下手术台，被治成了高位完全性截瘫。这一后果与被告第一次手术至第二次手术的过错及严重不负责有直接因果关系，使原告本来可以完全治愈的疾病却适得其反，落下终身残疾，给原告造成了极为严重的精神损害和极其重大的经济损失。经省卫生厅出面与被告调解未果，原告遂向法院起诉。2002年3月1日，被告以排除妨碍为由，诉至唐山市路北区人民法院，请求判令张某从该医院迁出。该院经审理认为，1996年3月12日被告为张某办理了出院手续，并于2002年6月19日判决张某在本判决生效后十日内从被告医院搬出。判后双方均未提起上诉，张某亦未履行已生效的判决。2003年1月16日，张某以医疗事故赔偿为由诉至本院。

1996年7月25日，唐山市医疗事故鉴定委员会进行鉴定，结论为二级医

---

① 本案系河北省高级人民法院发回重审案件。河北省唐山市中级人民法院（2017）冀02民初451号民事判决书；河北省高级人民法院（2019）冀民终331号民事判决书；中华人民共和国最高人民法院（2019）最高法民申6779号民事裁定书。

疗技术事故。2001年12月20日，河北省医疗事故技术鉴定委员会鉴定认为“该医疗纠纷不构成医疗事故”。征得双方当事人的同意后依据《医疗事故处理条例》之规定，函呈省法院法医室委托中华医学会对本案进行技术鉴定。2005年8月5日该会作出中华医鉴（2005）022号《技术鉴定书》，结论为根据《条例》第2条、第33条等规定，本例不属于医疗事故。原告对此结论有异议。2008年4月30日，上海华医司法鉴定所作出鉴定结论为，被鉴定人张某病情复杂（肿瘤位于脊髓右前方，且延伸范围较广），手术困难是导致其目前神经功能严重障碍的主要原因，某医院在对张某的治疗过程中存在不足（当第一次手术后神经功能有所改善后再度恶化时，未能及早进行检查和处理），不能完全排除其医疗行为与张某再次手术后神经功能障碍无望恢复之间存在一定因果关系，相关度拟为20%。

唐山市中级人民法院经审理认为，依据生效的唐山市路北区人民法院（2002）北民初字969号民事判决，原告张某主张的住院伙食补助费、误工费、护理费的截止时间均应是2002年6月19日。依据上海华医司法鉴定所的鉴定结论，被告某医院应对原告张某的经济损失承担20%的赔偿责任，被告对原告的经济损失应在合理损失范围内负赔偿之责。原告张某主张上海华医司法鉴定所的鉴定结论所依据的病历系伪造，但并未提交充分证据证实，本院对其主张不予采信。判决被告某医院赔偿原告张某各项经济损失748661元。

张某申请再审称，第一，原审判决认定的基本事实缺乏证据证明。1. 案件承办法官剥夺了张某的合法权利，其委托上海华医司法鉴定所的过程存在发票报销问题等瑕疵，该鉴定结论未经质证，鉴定材料系伪造。2. 原审庭审中仅有一位法官出席。3. 张某的原委托代理人的代理权限为一般授权，其对司法鉴定书的质证意见属超越代理权限。第二，原审判决认定事实主要的证据是司法鉴定结论，但该鉴定结论系以伪造涂改的病历为依据作出的。例如，唐山市某医院肌电图检查报告“大致正常”、秦皇岛市某医院病历记载“左下肢肌力Ⅳ级，右下肢肌力Ⅲ级”、病友家属证明、手术前一天病历记载“病情无变化，仍有后背及双下肢痛，为神经根刺激所致”、术前磁共振检查报告单、第一次术后病程记录、第一次术后病程记录证明第一次手术记录的脊髓“向外膨出，没有搏动，此段脊髓手感硬说明有变性”系某医院伪造病情；第一次术后第一、二天病程记录的“查：双下肢肌力Ⅰ级”都被涂抹窜改为“0级”，且涂改人没有签名等。第三，原判决认定事实的主要证据未经质证。上海华医司法鉴定所的鉴定结论未经张某本人质证。第四，某医院手术及诊疗过程存在违章行为，如隐瞒手术真相、病情侵犯张某的知情权，术后造假欺骗患者，针灸师违背治疗原则刺伤脊髓，第一次术后关键治疗长期用实习生及进修人员治病等。综上，依据《民事诉讼法》第200条第2项、第3项、第4项提出再审申请。

本院经审查认为，本案司法鉴定意见书系一审法院依职权委托上海华医司法鉴定所作出的，该鉴定机构具备鉴定资质，张某的原委托诉讼代理人在其代理权限范围内依法发表质证意见，对鉴定结论予以认可，原审法院依据该鉴定结论认定某医院的责任承担，并无不当。张某以并非本人参与质证为由申请再审，不具有法律与事实依据。张某主张鉴定所依据的病历系伪造，但并未提交充分有效的证据予以证明，不予支持。张某主张存在发票报销瑕疵、一人法官出庭审理等情况，但并未证明对其权利产生实质性的不利影响，故上述再审申请理由均不能成立。驳回张某的再审申请。

评析

本案是最高人民法院对当事人就已经生效判决的再审申请进行审查的裁定。当事人不服已经生效的判决，向最高人民法院提出再审申请，主要理由是认为判决所依据的鉴定有问题，鉴定系依据“伪造”的病历作出。然而，在其申诉理由中，主要是对病历中前后记载有出入，修改不规范等情形进行“挑错”，并没有提供实质性的可以证明医务人员伪造病历的证据。病历文件作为多位医务人员在观察、诊断、处置、治疗患者的过程中随手形成的工作记录，不同的人对病症观察难免不一致，不同医务人员对病症的主观分析不可能统一口径，随手记录难免存在笔误，以此作为主张病历伪造，理由确实难以令人信服。因此，最高人民法院在审查张某的再审申请时，认为其并没有提供充分有效的证据证明病历系伪造，最终作出了驳回其再审申请的裁定。

二、医疗过错判断的审查

首先，医疗过错的专业判断是医疗损害鉴定的核心内容之一，以至于有的人将医疗损害鉴定称为医疗过错鉴定。严格来说，医疗损害鉴定直接回答医疗行为有无过错并不合适，因为过错是一个法律概念，在法律上对过错有明确的界定，因而过错是法律问题而非专门性问题，如果进行鉴定，显然违反了《鉴定审查规定》第1条的规定。在英美法系上将法律问题界定为“终极问题”，也倾向于专家证人不得涉及。[①]在我国台湾地区的鉴定，一般表述为医疗疏失，就是为了区别法律上的过错概念。鉴定中可以使用医疗失误、医疗过误、医疗疏失等概念。

其次，医疗过错的鉴定往往缺乏判断依据。鉴定人往往是凭自己的主观感受进行判断，甚至有的判断违反基本常识，违反相关规定。比如，笔者在看一份鉴定文书时，鉴定人认为当事医生修改病历的方式不规范，修改病历的医生在用双线画掉写错的内容时没有签名，也没有修改日期。由此判断，医务人员违反《病历书写基本规范》。但问题是，修改病历的医务人员签名写日期的要求，是2010年3月1日起施行的《病历书写基本规范》第7条的规定。该纠纷发生在2008年，应当适用2002年9月1日起施行的《病历书写基本规范（试行）》的规定，该文件第8条只规定上级医师修改下级医师的病历才需要签名写日期。还有鉴定认为药物使用违反《药典》的表述，但鉴定人不知道的是，我国的药典现在已经出版了11版，最新一版出版于2020年，基本上是5年一版，每一版之间内容变化比较大。但是鉴定人并没有注意到这一情况，导致鉴定意见缺乏依据。鉴定人在判断医务人员违反诊疗规范时，有时候采用临床实践指南、专家共识，需要注意的是，我国的临床实践指南、专家共识制定本身就不规范，版本很多，相互矛盾，缺乏权威性。鉴定人有时候引用教科书或专著，但缺乏遴选文献的经验。

再次，混淆医疗过错的法律评判标准与医疗质量评价标准。法律上医疗过错的评判标准是对医疗行为提出的较低要求，符合医疗过错的情形的“门槛”比较高，一般的医疗问题并非“医疗过错”；医疗质量评价标准则是对医疗行为提出的较高要求，符合医疗质量缺陷的情形的“门槛”比较低，一般的医疗问题都可以界定为“医疗质量存在问题”。由此可见，医疗过错的法律评判标准与医疗质量评价标准在评价体系的坐标轴上分居两端，对二者的混淆如造成鉴定意见错误，导致法院错误裁判。但现在我们看医疗损害鉴定文书的惯例都是作出“鸡蛋里挑骨头”式的评价，对医疗过程，或者直接在病历中挑各种毛病和问题。

---

① 《美国联邦证据规则》第704条，Rule 704. Opinion on an Ultimate Issue。

最后，医疗过错的评判标准是什么？医疗过错的判断既然是一个法律问题，就应当回归法律，有关内容在本书第三章有比较多的叙述。简言之，医疗过错的判断，应当考察医务人员是否尽到其注意义务，有的鉴定人表述为“高度注意义务”，这不为错，但高度注意的意义还是专业上的注意义务，并非加上“高度”就要从严要求。是否尽到专业上的注意义务，应当以“当时的医疗水平”为判断基准，不得超出当时、当地、同类别医疗机构、同类别医务人员作出理想判断，即应当依据《民法典》第1221条的规定。具体在把握上，应当结合医疗卫生管理法律、法规、规章、诊疗操作规范、规程，即依照《医疗损害司法解释》第16条的规定。鉴定人在操作层面上，应当回归到医疗过程进行考察，要看医务人员的问诊、检查、会诊（包括三级医师查房）、治疗（包括康复治疗之告知）、转诊等环节。

【案例7-06】手术致患者丧失生育选择权的医疗损害纠纷①

2007年12月20日，李某、潘某向湖南省长沙市雨花区人民法院提起诉讼称，李某因怀孕于2006年上半年多次到某市妇幼保健院进行检查，由于该医院医生工作粗心大意、不负责任，检查完全流于形式，胎儿多个器官发育缺陷无一被发现，使李某丧失了选择优生优育的权利，不仅造成了婴儿终身痛苦，还给李某家庭带来沉重的精神和经济负担，故起诉被告医院承担产前检查漏诊、误诊责任，支付患儿畸形矫治手术费、伤残赔偿金、赔偿精神损失费等。

某司法鉴定中心作出的司法医学鉴定意见书显示，被鉴定人潘某在胎儿时（母体宫内），某市妇幼保健院在B超检查时未检出其左肾缺失，存在过错；某市妇幼保健院对B超检查时未检出其先天性心脏畸形、先天性脊柱侧弯畸形，不存在过错。

一审法院经审理认为，本案应属于医院违反产前诊断义务而导致的侵权责任，即因其他医疗行为引起的损害赔偿纠纷，判决被告医院赔偿原告伤残赔偿金、精神损失费，不支持畸形矫治手术费。原、被告不服上诉后，二审法院驳

① 湖南省长沙市雨花区人民法院（2008）雨民初字第126号一审民事判决书；湖南省长沙市中级人民法院（2010）长中民一终字第0941号民事判决书；湖南省高级人民法院（2014）湘高法民再终字第115号民事判决书；中华人民共和国最高人民法院（2016）最高法民再263号民事判决书。

回上诉，维持原判。湖南省高级人民法院针对李某再审申请启动再审程序，对二审裁判予以维持。李某不服再审判决，向检察机关申请监督。最高人民检察院启动抗诉程序。

最高人民法院经审理认为，原审参照人身损害赔偿中残疾赔偿金的标准，并依据鉴定结论“六级病残”，对残疾赔偿金予以支持。另，依据“被告医院对B超检查时未检出先天性心脏畸形、先天性脊柱侧弯畸形，不存在过错”的鉴定结论，申诉人所提“被告医院未能发现胎儿左肾缺失，与李某因此可能增加的额外抚养费用之间有因果关系。依据同一判断标准，其未能检出潘某患先天性心脏病和脊柱侧弯畸形的医疗过错行为，与李某因此可能增加的额外抚养费用之间应当同样存在因果关系”？因缺乏“未能检出潘某患先天性心脏病和脊柱侧弯畸形的医疗过错行为”的事实依据，本院不予采纳。

被告医院在产前检查中未能发现胎儿左肾阙如，该过错行为与潘某因患先天性心脏病和脊柱侧弯畸形所需额外治疗费用之间是否存在因果关系。对此，本院认为，首先，依据社会一般人的判断标准，发现胎儿严重畸形，孕妇将会选择终止妊娠，但对于本案所涉胎儿存在左肾阙如与孕妇作出终止妊娠的决定之间并无必然性。原卫生部印发的《超声产前诊断技术规范》也说明左肾阙如不属于超声产前诊断应诊断的严重畸形。孕妇是否终止妊娠受很多因素影响，即使医疗机构告知胎儿存在左肾阙如的缺陷，孕妇也未必就终止妊娠。其次，被告医院的过错在于未发现胎儿的左肾阙如，对于胎儿的先天性心脏病和脊柱侧弯畸形，其产前检查未予发现并不存在过错。因此，对于因潘某患先天性心脏病和脊柱侧弯畸形，所导致李某可能增加额外治疗费的损害后果，被告医院在产前检查过程中应属不能预见。最后，2006年5月20日，李某进行彩色超声诊断检查时，被告医院通过签署知情同意书的方式已对超声检查存在的局限性进行了告知，且诊断报告单亦载明“超声提示：建议复查”。故李某对前述损害后果亦存在一定的过失。综上，被告医院在产前检查中未能发现胎儿左肾阙如的过错行为与潘某因患先天性心脏病和脊柱侧弯畸形所致李某可能增加的额外治疗费用之间虽然存在客观上的因果联系，但不具备《侵权责任法》上所规定的医疗损害责任纠纷中诊疗行为与损害后果之间的因果关系。申诉人所提“鉴于左肾阙如是非常严重的疾病，足以影响孕妇作出是否继续妊娠的决定，如果被告医院当时检出胎儿左肾阙如，李某就可以及时选择终止妊娠，从而可以避免因残疾婴儿所患先天性心脏病、脊柱侧弯畸形而带来的精神痛苦和各项经济支出”的理由，因缺乏法律依据和事实依据，本院不予采纳。作出维持湖南省高级人民法院判决的决定。

评析

本案属于孕期保健服务合同纠纷，对医疗机构违约责任的认定，应当以医疗机构是否按照孕期保健诊疗规范为孕妇提供了规范的孕期保健服务，而不是以最终的结果——孕期检查未能全面提示胎儿发育畸形来判断。

首先，本案中，该孕妇分娩的新生儿确实存在一些生理上的缺陷，但是哪些缺陷应当纳入孕期保健检查项目，哪些不应当包含其中，原卫生部的《超声产前诊断技术规范》有明确的规定，最高人民法院在再审审查时注意到了该规范并进行了回应。其次，本案另一个争议的焦点是，胎儿发育畸形是否必然导致孕妇作出终止妊娠的决定。从事后来说，当事人可以这样主张。但是从一个理性人的正常思维来看，则不一定。现实中，胎儿发育畸形的情况时有发生，但是影响孕妇作出终止妊娠决定的因素有很多，胎儿畸形只是其中因素之一，很多夫妻对有畸形的胎儿最终还是决定继续妊娠，而不是终止妊娠。更何况，医务人员对胎儿发育畸形的判断，哪些应该包含在体检项目中，哪些是选择性包含在体检项目中，有明确的规定。即便属于孕期保健体检项目，也不一定就能发现畸形，还有其他主客观因素造成的影响。最后，本案还涉及事实因果关系和法律因果关系的判断。最高人民法院认为，医疗机构未能发现胎儿发育畸形与当事人费用增加之间存在因果关系，但是这种因果关系并不是侵权责任构成要件上的因果关系，前者属于事实因果关系，后者属于法律因果关系。法院在作出判决时，是以法律因果关系进行认定的。

三、因果关系判断的审查

这里所称的因果关系（causality 或 causation），完整表述应当是指有过错的医疗行为与患者损害后果之间是否具有因果关系，这种因果关系同样是医疗损害责任构成要件之一，且专业性更强，法官更是难以判断。因此，因果关系的专业判断是医疗损害鉴定的核心内容之一。然而，司法实践中的鉴定意见，对因果关系的判断趋于简单化、武断化、随意化，既没有判断的理由和依据，也没有说服力。也就是说，鉴定意见中因果关系判断空置化。①

因果关系是事物发生、发展、演变的自然规律，是一种客观存在，是第一个事件（“因”）和第二个事件（“果”）之间的作用关系，其中后一事件被认为是前一事件的结果。一般来说，一个事件是很多原因综合产生的结果，即多因一果，只是各种“因”的参与程度有所不同，而且原因都发生在较早的时间点，而该事件又可以成为其他事件的原因。

在医疗损害纠纷中，患者所发生的损害结果，几乎都是多种因素共同作用的结果。在医疗损害鉴定中，我们所关心的是“有过错的医疗行为”是否构成患者损害结果的“因”。但是作这样的判断需要有科学根据，没有科学根据，难以作出这样的判断，即使作出判断也是不科学的。由于人们对事物发展规律的认识是一个循序渐进的过程，因果关系的判断所依据的科学理论知识是有限的，有时甚至处于空白状态，这就造成了因果关系判断的难度。但是有难度归有难度，没有相应的科学知识，无法作出因果关系判断，作为鉴定人来说，应当实事求是地在鉴定书中说清楚，让法官对此有一个客观的认识，便于法官在作案件事实认定，形成法律事实判断时，自由心证和取舍。对于确实判断不清楚的情况，法官可以采用法律规则、举证责任分配规则进行裁判。但是如果没有因果关系判断依据，而鉴定人武断地作出因果关系判断，必然误导法官的判断和裁判。在这样的背景下，鉴定人再进一步对因果关系作定量判断——参与度、原因力的判断，只能是一个武断意见。

因果关系的判断，首先要回归到侵权责任构成要件的因果关系的判断上来，即按照“若无/则不”的规则进行判断，过错医疗行为是患者损害结果发生的必要条件，有过错医疗行为不一定有患者损害结果发生，无过错医疗行为则必不会有患者损害结果发生。当然，在运用该规则判断因果关系时，还是需要依据相应的科学理论知识支持。本书建议，对相关争议事件的因果关系判断的医学理论知识，作为鉴定人应当根据循证医学的基本理论和方法，运用循证证据的效力等级进行判断。对既有的科学研究结果，应当按照循证证据分类及效力等级来梳理、筛选判断依据。当然，循证证据分类及效力等级的标准很多，目前不下 50 个，本书建议采纳我国学者作出的分类分级标准。下表显示

---

① 满洪杰：《医疗损害责任因果关系虚无陷阱及其化解——兼评法释〔2017〕20 号第 12 条》，载《法学》2018 年第 7 期，第 83-100 页。

的是中国循证医学中心提出的循证证据分级方案。①在没有金标准的情况下，可依该证据等级情况使用证据，但应明确其可靠性随级别的降低而依次降低，当以后出现更高级别的证据时就应尽快使用。②

2006年中国循证医学中心的证据分级

证据级别	定义
A	系统评价，HTA，Meta-analysis
B	政府及相关机构报告
C	有确切研究方法的文献
D	综述
E	专家意见

四、专家辅助人的正确运用

鉴于医疗损害赔偿案件的专业性、复杂性，以及我国鉴定体制的特殊性，对于有明确鉴定的医疗损害赔偿案件，尽管当事人对鉴定意见有异议，也很难撼动鉴定意见，即便鉴定意见有问题，也是如此。我国《民事诉讼法》虽然规定，当事人对鉴定意见有异议的，可以申请鉴定人出庭质证。近年来，无论是人民法院，还是司法行政部门，都在强化鉴定人出庭质证的义务。但鉴定人出庭质证并不能达到预期的效果，其主要原因在于以下几点。其一，法官对鉴定意见的依赖心理难以动摇。只要有明确的鉴定意见，鉴定的作出主体合法、程序合法，法官很难不采信鉴定意见。其二，法官限于医学知识的局限性，在庭审质证中很难听懂当事人质证的意见，孰是孰非，通过质证并不能见分晓。其三，鉴定体制的特殊性也有制约作用。我国采用法定证据制度，鉴定意见是法定证据之一，而实施医疗损害鉴定的机构和人员要预先获得司法行政部门的资格授予，一旦有此资格，法官也很少考虑其他影响因素。其四，鉴定人出庭缺

---

① 陈耀龙、李幼平、杜亮等：《医学研究中证据分级和推荐强度的演进》，载《中国循证医学杂志》2008年第2期，第127-133页。

② Graham AJ, Gelfand G, McFadden SD, et al. Levels of evidence and grades of recommendations in general thoracic surgery. *Canadian Journal of surgery*, 2004, 47 (6): pp. 461-465.

乏相应的规范，包括出庭人员、出庭费用等，有的机构对出庭开出高昂的出庭费，包括较高的误工费、交通工具、高等级舱位及高级宾馆等。

立法机关和最高司法机关也充分认识到鉴定存在的诸多问题，因而在鉴定人解决诉讼专门问题之外，开辟了以专家辅助人提供专业意见、出庭质证的救济渠道。对此，《民事诉讼法》及其司法解释，《民事证据规定》《医疗损害司法解释》等都有规定。《医疗损害司法解释》第14条规定：当事人申请通知一至二名具有医学专门知识的人出庭，对鉴定意见或者案件的其他专门性事实问题提出意见，人民法院准许的，应当通知具有医学专门知识的人出庭。前款规定的具有医学专门知识的人提出的意见，视为当事人的陈述，经质证可以作为认定案件事实的根据。① 专家辅助人的意见虽然视为当事人的陈述，但这里规定，专家辅助人的意见经质证后可以作为认定案件事实的根据。这大大提升了专家辅助人的功能和作用。当事人对鉴定意见有异议的，除了可以申请鉴定人出庭，还可以启动专家辅助人提供专家意见，或者邀请专家辅助人出庭阐述专家意见、向鉴定人提问、与鉴定人对质等。

【案例7-07】法官组织专家论证否定鉴定意见的案件②

因“胃癌晚期、肿瘤全身转移”，张某于2015年5月住院治疗，医院在治疗过程中使用了吗啡。5月14日，张某死亡。患者儿子雷某认为，医院超剂量、多次注射吗啡，导致其母亲呼吸衰竭而死亡，遂将医方诉至法院。要求医

---

① 类似的规定还有，《最高人民法院关于审理环境民事公益诉讼案件适用法律若干问题的解释》（2014年12月8日由最高人民法院审判委员会第1631次会议通过，自2015年1月7日起施行，法释〔2015〕1号）第15条规定：当事人申请通知有专门知识的人出庭，就鉴定人作出的鉴定意见或者就因果关系、生态环境修复方式、生态环境修复费用以及生态环境受到损害至恢复原状期间服务功能的损失等专门性问题提出意见的，人民法院可以准许。前款规定的专家意见经质证，可以作为认定事实的根据。

最高人民法院办公厅2017年6月6日发布的《人民法院办理刑事案件第一审普通程序法庭调查规程（试行）》第26条第1款规定：控辩双方可以申请法庭通知有专门知识的人出庭，协助本方就鉴定意见进行质证。有专门知识的人可以向鉴定人发问，或者对案件中的专业性问题提出意见。第49条规定：经人民法院通知，鉴定人拒不出庭作证的，鉴定意见不得作为定案的根据。有专门知识的人当庭对鉴定意见提出质疑，鉴定人能够作出合理解释，并与相关证据印证的，应当采信鉴定意见；不能作出合理解释，无法确认鉴定意见可靠性的，有关鉴定意见不能作为定案的根据。

② 北京市东城区人民法院（2016）京0101民初字第1404号民事判决书。

院赔偿14万余元，诉讼中变更调整为近24万元。

医院辩称，医院对张某抢救及时，且积极履行抢救和治疗义务；在吗啡使用上符合相关用法、用量。张某死亡是其自身疾病造成，医院不应承担任何赔偿责任。

在案件审理过程中，经雷某申请，法院委托北京某司法鉴定所就医院是否存在医疗过错等因素进行鉴定。鉴定所的意见为，2015年5月13日至14日，张某主要症状由心律失常及呼吸困难引起，无明显应用吗啡的用药指征。在医方连续应用吗啡当天，在没有给张某辅助呼吸机支持的情况下，不适合使用吗啡。此外，根据药物说明，吗啡具有镇痛作用，适用于各种晚期癌变患者，但也能使呼吸减慢、停止甚至死亡，因此医方存在用药不慎重的情况。医院对张某诊疗过程中存在用药过错，这与张某死亡的损害后果有轻微因果关系。

因鉴定人出庭质证时，法官认为存在一些疑问，遂在被告医院之外组织北京多家三级甲等医院药剂科专家、肿瘤科专家、北京市司法鉴定机构法医组成专家小组，进行专家论证并得出结论，患者死亡与吗啡使用没有因果关系。

法院经审理认为，张某出现意识丧失、心率下降、呼吸减慢直至死亡，已是距其最后一次使用吗啡5个多小时后出现的情况，因此可认定该情况与吗啡的使用并无因果关系。北京某司法鉴定所认定“医院在对张某的诊疗过程中存在用药过错”确有不妥。鉴定不能明确说明患者在使用吗啡时，须有辅助呼吸机支持的相关依据。医院抗辩称该鉴定意见依据、理由不充分，本院予以采信；由于北京某司法鉴定所作出的法医临床学鉴定意见书，缺乏相关依据，故本院对该鉴定意见不予采信。法院于2017年5月27日对案件一审宣判，驳回雷某的诉讼请求。

评析

医疗损害赔偿诉讼涉及的临床医学问题极为复杂，一是因为临床医学分支学科很多，在一级学科之下还有二级、三级学科，亚专业很多，知识体系复杂；二是临床医学发展很快，很多新知识、新技术层出不穷，以5年更新率来评价临床医学知识的更新都是滞后的。因此，由谁来实施医疗损害技术鉴定就成了医疗损害赔偿诉讼裁判的关键。法院对医疗损害鉴定意见的审查，不能只审查形式要件，更要审查实质要件。从鉴定人资格来说，实施鉴定的主体具有司法行政部门授予的法医学鉴定资格，只能说明其在形式上符合鉴定的要求，法院还应当进一步审查其是否具有相应的鉴定能力，应当从其教育背景、从业经历、知识结构、技术水平、既往鉴定业绩、发表论文情况等加以判断。本案涉及临终患者肿瘤治疗问题，患者的肿瘤为晚期，没有有效的治疗方法，其近亲属将患者送到医院，是实施临终关怀，而不是将肿瘤治愈。所谓临终关怀（hospice care），并非一种治愈疗法，而是一种专注于在患者将要逝世前的几个星期甚至几个月的时间内，减轻其疾病的症状、延缓疾病发展的医疗护理。临终关怀的目的，在于减轻患者临终前的痛苦，让患者无痛苦地、顺其自然地走向生命终点。因此，对临终关怀的治疗方法、药物使用情况就不能依据正常诊疗活动的技术规范和药物剂量来评价。本案的法官在审查了鉴定意见后，对鉴定意见有疑问，决定组织相关专家进行听证，在充分听取了专家意见后，认为鉴定意见不妥，最终没有采纳该鉴定意见，而是采纳了听证会上专家的专业意见作出裁判。

【案例 7-08】手术致患者丧失生育能力的医疗损害纠纷①

刘某某，男，1971 年 2 月 20 日生人，已婚。因不育到某市中心医院就诊，于 2011 年 5 月 12 日做 B 超检查，结果为左侧附睾头囊肿、双侧睾丸鞘膜积液、双侧精索静脉曲张（左侧明显），于 2011 年 5 月 16 日进行精液检查。结果为精子活率 45. 32%，不正常；精子活力不正常；排精量正常；精子密度正常及正常形态精子率正常。2011 年 5 月 17 日，刘某某到某民营医院住院，诊断为双侧精索静脉曲张。2011 年 5 月 18 日，某民营医院对刘某某进行了双侧精索静脉曲张高位结扎术+睾丸鞘膜翻转术，术中摘除了其左侧附睾头囊肿。2011 年 7 月 21 日，某市中心医院精液分析报告显示：刘某某排精量正常；精子活率、精子活力、精子密度均为零。2011 年 9 月 6 日，河南某医学院第一附院彩超检查，提示刘某某右侧睾丸萎缩，左侧静脉曲张。2011 年 9 月 20 日，某市中心医院精液复查分析报告精子为零。2011 年 10 月 16 日，某市中心医院 B 超

① 河南省南阳市卧龙区人民法院（2013）宛龙民一初字第 78 号民事判决书；河南省南阳市中级人民法院（2013）南民二终字第 869 号民事判决书；河南省高级人民法院于 2015 年 8 月 20 日作出（2015）豫法民提字第 00035 号民事判决书；中华人民共和国最高人民法院（2020）最高法民再 30 号民事判决书。

检查，提示刘某某左侧静脉曲张，右侧睾丸体积小，实质回声改变。刘某某认为被告医院对其生理情况误诊，错误实施手术，导致其丧失生育能力，起诉要求赔偿。

2012 年 4 月 29 日，某法医临床司法鉴定所对刘某某右侧睾丸萎缩、无精致生育功能重度损害鉴定为五级伤残。该机构于 2012 年 5 月 23 日出具的鉴定意见为某民营医院在手术中未对精索动脉进行游离和保护，致使右睾丸萎缩，精子数量呈零，参与度在 75%以内考虑。

卧龙法院一审认为，刘某某在术前因不育进行检查，睾丸未萎缩，精液检查结果为精子活率 45.32%，不正常，精子活力不正常，排精量、精子密度及正常形态精子率正常。而在术后 2 月余检查右侧睾丸萎缩，精子数检查为排精量正常，精子活率、精子活力、精子密度均为零。从术前、术后检查及鉴定结果来看，某民营医院的医疗行为有过错，并与刘某某所受到的伤害后果之间存在一定的因果关系，参与度在 75%以内考虑。判决医疗机构因技术过错造成患者损害，应承担相应民事责任。原、被告上诉至南阳市中级人民法院，其驳回上诉，维持原判。河南省高级人民法院提审后，作出了维持原判的相关项目之外，另判决被告支付刘某某残疾赔偿金 59436.27 元。刘某某不服再审判决，遂向检察机关申请监督，最高人民检察院进行抗诉。

最高人民法院经审理认为，根据南阳溯源法医所的司法鉴定意见，某民营医院在实施手术中存在过失行为，且与刘某某术后无精的损害后果有因果关系，其参与度在 75%以内，并鉴定为五级伤残。某民营医院对于上述鉴定意见不予认可，但南阳溯源法医所具有相应鉴定资质，其鉴定程序合法，依法应当采信。某民营医院对刘某某在术前所作的精子检测报告真实性提出质疑，认为刘某某可能以他人精子进行检测，但未提供证据加以证明，本院依法采信该份精子检测报告。某民营医院还认为刘某某术前三项精子检测指标不达标，特别是精子数仅为 203 个，远低于健康指标的数千万个至数亿个。经审查，刘某某术前不达标的两项指标精子活力、精子活率与正常指标相差不远，且有其他指标正常；203 个精子数仅指被检精子个数，与通常检测指标并没有多大差异，其与正常个体一次性排出的数千万个至数亿个精子不是同一计量范畴，不能由此认为刘某某在手术前已经接近无精状态。刘某某术后 2 个月以上相关指标均归零，造成了实际的损害后果，鉴定意见关于医院的过失行为“参与度在 75%

以内"的意见应当予以就高采纳。残疾赔偿金应以城镇居民标准计算，遂作出调整残疾赔偿金数额，维持河南省高级人民法院判决其他项目的决定。

评析

本案涉及患者因生育功能降低而到医院实施恢复生育功能治疗的纠纷。患者在被告医院接受手术之前，尚有一定的生育功能，但是在被告医院接受手术之后，由于手术中采取措施不当，未对精索动脉进行游离和保护，致使右睾丸萎缩，精子数量呈零，最终导致生育能力彻底丧失。鉴定涉及医疗过错和因果关系两项内容，鉴定机构根据病历记载手术过程，依据相关科学理论，最终认定医疗行为有过错，并与刘某某所受到的伤害后果之间存在一定的因果关系，参与度在75%以内。

本案中，由于医疗机构手术不当导致患者丧失生育能力，虽然法院作出了被告赔偿原告五级残疾的残疾赔偿金的判决，但是这里还有一个问题需要讨论，即患者的生育权如何补偿、如何恢复，残疾赔偿金是否足以弥补。在《民法典》颁布之后，公民基本权利的保护越来越受到重视，生育权是一项重要的公民权利，它不仅涉及自然人个体的生理机能，更是影响该自然人的人格尊严、社会地位回归以及其期盼做父母的权利。对于丧失生育功能的男性，现有科学技术和相关法律已经完全支持其实现生育子女的意愿，通过人类辅助生殖技术，从人类精子库中获取他人捐献的精子，采用人工授精、试管婴儿等技术，可以孕育该患者与其配偶的后代。有鉴于此，本书认为，应当进一步考虑赔偿患者实施人类辅助生殖技术的相关费用，将该费用纳入后续治疗费没有问题。

【法条链接】

《民事诉讼法司法解释》

第一百二十二条 当事人可以依照民事诉讼法第八十二条的规定，在举证期限届满前申请一至二名具有专门知识的人出庭，代表当事人对鉴定意见进行质证，或者对案件事实所涉及的专业问题提出意见。

具有专门知识的人在法庭上就专业问题提出的意见，视为当事人的陈述。

人民法院准许当事人申请的，相关费用由提出申请的当事人负担。

第一百二十三条　人民法院可以对出庭的具有专门知识的人进行询问。经法庭准许，当事人可以对出庭的具有专门知识的人进行询问，当事人各自申请的具有专门知识的人可以就案件中的有关问题进行对质。

具有专门知识的人不得参与专业问题之外的法庭审理活动。

第一百二十四条　人民法院认为有必要的，可以根据当事人的申请或者依职权对物证或者现场进行勘验。勘验时应当保护他人的隐私和尊严。

人民法院可以要求鉴定人参与勘验。必要时，可以要求鉴定人在勘验中进行鉴定。

《民事证据规定》

第三十四条　人民法院应当组织当事人对鉴定材料进行质证。未经质证的材料，不得作为鉴定的根据。

经人民法院准许，鉴定人可以调取证据、勘验物证和现场、询问当事人或者证人。

第三十六条　人民法院对鉴定人出具的鉴定书，应当审查是否具有下列内容：

（一）委托法院的名称；

（二）委托鉴定的内容、要求；

（三）鉴定材料；

（四）鉴定所依据的原理、方法；

（五）对鉴定过程的说明；

（六）鉴定意见；

（七）承诺书。

鉴定书应当由鉴定人签名或者盖章，并附鉴定人的相应资格证明。委托机构鉴定的，鉴定书应当由鉴定机构盖章，并由从事鉴定的人员签名。

第三十八条　当事人在收到鉴定人的书面答复后仍有异议的，人民法院应当根据《诉讼费用交纳办法》第十一条的规定，通知有异议的当事人预交鉴定人出庭费用，并通知鉴定人出庭。有异议的当事人不预交鉴定人出庭费用的，视为放弃异议。

双方当事人对鉴定意见均有异议的，分摊预交鉴定人出庭费用。

第三十九条　鉴定人出庭费用按照证人出庭作证费用的标准计算，由败诉的当事人负担。因鉴定意见不明确或者有瑕疵需要鉴定人出庭的，出庭费用由其自行负担。

人民法院委托鉴定时已经确定鉴定人出庭费用包含在鉴定费用中的，不再通知当事人预交。

《医疗损害司法解释》

第十条 委托医疗损害鉴定的，当事人应当按照要求提交真实、完整、充分的鉴定材料。提交的鉴定材料不符合要求的，人民法院应当通知当事人更换或者补充相应材料。

在委托鉴定前，人民法院应当组织当事人对鉴定材料进行质证。

第十一条 委托鉴定书，应当有明确的鉴定事项和鉴定要求。鉴定人应当按照委托鉴定的事项和要求进行鉴定。

下列专门性问题可以作为申请医疗损害鉴定的事项：

（一）实施诊疗行为有无过错；

（二）诊疗行为与损害后果之间是否存在因果关系以及原因力大小；

（三）医疗机构是否尽到了说明义务、取得患者或者患者近亲属明确同意的义务；

（四）医疗产品是否有缺陷、该缺陷与损害后果之间是否存在因果关系以及原因力的大小；

（五）患者损伤残疾程度；

（六）患者的护理期、休息期、营养期；

（七）其他专门性问题。

鉴定要求包括鉴定人的资质、鉴定人的组成、鉴定程序、鉴定意见、鉴定期限等。

第十二条 鉴定意见可以按照导致患者损害的全部原因、主要原因、同等原因、次要原因、轻微原因或者与患者损害无因果关系，表述诊疗行为或者医疗产品等造成患者损害的原因力大小。

第十三条 鉴定意见应当经当事人质证。

当事人申请鉴定人出庭作证，经人民法院审查同意，或者人民法院认为鉴定人有必要出庭的，应当通知鉴定人出庭作证。双方当事人同意鉴定人通过书面说明、视听传输技术或者视听资料等方式作证的，可以准许。

鉴定人因健康原因、自然灾害等不可抗力或者其他正当理由不能按期出庭的，可以延期开庭；经人民法院许可，也可以通过书面说明、视听传输技术或者视听资料等方式作证。

无前款规定理由，鉴定人拒绝出庭作证，当事人对鉴定意见又不认可的，对该鉴定意见不予采信。

第十四条 当事人申请通知一至二名具有医学专门知识的人出庭，对鉴定意见或者案件的其他专门性事实问题提出意见，人民法院准许的，应当通知具有医学专门知识的人出庭。

前款规定的具有医学专门知识的人提出的意见，视为当事人的陈述，经质证可以作为认定案件事实的根据。

第十六条 对医疗机构或者其医务人员的过错，应当依据法律、行政法规、规章以及其他有关诊疗规范进行认定，可以综合考虑患者病情的紧急程度、患者个体差异、当地的医疗水平、医疗机构与医务人员资质等因素。

第八章

赔偿标准及计算

医疗损害赔偿纠纷处理的最终目的是确定如何赔偿。过去存在的医疗损害赔偿的二元化问题以及适用原《侵权责任法》与《条例》的竞合，最终的争议点都是赔偿标准问题。现在《民法典》统一了医疗损害赔偿的标准，《条例》有关赔偿的规定原则上不再适用。本章将会对《民法典》确定的赔偿标准及计算方法进行讨论。

第一节 医疗损害赔偿标准

【原理阐释】

一、医疗损害赔偿学说

我国民事侵权理论将损害分为财产损害（分积极损害和消极损害）和非财产损害或称精神损害。赔偿损失以支付损害赔偿金的方式进行，通过金钱赔偿，使受害人恢复到没有损害的状态。直接损失与间接损失都在可赔偿的范围之列，甚至受害人的某些纯粹经济损失也可以得到赔偿。[①] 我国《民法典》对于间接损失的赔偿，仅限于确定的间接损失，当事人要举证予以证明。依据我国的民事侵权赔偿理论，权利人损失多少，侵权人就赔偿多少。这种赔偿是以弥补权利人的损失为目的，故这种赔偿也称为补偿性赔偿，其适用的赔偿原则是全部赔偿原则，即填平原则，全部赔偿之后果即为填平。填平就是将受害的损失全面填补，权利人损失多少，侵权人就赔偿多少，使权利人在经济上不受损失。全部赔偿是侵权损害赔偿的基本规则，是指实施侵权行为的加害人承担赔偿责任的大小，应当以行为所造成的实际财产损失的大小为依据，全部予以赔偿。易言之，赔偿是以行为造成的实际损害为限，损失多少，赔偿多少。全部赔偿是由损害赔偿的功能决定的。既然损害赔偿的功能是补偿财产损失，那么以全部赔偿作为确定损害赔偿责任大小的基本原则就合理而公正。

对于受害人的损害填平，必须具备两个条件：一是损失的数额在填补之前是确定的；二是通过填补至填平，使权利人在经济上的损失消失。填平原则所依据的是利益说，即差额论，即被害人之总财产状况于有损害事故之发生与无损害事故下所差之额。所以，从赔偿的角度来看，损害即等于利益，衡量损害

① 李遐桢：《侵害物权赔偿损失金额的确定——以差额法与损益相抵规则为中心》，载《西南民族大学学报（人文社会科学版）》2015 年第 7 期，第 111-116 页。

即利益时，以受害人之事件发生前后的两种财产状况为准而求其差额。[①] 从填平原则出发，可以很好地理解我国侵权赔偿案件处理中的很多做法，如“同命不同价”；也可以很好地解决侵权赔偿中的一些争议问题，如医保支付的医疗费不能直接判侵权人赔偿被侵权人。

二、医疗损害赔偿标准

《民法典》确立了医疗损害赔偿制度，将医疗纠纷的民事处理纳入侵权赔偿的范畴，《民法典》医疗损害责任章立法的一个主要目的，就是要消灭医疗损害赔偿的二元化问题，在具体的赔偿标准上也要纳入一元化的模式中。

《民法典》摒弃了医疗事故责任和医疗过错责任两个不同概念，使用统一的“医疗损害责任”概念。这也意味着，我国现行《条例》第五章“医疗事故的赔偿”将不再适用，医疗损害赔偿将不以是否构成医疗事故为前提，不再区分医疗事故与非医疗事故，从而解决了司法实践中赔偿标准区分医疗事故赔偿和医疗事故以外的损害赔偿“二元化”的问题，医疗损害统一适用《民法典》关于赔偿范围和标准的规定。

总之，在一元化机制下，医疗事故与医疗侵权的外延基本是一致的，医疗事故的损害赔偿也就是医疗损害赔偿的一种，不再存在其他医疗侵权损害赔偿的诉由；赔偿原则和赔偿标准是统一的，不存在两种原则和两类标准。

《民法典》虽然专门列出一章对医疗损害责任进行规划，但没有对各项赔偿标准作明确规定，具体标准依据《人身损害赔偿解释》《精神赔偿司法解释》的规定。

【实务问题及难点】

过错程度、责任程度、损害程度的区别

过错程度、责任程度、损害程度是医疗侵权赔偿案件中经常会遇到又经常

---

① 曾世雄：《损害赔偿法原理》，中国政法大学出版社 2001 年版，第 119-120 页。

会搞错的几个概念，在此需要进行辨析。

（一）过错程度

过错程度是对医疗损害责任中行为人的主观过错而言的，与行为人违反医疗卫生管理法律、行政法规、部门规章、诊疗操作规范、规程的情节有关，是一般医疗技术人员容易犯的错误或者是技术操作难度大导致的错误，并且是一般不容易忽略、难以出现的错误。

（二）责任程度

责任程度，是指在导致医疗损害结果发生的诸多因素中，医疗机构及医务人员的过失行为所占的比例，其理论依据在于许多医疗结果的发生是多种因素所导致，即人们常说的“多因一果”或“多因多果”。如果不考虑这一因素而要求医疗机构承担全部损害后果的责任是不公平的。与责任程度相似的概念是事件的参与度、原因力，是指医疗事故造成的损害后果与患者自身疾病共同存在的情况下，前者在患者目前疾病状态中的介入程度。不过，责任程度与参与度、原因力有所区别，后者是一个纯粹的技术概念，是从医疗技术疏失造成损害的因果参与程度考虑的。而责任程度除了考虑技术原因，还需要考虑案件中的其他影响责任的因素。不过，在《条例》中将责任程度等同于参与度、原因力。

责任程度的划分不宜过细，应该采用模糊等级划分方法来划分责任等级。一般划分为六个等级，见表 8-1。

表 8-1 侵权责任程度与赔偿比例对照

责任程度等级	赔偿比例
无责任	0
轻微责任	10%
次要责任	30%
同等责任	50%
主要责任	80%
全部责任	100%

由于责任程度的等级划分是参照模糊等级的方法来划分的，因此所确定的赔偿比例不应当太细，而是一个粗线条的比例。比如，次要责任的赔偿比例为30%，就不宜在11%-49%任意取值。

目前，人民法院倾向于鉴定意见中不定参与度、原因力的具体比例，只作大的等级划分，有利于法官在案件裁判中综合全案情况确定责任程度。

（三）损害程度

损害程度是针对患者最终的损害后果而言的，是一种客观事实状态的判断。在医疗事故中，损害程度与医疗事故等级有关，最终需要用伤残等级来表示。

三个概念的区别见表8-2。

表8-2 过错程度、责任程度、损害程度概念比较

比较项目	过错程度	责任程度	损害程度
表现	衡量行为过错的大小	对损害后果 应承担责任的多少	对患者造成 身体损害的后果
与行政责任的关系	有关	有关，但不明显	有关
与刑事责任的关系	有关	有关，但不明显	有关
与民事责任的关系	有关，但不明显	有关	有关
表达方式	违章严重性	参与度	事故等级或伤残等级
医疗事故鉴定	不认定	认定	认定
司法鉴定	认定	认定	认定

第二节 具体赔偿范围和计算方式

【原理阐释】

《民法典》第1179条对人身损害赔偿项目作了规定：侵害他人造成人身损害的，应当赔偿医疗费、护理费、交通费、营养费、住院伙食补助费等为治疗和康复支出的合理费用，以及因误工减少的收入。造成残疾的，还应当赔偿辅助器具费和残疾赔偿金；造成死亡的，还应当赔偿丧葬费和死亡赔偿金。根据《人身损害赔偿解释》第16条的规定：被扶养人生活费计入残疾赔偿金或者死亡赔偿金。此处的“被扶养人生活费”概念包括未成年子女或者没有经济来源又没有劳动能力的配偶等近亲属的生活费。因此，在造成受害人致残和致死的情况下，应当计算被扶养人生活费并纳入残疾赔偿金或死亡赔偿金。

根据《民法典》和《人身损害赔偿解释》的规定，医疗损害赔偿可以分成三个层次：（1）受害人遭受人身损害，因就医治疗支出的各项费用以及因误工减少的收入，包括医疗费、误工费、护理费、交通费、住宿费、住院伙食补助费、必要的营养费，赔偿义务人应当予以赔偿；（2）受害人因伤致残的，其因增加生活上需要所支出的必要费用以及因丧失劳动能力导致的收入损失，包括残疾赔偿金、残疾辅助器具费、被扶养人生活费，以及因康复护理、继续治疗实际发生的必要的康复费、护理费、后续治疗费，赔偿义务人也应当予以赔偿；（3）受害人死亡的，赔偿义务人除应当根据抢救治疗情况赔偿本条第一款规定的相关费用外，还应当赔偿丧葬费、被扶养人生活费、死亡补偿费以及受害人亲属办理丧葬事宜支出的交通费、住宿费和误工损失等其他合理费用。

《人身损害赔偿解释》关于赔偿的计算标准，涉及城镇居民人均可支配收入、城镇居民人均消费支出等具体数据问题。这些数据的使用，有很强的地域性。首先，一般情况下以省级统计部门的统计数据作为计算数据。其次，对于经济特区和计划单列市的赔偿计算，以该经济特区、计划单列市统计局的统计数据作为计算数据。最后，在计划单列市下面的县级城市，如果属于省直管的，应当以该省的统计数据作为计算数据。比如，青岛市属于计划单列市，有关赔偿以青岛市统计局的统计数据为准，不适用山东省的统计数据。但是青岛市下面的省直管市，如即墨区，属于省直管区，涉及赔偿计算时应当用山东省的统计数据来计算。相关数据可以从国家统计局和各省、计划单列市的统计局网站查到。在具体赔偿项目的计算中，以当地政府权威统计部门确定的数据为准。

此外，《民法典》第1183条还规定了侵害人身权造成严重精神损害的，权利人还可以请求精神损害赔偿。具体赔偿范围和标准将在下文阐释。

【实务问题及难点】

《民法典》对人身损害赔偿项目的规定分为三个层次：致伤、致残、致死。对三个层次的伤害，规定了不同的赔偿范围。又根据《人身损害赔偿解释》的规定，医疗损害赔偿范围和标准具体可以作出如下阐释。

一、致人身体伤害的治疗和康复支出的合理费用的赔偿

致人身体伤害的治疗和康复支出的合理费用，主要包括：（1）为治疗损伤和康复功能支出的合理费用，如医疗费、护理费、交通费等；（2）因误工减少的收入。这是处理患者身体受到的伤害所发生的费用，无论患者最终的结局是致伤、致残、致死，都应当赔偿这些项目。

（一）医疗费

医疗费，是指患者因医疗损害的发生而支出的医疗费用，包括已实际发生的医疗费和今后确定要发生的医疗费。应当根据医疗机构出具的医药费、检查费、治疗费、住院费等收据凭证，结合病历和诊断证明等相关证据确定。确定医疗费用的原则：（1）符合诊疗规范，属于必需的诊疗项目；（2）凭据报销；（3）与医疗过错行为相关，排除治疗原发病的费用。

1. 医疗费的范围

根据《人身损害赔偿解释》第6条规定：医疗费根据医疗机构出具的医药费、住院费等收款凭证，结合病历和诊断证明等相关证据确定。赔偿义务人对治疗的必要性和合理性有异议的，应当承担相应的举证责任。医疗费的赔偿数额，按照一审法庭辩论终结前实际发生的数额确定。器官功能恢复训练所必要的康复费、适当的整容费以及其他后续治疗费，赔偿权利人可以待实际发生后另行起诉。但根据医疗证明或者鉴定结论确定必然发生的费用，可以与已经发生的医疗费一并予以赔偿。应经医务部门批准而未获批准，擅自另找医疗机构治疗的费用，一般不予赔偿。擅自购买与损害无关的药品或者治疗其他疾病的，

其费用不予赔偿。医疗费具体包括六个方面：[1]（1）挂号费，此项费用包括医疗机构门诊挂号、专家特需门诊挂号和法医验伤门诊挂号；（2）药品及医疗用品费，是指治疗伤情及因损害所引起的疾病所必需的西药费、中药费和医疗用品费用；（3）治疗费，包括打针、换药、针灸、理疗、手术、化学疗法、激光疗法、骨折固定、骨牵引、矫形、消除疤痕、整容等一系列与治疗有关的费用；（4）检查费；（5）住院费，以医疗机构单据为凭；（6）其他医疗费用，如必要的康复费用。

医疗费计算公式： 医疗费=实际支出的合理医疗费×责任系数

关于医疗费中的后续治疗费是否应当支持，各界争议比较大。由于法律强调在医疗费用的支付上，一是要符合诊疗规范，二是凭据报销，而后续医疗费往往并不能确定，随患者的病情、医疗市场行情发生变化的可能性极大。《人身损害赔偿解释》第6条第2款规定：器官功能恢复训练所必要的康复费、适当的整容费以及其他后续治疗费，赔偿权利人可以待实际发生后另行起诉。因此，本书认为，后续医疗费确定有困难的，应当待患者实际支出后另行起诉，而不宜强行在原判决中一并裁判，但根据医疗证明或者鉴定结论确定必然发生的费用，可以与已经发生的医疗费一并予以赔偿。

2. 患方须提交支持其医疗费的证据

《人身损害赔偿解释》第6条第1款规定：医疗费根据医疗机构出具的医药费、住院费等收款凭证，结合病历和诊断证明等相关证据确定。据此，患方在主张医疗费赔偿时，除提交付款凭证外，还应提交与之相关的就诊病历、诊断证明书等证据，以证明其主张的医疗费用的发生与案件的关联性。如果原告不能提交相关就诊病历、诊断证明书等证据，则其医疗费的诉讼请求可能不被支持或不被全部支持。另外，患方提交的医疗费用的发票应当是国家有关部门认可的正规发票，且必须是原件，不能是复印件、复制件。

在患方提交了相关的证据证明其医疗费用的主张之后，如果医疗机构对诊疗手段的必要性和合理性以及医疗费用的数额有异议，应当承担举证责任。

---

① 艾尔肯：《医疗损害赔偿研究》，中国法制出版社2005年版，第259页。

在实践中，尤其是对于患者异地治疗、后续治疗的费用，应当结合患者的转诊意见书、治疗医疗机构的病历、治疗医疗机构给患者开具的处方、治疗医疗机构出具的正规发票，结合诊疗规范进行审查。

【案例8-01】医疗费用须凭据支付①

某患儿出生后被诊断为脑瘫，某司法鉴定机构经鉴定后认为，医疗机构在对患儿接生时存在明显过错，患者出现的脑瘫与医疗机构的医疗行为存在因果关系，法院据此作出支持患方诉讼请求的判决，以及患者后续的医疗费、康复费凭据报销。后来，家长带患儿在北京某民营医疗机构治疗，于每年年末拿10万元左右的单据（非正规发票）找医疗机构报销，已经报销了3年。后在咨询律师后，律师建议医疗机构每次报销时要求核对转院证、病历、处方、发票，或者让患方另行起诉后，这笔支出才得以终止。

评析

医疗损害赔偿案件中的医疗费，包括已发生的医疗费用和后续治疗时将发生的医疗费用。对于实际已发生的医疗费用，计算较为简单，而后续治疗费的计算则非常复杂。根据《人身损害赔偿解释》第6条第2款规定：器官功能恢复训练所必要的康复费、适当的整容费以及其他后续治疗费，赔偿权利人可以待实际发生后另行起诉。一般而言，对后续治疗费是否支持，应当以是否必然产生该费用为判断的原则，如果对后续治疗费的产生与否存疑，应当留待以后该费用产生之后另行赔偿。因此，后续治疗费，是指将来必然要发生的医疗费用。后续治疗费的产生在不能确定的情况下应当是凭据报销，因为后续医疗费往往并不能确定，随患者的病情、医疗市场行情发生变化的可能性极大。待实际费用产生之后，患者凭据向医疗机构索赔，这样既能保护患者的合法权益，也能防止医疗机构的利益受损。

3. 治疗原发病的费用和与侵权无关的费用应予排除

由于患者治疗原发疾病的费用与被告的医疗过失之间没有因果关系，即使医疗机构存在医疗过失，患者亦应支付该项费用，因此医疗机构赔偿的医疗费

---

① 刘鑫、孙东东、陈特：《医疗损害赔偿诉讼实务》，中国法制出版社2012年版，第224页。

用不包括患者治疗原发疾病的费用。比如，有的患者近亲属在患者诊疗期间购买了其他物品，有一些其他的非医疗支出项目，由于跟患者的治疗没有关系，因而都应当予以排除，不在赔偿的范围之内。

【案例 8-02】治疗原发疾病的费用不在赔偿之列①

某患者为晚期癌症病人，在因化疗药物超量中毒到某医疗机构急诊接受治疗时，由于医生治疗失误而死亡，经医学会医疗事故技术鉴定确定为一级甲等医疗事故。患者近亲属在诉讼中提出，医疗机构应赔偿患者在此次急诊治疗前于国外医疗机构治疗肿瘤时发生的 50 万元医疗费用。法院经审理认为，该部分费用系患者治疗原发疾病而支出的费用，与医疗机构的医疗过失行为不存在因果关系，故判决驳回其该项诉讼请求。

评析

医疗损害责任以过错责任为原则，本案中医方虽然对患者的死亡存在过错，但与患者身患疾病并不存在任何关系，对于患者的死亡，医方应依照法律规定和责任比例赔偿一定的医疗费、丧葬费、死亡赔偿金等项目。但对于患者在国外医疗机构治疗疾病时所花费的医疗费用，医方并未有相关的责任，此医疗费用是患者治疗原发疾病产生的费用，不应包括在患者在医疗机构就诊所产生的医疗费用当中。

（二）误工费

误工费，是指患者因治疗医疗行为造成的损害后果耽误其工作而损失的收入，应当根据患者的误工时间和收入状况予以确定。《人身损害赔偿解释》第 7 条规定：误工费根据受害人的误工时间和收入状况确定。误工时间根据受害人接受治疗的医疗机构出具的证明确定。受害人因伤致残持续误工的，误工时间可以计算至定残日前一天。受害人有固定收入的，误工费按照实际减少的收入计算。受害人无固定收入的，按照其最近三年的平均收入计算；受害人不能举证证明其最近三年的平均收入状况的，可以参照受诉法院所在地相同或者相

---

① 刘鑫、孙东东、陈特：《医疗损害赔偿诉讼实务》，中国法制出版社 2012 年版，第 225 页。

近行业上一年度职工的平均工资计算。

误工费计算公式一： 误工费=患者误工损失（或护工劳务报酬）×责任系数

误工费计算公式二： 误工费=年平均工资÷365×误工日×责任系数

根据上述规定，患者因医疗损害而发生的误工损失的计算方法分为三种情况：(1) 患者有固定收入的，因医疗损害而发生的误工损失按照实际减少的收入计算；(2) 患者无固定收入的，按照其最近三年的平均收入计算；(3) 患者不能举证证明其最近三年的平均收入状况的，可以参照受诉法院所在地相同或者相近行业上一年度职工的平均工资计算。由于该计算方法简便易行，常被用来计算患者的误工损失。

在具体计算时，应注意以下几个问题：其一，误工费是患者本人因治疗医疗行为造成的损伤后果而减少的收入，不是患者近亲属因陪护患者治疗而发生的误工损失，应注意区别患者误工费与近亲属陪护费。其二，请求误工费赔偿的患者应当有工作，无论其收入是固定还是非固定的。已离退休的人员、未成年人、尚未参加工作的在校学生等，因没有工作而不能要求赔偿误工费，但返聘、另谋职业者除外。实践中容易引起争议的，是部分暂时没有工作（如失业、全职太太等）的患者是否有权主张误工费赔偿。其三，误工日期包括患者住院治疗的时间，也包括患者在家休息无法工作的时间。误工日期的计算，一般以治疗医疗机构出具的医疗期证明或鉴定机构确定的休息时间为依据，但残疾或者死亡的患者，误工时间截止到定残日或者死亡日。没有诊断证明或者鉴定结论的，一般由法院酌情确定。其四，误工损失的举证责任在患方。患者主张误工费，应当提供相应的证据，包括医疗机构证明、单位误工证明等。单纯记载患者月收入的单位证明尚不足以证明其误工损失的发生。该类证明应当载明患者因其误工而实际被扣发的工资、奖金等的具体数额。另外，法院有可能要求患者提供工资条、完税证明等以佐证相关单位证明的真实性。

（三）护理费

护理费，是指患者在因医疗损害接受治疗期间确需专人护理而发生的相关费用，主要是指陪护人员的劳务费。从医学角度来说，称之为陪护费更为准确。[1] 因为在患者治疗期间，对患者的护理是由护士来完成的，护士护理所发生的费用已经包含在医疗费中。如果再单列护理费，容易引起歧义。因此，这里的护理费，应当是指患者在治疗期间，需要专人对患者的生活起居进行帮助，对治疗进行协助而发生的费用。正确合理地确定受害人生活能力的丧失程度和期限是确认此项费用的关键。陪护费既包括患者住院期间需要陪护的费用，也包括患者疾病治愈出院后因医疗依赖或者残疾需要专人陪护的费用。

《人身损害赔偿解释》第 8 条规定：护理费根据护理人员的收入状况和护理人数、护理期限确定。护理人员有收入的，参照误工费的规定计算；护理人员没有收入或者雇佣护工的，参照当地护工从事同等级别护理的劳务报酬标准计算。护理人员原则上为一人，但医疗机构或者鉴定机构有明确意见的，可以参照确定护理人员人数。护理期限应计算至受害人恢复生活自理能力时止。受害人因残疾不能恢复生活自理能力的，可以根据其年龄、健康状况等因素确定合理的护理期限，但最长不超过 20 年。受害人定残后的护理，应当根据其护理依赖程度并结合配制残疾辅助器具的情况确定护理级别。

> 护理费计算公式：
> 护理费=护理人员误工损失（或护工劳务报酬）×护理人数×护理期限×责任系数

1. 关于有收入陪护人员误工损失的计算

根据《人身损害赔偿解释》第 8 条第 2 款的规定：护理人员有收入的，参照误工费的规定计算。误工费计算方法在《人身损害赔偿解释》第 7 条有规定。参照该规定，陪护人员因陪护而发生的误工损失的计算方法分为三种情况。(1) 陪护人员有固定收入的，因陪护患者而发生的误工损失按照实际减少的收入计算；(2) 陪护人员无固定收入的，按照其最近三年的平均收入计算；(3) 陪护人员不能举证证明其最近三年的平均收入状况的，可以参照受诉法院所在地相同或者相近行业上一年度职工的平均工资计算。

① 显然，《条例》第 50 条称之为陪护费是比较恰当的。

2. 关于无收入者或者专门护工陪护费的计算

《人身损害赔偿解释》第 8 条第 2 款规定：护理人员没有收入或者雇佣护工的，参照当地护工从事同等级别护理的劳务报酬标准计算。对于该项劳务报酬标准，患方负有举证义务。但是不同地区、不同时期、不同护理级别以及不同医疗机构，护工劳务报酬标准可能存在很大的差异，实践中很难找到所在地权威机关确定的护工劳务报酬标准。目前在一些大城市已经出现了专业陪护服务公司，陪护公司的陪护收费可以作为护工劳务报酬的参考标准。

3. 关于是否需要护理及护理人数的确定

由于病情程度和残疾程度的状况不同，人体受伤后患者本人的生活能否自理、是否需要他人帮助，在医学上可通过护理依赖予以判断。所谓护理依赖，是指躯体残疾者和精神障碍者需经他人护理、帮助以维系日常生活。其分为完全护理依赖、大部分护理依赖和部分护理依赖三级。① 所以，根据司法解释的规定，专事护理的人必须经医疗机构批准，护理依赖的确定和技术鉴定必须由专门的评估机构评估。

《人身损害赔偿解释》第 8 条第 2 款规定：护理人员原则上为一人，但医疗机构或者鉴定机构有明确意见的，可以参照确定护理人员人数。关于陪护人数的确定，涉及患者的病情、治疗方法、患者的生活习惯和生活环境等多方面的内容，确定陪护人数不属于医师的工作职责范围，现实中目前很少有医疗机构为患方提供护理人数的证明文件。正确的做法应当是由专门的评估机构来评估。不过我国目前尚没有这样的专业评估机构，而多由法医鉴定机构来操作，亦可由法院根据患者病情自行组织专家确定。对于法医鉴定机构的评估结论，应当注意审查其评估人员的专业经历和评估资质。

4. 关于护理期限的确定

《人身损害赔偿解释》第 8 条第 3 款规定：护理期限应计算至受害人恢复生活自理能力时止。受害人因残疾不能恢复生活自理能力的，可以根据其年龄、健康状况等因素确定合理的护理期限，但最长不超过 20 年。需要注意的是，支付最长 20 年护理期限的护理费也是有限制条件的。其一，应当一次性支付。根据该解释第 20 条规定，如果赔偿义务人以定期金方式按照赔偿权利

---

① 中华人民共和国公共安全行业标准化委员会：《中华人民共和国公共安全行业标准——人身损害护理依赖程度评定（GA/T 800—2014）》。

人的实际生存年限给付护理费的，不受上述最长 20 年赔偿期限的限制。其二，患者可以申请再诉给付。《人身损害赔偿解释》第 19 条规定：超过确定的护理期限、辅助器具费给付年限或者残疾赔偿金给付年限，赔偿权利人向人民法院起诉请求继续给付护理费、辅助器具费或者残疾赔偿金的，人民法院应予受理。赔偿权利人确需继续护理、配制辅助器具，或者没有劳动能力和生活来源的，人民法院应当判令赔偿义务人继续给付相关费用 5 年至 10 年。因此，在符合法定条件时，患方还可以向医疗机构主张 5 年至 10 年的护理费赔偿。

【案例 8-03】患方设立陷阱获取医方提供的陪护证明①

某患者因消化道肿瘤在医疗机构手术，因麻醉过程中出现了昏迷，最后经医疗机构全力抢救后苏醒，但留下严重的神经系统功能障碍。患者在医疗机构住院期间，并没有提出索赔的要求或者流露诉讼的意思。由于医疗机构设立有专门的陪护公司，患者近亲属要求医方提供两人护理，由近亲属支付陪护费用。住院半年后患方向法院起诉，诉讼中在陪护人数的主张上，患方向法院提交了医疗机构收取陪护费的收据，证明医方认可两人陪护，从而要求法院在判决中支持两人护理。

评析

患者由于病情程度和残疾程度需要专人护理从而产生陪护费。2022 年 4 月 24 日发布的《人身损害赔偿解释》第 8 条规定：护理人员原则上为一人。本案中的陪护，基于患者近亲属的要求，由医方设立的陪护公司的两名陪护人员提供服务，并由近亲属支付两名陪护工的陪护费，但在后期索赔中，患方却以陪护费的收据向法院证明医方认可两人陪护。这在现实生活中不乏实例。患方和医方都没有资格和能力确定到底需要多少陪护人员，这需要专门的评估机构来确认，但是我国现在很少有这样的专业机构。关于陪护人数的确定，涉及患者的病情、治疗方法、患者的生活习惯和生活环境等多方面的内容，应当根据实际情况来确认实际需要的陪护人数。

---

① 刘鑫、孙东东、陈特：《医疗损害赔偿诉讼实务》，中国法制出版社 2012 年版，第 227 页。

【案例 8-04】受害人住院期间由领退休金的配偶护理，法院支持护理费[①]

2012 年 12 月 23 日 21 时 20 分许，被告姜某文驾驶小型客车与原告翟某才发生碰撞，导致原告翟某才受伤，交警部门认定姜某文负事故的全部责任、翟某才无责任。交通事故发生后，翟某才被送至医院住院治疗，诊断为右侧股骨颈骨折。治疗终结后，翟某才伤情经新疆新医司法鉴定所鉴定，鉴定意见为，翟某才右侧股骨颈骨折，进行右髋人工关节置换术，属八级伤残；营养期为 180 日，护理期为 120 日，需一人护理。姜某文投有交强险、商业三者险，但保险公司以陪护人没有误工损失为由，拒绝支付护理费。翟某才向法院起诉，要求被告保险公司赔偿包括护理费在内的各项损失。一审法院认为，原告妻子已退休，有退休工资，原告翟某才也未提供护理人员有其他收入的证据，故判决不予支持护理费。对此项判决，二审法院予以维持。再审法院认为，固定收入并不当然完全等同于工资，退休人员所领取的养老金是劳动者在工作期间按规定缴纳社会保险或根据政策规定作工龄认定视同缴费后，在其达到退休年龄或条件时，退出劳动岗位，不依赖提供劳动而依法领取的养老金，虽为固定收入，但其性质已非劳动报酬。原审以翟某才的妻子系退休人员，有退休工资作为固定收入，因其未能提交在护理期间收入减少的证明，故对其主张的护理费不予支持，本院予以纠正。

评析

关于陪护费，是患者因伤病住院治疗期间，需要由医院护士实施专业护理之外的其他人员为患者实施的帮助其生活、起居、翻身、洁体、喂药、按摩等工作而发生的费用，属于辅助性护理工作，有别于专业护理工作。后者由医疗机构的专业护士提供，相关费用已经计入医疗费用之中。这样看来，《人身损害司法解释》称之为“护理费”确实不妥，容易引人误会。

本案涉及患者因伤病住院，由自己的近亲属陪护。而该近亲属又处于退休

---

① 新疆奇台县人民法院（2013）奇民一初字第 00659 号裁判文书；新疆昌吉回族自治州中级人民法院（2013）昌中民一终字第 00894 号裁判文书；新疆维吾尔自治区高级人民法院（2017）新民再 104 号裁判文书。

状态，在陪护期间正常领取退休金，所以被告主张其没有发生经济损失而不应当赔偿陪护费。但是法院并没有支持。再审法院认为，固定收入并不当然完全等同于工资，退休人员所领取的养老金是劳动者在工作期间按规定缴纳社会保险或根据政策规定作工龄认定视同缴费后，在其达到退休年龄或条件时，退出劳动岗位，不依赖提供劳动而依法领取的养老金，虽为固定收入，但其性质已非劳动报酬。原告近亲属虽然退休，但仍然可以从事与其智力和体力相适应的劳动，与有关用人单位签订劳务合同，获得相应的劳动报酬，但由于其陪护而不能再从事其他能够获得劳动报酬的工作，仍然视为患者的经济损失，应予赔偿。

（四）交通费

交通费，是指患者及其必要的陪护人员因就医或者转院必须乘坐交通工具治疗疾病而实际支出的费用。交通工具一般应以当地普通交通工具为限；因病情需要而使用出租车或其他交通工具而支出的高额交通费用，超出部分法院一般不予支持。交通费用的赔偿应综合考虑患者所受伤害的部位、程度、交通状况和生活情况等，将必要的交通费用算入损害赔偿额内。

交通费计算公式：
交通费=实际支出的合理交通费×责任系数

根据《人身损害赔偿解释》第9条的规定：交通费根据受害人及其必要的陪护人员因就医或者转院治疗实际发生的费用计算。交通费应当以正式票据为凭；有关凭据应当与就医地点、时间、人数、次数相符合。法律要求患方应当详细说明每张票据发生的原因，包括乘坐交通工具的时间、起始地点、具体事项等。交通费合理性的举证责任在患方，患方应当对每一笔交通费用的支付作出说明或者举证加以证明，对于虚假交通发票、异地交通发票、连号交通发票、关键信息不清晰的交通发票、大额交通发票、出租车和雇车发票，在诉讼中应当作为重点审查对象。

【案例 8-05】法院审查交通费、等待住院的住宿费实例①

某法院判决书摘录：就住宿费部分，原告提交了市中区安泰旅馆的机打发票 1 张，计款 9000 元；该旅馆定额发票 349 张，计款 34900 元；济南市中三泰旅馆的定额发票 1 张，计款 20 元；济南鸿×××馆（×字看不清楚）定额发票 1 张，计款 100 元，用以证明其因等待住院床位、门诊检查、康复治疗等在旅馆居住，每天每人花费住宿费 120 元，连同陪护人员共花费 43920 元。就交通费部分，原告提交了 2011 年 7 月 11 日的汽车客票 2 张，计款 40 元；2011 年 12 月 5 日的汽车客票 2 张，计款 46 元；162 张定额发票或补充客票，用以证明其与陪护人员共花费交通费 3858 元。原告主张为评残及复印病历给其家人造成误工，要求被告赔偿代替被告工作误工费 1287.63 元。

一审法院认为，原告要求被告赔偿复印费，缺乏法律依据，一审法院不予支持。对于原告要求的住宿费，如前所述，原告的住宿费应从工伤保险基金中支付；原告还要求被告赔偿 8 次门诊所产生的陪护人员住宿费，因原告没有提交证据证明门诊治疗需要住宿，该部分住宿费不予支持。对于交通费，原告提交的交通费票据中，除其中 4 张外其余均为定额票据，未标注起始地点、发生时间、车次等信息，证据形式上有瑕疵，无法据此认定原告实际支出了相应费用，考虑到原告就医时陪护人员的人数、次数等，结合病历及门诊病历，一审法院确定原告为陪护人员支出的交通费为 1960 元。对于原告主张的“代替被告工作误工费”，原告称系因评残及复印病历产生，由此产生的费用不属于人身损害赔偿案件的处理范围，故原告的上述主张因缺乏法律依据，一审法院不予支持。对于住院伙食补助费，对于在肥城矿业中心医院的部分，因陪护人员有护理费，护理费中包括了陪护人员的生活费，且陪护人员不是“住院”伙食补助费的补助对象，所以在此期间陪护人员不享受住院伙食补助费。被告不服，提出上诉。

二审法院认为，关于陪护人员住宿费，被上诉人主张，2012 年 3 月 11 日至 4 月 13 日，因等待山东省立医院的床位，陪护人员在医院外住宿 34 天。鉴

① 肥城市人民法院（2016）鲁 0983 民初 343 号民事判决书；山东省泰安市中级人民法院（2016）鲁 09 民终 2984 号民事判决书。

于山东省立医院就医人数众多，客观上存在在外住宿等待住院床位的实际情况，结合被上诉人一审提供的山东省立医院的入院证明、住宿费票据等证据，本院对2012年3月11日至4月13日，因等待床位，陪护人员在医院外住宿34天的事实予以认定，对于该期间的陪护人数，因此时尚未住院，并无医疗机构的明确意见，本院认定此期间的陪护人数为1人。对等待住院期间发生的陪护人员住宿费为4080元（34天×120元/天）予以支持。对原告主张的住院期间的陪护人员住宿费已经另案处理，且住院期间的陪护人员住宿费也超出了《侵权责任法》所规定的赔偿范围，因此对被上诉人主张的住院期间的陪护人员住宿费，本院不予认定。

评析

不论是交通费，还是医疗费、护理费等其他费用，原则上都以实际发生为准。交通费一般以患者和必要的陪护人员发生的必要的交通费用为准。同时，综合考虑患者所受伤害的部位、程度、交通状况和生活情况等，将必要的交通费用计入损害赔偿额内。

（五）住院伙食补助费

住院伙食补助费，是指患者因发生医疗损害而在医疗机构住院治疗时，医方应支付给患者的膳食补助费用，具体数额可以按照医疗损害发生地国家机关一般工作人员的出差伙食补助标准计算。住院伙食补助费被列在赔偿项目中是有争议的，因为患者即使不住院，无论是工作还是在家，都需要有生活费用的支出，为什么发生了医疗过失损害事件之后，其伙食费就需要由医疗机构来赔偿了呢？显然既不合法，也不合理。《人身损害赔偿解释》第10条第1款规定：住院伙食补助费可以参照当地国家机关一般工作人员的出差伙食补助标准予以确定。

> 住院伙食补助费计算公式：
> 住院伙食补助费=日住院伙食补助费×赔偿天数×责任系数

该项费用的计算较为简单和明确，关键是查询当地国家机关一般工作人员的出差伙食补助标准这一数据。该数据可以从各地高级法院在每年年初对外公布的交通事故或人身伤害的赔偿标准中查询。另外，在计算该项赔偿时还应注意以下五个问题：其一，该项赔偿费用是对患者住院膳食的补助，如果患者不能进食、不宜进食或者处于昏迷状态，该费用不能赔偿；其二，一般情况下，该项赔偿是指患者的膳食补助费用，而非陪护人员的膳食补助费用，后者的膳食费用可以通过护理费或陪护费得到补偿；其三，该项赔偿是患者在住院期间的膳食补助费用，而不包括其在院外发生的膳食费用；其四，如果患者确有必要到外地治疗，因客观原因不能住院，患者本人实际发生的伙食费，其合理部分应予赔偿；其五，陪护人员的伙食补助费赔偿，限于受害人确有必要到外地治疗，因客观原因不能住院，陪护人员实际发生的伙食费，其合理部分应予赔偿。

（六）住宿费

住宿费，是指患者因发生医疗损害后在治疗过程中必须支付的住宿费用，如因当地医疗机构诊疗水平问题而需到外地就医治疗。《人身损害赔偿解释》第10条第2款规定：受害人确有必要到外地治疗，因客观原因不能住院，受害人本人及其陪护人员实际发生的住宿费和伙食费，其合理部分应予赔偿。

住宿费计算公式： 住宿费=日住宿费×赔偿天数×责任系数

该赔偿项目的计算，按照医疗损害发生地国家机关一般工作人员的出差住宿补助标准计算，凭据支付。在计算该项赔偿时还应注意以下三个问题：第一，该费用是患者在就医过程中未住院而需要支付的费用，如果已经住院，则不存在这笔费用；第二，因未住院或者异地就诊需要住宿的，只能支持合理支出部分，不合理部分不予支持；第三，住宿费的支付应当凭据报销，即患方应当拿出相关的证据予以证明，不仅要有正规的住宿票据，还要有支持其异地就医的病历、诊断证明、处方等证据。

【案例8-06】住宿费审查实例①

某法院在对某医疗纠纷案件判决时认定，原告所述到外地就诊所花伙食费单据，可与已认定原告到济南、上海等地治疗疾患的事实相印证，其合理部分

① 刘鑫、孙东东、陈特：《医疗损害赔偿诉讼实务》，中国法制出版社2012年版，第228-229页。

应予支持。原告提供的北京某招待所出具的发票两张，与其到北京就诊时间一致，可以证明其为此而支付的住宿费数额。原告提供的济南某武警支队招待所出具的住宿费收据小写数额为“3200”元，与其所述不符。而且，该收据的“合计人民币（大写）”处，“收款人”处均错位填写，据此可以认定该收据是事后补写，无证明力，本院不予采信。原告提供的上海某培训中心出具的住宿费发票两张，编号为“3039629”“3039628”，记载数额分别为150元和975元，其述编号为“3039629”的发票是交押金所得，编号为“3039628”的发票是补交住宿费所得。本院认为，交住宿押金应在前，补交住宿费在后，押金发票的编号应小于补交住宿费发票的编号，据此原告所述自相矛盾，不能自圆其说，且该两张发票的“旅客姓名”“年月日”处的书写与其他内容的书写字迹存在明显差异，对于该两份证据本院不予采信。

评析

住宿费的支付应当以实际发生为准，凭据报销，患方应当提交正规的住宿票据以证明实际发生的住宿费用。患者本人及其必要的陪护人员实际发生的住宿费和伙食费，对其合理部分应予赔偿。

（七）营养费

营养费，系指患者因医疗过失造成人身损害而需要补充营养物质所发生的费用。其目的是增强患者体质，以使其尽快或尽可能恢复至健康状态。患者住院期间需要加强营养，实际上应当属于辅助医疗措施，可以划定在“医疗费”中，但是在《人身损害赔偿解释》中作了单列，本书也把它单独介绍。不过，在司法实践中，医患双方因营养费而发生争议的情形并不多见，其主要原因是该项费用往往不是患者所必需的，或者是该项费用在整个赔偿额中仅占很小比例而被双方所忽略。

关于住院患者营养费的确定，《人身损害赔偿解释》第11条规定：营养费根据受害人伤残情况参照医疗机构的意见确定。但是目前在现实生活中，医疗机构很少为患者出具此类书面意见，使得患方很难向法院提供相关证据。因此，在司法实践中，法院往往根据案件的实际情况，在认定被告医疗机构存在过失的前提下，判决医疗机构赔偿营养费。另外，根据举证规则，患者应就营养费的发生承担举证责任，否则可能承担不利的法律后果。

营养费计算公式：
营养费＝日营养费×赔偿天数×责任系数

除以上为治疗和康复支出的合理费用外，造成残疾的，因康复护理、继续治疗实际发生的必要的康复费、护理费、后续治疗费等，侵权人应当予以赔偿。换言之，只要受害人能够举证证明某一实际支出或者必然支出的费用是治疗和康复应当支出的合理费用，侵权人就应当赔偿。①

二、致人残疾的相关赔偿项目

除以上一般人身伤害的赔偿项目外，医疗机构及医务人员致患者残疾的，还应当赔偿残疾辅助器具费、残疾赔偿金。在《民法典》第1179条规定的致人残疾的赔偿项目中，仅有残疾辅助器具费和残疾赔偿金两项，但根据《侵权法适用通知》的规定，在受害人有致伤或致死并有被扶养人的情况下，应当根据《人身损害赔偿解释》第16条的规定计算被扶养人生活费并计入残疾赔偿金或死亡赔偿金。

（一）残疾辅助器具费

残疾辅助器具费，是指患者因医疗损害导致丧失部分生理功能而需配置补偿功能器具时支出的费用，如残疾人轮椅车、拐杖、假肢、助听器等辅助工具费用。相关司法解释规定按照普通适用器具的合理费用计算，通常情况下是按照国产相关器具价格进行计算。在实践中还需考虑残疾用具的更换费用及安装费用。

残疾辅助器具费计算公式：
残疾辅助器具费＝残疾辅助器具合理费用×责任系数

在确定残疾辅助器具费时，有几点需要特别考虑的问题。第一，患者因残疾情况有特殊需要的，可以参照辅助器具配置机构的意见确定相应的合理费用。第二，辅助器具的更换周期和赔偿期限参照配置机构的意见确定。实践中，辅助器具更换的周期和费用可以确定的，依据明确的更换意见计算辅助器

① 吴宝盛、刑宝军：《侵权责任法精解》，中国政法大学出版社2010年版，第47页。

具的费用；辅助器具更换的周期和费用难以确定或者患者的余命年数难以确定的，可以留待更换了辅助器具之后另行起诉。

（二）残疾赔偿金

1. 残疾赔偿金的一般计算方法

《民法典》第 1179 条规定了残疾赔偿金的赔偿。《人身损害赔偿解释》（2022 年修正）第 12 条规定了残疾赔偿金的计算方法，第 16 条规定了应赔偿“被扶养人生活费”。第 17 条第 2 款规定：被扶养人是指受害人依法应当承担扶养义务的未成年人或者丧失劳动能力又无其他生活来源的成年近亲属。

《人身损害赔偿解释》第 12 条规定：残疾赔偿金根据受害人丧失劳动能力程度或者伤残等级，按照受诉法院所在地上一年度城镇居民人均可支配收入标准，自定残之日起按 20 年计算。但 60 周岁以上的，年龄每增加 1 岁减少 1 年；75 周岁以上的，按 5 年计算。受害人因伤致残但实际收入没有减少，或者伤残等级较轻但造成职业妨害严重影响其劳动就业的，可以对残疾赔偿金作相应调整。

> 残疾赔偿金计算公式：
> 残疾赔偿金＝城镇居民年人均可支配收入×20×残疾系数×责任系数+被扶养人生活费

2. 未成年人是否可以鉴定伤残等级

经常有人提出，未成年人没有从事具体的工作和劳动，不存在因残疾而减少收入的问题，因此对未成年人不应当进行残疾等级的鉴定，也没有必要支付残疾赔偿金。该观点似乎有一定道理，但是本书认为这种观点是不正确的。因为本书这里讲的是残疾情况，不是劳动能力丧失情况，虽然残疾情况与劳动能力丧失情况密切相关，但毕竟是有区别的两个概念。患者因医疗损害造成其组织、器官的阙如或者身体功能的障碍，是客观存在的生理缺陷，对其生活、学习和日后的工作都有影响。另外，即使现在不进行残疾程度鉴定，待其年满 18 岁之后仍然需要进行残疾程度鉴定，因此这是迟早要发生的事情，不等于现在不评定伤残等级，日后伤残等级就消失了。再有，未成年人损害发生当时进行残疾等级鉴定之后，给予其最高 20 年的赔偿额度，年满 18 岁以后赔偿的年限也是 20 年，在案件的赔偿费用计算上并没有太大的差别。

3. 关于城镇居民人均可支配收入的确定

过去各界在讨论伤残补助费计算时经常用到“平均收入”这个概念，在国家统计机关发布的年度统计数据中并没有“平均收入”的概念，只有城镇居民人均可支配收入的概念，因此《人身损害赔偿解释》在残疾赔偿金的计算上使用了城镇居民人均可支配收入是比较科学的。城镇居民人均可支配收入数据可以从各地统计机关年初发布的上年度本地的国民生产、生活统计公报中获得。

《人身损害赔偿解释》第22条规定：本解释所称“城镇居民人均可支配收入”“城镇居民人均消费支出”“职工平均工资”，按照政府统计部门公布的各省、自治区、直辖市以及经济特区和计划单列市上一年度相关统计数据确定。“上一年度”，是指一审法庭辩论终结时的上一统计年度。

根据2022年修正的《人身损害赔偿解释》，从2022年5月1日开始，伤残赔偿金、死亡赔偿金、被扶养人生活费的计算标准，不再区分城市与农村，统一采用“城镇居民人均可支配收入”“城镇居民人均消费支出”标准计算。

4. 职业类型是否影响残疾赔偿金

有时简单地根据患者的残疾等级计算残疾赔偿金是不公平的，因为个体之间有能力和职业的区别，且这种区别将会导致个体的社会收入悬殊。比如，患者是钢琴演奏家与患者是个普通工人，同样是手功能障碍，钢琴演奏家由于无法再从事与钢琴弹奏相关的工作，收入损失巨大；而普通工人的收入损失只是其日常的工资收入，通过残疾赔偿金的赔偿基本可以弥补。这种个体和职业方面的差别引起残疾赔偿金上的差距，在司法实践中应当充分考虑，以显示法律的公平。受害人因伤残造成职业妨害严重影响其劳动就业的，可以对残疾赔偿金进行相应调整。不过，应当如何进行调整，法律没有规定，属于法官的自由裁量权的范畴。

【案例8-07】致残的医疗损害赔偿项目[①]

原告李某某因双下肢麻木无力，于2009年9月27日入住被告成都军区某总医疗机构，经医生检查诊断为“脊柱结核并椎旁脓肿”，于同年10月5日由

① 纪春雷：《医疗事故赔偿计算标准》，中国法制出版社2007年版，第237页。

该院神经外科医师在全麻下行“椎板切除椎管内探查、椎管减压术”，术后原告的双下肢感觉运动丧失、大小便失禁。术后两个月经 CT 及 MRI 复查发现，脓肿未清除且比术前增大，后转至云南省某医疗机构治疗，经诊断为“胸 7、8 结核并截瘫”，再次手术治疗，术后原告双下肢肌力感觉部分恢复，但双下肢截瘫及大小便失禁情况仍无改善。后原告与被告共同委托医学会进行鉴定，鉴定结果为构成医疗事故，并确定被告在为原告提供医疗服务过程中存在术前准备不完善，手术方式选择欠妥当过失，该过失直接导致原告双下肢截瘫及大小便失禁的严重后果，对此后果的伤残等级鉴定为原告二级伤残。

后经法院审理，判决被告赔偿原告：1. 医疗费 50896.77 元；2. 误工费 20621.50 元；3. 住院伙食补助费 1575 元；4. 陪护费 4200 元；5. 残疾生活补助费 239517 元；6. 残疾用具费 70155 元；7. 交通费 1810 元；8. 被扶养人生活费 8400 元；9. 精神抚慰金 26613 元；10. 医疗事故鉴定费、法医鉴定及后期医疗费用评估费、残疾辅助器具费用评估费 3060 元，上述共计赔偿 426848.27 元。

评析

本案中，原告的诉讼请求中其实还包括要求被告支付营养费 5000 元和后期陪护费 56000 元。本案法院依据《条例》第 50 条的规定，认为条例当中并未对营养费和后期治疗费予以规定，遂不予支持。其他赔偿项目的计算也都是依据《条例》规定进行。《侵权责任法》颁布之后，医疗损害赔偿适用统一的人身损害赔偿标准，法院计算人身损害赔偿各项目应当按照《人身损害赔偿解释》的规定进行。《人身损害赔偿解释》第 11 条对营养费进行了规定，即营养费根据受害人伤残情况参照医疗机构的意见确定。一般来说，一般的伤害可能不需要赔偿受害人的营养费，这要根据受害人伤残情况来确定。虽然《侵权责任法》第 16 条关于人身损害赔偿范围的规定中未提到被扶养人生活费，但最高法院有关司法解释中又将被扶养人生活费计入残疾赔偿金中，因此法院判决赔偿被扶养人生活费也是正确的。

（三）被扶养人生活费

被扶养人生活费在《民法典》中不再单列，而是计入残疾赔偿金或死亡赔偿金之中，作为残疾赔偿金或死亡赔偿金的一个部分予以赔偿。计算方法与《人身损害赔偿解释》中的被扶养人生活费的计算方法相同。

被扶养人生活费计入残疾赔偿金。被扶养人，是指受害人依法应当承担扶养义务的未成年人或者丧失劳动能力又无其他生活来源的成年近亲属。被扶养人生活费是被扶养人必要的生活费用，是指患者在发生医疗损害前，对未成年子女或者没有经济来源的父母、配偶等近亲属提供的必要的生活费，由于患者死亡或者残疾丧失劳动能力，无法扶养他人，需要对其进行补偿。《民法典》没有规定对被扶养人生活费的赔偿，但《人身损害赔偿解释》第 16 条的规定，将被扶养人生活费计入残疾赔偿金。

根据《人身损害赔偿解释》第 17 条的规定：被扶养人生活费根据扶养人丧失劳动能力程度，按照受诉法院所在地上一年度城镇居民人均消费支出标准计算。被扶养人为未成年人的，计算至 18 周岁；被扶养人无劳动能力又无其他生活来源的，计算 20 年。但 60 周岁以上的，年龄每增加 1 岁减少 1 年；75 周岁以上的，按 5 年计算。被扶养人是指受害人依法应当承担扶养义务的未成年人或者丧失劳动能力又无其他生活来源的成年近亲属。被扶养人还有其他扶养人的，赔偿义务人只赔偿受害人依法应当负担的部分。被扶养人有数人的，年赔偿总额累计不超过上一年度城镇居民人均消费支出额。

被扶养人生活费计算公式一：
被扶养人生活费=城镇居民年人均消费支出×20×责任系数

被扶养人生活费计算公式二：
被扶养人生活费=城镇居民年人均消费支出×（18-未成年人现年龄）×责任系数

司法实践中应注意以下三个方面内容：其一，根据扶养人因人身损害造成死亡或者残疾等丧失劳动能力的程度，再结合政府统计部门公布的受理诉讼的法院所在地省、自治区、直辖市上一年度城镇居民人均消费支出标准，计算出被扶养人的生活费标准；其二，针对未成年人或者成年人等不同的被扶养人情况，确定不同的扶养年限以及计算方法；其三，被扶养人的范围包括受害人依法应当承担扶养义务的未成年人或者丧失劳动能力又无其他生活来源的成年近亲属。

另外，关于被扶养人生活费的计算，在实务中还有两个需解决的问题。

第一，被扶养人有多个扶养人时，赔偿义务人的赔偿范围如何确定？当被扶养人有其他扶养人时，赔偿义务人只赔偿受害人依法应当负担的部分即可。比如，根据《民法典》第1058条的规定，夫妻双方都有抚养子女的义务，在一方受到人身损害时，原则上赔偿义务人只须承担赔偿一方应支付的被扶养人的生活费的一半，即上一年度城镇居民人均消费支出额的二分之一。同理，如成年的丧失劳动力的被扶养人有两个子女，其中一名子女受到人身伤害，赔偿义务人须承担赔偿一方应支付的被扶养人的生活费的一半，即上一年度城镇居民人均消费支出额的二分之一。此外，当被扶养人是数人时，年赔偿总额累计不超过上一年度城镇居民人均消费支出额。

第二，扶养义务人的扶养年限如何确定？在被扶养人的赔偿年限上，《人身损害赔偿解释》有明确规定，但是没有规定受害人的可扶养年限，如果机械地按照规定计算被扶养人的赔偿年限，将这个年限加上受害人受害时的年龄，会得出一个远远超出现实生活中仍然有扶养能力的人的年龄，这样会使法院作出的判决违背日常生活的经验法则。如上海市第一中级人民法院判决王某珍等诉陈某等人身损害赔偿案就出现了近86岁的受害人遇车祸去世后，由其生前扶养的重智残无业儿得到了20年的生活费赔偿。如果受害人不出车祸，20年后已有106岁高龄，远远超出了一般人的寿命，其就算在世，扶养能力也非常有限。出现这类判决，既违背了日常生活的经验法则，对侵权人也显然不公。[①]这是留待理论界和实务界研究的课题。

【案例8-08】被扶养人生活费计算错误案[②]

2009年7月28日，张某驾驶奇瑞轿车与迎面驶来的一辆桑塔纳轿车会车时，致使该车右前保险杠撞至同向右侧行驶的摩托车尾部，造成骑摩托车正常行驶的甘某受重伤。经当地公安局交警大队认定，张某负此事故的全部责任，甘某无责任。同年12月20日，道路交通事故伤残评定委员会根据《道路交通事故受伤人员伤残评定》认定，甘某此次损伤为一级伤残。事后，双方因赔偿

① 许辉：《人身损害赔偿中被扶养人生活费的确定》，载《法律适用》2009年第1期。

② 周金顺、欧阳孔军：《如何计算人身损害赔偿案件中的被扶养人生活费》，载《江淮法治》2009年第2期。

问题诉至法院。法院经审理查明，原告甘某，女，1968 年生，农民。其家庭主要成员分别是丈夫李某，1967 年 7 月生，农民，原有三级伤残，生活不能自理；长女李女，14 岁；长子李子，12 岁。根据道路交通事故人身损害赔偿的法律、法规规定，法院判决张某赔偿甘某各项费用 209731 元，其中对被扶养人生活费的判决为丈夫李某（三级伤残）每年生活费 2535 元×20 年＝50700 元、长女李女（14 岁）每年生活费 2535 元×补助年 4 年＝10140 元、长子李子（12 岁）每年生活费 2535 元×补助年 6 年＝15210 元。

评析

法院对此案的审理，认定事实正确，但是在判决张某赔偿被扶养人生活费上适用法律错误，属重复判决，应当对此依法予以纠正。本案的被扶养人有三个，比较上一年度的受诉法院所在地和被扶养人住所地与经常居住地的农村居民人均年生活消费，原告可以主张较高的标准。假设以 2535 元为标准，则其丈夫的被扶养人生活费计算 20 年，两个小孩各计算 4 年和 6 年。但根据司法解释，最终确定的数额并非数个被扶养人生活费的总和，而是最高不能超过当地上一年度农村居民人均年生活消费支出额，即应当按照被扶养人为一人的标准计算。本案对被扶养人生活费的正确判决应当是，判决张某赔偿甘某被扶养人（丈夫李某、长女李女、长子李子）生活费 2535 元×20 年＝50700 元。至于生活费在三人之间如何分配，本书认为，该笔费用在判决生效后的第 1 年至第 4 年在三人之间分配，在第 5 年至第 6 年在丈夫李某和长子李子之间分配，从第 7 年开始该费用由丈夫李某所有。

三、致人死亡的相关赔偿项目

除一般人身损害的赔偿项目外，医疗机构及医务人员造成患者死亡的，还应当赔偿丧葬费和死亡赔偿金。对丧葬费、死亡赔偿金与残疾赔偿金、残疾生活辅助器具费的赔偿是平行的，二者只能有其一。

（一）丧葬费

丧葬费，是指患者因医疗损害死亡时，其近亲属因安葬患者而支出的费用。《民法典》第 1179 条规定，侵害公民身体“造成死亡的，还应当赔偿丧葬费和死亡赔偿金”。《人身损害赔偿解释》第14条规定：丧葬费按照受诉法院所在地上一年度职工月平均工资标准，以6个月总额计算。

> 丧葬费计算公式：
> 丧葬费=职工月平均工资×6×责任系数

在司法实践中，丧葬费的支付一般争议不大，原因在于这笔费用不高，且所有的涉及受害人死亡的民事案件都会涉及这笔费用，且没有受害人身份、职业等方面的差别，受诉法院一般有先例可以参照执行。在医疗纠纷案件中，存在争议的主要是两个问题：其一，外地患者到上一级城市就医发生死亡的，死亡患者近亲属到就医城市起诉，受诉法院所在地的职工平均工资肯定高于患者生活地的职工平均工资，这种差别无法避免；其二，死者是刚出生即死亡的新生儿。对于这种刚出生即死亡的孩子的安葬，不可能像安葬成年人一样有那么多的花费，如何计算安葬费就成了一个让人非常困惑的问题。本书认为应当以当地人的习俗和实际开支来考虑赔偿。

（二）死亡赔偿金

1. 死亡赔偿金的计算方法

《民法典》第1179条规定，侵害公民身体“造成死亡的，还应当赔偿丧葬费和死亡赔偿金”。《消费者权益保护法》和《产品质量法》《人身损害赔偿解释》均规定了此赔偿项目。

死亡赔偿金是不法致人死亡时产生的特有的财产损害赔偿项目。死亡赔偿金不是对受害死者的赔偿，而是对受害死者及近亲属的赔偿。《人身损害赔偿解释》将这项费用界定为受害人因死亡所造成的经济损失所给予的赔偿，在性质上是物质性损失，赔偿的实际上是死亡者的“余命”损失，① 有别于精神损害抚慰金。也就是说，死亡赔偿金是赔偿义务人对受害人的近亲属因受害人死亡而遭受的未来可继承的受害人收入损害的赔偿责任。死亡赔偿金的请求权人只能是受害人的近亲属，而非被扶养人。

《人身损害赔偿解释》第15条规定：死亡赔偿金按照受诉法院所在地上一

---

① 杨立新：《侵权行为法》，复旦大学出版社2007年版，第402页。

年度城镇居民人均可支配收入标准，按20年计算。但60周岁以上的，年龄每增加1岁减少1年；75周岁以上的，按5年计算。

死亡赔偿金计算公式： 死亡赔偿金=城镇居民年人均可支配收入×20×责任系数+被扶养人生活费

此外，根据《侵权法适用通知》的规定，受害人有被扶养人的，权利人还可请求赔偿被扶养人生活费，被扶养人生活费计入死亡赔偿金。计算标准如前文所述。

2. 关于居住地与受诉法院所在地收入差别问题

由于死亡赔偿金是由于患者死亡导致家庭成员在财产上蒙受消极损失而获得的赔偿，患者死亡后，其家庭成员仍要在其住所地或经常居住地生活，如果其住所地或者经常居住地城镇居民人均可支配收入高于受诉法院所在地标准，赔偿权利人依据受诉法院地的标准获得的赔偿，并不能填平其损失，这对于赔偿权利人来说是不公平的，也不符合损害赔偿法的原理。因此，《人身损害赔偿解释》第18条规定：赔偿权利人举证证明其住所地或者经常居住地城镇居民人均可支配收入高于受诉法院所在地标准的，残疾赔偿金或者死亡赔偿金可以按照其住所地或者经常居住地的相关标准计算。被扶养人生活费的相关计算标准，依照前款原则确定。这样便可以避免当事人为了获得比较高的赔偿而选择异地起诉的情况发生。

3. 新生儿死亡如何确定死亡赔偿金

关于死亡赔偿金的支付，在医疗纠纷中还有一个难以处理的问题，即产科纠纷涉及新生儿或者胎儿的死亡。是否为新生儿取决于其出生的瞬间是否有生命。出生时有生命即可认定其为新生儿，其在医疗事故中死亡的，就可以获得死亡赔偿金；出生时没有呼吸即没有生命，即应当认定其为死胎，近亲属不能主张死亡赔偿金。在有的产科医疗纠纷中，患者出生时有微弱的呼吸，无论呼吸多么微弱，也应当视为有生命，即便其出生后即死亡。但是对于这种新生儿死亡也按照正常人的标准来赔偿，似乎总有其不合适的地方，以至于有的地方法院规定，这种情况按照死亡赔偿金的一半来支付。这是一种折中的办法，但不符合《人身损害赔偿解释》的规定。本书认为，新生儿死亡是否有死亡赔偿金，应当采取务实的办法来处理。

4. 关于残疾、死亡二元赔偿的问题

2003年12月26日，最高人民法院发布《人身损害赔偿解释》，确立了城乡二元赔偿原则。该司法解释规定了残疾赔偿金、死亡赔偿金和被扶养人生活费需要根据城镇和农村户籍性质区分城乡进行计算。这个规定备受指责，被斥为“同命不同价”的赔偿。① 上述司法解释的出台，本意并非人为地给生命健康定价，更不是要用户籍来划分生命健康价值的高低，而是要解决生命健康权受到侵害后，如何以给付金钱的方式赔偿，才能既恰当地弥补受害人遭受的损失，体现出对生命健康的尊重，又不至于使侵权人无力承担侵权后果的问题。在我国，城镇和农村在收入、支出方面有很大差距，这是不容回避的客观事实。有鉴于此，这条司法解释才规定残疾赔偿金、死亡赔偿金按城镇居民或者农村居民人均纯收入的不同标准计算。②

残疾赔偿金在理论上和司法实践中存在不少争议。残疾赔偿金是患者劳动能力全部或者部分丧失需要得到的相应赔偿。残疾赔偿金并非患者因残疾而得到的精神损害抚慰金，而是患者因残疾造成收入减少的赔偿费用，因而属于对患者残疾后造成的财产性损失的赔偿。残疾赔偿金的性质和标准在司法实践中并没有统一标准。根据理论界比较认同的“劳动能力丧失说”，在赔偿上采用“填平标准”③，即受害人因残疾导致经济损伤而给予的赔偿。从这个角度来看，这种区别对待的赔偿原则并无不当。但是从现实来看，这种区别对待的赔偿原则确实引起不好的观感，争议很大。近年来要求“同命同价”的呼声很高。司法实践很有必要采取同一赔偿标准，统一确定死亡赔偿金数额，摒弃城乡差别。为此，最高人民法院通过明传下发《关于授权开展人身损害赔偿标准城乡统一试点的通知》（法明传〔2019〕513号），授权各省、自治区、直辖市高级人民法院及新疆维吾尔自治区建设兵团分院根据各省具体情况在辖区内开展人身损害赔偿纠纷案件统一城乡居民赔偿标准试点工作。饱受诟病的“同命不同

① 杨立新：《〈中华人民共和国侵权责任法〉精解》，知识产权出版社2010年版，第81页。

② 李某芳与赵某祥、某保险公司机动车交通事故责任纠纷，见浙江省绍兴市中级人民法院（2009）浙绍民终字第893号二审民事判决书。

③ “劳动能力丧失说”认为，受害人因身体或者健康受到损害，以致丧失或者减损劳动能力即视为损害，并不限于实际劳动所得损失的多少。在侵权赔偿案件中，如果受害人丧失或减少劳动能力，侵害人就应对其劳动能力丧失或者减损予以赔偿，而不是对其受伤前后劳动收入的差额进行赔偿。

价”问题有望得到根本性改观。截至2021年年底，陕西省、甘肃省、宁夏回族自治区、内蒙古自治区、山西省、广东省、江苏省、浙江省、辽宁省、河南省、河北省、湖北省、福建省、天津市、上海市等已制定了城乡居民同命同价的相关地方性法规或者司法文件，并已经开始执行。

2022年2月15日最高人民法院审判委员会第1864次会议通过，自2022年5月1日起施行的《关于修改〈最高人民法院关于审理人身损害赔偿案件适用法律若干问题的解释〉的决定》，统一采用城镇居民标准计算残疾赔偿金、死亡赔偿金和被扶养人生活费。

（三）被扶养人生活费

被扶养人生活费在《民法典》第1179条中不再单列，但《人身损害赔偿解释》第16条的规定，将被扶养人生活费计入死亡赔偿金。计算方法与残疾赔偿金中的被扶养人生活费的计算方法相同。

【案例8-09】致患者死亡的医疗损害赔偿项目①

2000年的一天，钟先生母亲李女士出现反复腰痛，伴双下肢麻痛，经多家医疗机构和佛山市某医疗机构检查，证实其患有“腰椎间盘突出、腰椎管狭窄症、腰椎失稳”。之后多年李女士采取保守疗法诊治，直到2005年2月病情加重导致行动不便，遂来到佛山市某医疗机构就诊。2005年3月15日，佛山市某医疗机构门诊医生何某诊断认为，只有手术才能根治此症。检查后，李女士定于3月22日上午施行“全椎板椎管探查加减压加髓核摘除USS内固定加植异体骨融合术”。但在手术三个多小时后，李女士心脏骤停，经抢救无效死亡。

2005年12月，钟先生与父亲共同将佛山市某医疗机构诉至某区法院，医疗机构随后提出医疗事故技术鉴定申请。受法院委托，2007年5月，佛山市医学会出具鉴定书，认为本病例不属于医疗事故。钟先生与父亲要求再次鉴定，法院又委托广东省医学会进行再次鉴定，结论认为，此病例属一级甲等医疗事

① 黄乐平：《医疗事故处理流程与赔偿标准》，法律出版社2009年版，第322页。

故，医方负主要责任。

某区法院综合考虑本案情况，判决医疗机构赔偿丧葬费 1.1 万元、死亡赔偿金 25.6 万元、精神损害抚慰金 7.4 万元及其他损失，合计 34.2 万余元。

评析

本案的关键是，医疗损害造成死亡的，应当赔偿哪些法定项目？死亡赔偿金应不应当赔偿？死亡赔偿金和精神损害赔偿有没有重合？

在审理此案时，《最高人民法院关于参照〈医疗事故处理条例〉审理医疗纠纷民事案件的通知》仍有法律效力，该通知明确了医疗事故应当按照《条例》的规定赔偿。而《条例》中并没有规定死亡赔偿金，本案法院判决支持死亡赔偿金是否与《条例》产生冲突？在最高人民法院的上述通知出台后，《人身损害赔偿解释》中明确规定了死亡赔偿金的赔偿项目，本案死亡赔偿金的项目赔偿于法有据。《人身损害赔偿解释》指出死亡赔偿金不是精神损害赔偿，则死亡赔偿金和精神损害赔偿是不同的两个赔偿项目，没有重合。而且该司法解释第 24 条明确规定：在本解释公布施行之前已经生效施行的司法解释，其内容与本解释不一致的，以本解释为准。因此，法院判决支持死亡赔偿金和精神损害赔偿的请求是合理的。而且，根据《民法典》第 1179 条的规定：侵害他人造成死亡的，还应当赔偿丧葬费和死亡赔偿金。根据《民法典》第 1183 条的规定：侵害自然人人身权益造成严重精神损害的，被侵权人有权请求精神损害赔偿。本案中，患者死亡，其近亲属可以依法请求精神损害赔偿。因此，本案法院支持赔偿丧葬费、死亡赔偿金和精神损害抚慰金的判决并无不当。

四、精神损害赔偿范围和计算标准

（一）医疗损害精神损害赔偿概述

精神损害赔偿是受害人因人格利益或身份利益受到损害或者遭受精神痛苦而获得的金钱赔偿。规定精神损害赔偿有利于保护受害人的利益。[①] 精神损害赔偿是民事主体因其人身权受到不法侵害，使其人格利益和身份利益受到损害

① 王胜明：《中华人民共和国侵权责任法解读》，中国法制出版社 2010 年版，第 99 页。

或遭受精神痛苦等无形损害时，要求侵权人通过财产赔偿等方法进行救济和保护的民事法律制度。在现代法治条件下，对人身损害给予精神损害赔偿即抚慰金的赔偿，已经成为普遍的制度。在侵权行为中，受害人受到人身伤害，受害人或其近亲属，都可以依据法律、法规请求赔偿抚慰金，填补因人身损害造成的精神痛苦。我国1929年民国政府制定的《中华民国民法》正式确立精神损害赔偿制度。《民法典》第1183条第1款规定：侵害自然人人身权益造成严重精神损害的，被侵权人有权请求精神损害赔偿。《人身损害赔偿解释》第23条规定：精神损害抚慰金适用《最高人民法院关于确定民事侵权精神损害赔偿责任若干问题的解释》予以确定。最高人民法院于2021年1月1日起施行的修改后的《精神损害司法解释》，对精神损害赔偿的范围、依法行使赔偿请求权的主体以及确定精神损害赔偿数额的原则等作了明确规定。

随着人们法律意识的增强，在医疗损害赔偿诉讼中，患者逐渐提出了精神损害赔偿的请求。法院如果认定是医疗损害案件，一般都会判决医方赔偿患者的精神损害。因医疗损害导致患者残疾、死亡，给患者及其亲属造成精神上的痛苦和心理上的异常，这种痛苦和异常通常并不短暂甚至伴随终身，因此医疗损害精神损害赔偿非常必要。医疗侵权的精神损害赔偿，是指患者因医疗损害承受精神创伤而应获得的以货币方式支付的精神补偿，是医疗机构承担医疗损害侵权责任的一种重要方式。

（二）医疗损害精神损害赔偿的原则

国外的医疗损害精神损害赔偿原则主要有酌定赔偿原则，即不制定统一的赔偿标准，而是根据案件的具体情况，由法官自由裁量精神损害赔偿金的数额；限额赔偿原则，即规定精神损害赔偿的最高限额，法官可以在最高限额以下酌定具体数额。杨立新教授认为我国的医疗损害精神损害赔偿应当遵循“法官自由酌量原则”“区别对待原则”和“适当限制原则”。[①]

法官自由酌量原则同国外的酌定赔偿原则相类似，它赋予法官在处理精神损害赔偿案件时以自由裁量权。区别对待原则指在法官自由酌量的基础上，在具体确定精神损害赔偿金时，必须对精神损害的不同利益因素的损害予以区别

① 杨立新：《精神损害赔偿》，人民法院出版社1999年版，第79页。

对待。根据不同的特点，依据不同的计算规则，分别计算应当赔偿的数额，最后酌定总的赔偿数额。适当限制原则是为了克服法官自由酌量的不利影响，主要表现为以下两点：一是对赔偿总额进行限制；二是对受害人及其近亲属或者死者近亲属的精神损害赔偿分别规定上限和下限。

对于具有特殊纪念意义，或者具有特殊价值的财物被损坏、遗失，权利人可以主张特殊精神损坏赔偿。比如，患者具有特殊纪念意义的物品在手术前应护士要求摘下，后遗失，患者可以主张特殊精神赔偿。《民法典》第 1183 条第 2 款规定：因故意或者重大过失侵害自然人具有人身意义的特定物造成严重精神损害的，被侵权人有权请求精神损害赔偿。《精神损害司法解释》第 1 条规定：因人身权益或者具有人身意义的特定物受到侵害，自然人或者其近亲属向人民法院提起诉讼请求精神损害赔偿的，人民法院应当依法予以受理。

【案例 8-10】王某某诉唐山某摄影有限公司赔偿特定物损失案[①]

原告王某某的父母在 1976 年唐山地震中双亡，原告就此成为孤儿，当时原告仅 3 岁。原告长大以后经多年苦心寻找，才找到其父母免冠照片各一张。1996 年 11 月 13 日，原告持该两张照片到被告唐山某摄影有限公司进行翻版放大，被告收取了原告加工放大费 14.8 元，并开具了取相凭证，取相日期为 1996 年 11 月 20 日。到期后原告前往取相，被告告知原告照片原版遗失，未能为其翻版放大。事后，被告到原告父亲生前所在单位唐山市邮电局找到了原告父亲生前的另一张照片。唐山市邮电局劳资科证实，其保存的档案中有原告父亲黑白免冠一寸照片。由于被告行为给原告造成物质上和精神上损失，故原告王某某起诉到唐山市路北区人民法院，要求被告赔偿特定物损失及精神损失 10 万元。法院经审理认为，原告王某某到被告唐山某摄影有限公司对其父母照片进行翻版放大，双方形成了合法、有效的加工制作法律关系。被告唐山某摄影有限公司工作上严重失误，将照片丢失，给原告王某某造成部分无法挽回的经济损失和精神上的痛苦。被告唐山某摄影有限公司理应赔偿原告特定物损失和补偿原告的精神损害。但原告王某某要求赔偿 10 万元的数额过高，

---

① 本案判决时间是 1997 年 9 月 8 日，精神赔偿 8000 元在当时是一个比较高的金额。当时民事法律只有《民法通则》。参见河北省唐山市路北区人民法院（1997）北民初字第 1762 号判决书。

被告应适当予以赔偿。依照《民法通则》第 5 条、第 106 条、第 117 条、第 120 条之规定，判决被告唐山某摄影有限公司赔偿原告王某某特定物损失和精神损害补偿费 8000 元。

评析

此案虽然与医疗损害赔偿诉讼无关，但为了说明《民法典》第 1183 条第 2 款有关“具有人身意义的特定物”的侵害而引起的特殊精神损害赔偿问题，本书引用该经典案例予以说明。

关于我国民法中的精神损害赔偿制度早已形成，对侵权行为、侵害对象、损害赔偿幅度等都有规定，这是一般精神损害赔偿。对于一些“具有人身意义的特定物”遭受侵害，对当事人造成的精神打击非常之大，必然给当事人造成更大的精神伤害。但是，如果采取一般精神损害赔偿的规定，有时就不能支持赔偿，或者赔偿幅度不足以弥补当事人的精神创伤。为此，这次《民法典》的编纂，在保留一般精神损害赔偿的基础上，增加了特殊精神损害赔偿规定，填补了我国侵权赔偿立法的一大空白。

在医疗活动实施过程中，由于医疗行为实施的需要，医务人员常常会让患者摘下身上佩戴的金银首饰；或者患者在医疗机构住院过程中，可能会发生具有人身意义的特定物的损坏或丢失，如果是医疗机构未尽到安全保障义务造成的，除了按该特定物既有的价格进行赔偿之外，还会面临特殊精神损害赔偿，以补偿当事人因此造成的精神伤害。

（三）精神损害赔偿的范围和计算方式

1. 精神损害适用于侵害他人人身权益的情况

人身权益的范畴十分广泛，包括各项人身权和其他合法的人身利益。自然人因下列人格权利遭受侵害，向人民法院起诉请求赔偿精神损害的，人民法院应当依法予以受理：（1）生命权、健康权、身体权；（2）姓名权、肖像权、名誉权、荣誉权；（3）人格尊严权、人身自由权。依照此规定，在医疗损害赔偿中，对生命权、健康权、身体权和名誉权侵害的行为，可以请求精神损害赔偿。在医疗侵权诉讼中，有时会涉及医方侵犯患者隐私权、未经患者同意公开其个人信息资料的案件，都可以从赔偿患者精神损失方面予以救济。另外，侵犯患方知情同意权的案件，也可以从精神损害赔偿方面予以补偿。

2. 对《民法典》精神损害赔偿规定的理解

《民法典》第 996 条规定的人格权受到严重侵害，可以要求精神损害赔偿，即以造成了受害人严重精神损害为前提。该条规定体现了我国立法机关在对待侵害人身权给予精神赔偿上采取限制和谨慎的原则，该条规定体现了以下三层含义。

第一，侵害他人人身权益可以请求精神损害赔偿。这里所讲的人身权益包括《民法典》第 990 条所规定的各种具体权利，也包括尚未具体列举出来的其他人身权益。在医疗侵权纠纷中，医疗机构及其医务人员过失侵犯了患者的生命权、健康权、姓名权、肖像权、名誉权、隐私权等人身权利以及知情同意权等权益，患方都可以提出精神损害赔偿。但是在诊疗过程中侵犯了患者的财产权利，不能请求精神损害赔偿。

第二，造成了严重精神损害是提起精神损害赔偿的前提。因为在过去的司法实践中，精神损害赔偿有被滥用的情况，这次立法明确对精神损害赔偿提起的条件作了严格的规定，只有造成了受害人严重精神损害的，才可以提起精神损害赔偿。目前在精神损害的严重程度分级上缺乏权威可靠的标准。关今华等提出，在对精神损害赔偿客体进行类型化处理的基础上，要根据各类精神损害赔偿的不同特点，确定不同档次。如对侵害精神性人身权和人格权所产生的精神损害，可分为一般、比较严重、严重和特别严重四个档次。[①] 那么本法所讲的“严重精神损害”应当如何界定，由于没有判断的科学权威的标准，实践中只能由法官根据自由心证的原则在相关证据和事实的基础上进行判断。本书建议，也可以考虑提请精神病学专家从专业角度进行分类分级和评估。

第三，本条规定的是受害人的人身权遭受侵害，可以提起精神损害赔偿，但是如果受害人因身体权益遭受侵害而死亡，其近亲属有无权利请求精神损害赔偿呢？虽然该法条没有提及在受害人死亡后其近亲属是否可以提出精神赔偿的内容，但是《民法典》第 1181 条规定：被侵权人死亡的，其近亲属有权请求侵权人承担侵权责任。其中赋予近亲属的请求权并没有明确排除精神损害赔偿，因而受害人的近亲属是可以提起精神损害赔偿的。《精神损害司法解释》第 3 条规定：死者的姓名、肖像、名誉、荣誉、隐私、遗体、遗骨等受到侵

① 关今华：《精神损害赔偿数额的确定与评算》，人民法院出版社 2002 年版，第 193-194 页。

害，其近亲属向人民法院提起诉讼请求精神损害赔偿的，人民法院应当依法予以支持。基于此，本书认为，如果患者死亡，精神损害抚慰金的请求主体为患者近亲属；如果患者残疾，该项赔偿的请求主体应为患者本人，而其近亲属无权要求赔偿精神损害抚慰金。

3. 精神损害赔偿数额的确定

精神损害赔偿的数额如何确定，《民法典》并没有原则性规定，更没有作出具体要求，因而成了司法实践中的一大难题。关于精神损害赔偿的具体数额，可以参照《精神损害司法解释》的有关规定来操作。《精神损害司法解释》第5条规定：精神损害的赔偿数额根据以下因素确定：（1）侵权人的过错程度，但是法律另有规定的除外；（2）侵权行为的目的、方式、场合等具体情节；（3）侵权行为所造成的后果；（4）侵权人的获利情况；（5）侵权人承担责任的经济能力；（6）受理诉讼法院所在地的平均生活水平。

《条例》第50条也对精神抚慰金的计算进行了规定。《条例》第50条第11项规定：精神损害抚慰金：按照医疗事故发生地居民年平均生活费计算。造成患者死亡的，赔偿年限最长不超过6年；造成患者残疾的，赔偿年限最长不超过3年。但是，本书认为，《条例》关于精神损害赔偿数额标准过低。有的案例中不但不能抚慰受害人及其近亲属的痛苦，甚至连受害人的诉讼成本和医疗费用都不能弥补，也就意味着对致害人的放纵。另外，精神损害发生后，医方的过错程度、患者的受损情况、收入状况等均不相同。如果按《条例》第50条确定精神损害赔偿数额，就背离了法治的公平原则。因此，应从我国的实际情况出发，在个案当中斟酌确定，具体平衡。

对于医疗损害赔偿案件，在计算精神损害赔偿数额时，应当综合考虑以下因素：（1）主观过错程度，是出于过于自信的过失，还是疏忽大意的过失，程度如何；（2）医疗事故等级，要根据医疗事故的等级由高到低确认赔偿额的多少，一级事故最重，二级次之；（3）伤残等级，要根据伤残技术鉴定的结果由重到轻来确定；（4）损害部位及后果，不同部位的伤害引起的精神损害后果是不同的；（5）职业类型，每个人的职业不同，其身体各个部位、各个器官的作用也有所不同，如书画家的手、歌唱家的嗓子等与职业特点有关，精神损害程度与一般人不同；（6）年龄因素，不同年龄的人因医疗损害产生的精神痛苦必然不同；（7）精神打击程度，综合实际情况区分；（8）经济损失状况；（9）双方经济状况，如有的医疗机构连经济赔偿都困难，再进行精神损害赔偿就更难了。而有些患者的经济状况较好，可以按照民事权利依法自行处分的原则，通过由医疗机构赔礼道歉的方式对患者进行慰藉。

（四）实务中需要注意的几个问题

1. 精神损害赔偿可否适用于公平责任

在司法实践中，为了“摆平”医患双方的利益冲突，采取所谓的公平原则，满足当事人无理索赔的判决并不鲜见，这是不符合法律规定的。必须强调指出，医疗损害责任不适用“公平责任”。公平责任，又称衡平责任，是指在当事人双方对损害均无过错，但是依照法律的规定又不能适用无过错责任的情况下，由人民法院根据公平的理念，在考虑受害人的损害、双方当事人的财产状况及其他相关情况的基础上，判令加害人对受害人的财产损失予以适当补偿。在《民法典》中公平责任不是侵权损害的归责原则，《民法典》第1186条放在损害赔偿一章之中，而没有规定在一般规定的第一章，旨在说明该条是关于公平补偿责任的一般规定，而不是公平归责原则。从该条规定的内容上看，“受害人和行为人对损害的发生都没有过错的，依照法律的规定由双方分担损失”，这里的法律规定是指《民法典》第1188条（监护责任）、第1190条（暂时丧失意识能力损害责任）、第1254条（高空抛物坠物责任）规定的情形，医疗损害责任并不在其列。

2. 胎儿能否要求精神损害赔偿

现实中的医疗损害赔偿案件有相当一部分是由于医方的原因造成对胎儿的损害。当胎儿怀于母腹之中，胎儿受到的损害既可以是外伤，也可以是内伤。当胎儿出生后，其在母腹中所受伤害致其健康受损，这种影响可能伴随着他的成长过程，甚至终身，给他带来的不仅仅是肉体上的痛苦，更有精神上的折磨。但胎儿因其还没有出生，不具有民事权利能力，也不是民事主体，自然也不会是适格的原告，但是胎儿因其即将出生，即将成为民事主体，对其利益的保护又是必需的。现今各国法律对胎儿的权利保护作出了规定，表现为三种立法主义，即总括的保护主义、个别的保护主义和绝对主义[①]。（1）总括的保护

---

① 梁慧星：《民法总论》，法律出版社1996年版，第91页。

主义，也就是在对胎儿利益的保护方面，一般将胎儿视为已出生，此为罗马法所采取的主义，《瑞士民法典》等也是这样规定的。（2）个别的保护主义，即胎儿原则上无权利能力，但在例外情形下则视为有权利能力。法、德、日等国均采取此主义。所谓例外情形是指，在是否享有损害赔偿请求权、继承权、受遗赠等权利的情况下，将胎儿视为已出生，能够享有这些权利。（3）绝对主义，即胎儿绝对不具有民事权利能力，不得为民事权利主体。我国的《民法典》的规定属于第二种。《民法典》第 16 条规定：涉及遗产继承、接受赠与等胎儿利益保护的，胎儿视为具有民事权利能力。但是，胎儿娩出时为死体的，其民事权利能力自始不存在。同时也考虑了对胎儿出生后利益的保护，如《民法典》第 1155 条规定：遗产分割时，应当保留胎儿的继承份额。这为胎儿出生后行使继承权提供了有效的保障，但是在医疗损害赔偿方面，对胎儿的损害赔偿请求权现行法律未作规定。

胎儿在母腹中因医疗损害受损，出生后精神痛苦可能伴随终身，在这种情况下，如果得不到精神损害赔偿未免有失公平。因此，本书赞成胎儿的健康权益受法律保护，其出生后若因健康权受损而感到精神痛苦，亦可以主张精神损害赔偿。

3. 植物人和精神病人能否要求精神损害赔偿

因为医疗损害成为植物人，或者因为医疗损害致使无民事行为能力的精神病人肢体受损成为残疾人，受害人有没有受到精神损害？患者成为植物人或精神病人之后，即丧失了对痛苦的感知能力，没有精神痛苦。如果认为精神损害就是精神痛苦，那么说他们受到了精神损害的确很牵强。但是一个有着正常健康的精神感受能力的人，因医疗损害这一侵害行为失去了这种感受能力，使其不能再感受悲欢离合、喜怒哀乐，这种感受人生酸甜苦辣的能力被剥夺，虽然不是一种积极的精神损害，但却是一种消极形态上的精神损害。这种精神损害难以弥补，这些患者的利益也理应得到法律正义的救济。因此本书认为，植物人和精神病人可以直接以原告的身份起诉，但需要其代理人进行代理。

4. 受害人死亡前起诉要求精神损害赔偿，起诉后死亡的，其近亲属自身遭受的精神损害能否再要求赔偿

受害人在遭受医疗损害后向人民法院起诉要求精神损害赔偿，但是在起诉后不久，受害人死亡，则受害人的近亲属可以继承受害人的精神损害赔偿请求

权。但是，受害人因侵权行为死亡后，其近亲属能否因患者的死亡再提起精神损害赔偿呢?《民法典》第1181条肯定了这一行为。死者生前提出的精神损害赔偿，是死者生前遭受的精神损害，该请求权可以继承。死亡后，其近亲属自身遭受的精神损害也应该得到赔偿。当然，法院在审理此类案件时，应当在精神损害赔偿金的数额上根据具体案情适当控制。

【案例8-11】医疗损害精神损害赔偿①

患者杨某（原告之子）因尿毒症于1999年12月17日到某医疗机构（被告）住院治疗，2000年1月21日在该院行同种异体肾移植术，术后于3月1日转入该院泌尿外科二病区住院康复治疗。4月22日，经医生同意，杨某回家休息。5月8日，杨某出现低热，5月11日，因低热不适，伴有咳嗽、吐白色泡沫症再次入院。经胸片检查示："双肺上中下弥散结节影。"经医疗机构结核科、感染科会诊，首先考虑肺部Ⅱ型肺结核感染并进行治疗，同时，血培养细菌和霉菌及做痰培养。但杨某症状改善并不明显，体温不降反而持续升高。5月16日，医疗机构对杨某抽血做CMV-IgM检查，5月17日，出报告显示CMV-IgM阳性。5月18日，杨某转到该院泌尿外科一病区，转科诊断为："肾移植术后，肺TB合并感染。"5月22日医疗机构对杨某抽血做PCR检查示："结核杆菌、巨细胞病毒（CMV）均为阴性。"5月24日，做巨细胞病毒检测为（+），医疗机构遂以更昔洛韦+可耐抗巨细胞病毒治疗。5月28日4时48分，杨某因抢救无效死亡。死亡原因诊断为："呼吸衰竭，肾功能衰竭，肾移植术后，肺部感染。"

2001年年初，杨某之父母（原告）向医疗事故鉴定委员会申请医疗事故技术鉴定，该鉴定委员会于2001年4月1日作出结论：本病例不属于医疗事故。原告不服，于5月9日以医疗损害赔偿纠纷为由向法院提起诉讼，要求医疗机构承担医疗损害赔偿责任，并要求赔偿精神损害抚慰金8万元。

一审法院认为，根据医疗事故鉴定委员会的鉴定结论及法院委托的司法鉴定中心作出的法医学鉴定结论，能够证明医疗机构对杨某的医疗行为无过错，

---

① 付子堂等：《医疗纠纷案件审理之实证分析》，人民法院出版社2004年版，第263页。

与杨某的死亡无直接因果关系。且二原告未提供充分证据证明医疗机构对杨某的死亡存在严重过失，故判决驳回原告包括精神损害赔偿在内的全部诉求。原告不服，提出上诉。

二审法院认为，一审法院委托的司法鉴定中心的法医学意见书、复议意见书应作为本案的定案证据，该法医学意见书认定杨某死亡与医疗机构的医疗行为无直接的因果关系。故上诉人要求医疗机构赔偿医疗费、放射费、鉴定费及死亡赔偿金的诉讼请求，不予支持。但同时认定，虽然复议意见书认定医疗机构对杨某的诊疗过程“未发现有明显过失”，但2000年5月17日检验报告已显示病人有被巨细胞感染的可能，而受巨细胞病毒感染的病人，病情发展速度快，死亡率高，医疗机构对此理应有所认识，但未予以高度重视，也未及时结合该检验报告对杨某的疾病作进一步处理。结合杨某的整个诊疗过程，按公平和诚实信用原则，确认医疗机构给付二原告精神损害抚慰金2万元，同时撤销了一审判决。

评析

随着权利意识的增强，人们逐渐重视自己的各项权利，进而患者也开始关注医生的医疗行为对其造成的精神损害，主张自己的权益，甚至以精神损害为由要求医疗机构支付天价赔偿金额的也并不鲜见。[①]

在过去法院对医疗纠纷中的精神损害赔偿一般不予支持，即使目前精神损害赔偿在民事审判领域已较为普遍的情况下，法院对精神损害赔偿的判决也非常慎重，对以医疗事故或医疗损害为由起诉的案件的精神损害赔偿数额的确认往往区别不大。《民法典》第1183条将精神损害赔偿予以规定，明确划分了残疾赔偿金、死亡赔偿金和精神损害赔偿的界限。患者在请求残疾赔偿金和死亡赔偿金的同时，可以要求精神损害赔偿，但是鉴于精神损害赔偿有被滥用的嫌疑，《民法典》要求造成“严重精神损害”才可以要求精神损害赔偿。

本案历经两审，判决结果从一审法院对原告诉求的全部驳回，到二审法院支持了精神损害抚慰金的诉求，体现了法院保护患者精神利益的考虑。二审法院充分考虑了各方利益的平衡，遵循公平原则，进行改判，事件处理结果是妥当的。

---

① 龚赛红：《医疗损害赔偿立法研究》，法律出版社2001年版，第1-3页。

【法条链接】

《民法典》

第一千一百七十九条 侵害他人造成人身损害的，应当赔偿医疗费、护理费、交通费、营养费、住院伙食补助费等为治疗和康复支出的合理费用，以及因误工减少的收入。造成残疾的，还应当赔偿辅助器具费和残疾赔偿金；造成死亡的，还应当赔偿丧葬费和死亡赔偿金。

第一千一百八十条 因同一侵权行为造成多人死亡的，可以以相同数额确定死亡赔偿金。

第一千一百八十一条 被侵权人死亡的，其近亲属有权请求侵权人承担侵权责任。被侵权人为组织，该组织分立、合并的，承继权利的组织有权请求侵权人承担侵权责任。

被侵权人死亡的，支付被侵权人医疗费、丧葬费等合理费用的人有权请求侵权人赔偿费用，但是侵权人已经支付该费用的除外。

第一千一百八十二条 侵害他人人身权益造成财产损失的，按照被侵权人因此受到的损失或者侵权人因此获得的利益赔偿；被侵权人因此受到的损失以及侵权人因此获得的利益难以确定，被侵权人和侵权人就赔偿数额协商不一致，向人民法院提起诉讼的，由人民法院根据实际情况确定赔偿数额。

第一千一百八十三条 侵害自然人人身权益造成严重精神损害的，被侵权人有权请求精神损害赔偿。

因故意或者重大过失侵害自然人具有人身意义的特定物造成严重精神损害的，被侵权人有权请求精神损害赔偿。

第一千一百八十四条 侵害他人财产的，财产损失按照损失发生时的市场价格或者其他合理方式计算。

第一千一百八十六条 受害人和行为人对损害的发生都没有过错的，依照法律的规定由双方分担损失。

第一千一百八十七条 损害发生后，当事人可以协商赔偿费用的支付方式。协商不一致的，赔偿费用应当一次性支付；一次性支付确有困难的，可以分期支付，但是被侵权人有权请求提供相应的担保。

《人身损害赔偿解释》

第六条 医疗费根据医疗机构出具的医药费、住院费等收款凭证，结合病历和诊断证明等相关证据确定。赔偿义务人对治疗的必要性和合理性有异议的，应当承担相应的举证责任。

医疗费的赔偿数额，按照一审法庭辩论终结前实际发生的数额确定。器官功能恢复训练所必要的康复费、适当的整容费以及其他后续治疗费，赔偿权利人可以待实际发生后另行起诉。但根据医疗证明或者鉴定结论确定必然发生的费用，可以与已经发生的医疗费一并予以赔偿。

第七条 误工费根据受害人的误工时间和收入状况确定。

误工时间根据受害人接受治疗的医疗机构出具的证明确定。受害人因伤致残持续误工的，误工时间可以计算至定残日前一天。

受害人有固定收入的，误工费按照实际减少的收入计算。受害人无固定收入的，按照其最近三年的平均收入计算；受害人不能举证证明其最近三年的平均收入状况的，可以参照受诉法院所在地相同或者相近行业上一年度职工的平均工资计算。

第八条 护理费根据护理人员的收入状况和护理人数、护理期限确定。

护理人员有收入的，参照误工费的规定计算；护理人员没有收入或者雇佣护工的，参照当地护工从事同等级别护理的劳务报酬标准计算。护理人员原则上为一人，但医疗机构或者鉴定机构有明确意见的，可以参照确定护理人员人数。

护理期限应计算至受害人恢复生活自理能力时止。受害人因残疾不能恢复生活自理能力的，可以根据其年龄、健康状况等因素确定合理的护理期限，但最长不超过二十年。

受害人定残后的护理，应当根据其护理依赖程度并结合配制残疾辅助器具的情况确定护理级别。

第九条 交通费根据受害人及其必要的陪护人员因就医或者转院治疗实际发生的费用计算。交通费应当以正式票据为凭；有关凭据应当与就医地点、时间、人数、次数相符合。

第十条 住院伙食补助费可以参照当地国家机关一般工作人员的出差伙食补助标准予以确定。

受害人确有必要到外地治疗，因客观原因不能住院，受害人本人及其陪护人员实际发生的住宿费和伙食费，其合理部分应予赔偿。

第十一条　营养费根据受害人伤残情况参照医疗机构的意见确定。

第十二条　残疾赔偿金根据受害人丧失劳动能力程度或者伤残等级，按照受诉法院所在地上一年度城镇居民人均可支配收入标准，自定残之日起按二十年计算。但六十周岁以上的，年龄每增加一岁减少一年；七十五周岁以上的，按五年计算。

受害人因伤致残但实际收入没有减少，或者伤残等级较轻但造成职业妨害严重影响其劳动就业的，可以对残疾赔偿金作相应调整。

第十三条　残疾辅助器具费按照普通适用器具的合理费用标准计算。伤情有特殊需要的，可以参照辅助器具配制机构的意见确定相应的合理费用标准。

辅助器具的更换周期和赔偿期限参照配制机构的意见确定。

第十四条　丧葬费按照受诉法院所在地上一年度职工月平均工资标准，以六个月总额计算。

第十五条　死亡赔偿金按照受诉法院所在地上一年度城镇居民人均可支配收入标准，按二十年计算。但六十周岁以上的，年龄每增加一岁减少一年；七十五周岁以上的，按五年计算。

第十六条　被扶养人生活费计入残疾赔偿金或者死亡赔偿金。

第十七条　被扶养人生活费根据扶养人丧失劳动能力程度，按照受诉法院所在地上一年度城镇居民人均消费支出标准计算。被扶养人为未成年人的，计算至十八周岁；被扶养人无劳动能力又无其他生活来源的，计算二十年。但六十周岁以上的，年龄每增加一岁减少一年；七十五周岁以上的，按五年计算。

被扶养人是指受害人依法应当承担扶养义务的未成年人或者丧失劳动能力又无其他生活来源的成年近亲属。被扶养人还有其他扶养人的，赔偿义务人只赔偿受害人依法应当负担的部分。被扶养人有数人的，年赔偿总额累计不超过上一年度城镇居民人均消费支出额。

第十八条　赔偿权利人举证证明其住所地或者经常居住地城镇居民人均可支配收入高于受诉法院所在地标准的，残疾赔偿金或者死亡赔偿金可以按照其住所地或者经常居住地的相关标准计算。

被扶养人生活费的相关计算标准，依照前款原则确定。

第十九条 超过确定的护理期限、辅助器具费给付年限或者残疾赔偿金给付年限，赔偿权利人向人民法院起诉请求继续给付护理费、辅助器具费或者残疾赔偿金的，人民法院应予受理。赔偿权利人确需继续护理、配制辅助器具，或者没有劳动能力和生活来源的，人民法院应当判令赔偿义务人继续给付相关费用五至十年。

第二十条 赔偿义务人请求以定期金方式给付残疾赔偿金、辅助器具费的，应当提供相应的担保。人民法院可以根据赔偿义务人的给付能力和提供担保的情况，确定以定期金方式给付相关费用。但是，一审法庭辩论终结前已经发生的费用、死亡赔偿金以及精神损害抚慰金，应当一次性给付。

第二十一条 人民法院应当在法律文书中明确定期金的给付时间、方式以及每期给付标准。执行期间有关统计数据发生变化的，给付金额应当适时进行相应调整。

定期金按照赔偿权利人的实际生存年限给付，不受本解释有关赔偿期限的限制。

第二十二条 本解释所称“城镇居民人均可支配收入”“城镇居民人均消费支出”“职工平均工资”，按照政府统计部门公布的各省、自治区、直辖市以及经济特区和计划单列市上一年度相关统计数据确定。

“上一年度”，是指一审法庭辩论终结时的上一统计年度。

《精神损害司法解释》

第一条 因人身权益或者具有人身意义的特定物受到侵害，自然人或者其近亲属向人民法院提起诉讼请求精神损害赔偿的，人民法院应当依法予以受理。

第二条 非法使被监护人脱离监护，导致亲子关系或者近亲属间的亲属关系遭受严重损害，监护人向人民法院起诉请求赔偿精神损害的，人民法院应当依法予以受理。

第三条 死者的姓名、肖像、名誉、荣誉、隐私、遗体、遗骨等受到侵害，其近亲属向人民法院提起诉讼请求精神损害赔偿的，人民法院应当依法予以支持。

第四条 法人或者非法人组织以名誉权、荣誉权、名称权遭受侵害为由，向人民法院起诉请求精神损害赔偿的，人民法院不予支持。

第五条 精神损害的赔偿数额根据以下因素确定：

（一）侵权人的过错程度，但是法律另有规定的除外；

（二）侵权行为的目的、方式、场合等具体情节；

（三）侵权行为所造成的后果；

（四）侵权人的获利情况；

（五）侵权人承担责任的经济能力；

（六）受理诉讼法院所在地的平均生活水平。

第三节 可能发生重复赔偿的情况

【原理阐释】

在实际工作中，有时会发生重复赔偿的情况。这里所讲的重复赔偿，既包括赔偿项目的重复赔偿，也包括对损害结果的重复赔偿。本节对医疗损害赔偿案件中可能发生重复赔偿的情况予以讨论。

一、后续治疗费与残疾赔偿金

（一）后续治疗费

医疗损害赔偿案件中的医疗费，包括已发生的医疗费用和后续治疗时将发生的医疗费用。对于实际已发生的医疗费用，计算较为简单，而后续治疗费的计算则非常复杂。后续治疗费，实践中又称今后治疗费、继续治疗费等，包括今后必然要发生的费用和可能发生的费用。[①]根据《人身损害赔偿解释》第6条第2款规定：器官功能恢复训练所必要的康复费、适当的整容费以及其他后续

① 陈志华：《医疗损害责任深度释解与实务指南》，法律出版社2010年版，第315页。

治疗费，赔偿权利人可以待实际发生后另行起诉。但根据医疗证明或者鉴定结论确定必然发生的费用，可以与已经发生的医疗费一并予以赔偿。《条例》第31条第2款第8项规定，医学会出具的鉴定书应包括对医疗事故患者的医疗护理医学建议。患方可以据此主张后续治疗费。一般而言，对后续治疗费是否支持，应当以是否必然产生该费用为判断的原则，如果对后续治疗费的产生与否存疑，建议最好留待该费用产生之后另行起诉。因此，这里所说的后续治疗费，就是指将来必然要发生的医疗费用。

后续治疗费狭义地理解只包含因后续治疗确需的医疗费，广义地理解还包含因后续治疗所产生的必需的陪护费、误工费、交通费和住宿费等费用。受害人在遭受人身损害导致残疾的，是否需要进行后续治疗，应从后续治疗的必要性来看。如果经过治疗，受害人的残疾程度有所减轻，后续治疗会进一步减轻病情，那么这种后续治疗就是必要的；如果经过治疗受害人的残疾程度没有减轻甚至扩大，那么这种后续治疗就是不必要的。对必要的后续治疗产生的费用侵权人应当赔偿，对不必要的后续治疗产生的费用侵权人不应赔偿。这样既能保护受害人的合法权益，又能防止将一些不合理的费用转嫁给侵权人，这更能体现法律的公平。一种情况是，如果因伤害导致残疾的，在诉讼中已经定残的，说明伤情稳定不需要继续治疗，不存在后续治疗费。只有患者起诉时尚未定残，才涉及后续治疗费。另一种情况是，患者留有严重的后遗症，存在医疗依赖问题，如定期扩尿道，定期更换导尿管等，甲状腺摘除后需要定期服药，也涉及后续治疗费。

（二）残疾赔偿金

残疾赔偿金是对赔偿权利人劳动收入丧失或减少的赔偿，在性质上是财产损害赔偿。根据《人身损害赔偿解释》的规定，计算残疾赔偿金的标准有两个，即受害人劳动能力丧失程度标准或伤残等级标准。有学者认为，确定残疾赔偿金采用第一个标准，即劳动能力丧失程度标准，是最为准确的，符合人身损害赔偿的本质要求。如果能够确定劳动能力丧失程度，最好选择这个标准计算残疾赔偿金。[①]但是本书认为这种说法并不准确，因为劳动能力这个概念具有

---

① 王利明、公丕祥：《人身损害赔偿司法解释若干问题释评》，人民法院出版社2005年版，第23页。

相对性，最早是从苏联引入的，分为一般劳动能力、职业劳动能力和专长劳动能力。[①] 目前纳入法医鉴定范围的主要是一般劳动能力丧失程度，因而引入残疾等级或者残废程度的概念，用残疾等级或者残废程度来衡量个体的一般劳动能力丧失程度更为恰当。也就是说，在法医学实务中，实际上劳动能力丧失程度、残疾等级、残废程度等，基本上是同义语。

关于残疾赔偿金的计算，在理论上有两种学说：劳动能力丧失说和所得丧失说。劳动能力丧失说认为，受害人因身体或者健康受损害，以至于丧失或者减少劳动能力本身即为损害，并不限于实际所得的损失，所以劳动能力丧失即应予赔偿，而不是赔偿收入的差额。[②] 所得丧失说认为，损害赔偿的目的，在于填补受害人实际所受损害，故受害人纵然丧失或者减少劳动能力，但如未发生实际损害，或受伤前后的收入并无差别，则不得请求赔偿。计算时，以受害人受伤前后收入的差额为损害额，对此差额予以赔偿。[③]《人身损害赔偿解释》以“劳动能力丧失说”为原则，同时吸收“所得丧失说”的合理成分，考虑受害人收入丧失与否的实际情况，作为决定残疾赔偿的加权因素，以平衡双方当事人利益，[④] 从而将残疾赔偿金从精神损害抚慰金的性质变为物质性损失赔偿。

（三）后续治疗费和残疾赔偿金重复赔偿问题

残疾赔偿金与后续治疗费是相互矛盾、相互制约的一对赔偿项目。[⑤]司法实践中有人主张，赔偿了残疾赔偿金，就不应当再赔偿后续治疗费。因为残疾赔偿金的确定有赖于残疾程度的鉴定，而残疾程度的鉴定必须在伤者所受损伤或者所患疾病治疗终结之后才能进行，如果患者仍然需要治疗，则不应当进行残疾鉴定。在法医学伤残鉴定理论中有“评定时机”和“治疗终结”两

---

① ［苏联］H. B. 波波夫：《法医学》，中国医科大学法医学教研组译，人民卫生出版社1955年版，第300页。

② 最高第人民法院民事审判第一庭：《最高人民法院人身损害赔偿司法解释的理解与适用》，法律出版社2004年版，第255页。

③ 同上，第254页。

④ 陈现杰：《中华人民共和国侵权责任法条文精义与案例解析》，中国法制出版社2010年版，第54-55页。

⑤ 刘鑫、张宝珠、陈特：《侵权责任法·医疗损害责任条文深度解读与案例剖析》，人民军医出版社2010年版，第245页。

个重要概念。评定时机应以事故直接所致的损伤或确因损伤所致的并发症治疗终结为准。[①]治疗终结指“临床医学一般原则所承认的临床效果稳定”，“稳定”指临床医学一般原则所承认的伤者的表现在撤出临床治疗的情况下不再继续恶化。[②]比如，患者因肢体损伤出院，需要进一步作肢体功能康复，此时如果支付了继续功能康复的费用，患者经过一段时间的肢体功能康复，肢体功能可能完全恢复或者障碍减轻，就不再有残疾或者残疾等级不如治疗前那么重。由于残疾等级的下降必然引起残疾赔偿金的下降，因此，如果治疗尚未终结，仍需要继续接受治疗，此时评定的伤残等级属于暂时性残疾，这种功能受限的状况是短暂的、可恢复的，也是不稳定的，据此给予受害人残疾赔偿金也不符合残疾情况。在伤者伤情、病情不稳定的情况下进行伤残评定，同时依据残疾等级给予残疾赔偿金的赔偿，同时又要求加害方支付后续治疗费，经过治疗残疾情况有所减轻，现在残疾等级对应的残疾赔偿金也就降低。因此，本书认为，既然患者已经评定了残疾等级，就应当处于治疗终结的状态，加害方赔偿了残疾赔偿金之后，不应当再支持后续治疗费，因为根本就不再涉及后续治疗的问题。

当然，如果患者的身体损害已经治疗稳定，无须特殊治疗，可是患者还需要二期手术（如骨折患者内固定物的取出）；或者患者身体损害虽然治愈或者稳定，但是存在长期固定的医疗依赖，如患者甲状旁腺被摘除，需要终身依赖甲状旁腺激素；等等。这种后续治疗费与残疾赔偿金并不矛盾，应当支持。但是如果一律要求受害人必须治疗终结才允许作伤残鉴定，那么在很多受害人必须作长期治疗的情况下，对受害人的后续治疗费不予支持，实际上剥夺了受害人的权利，特别是对于那些当下没有足够金钱去进行后续治疗的受害者来说，这样很可能贻误治疗时机，这样做是很不公平的。因此，本书认为，人民法院在审理案件时，应当具体情况具体考虑，针对不同个案的不同情况可以作出不同的判决，而不是“一刀切”。

残疾赔偿金与后续治疗费同是《人身损害赔解释》中规定的赔偿项目，在该解释中并未将其列为选择性条款。也就是说，在符合法律规定的前提下，两

---

① 中华人民共和国国家质量监督检验检疫总局：《中华人民共和国国家标准：道路交通事故受伤人员伤残评定》（GB18667—2002），2002 年 3 月 11 日发布。

② 赵新才：《法医学伤残评定》，四川大学出版社 2003 年版，第 16 页。

者可以同时支付。受害人所遭受的损害是多样的，但是由于医学科学的复杂性，并非所有的疾病都能在短期内得到治愈，就是因为这个原因，司法解释才规定了后续治疗费这一项目，而不是简单认定只要评残就视为治疗终结，对后续治疗费不予支持。《人体损伤致残程度分级》① 第 4.2 条鉴定时机规定：应在原发性损伤及其与之确有关联的并发症治疗终结或者临床治疗效果稳定后进行鉴定。公安部制定的原《道路交通事故受伤人员伤残评定标准》也对此作出规定，即伤情相对稳定，符合鉴定条件即可进行鉴定。怎样才算是伤情相对稳定呢？本书认为，只要受害人的病情在短期内不再恶化，即可视为相对稳定。

需要注意的是伤残评定的时间，因为该时间将直接影响伤残等级。本书认为可参照其他相关规定。例如，《职工工伤与职业病致残程度鉴定》规定为"医疗期满"，原《道路交通事故受伤人员伤残评定标准》规定为"治疗终结"。

二、残疾赔偿金、死亡赔偿金和被扶养人生活费

残疾赔偿金、死亡赔偿金分别与被扶养人生活费构成重复赔偿。在《人身损害赔偿解释》出台之前，各法律、行政法规和司法解释对侵权死亡赔偿的规定各式各样。《人身损害赔偿解释》为了统一各侵权死亡赔偿的项目和标准，将侵权死亡赔偿的项目分为四类：相关财产损失赔偿、被扶养人生活费赔偿、死亡赔偿金和精神损害赔偿，也首次明确了死亡赔偿金是财产性赔偿，从而打破了此前司法解释将死亡赔偿金定位为精神损害赔偿的尴尬。

于是，我们在司法实践中面临这样的问题，既然残疾赔偿金和死亡赔偿金被定位为财产性赔偿，那还能不能再要求赔偿被扶养人生活费，是否构成重复赔偿呢？本书认为，同时赔偿残疾赔偿金和被扶养人生活费、死亡赔偿金和被扶养人生活费确实构成了重复赔偿。因为无论是残疾者还是死者，在其没有残疾或者没有死亡之前，并没有因为其有劳动能力就自动地获得其担负有扶养义务的被扶养人的扶养费，而是用其劳动收入来支付被扶养人生活费的。那么受害人遭受残疾或者死亡，加害方已经赔偿了残疾赔偿金、死亡赔偿金，而残疾

---

① 《人体损伤致残程度分级》是 2016 年 4 月 18 日由最高人民法院、最高人民检察院、公安部、国家安全部、司法部联合发布的法律文件，该文件于 2017 年 1 月 1 日起施行。

赔偿金、死亡赔偿金正是对受害人的劳动收入损失的赔偿，因此加害方支付的残疾赔偿金、死亡赔偿金就应当包含支付被扶养人生活费。基于以上分析，本书认为《侵权法适用通知》将被扶养人生活费计入残疾赔偿金或死亡赔偿金的赔偿的处理方式，构成了重复赔偿。

三、死亡赔偿金和精神损害赔偿金

（一）死亡赔偿金的性质

死亡赔偿金作为侵权致人死亡的赔偿制度的核心内容，社会各界对其性质和计算标准存有不同的认识。与之密切相关的是死亡赔偿金与精神损害赔偿的关系，主要有两种观点。[①]第一种为死者“生命价值”赔偿说。该学说认为死亡赔偿金是对死者自身生命价值的赔偿。这种观点下，关于赔偿标准又出现两种不同的看法，即命价平等说和命价不平等说。命价平等说认为，人的生命都是平等的，赔偿金也应一样。命价不平等说在赔偿标准上主张个性化赔偿，考虑个体生命的价值以及我国地域之间发展不平衡的现实。第二种为近亲属“逸失利益”赔偿说。该学说认为死亡赔偿金是对死者近亲属“逸失利益”的赔偿。死亡赔偿金是用来维持死者近亲属未来的生活水平，死亡赔偿金并非对生命权本身的救济，或对生命价值的赔偿，而是对因侵害生命权所引起的近亲属的各种现实利益损失的赔偿。在赔偿标准上，该学说认为对于一般侵权案件中死亡赔偿金的标准，不考虑死者生前的收入状况，不考虑近亲属未来的生活环境，判决赔偿同等数额的死亡赔偿金，得出的结果可能会更不公平。[②]应采纳有限的个别化死亡赔偿金模式，赔偿的数额主要取决于死者的个人因素，在特殊情形下可予以修正。认为死亡赔偿金是对死者近亲属“逸失利益”的赔偿，此种观点近年来被越来越多的学者所认同。他们都认为死亡赔偿制度真正要救济的是因死亡事件而受到利益影响的近亲属，死亡赔偿是对近亲属利益损失的弥补，属于财产性赔偿。死亡赔偿是以生命权受侵害为原因的赔偿，不以弥补受害人丧失之生命为目的，即该赔偿不是对生命权损害的赔偿（生命权无法通过赔偿

---

① 张新宝：《〈侵权责任法〉死亡赔偿制度解读》，载《中国法学》2010 年第 3 期。

② 张新宝：《侵权死亡赔偿三论》，载《法治日报》2007 年 12 月 9 日。

予以救济)，而是以填补死亡事故造成的其他损害为目的，是对其他受损利益的救济，[1] 即死亡赔偿金并非对生命价值的赔偿或补偿，而是对财产损失的赔偿。

（二）死亡赔偿金和精神损害赔偿金的关系

2001 年版的《精神损害司法解释》第 9 条规定：精神损害抚慰金包括以下方式：（1）致人残疾的，为残疾赔偿金；（2）致人死亡的，为死亡赔偿金；（3）其他损害情形的精神抚慰金。该条将死亡赔偿金的性质解释为精神损害抚慰金。2002 年国务院制定的《条例》第 50 条规定死亡赔偿范围为丧葬费、被扶养人生活费和精神损害抚慰金，虽然文字上不包括死亡赔偿金，但精神损害抚慰金就是《精神损害司法解释》所规定的死亡赔偿金。2003 年颁布的《人身损害赔偿解释》摒弃了《精神损害司法解释》将死亡赔偿金等同于精神损害赔偿金的做法，允许死亡赔偿金和精神损害赔偿金可以兼得，即认同死亡赔偿金的性质是物质性损失赔偿，是对死者收入减少或丧失的补偿。而精神损害赔偿金是一种非财产损害。直到《侵权责任法》的出台，在第 22 条规定了精神损害赔偿的一般条款，第 18 条也作出了“被侵权人死亡的，其近亲属有权请求侵权人承担侵权责任”的规定，从而将精神损害赔偿确立为侵权死亡赔偿案件中一类独立的请求权项目，将精神损害赔偿金从死亡赔偿金中独立出来，明确两者是功能不同、性质各异的独立赔偿项目，不能替代，不能包含，不可混淆。

从开始对于死亡赔偿金和精神损害赔偿都没有规定，到后来有关司法解释将两者融为一体，视死亡赔偿金为精神损害赔偿的一部分，再到《人身损害赔偿解释》《民法典》将死亡赔偿金和精神损害赔偿明确规定为独立的损害赔偿项目。死亡赔偿金和精神损害赔偿金的关系也越来越明晰，死亡赔偿金是针对受害人收入损失给予的财产性赔偿，是物质性赔偿。精神损害赔偿金是针对非财产损失而给予的精神损害赔偿。

同样，残疾赔偿金和死亡赔偿金一样，也是一种财产性赔偿，独立于精神损害赔偿。

---

① 尹志强：《死亡赔偿金的性质》，载《法治日报》2005 年 3 月 28 日。

四、医疗损害赔偿与其他责任主体赔偿

在医疗损害赔偿案件中，对于同一损害事实如果患者在出现医疗损害后已经取得其他责任主体给予的赔偿，之后再起诉医疗机构要求赔偿，这种情况是否属于重复赔偿呢？例如，当患者出现了医疗损害，保险公司已按合同约定给付了保险金，患者再起诉医疗机构要求其赔偿医疗费等相关费用的情况下，法院该如何判决呢？在审理过程中，医疗机构常常以医疗费用已由社会医疗保险机构或商业保险机构报销为由，拒绝患者提出的已发生医疗费用的赔偿请求进行抗辩。法院支持医疗机构的比较多，理由是患者的医疗费损失已获补偿，如果患者再要求医疗机构赔偿就构成了重复赔偿。[①]这种理论来自损失补偿原则。该原则指当保险事故发生并使被保险人遭受损失时，保险人必须在其承担的保险金给付义务范围内履行合同义务，对被保险人所受实际损失进行填补。保险人履行给付义务旨在弥补被保险人因承保危险发生所失去的利益，被保险人不能因保险给付义务的履行而获得额外利益。[②] 2015 年《保险法》第 60 条规定：因第三者对保险标的的损害而造成保险事故的，保险人自向被保险人赔偿保险金之日起，在赔偿金额范围内代位行使被保险人对第三者请求赔偿的权利。前款规定的保险事故发生后，被保险人已经从第三者取得损害赔偿的，保险人赔偿保险金时，可以相应扣减被保险人从第三者已取得的赔偿金额。保险人依照本条第一款规定行使代位请求赔偿的权利，不影响被保险人就未取得赔偿的部分向第三者请求赔偿的权利。但应当明确该项原则是财产保险中适用的原则，法律赋予保险人行使代位追偿权也是财产保险中“损失补偿原则”的体现，其目的就是防止被保险人通过购买保险而获取不当利益。

损失补偿原则只适用于财产保险类，不适用于人身保险类。人身保险中的健康保险和意外伤害保险中的医疗费用保险以人的寿命和身体作为保险标的，理所当然被认为是人身保险的范畴。2015 年《保险法》第 46 条规定：被保险人因第三者的行为而发生死亡、伤残或者疾病等保险事故的，保险人向被保险人或者受益人给付保险金后，不享有向第三者追偿的权利，但被保险人或者受

① 陈志华：《医疗损害责任深度释解与实务指南》，法律出版社 2010 年版，第 320 页。

② 柳殿奎、苏家成：《意外伤害医疗保险应否适用补偿原则》，载《中国审判》2009 年第 4 期。

益人仍有权向第三者请求赔偿。该条也表明，被保险人可以同时获得两项或者两项以上赔偿。这两项赔偿的获得都是由于法定事由依法律和合同约定取得。被保险人受到损害向第三者主张权利的同时，也享有依照保险合同获得的权利，这两项权利并行不悖。因此，保险公司向被保险人赔偿后并不影响被保险人向第三人请求赔偿；反之，保险公司也不得因被保险人从第三人处获得损害赔偿而不承担约定的保险责任。这样，如果受害人拥有社会医保和商业医保，在发生医疗损害时，就有可能获得双重或三重赔付。

这样一来，处于赔付人地位的保险机构和医疗机构就有可能面临患者的道德危机，患者可能为了获得多重赔付，而假装病重或者延长住院时间等，以求获得保险机构和医疗机构的双重赔付。为了避免这种道德危机，大多数保险机构针对这种人身保险中的健康保险和意外伤害保险中的医疗费用保险的理赔都遵从损失补偿原则。被保险人的医疗费损失，如果可以在不同的保险公司或者其他地方获得偿付，偿付以实际医疗费用支出为最高限额，不允许被保险人因生病、住院而获益。有的保险公司还会在保险合同中约定被保险人在进行保险报销时须提供医疗费用的原始凭证，在被保险人向第三者求偿时也需要提供原始凭证就可以避免重复赔偿的问题。

这类问题在理论界和司法实务中一直没有统一定论。北京市高级人民法院在 2007 年 5 月 18 日发布的《审理民商事案件若干问题的解答之五（试行）》第 34 条“商业医疗费用类保险是否适用损失补偿原则?”明确规定：人身保险所属的健康保险、意外伤害保险中关于医疗费用的保险，不适用损失补偿原则。保险合同另有约定的除外。另外，北京市高级人民法院在 2000 年 7 月 11 日下发的《关于审理人身伤害赔偿案件若干问题的处理意见》第 8 条规定：受害人的损害赔偿请求权不因其所在单位已垫付或报销医疗费而消灭，受害人仍得以自己名义请求侵害人支付医疗费。作出生效裁判的法院可将处理结果告知受害人所在单位。根据上述规定，在医疗损害赔偿案件中，患者或者被保险人是可以要求双重或者多重赔付的。

杨立新教授认为，应当坚持实行损益相抵的原则来处理重复赔偿，对受害患者基于受到医疗损害而取得的其他补偿金，应当从赔偿金中予以扣除。[①]对此

① 杨立新：《〈侵权责任法〉改革医疗损害责任制度的成功与不足》，载《中国人民大学学报》2010 年第 4 期。

可以借鉴美国加州医疗损害赔偿改革法关于禁止间接来源规则适用的做法。①不过，如果笼统地将一切保险赔偿都视为医疗损害赔偿的重复赔偿相折抵也有失公允，实务中可以对保险公司或者第三方的赔偿予以具体区分。一般而言，属于受害人自己花钱购买而得到的赔偿机会，应当允许赔偿重复存在，如患者购买了人身意外伤害保险，发生了医疗损害事件后造成残疾或者死亡，患者或其近亲属都可以从一家甚至多家保险公司获得赔偿，但并不影响患者继续向医疗机构提出医疗损害赔偿。

在司法实践中存在一种容易混淆的情形——交通事故受害人在医疗机构诊疗过程中又发生了医疗事故，受害人在得到交通事故肇事方或者保险公司赔偿之后，又向医疗机构提出赔偿要求，这是否是重复赔偿，是否属于前面所讲的可以适用损失补偿原则的情形呢？本书认为这种情况实际上是两个不同侵权主体的责任承担问题。在此情况下，肇事者和医疗机构不构成共同侵权，属于分别实施侵权行为。根据《民法典》的理论，两个责任主体应当承担各自相应的责任。如果能够区分责任比例，就应当承担按份责任；如果难以区分责任比例，就应当承担连带责任。在这种共同责任的情况下，如果交通事故责任主体承担了全部责任，之后再向医疗机构主张责任，法院应当不予支持。因为如果两个诉讼都赔偿，必然面临一些问题。第一，患者的医疗费、交通费等发票单据已经提交给肇事方或者保险公司，患者再向医疗机构索赔只能使用发票复印件，不符合证据要求；第二，同时存在交通事故和医疗事故时，相关各方应当各自承担相应的责任，如果肇事方和保险公司对患者的全部损害予以赔偿，肇事方和保险公司就取代患者获得了向医疗机构的债务求偿权；第三，如果医疗机构向患方支付了赔偿，而后肇事方和保险公司又向医疗机构索赔，那么医疗机构就会面临双倍赔偿，对医疗机构不公平。其实，严格地说，这种情形并非损失补偿原则适用情况。因为损失补偿是指受害方基于损失发生的同一原因而获得某种利益时，在其应得的损失赔偿额中，扣除其所得的利益部分。而交通事故肇事方与医疗机构应当各自承担相应的责任。

---

① 杨帆：《“侵权责任法·医疗损害责任”研讨会综述》，载《证据科学》2010年第4期。

五、死者生前无劳动能力且无生活来源，赔偿权利人能否获得死亡赔偿金和精神损害赔偿金

（一）受害人死亡时的赔偿权利人

根据《民法典》第1181条第1款的规定，我国《民法典》确立的侵权死亡赔偿的请求权主体应当是死亡受害人的近亲属。其他与死者生前长期共同生活的人在事实上形成了与死者十分密切的共同经济关系和精神依赖关系，可以认定为死者生前的共同生活成员、家庭成员，进而扩展解释为“近亲属”。根据《民法典》第1181条第2款的规定：被侵权人死亡的，支付被侵权人医疗费、丧葬费等合理费用的人有权请求侵权人赔偿费用，但是侵权人已经支付该费用的除外。

（二）一般死亡赔偿范围

死亡赔偿制度正是对死者近亲属财产和精神利益的救济。近亲属之所以成为侵权死亡损害赔偿的请求权主体，是因为其与死者之间具有的经济上的牵连和情感上的依赖被无情地割裂。亲人的死亡给他们带来了一系列损害，此可归纳为三类。首先，受害人死亡前后可能发生一系列相关财产损失，主要有受害人死亡前近亲属支付的相关医疗和护理等费用、近亲属的误工收入损失、受害人死亡后近亲属支付的丧葬费、受害人死亡前后近亲属支付的交通费等。《民法通则》以“相关财产损失”对该类损害予以归纳。其次，受害人死亡会导致近亲属的一系列可能利益的损失，受害人死亡会导致与死者有财产关系的人在经济上发生不利的变化。与死者有密切关系的近亲属丧失了未来可得利益，该类损失不限于扶养利益，也不限于未来可以继承的遗产，我们称其为“逸失利益”损害，其直接的后果是导致了近亲属扶养费的丧失或物质生活水平的降低，这类损失在我国侵权责任制度上逐步被“被扶养人生活费”和“死亡赔偿金”所涵盖。最后，死者近亲属会出现精神痛苦。①

---

① 张新宝：《〈侵权责任法〉死亡赔偿制度解读》，载《中国法学》2010年第3期。

（三）受害人生前无劳动能力和生活来源，死亡受害人近亲属的赔偿范围

对于患者死亡前近亲属支付的相关医疗和护理等费用、死亡前近亲属的误工收入损失、死亡后近亲属支付的丧葬费、死亡前后近亲属支付的交通费等相关财产损失，死者近亲属理所当然应获得赔偿。

而死亡赔偿金是对近亲属"逸失利益"的赔偿，属于财产性赔偿，此种观点近年来被越来越多的学者所认同。张新宝教授认为，死亡赔偿金是用来维持死者近亲属未来的生活水平，死亡赔偿金并非对生命权本身的救济，或对生命价值的赔偿，死亡赔偿金不是用来与人的生命进行交换或者对生命权的丧失进行填补的，而是对因侵害生命权所引起的近亲属的各种现实利益损失的赔偿。王利明教授也持类似观点，其将死亡赔偿金定性为是对"死者近亲属的扶养丧失的赔偿"，"是为了维持其近亲属的生活水平"。[①]因此，死亡赔偿金赔偿的是近亲属的"逸失利益"损害。这样，如果受害人在生前就丧失劳动能力且没有任何生活来源，那么也就不存在受害人死亡后，其近亲属逸失利益遭受损害的问题，也就不存在死亡赔偿金的赔偿问题。但是在医疗诉讼实务处理中，为照顾死者家属利益，往往不论死者自身情况如何都给予一定的死亡赔偿金，这是因为司法机关在处理实务过程中充分考虑到了当事人利益和社会影响的需要。

死亡赔偿的内容包括近亲属自身遭受的各种财产和非财产损失，对于财产损失，有财产损失就赔偿，没有财产损失就不赔偿。死者生前没有劳动能力和生活来源，死后不存在所谓的财产损失，基于现实情况只赔偿适当的死亡赔偿金。那么精神损害呢？关于精神损害赔偿，《民法典》第 1183 条规定了精神损害赔偿的一般条款，第 1181 条第 1 款又规定：被侵权人死亡的，其近亲属有权请求侵权人承担侵权责任。也即在侵权致人死亡的案件中，受害人近亲属享有独立的请求精神损害赔偿的权利。根据该法第 1183 条的规定，造成严重精神损害是提起精神损害赔偿的前提。本书认为，在侵权死亡赔偿的案件中，受害人生前如果遭受了严重的精神损害，是可以在生前以自己的名义提起精神损害赔偿的。一般情况下，受害人生前如果是有劳动能力且有固定收入，由于近亲属遭受了亲人生离死别这一人生最大的痛苦，应当认定近亲属存在严重的精神

① 王利明：《侵权责任法制定中的若干问题》，载《当代法学》2008 年第 5 期。

损害，可以要求精神损害赔偿。但在特殊情况下，如果死者生前既没有劳动能力也没有生活来源，也就意味着其近亲属在死者生前要么承担“扶养”死者的义务，要么不承担。无论属于上述哪种情况，在经济上，受害人的死亡要么对其近亲属产生积极影响（不用给付扶养费或抚养费），要么未对其产生积极影响，那么本书认为就受害人的死亡很难认定对其近亲属造成了严重的精神损害。这样，近亲属再去要求精神损害赔偿就是不合理的。但是如果确实有证据证明其近亲属遭受了严重的精神损害，也是可以获得精神损害赔偿的，这需要由法官在自由心证的基础上根据证据和事实作出判断。

【法条链接】

《产品质量法》

第四十四条　因产品存在缺陷造成受害人人身伤害的，侵害人应当赔偿医疗费、治疗期间的护理费、因误工减少的收入等费用；造成残疾的，还应当支付残疾者生活自助具费、生活补助费、残疾赔偿金以及由其扶养的人所必需的生活费等费用；造成受害人死亡的，并应当支付丧葬费、死亡赔偿金以及由死者生前扶养的人所必需的生活费等费用。

因产品存在缺陷造成受害人财产损失的，侵害人应当恢复原状或者折价赔偿。受害人因此遭受其他重大损失的，侵害人应当赔偿损失。

《消费者权益保护法》

第四十九条　经营者提供商品或者服务，造成消费者或者其他受害人人身伤害的，应当赔偿医疗费、护理费、交通费等为治疗和康复支出的合理费用，以及因误工减少的收入。造成残疾的，还应当赔偿残疾生活辅助具费和残疾赔偿金。造成死亡的，还应当赔偿丧葬费和死亡赔偿金。

第五十五条　经营者提供商品或者服务有欺诈行为的，应当按照消费者的要求增加赔偿其受到的损失，增加赔偿的金额为消费者购买商品的价款或者接受服务的费用的三倍；增加赔偿的金额不足五百元的，为五百元。法律另有规定的，依照其规定。

经营者明知商品或者服务存在缺陷，仍然向消费者提供，造成消费者或者其他受害人死亡或者健康严重损害的，受害人有权要求经营者依照本法第四十九条、第五十一条等法律规定赔偿损失，并有权要求所受损失二倍以下的惩罚性赔偿。

《药品管理法》

第一百四十四条 药品上市许可持有人、药品生产企业、药品经营企业或者医疗机构违反本法规定，给用药者造成损害的，依法承担赔偿责任。

因药品质量问题受到损害的，受害人可以向药品上市许可持有人、药品生产企业请求赔偿损失，也可以向药品经营企业、医疗机构请求赔偿损失。接到受害人赔偿请求的，应当实行首负责任制，先行赔付；先行赔付后，可以依法追偿。

生产假药、劣药或者明知是假药、劣药仍然销售、使用的，受害人或者其近亲属除请求赔偿损失外，还可以请求支付价款十倍或者损失三倍的赔偿金；增加赔偿的金额不足一千元的，为一千元。

【案例 8-12】后续治疗费的赔偿条件[①]

被告王某、吴某系夫妻，原告王某 1 与二被告系邻居。2007 年 5 月 19 日下午，原告用竹竿捅了共用通道房屋上的瓦片。当天 23 时 30 分，被告王某手持木棒去敲了原告家的大门，并问原告捅瓦片的缘由，原告开门从家里提着斧子出来，双方发生打斗，打斗中被告王某用脚将原告绊倒在地致伤。原告于当晚到某医院就医，支付医疗费 187.40 元。次日到该院住院治疗，诊断为左第八肋骨骨折、右顶枕部皮肤挫裂伤。同年 6 月 4 日出院，医生建议全休两周，支付医疗费 973.10 元。同年 7 月 17 日，原告再次到某医院住院治疗，诊断为头部外伤综合征，左第八肋骨陈旧性骨折。同月 24 日出院，支付医疗费 652.20 元。原告的伤经某公安局刑事科学技术鉴定为轻微伤。同年 8 月 21 日，原告申请昆明医学院司法鉴定中心鉴定，后期治疗需人民币 2000 元。原、被告之间的纠纷经某派出所调解未果。原告遂起诉请求法院判令被告赔偿原告伤后的医疗费 2568.40 元、误工费 2450 元、护理费 748.86 元、住院伙食补助费 315 元、后续治疗费 2000 元、鉴定费 630 元、鉴定交通费 66 元、鉴定误工费和伙食补助费 85 元，共计 8863.26 元，并判令被告为其上门滋事、故意伤害原

① 参见吕存林：《浅谈人身损害赔偿纠纷中对后续治疗费的认定》，网址 http：//china.findlaw.cn/shpc/renshensunhaipeichang/hxzlf/3213.html，最后访问日期：2011 年 1 月 7 日。

告的事件向原告赔礼道歉。

法院经审理认为，被告王某用脚将原告绊倒在地，致其左第八肋骨骨折、右顶枕部皮肤挫裂伤属实。由此给原告造成身体伤害的损失，被告王某应承担主要责任。原告未提供证据证实被告吴某殴打了原告，故被告吴某不应承担民事责任。原告的医疗过程及费用支出不尽合理，其请求被告赔偿误工费、护理费、后续治疗费（原告请求的后期治疗费）、鉴定费、鉴定交通费、鉴定误工费和伙食补助费，因原告伤后治疗期间，其单位并未扣发原告的退休工资，原告未提供证据证实其住院治疗期间需专人护理，且原告的伤为轻微伤，故对原告主张的误工费、护理费不予支持。原告的伤系轻微伤，未因伤致残，且经二次住院治疗，其主张的后续治疗费无事实和法律依据，故对原告主张的后续治疗费、鉴定费、鉴定交通费、鉴定误工费和伙食补助费的请求，法院不予支持。原告请求被告为其上门滋事、故意伤害原告的事向原告赔礼道歉，因该请求无法律依据，法院不予支持。原告诉讼请求合理的损失范围是医疗费1812.70元、住院伙食补助费315元、鉴定费330元。据此，依照《民法通则》第98条、第106条第2款、第119条、第131条及《人身损害赔偿解释》第17条第1款和第2款、第19条、第20条、第21条、第22条、第23条的规定，法院判决：1. 由被告王某于判决生效之日起三日内一次性赔偿原告王某1医疗费1812.70元、住院伙食补助费315元、鉴定费330元，共计2457.70的70%，即1720.39元，其余30%，即737.31元由原告王某1自行承担。2. 驳回原告王某1的其他诉讼请求。

一审法院判决后，原告王某1不服，上诉于某中级人民法院。经二审法院查明，一审法院认定事实无误。

二审法院认为，一审法院判决由原告王某1及被告王某各承担本案30%和70%的责任并无不当。另外，王某1住院期间并无医院开具的相关证明证实其需进行护理，6张药费单系王某1出院后自行购药而产生的单据，王某1的伤情系轻微伤，故一审法院未判决由被告王某支付原告王某1护理费、后续治疗费等相关费用是正确的。一审判决认定事实清楚，证据充分，判决并无不当，上诉人王某1的上诉理由不能成立。故判决驳回上诉，维持原判。

评析

2003年出台的《人身损害赔偿解释》第17条第1款规定受害人致伤的赔

偿项目，不包括后续治疗费。第 3 款规定的是受害人死亡的情况，因受害人已经死亡，不可能存在后续治疗的情形。只有第 2 款规定了受害人因伤致残的情形，才存在后续治疗的情况，即后续治疗费只存在于受害人受损害致残的损害赔偿案件中。本案中，原告王某 1 伤情经鉴定为轻微伤，并未达到致残的程度，没有继续治疗的必要，也就不会产生后续治疗费。原告王某 1 提供的昆明医学院司法鉴定中心的鉴定书虽然说明需要后续治疗费 2000 元，但是这只能作为法官审理赔偿案件的一种证据，对原告的请求是否支持还要综合其他事实和法律依据。故一审、二审法院未支持王某 1 的后续治疗费是正确的。

后　记

医疗损害赔偿纠纷到底是一种什么纠纷，可能不同的学者、不同的专家站在不同的角度会得出不同的结论。医疗损害赔偿纠纷到底应该怎么处理，可能不同的学者、不同的专家从不同的立场会采取不同的处理策略。这是一个见仁见智的问题，也是一个充满变数而需要进一步探索和研究的问题。在《民法典》背景下，最高人民法院出台了司法解释，北京等地的高级法院出台了司法指导文件，为医疗损害赔偿纠纷的处理作出了很好的尝试，也为下一步司法解释的制定积累了经验。我们希望本书的出版，能够将我们对医疗损害赔偿纠纷的基本理论和实务问题的理解阐释清楚，我们也希望本书的出版能够为我国医疗纠纷规范处理发挥一定的作用。对于愿意抽一点时间来阅读的读者，也许会有些许参考价值。

本书在写作过程中得到多方面的帮助，在此我们衷心地表示感谢。

图书在版编目（CIP）数据

医疗损害赔偿诉讼全流程手册 / 刘鑫主编 .—北京：中国法制出版社，2022. 11

ISBN 978-7-5216-2737-4

Ⅰ. ①医…　Ⅱ. ①刘…　Ⅲ. ①医疗事故-赔偿-民事诉讼-研究-中国　Ⅳ. ①D922. 164

中国版本图书馆 CIP 数据核字（2022）第 106116 号

策划编辑：赵宏　　责任编辑：陈晓冉　　封面设计：杨泽江

医疗损害赔偿诉讼全流程手册

YILIAO SUNHAI PEICHANG SUSONG QUANLIUCHENG SHOUCE

主编/刘鑫

经销/新华书店

印刷/三河市紫恒印装有限公司

开本/710 毫米×1000 毫米　16 开　　印张/ 30　字数/ 426 千

版次/2022 年 11 月第 1 版　　2022 年 11 月第 1 次印刷

中国法制出版社出版

书号 ISBN 978-7-5216-2737-4　　定价：98. 00 元

北京市西城区西便门西里甲 16 号西便门办公区

邮政编码：100053　　传真：010-63141600

网址：http：//www. zgfzs. com　　**编辑部电话：010-63141835**

市场营销部电话：010-63141612　　**印务部电话：010-63141606**

（如有印装质量问题，请与本社印务部联系。）